Teutemacher/Krullmann/Köchling/Hopmann
Gastronomie und Steuern

Zusätzliche digitale Inhalte für Sie!

Dieses Buch bietet Ihnen mehr als nur eine gedruckte Version! Nutzen Sie die folgenden Möglichkeiten, die Ihnen für dieses Produkt in der NWB Datenbank zur Verfügung stehen.

Online-Version

Sie haben das gedruckte Exemplar Ihres Buches nicht zur Hand oder möchten etwas schnell recherchieren? Dann nutzen Sie die Online-Version Ihres Buches. Diese steht Ihnen nach Eingabe des folgenden Freischaltcodes direkt zur Verfügung.

Schalten Sie sich Ihre digitalen Mehrwerte direkt frei:

Scannen Sie den QR-Code **oder** rufen Sie die Seite www.nwb.de auf.
Geben Sie den Freischaltcode ein und folgen Sie dem Anmeldedialog. Fertig!

Ihr Freischaltcode

BBFH-PQQN-HJZR-INFR-HJJK-KH

www.nwb.de

Gastronomie und Steuern

Praxisleitfaden für das Gastronomie-Mandat
im digitalen Zeitalter

Von
Tobias Teutemacher, Dipl.-Finanzwirt (FH),
Patrick Krullmann, Dipl.-Finanzwirt (FH),
Andrea Köchling, Dipl.-Finanzwirtin (FH) und
Jörn Hopmann, LL.M.

nwb

ISBN 978-3-482-**68551**-4

1. Auflage 2025 - 1., unveränderter Nachdruck 2025

NWB Verlag GmbH & Co. KG
Eschstr. 22
44629 Herne
service@nwb.de

Satz: Reemers Publishing Services GmbH, Krefeld

Druck: Stückle Druck und Verlag, Ettenheim

Um eine gute Lesbarkeit zu gewährleisten, verwenden wir in Fachtexten in der Regel geschlechtsspezifische Personenbezeichnungen. Selbstverständlich sind damit alle Menschen gleichermaßen gemeint.

VORWORT

Anlässlich einer Veranstaltung zum 75jährigen Jubiläum des NWB Verlags im Sommer 2022 wurde aus der reinen Idee, ein Buch zum Thema „Gastronomie und Steuern" zu schreiben, ein Plan. Doch wie setzt man nun diesen Plan um? Welche Inhalte muss ein solches Buch enthalten? Recht schnell war klar, ein Praxisbuch muss es sein, getreu dem Motto „Aus der Praxis, für die Praxis". Am besten mit viel geballtem Fachwissen!

Aber wie erreicht man ein solches Ziel?

Auch diese Antwort war schnell gefunden: nur in einem Team mit unterschiedlicher Expertise.

Dass diese unterschiedlichen Betrachtungswinkel miteinander hervorragend harmonieren und sich ergänzen, haben die Autoren dieses Buchs in unterschiedlichen Seminaren, u. a. bei der NWB Akademie, gezeigt, zumindest wenn man dem Feedback der Seminarteilnehmer glauben darf.

Wie so etwas in der Praxis aussehen kann, zeigt eine kleine Anekdote aus dem Sommer 2021. Es galt ein dreistündiges Lehrvideo zum Thema „Gesetzliche und technische Grundlagen der Kassenführung" im Content-Studio des NWB Verlags in Herne aufzuzeichnen. Wir, Tobias Teutemacher und Jörn Hopmann, hatten uns zu diesem Zeitpunkt noch nie persönlich kennengelernt und im Vorfeld zu diesem Seminar höchstens zwei Stunden telefoniert. Dementsprechend wussten alle Beteiligten nicht, wie lange wir wohl hierfür brauchen würden... . Am Ende waren es exakt drei Stunden! Es war eine Aufzeichnung aus einem Stück, ohne Pausen und ohne Wiederholungen, harmonisch, respektvoll und (im wahrsten Sinne des Wortes) auf Augenhöhe. „Es hat gematcht" sagt man wohl dazu, und das hat es im Autorenteam auch in allen anderen Kombinationen.

Wir hoffen, dass dieser „Spirit" auch aus dem hier vorliegenden Buch für Sie erkennbar wird. Wir haben uns größte Mühe gegeben, Ihnen unsere Betrachtungsweisen auf die unterschiedlichen Themenbereiche wiederzugeben.

Die Gastronomie war, ist und bleibt spannend! Und jeder von uns hat regelmäßig mit ihr zu tun. Sei es zum Frühstück, Mittag- oder Abendessen, der Kaffee in der Sonne oder ein Drink an der Bar, privat oder geschäftlich, allein, mit Familie oder Freunden. Gastronomie führt Menschen zusammen, schafft Raum für eine „gute Zeit".

Momentan ist die Stimmung in der Gastronomie allerdings eher schlecht. Uns erreichen oft Sätze wie „Die guten alten Zeiten sind vorbei." oder „Es wird immer schwieriger, es allen recht zu machen".

Wir glauben nicht, dass die guten alten Zeiten vorbei sind, immer wieder lernen wir durch unsere tägliche Arbeit neue, innovative und spannende Gastronomiekonzepte kennen. Einige schaffen es, sich am Markt zu etablieren, andere verschwinden nach kurzer Zeit wieder.

Es ist allerdings vieles tatsächlich „auf den ersten Blick" schwieriger geworden. Neue Food-Konzepte und innovative Vertriebswege verändern die Branche, während die Digitalisierung tief in die betrieblichen Abläufe eingreift. Gleichzeitig wachsen die steuerlichen Anforderungen – insbesondere für bargeldintensive Betriebe. Finanzbehörden nutzen zunehmend neue digitale Prüfungsmethoden, um Aufzeichnungssysteme und Buchführungsprozesse zu kontrollieren. Mittlerweile stehen hier „Daten" im Vordergrund von Prüfungen.

Aber genau hier bieten sich – bei richtiger Anwendung – auch viele Chancen für die gastronomischen Betriebe, denn durch Daten werden Kalkulationen und Arbeitsabläufe transparent, nachvollziehbar und somit berechenbar. Mängel können frühzeitig erkannt und behoben werden.

Für Gastronomen, Steuerberater und alle, die in diesem Bereich tätig sind, bedeutet das aber auch, dass (gute) altbewährte Prozesse hinterfragt, angepasst und dokumentiert werden müssen. Elektronische Aufzeichnungssysteme, wie elektronische oder computergestützte Kassensysteme und Registrierkassen, Verfahrensdokumentationen und digitale Belegprüfungen, sind keine Zukunftsmusik mehr, sondern längst Teil des gastronomischen und somit auch steuerlichen Alltags. Wer hier gut vorbereitet ist, kann finanzielle Risiken vermeiden und sich auf das Wesentliche konzentrieren – einen erfolgreichen Gastronomiebetrieb.

Dieses Buch soll Ihnen als umfassender Praxisleitfaden dienen. Unser Ziel ist es, alle steuerlich relevanten Themen verständlich und praxisnah zu erläutern, so dass Sie sich optimal auf die Beratung Ihrer Gastronomie-Mandate vorbereiten können. Wir geben Ihnen einen ganzheitlichen Überblick über die rechtlichen Grundlagen, die Liquiditätsplanung, die Besonderheiten der Finanz- und Lohnbuchhaltung sowie die speziellen Anforderungen an elektronische Aufzeichnungssysteme und deren Dokumentation. Zudem behandeln wir zentrale Aspekte wie die Künstlersozialkasse und Verwertungsgesellschaften, die in der Gastronomie ebenfalls eine Rolle spielen.

Wir geben Ihnen ein „Rundum-sorglos-Paket" an die Hand, das Sie sicher durch den steuerlichen und administrativen Alltag führt. Die diversen Synopsen und Checklisten helfen Ihnen dabei.

Neben dem „hier und jetzt" sind auch zukünftige Entwicklungen und Rechtsänderungen im Auge zu behalten. Wie werden beispielsweise die Gerichte über den Einsatz der amtlichen Richtsatzsammlung entscheiden? Wie sieht die konkrete Umsetzung der im

Koalitionsvertrag 2025 („Verantwortung für Deutschland“) aufgeführten Ziele durch die neue Bundesregierung aus? Wird es beispielsweise ab 2027 eine „Registrierkassenpflicht“ für Unternehmen mit einem Umsatz von mehr als 100.000 € geben oder kommt es tatsächlich zu einer vollständigen Abkehr von der seit dem 1.1.2020 ununterbrochenen geltenden Belegausgabepflicht? Welche betrieblichen Prozesse von der Personalplanung bis hin zur Verwaltung des Lagerbestands und der Warenbeschaffung können mit Hilfe des Einsatzes von KI optimiert und damit deutlich effizienter werden? Welche Voraussetzungen muss der „Mensch“ hierfür schaffen?

Auch die gesamte und vielfältige Branche der Gastronomie wird sich weiterentwickeln. Ein monothematischer Ansatz wird sich anpassen und verändern (müssen). Da ist beispielsweise die sich verändernde Esskultur der Gesellschaft sowie die Frage, was jeder Einzelne bereit ist, für Essen und Trinken sowie eine bestimmte Form der Dienstleistung zu bezahlen. Wird zukünftig der persönliche Kontakt für ein „Restauranterlebnis“ wichtiger sein, als eine schnelle unkomplizierte Bestellung am Selforder-Terminal?

Jedoch wird eine fortschreitende Digitalisierung auch vor der Gastronomie nicht halt machen. Daher braucht es Konzepte, um die eigenen betrieblichen (Massen-)Daten nicht nur für eigene Controlling- und Kontrollzwecke nutzen zu können, und wie die Echtheit der Daten für die Dauer der gesetzlichen Aufbewahrungsfristen zu gewährleisten und diese eigenen Daten und Systeme vor Zugriffen Unbefugter (Stichwort „Cybercrime“) zu schützen sind.

Wir wünschen Ihnen eine aufschlussreiche Lektüre und viel Erfolg in der Praxis!

Für Kritik und Anregungen sind wir stets offen. Wir freuen uns auf Ihr Feedback, das uns über den NWB Verlag oder über handbuch-gastro-mandat@t-online.de erreicht.

Unser besonderer Dank gilt dem NWB Verlag und hier aus dem Lektorat Frau Verona Knura stellvertretend für alle am Projekt beteiligten tatkräftigen Helfer. Danke für Ihre Unterstützung, Geduld und den Glauben an das Projekt. Und ein ebenso großes Dankeschön gebührt aus der NWB Akademie Frau Claudia Wegener, als gute Seele unseres Teams.

Danken möchten wir ganz besonders auch unseren Familien, die uns in den letzten Monaten und Wochen stets den Rücken freigehalten haben und viele Stunden auf uns verzichten mussten.

Herne, im Juni 2025

Ihr Autorenteam
Tobias Teutemacher,
Patrick Krullmann,
Andrea Köchling und
Jörn Hopmann

INHALTSÜBERSICHT

Seite

INHALTSVERZEICHNIS

KAPITEL C: KASSENSYSTEME

KAPITEL D: LOHNBUCHHALTUNG

KAPITEL F: GÄNGIGE PRÜFUNGEN

KAPITEL G: VERWERTUNGSGESELLSCHAFTEN

ANLAGEN

ABKÜRZUNGSVERZEICHNIS

	A
a.a.O.	am angegebenen Ort
ABB.	Abbildung
Abs.	Absatz
abzgl.	abzüglich
AEAO	Anwendungserlass zur AO
AktG	Aktiengesetz
AO	Abgabenordnung
ARGE	Bundesagentur für Arbeit
Az.	Aktenzeichen

	B
BewG	Bewertungsgesetz
BFH	Bundesfinanzhof
BGBl	Bundesgesetzblatt
BGRS	Beitragsgruppenschlüssel
BMF	Bundesministerium der Finanzen
BP	Betriebsprüfung
BRH	Bundesrechnungshof
BSI	Bundesanstalt für Sicherheit in der Informationstechnologie
BStBl	Bundessteuerblatt
BT	Bundestag
BVerfG	Bundesverfassungsgericht

	C
CD	Compact Disc
CF-Karte	CompactFlash-Speicherkarte

	D
DATEV	Datenverarbeitungsorganisation des steuerberatenden Berufes in der Bundesrepublik Deutschland e. G.
DAVOS	Datenzugriff auf vorgelagerte Systeme (Wortschöpfung von Betriebsprüfern des Landes Niedersachsen)
DFKA	Deutscher Fachverband für Kassen- und Abrechnungssystemtechnik e.V.
d.h.	das heißt
DSFinV-K	Digitale Schnittstelle der Finanzverwaltung für Kassensysteme

DV	Datenverarbeitung
DVD	Digital Video Disc

E

eAS	Elektronisches Aufzeichnungssystem
EC-Cash	Electronic Cash
EDI-Verfahren	Electronic Data Interchange-Verfahren
EDV	Elektronische Datenverarbeitung
e. G.	eingetragene Genossenschaft
EKaBS	Elektronischer-Kassenbericht-Standard
ELSTAM	Verfahren der elektronischen Lohnsteuerabzugsmerkmale
ELV	Elektronisches Lastschriftverfahren
ESt	Einkommensteuer
EStG	Einkommensteuergesetz
EStR	Einkommensteuerrichtlinie
etc.	et cetera
EuGH	Gerichtshof der Europäischen Union
EüR	Einnahmenüberschuss-Rechnung (Gewinnermittlung nach § 4 Abs. 3 EStG)

F

f.	folgende
ff.	folgenden
FG	Finanzgericht
FKS	Finanzkontrolle Schwarzarbeit
Ford.	Forderungen

G

GastG	Gaststättengesetz
GDPdU	Grundsätze zum Datenzugriff und zur Prüfbarkeit digitaler Unterlagen
GEMA	Gesellschaft für musikalische Aufführungs- und mechanische Vervielfältigungsrechte
GewO	Gewerbeordnung
ggf.	gegebenenfalls
GmbH	Gesellschaft mit beschränkter Haftung
GmbHG	Gesetz betreffend die Gesellschaften mit beschränkter Haftung
GoB	Grundsätze ordnungsmäßiger Buchführung
GoBD	Grundsätze zur ordnungsmäßigen Führung und Aufbewahrung von Büchern, Aufzeichnungen und Unterlagen in elektronischer Form sowie zum Datenzugriff
GoBS	Grundsätze ordnungsmäßiger DV-gestützter Buchführungssysteme

GT	Grand Total
GuV	Gewinn- und Verlustrechnung
GwO	Gewerbeordnung

H

HGB	Handelsgesetzbuch
Hrsg.	Herausgeber

I

IDEA	Prüfungssoftware der Finanzverwaltung
i. d. R.	in der Regel
i. H.	in Höhe
IKS	Internes Kontrollsystem
INSIKA	Integrierte Sicherheitslösung für messwertverarbeitende Kassensysteme
i. S.	im Sinne
i. V.	in Verbindung

J

JSON	Java Script Object Notation (ein Dateiformat)
JuSchuG	Jugendschutzgesetz

K

KassenSichV	Kassensicherheitsverordnung
KG	Kommanditgesellschaft
KGaA	Kommanditgesellschaft auf Aktien
KSK	Künstlersozialkasse

L

LMHV	Lebensmittel-Hygieneverordnung

M

MacOS	Markenname der Firma Apple für ihre Betriebssysteme
m. E.	meines Erachtens
MiLoG	Mindestlohngesetz
Mio.	Million(en)
Mrd.	Milliarde(n)
m. w. N.	mit weiteren Nachweisen

N

Nr.	Nummer

	O
o.Ä.	oder Ähnliches
OECD	Organisation for Economic Co-operation and Development (Organisation für wirtschaftliche Zusammenarbeit und Entwicklung)
OFD	Oberfinanzdirektion
o.g.	oben genannte(s/n)
OHG	offene Handelsgesellschaft
OLK	Offene Ladenkasse
	P
PAngV	Preisangabeverordnung
PLU	Price-Look-Up (Preis-Nachschlags-Code = Identifikationsnummer für Produkte)
POS	Point of Sale
PZ	Prüfungszeitraum (Begriff aus der steuerlichen Betriebsprüfung; bezeichnet den Zeitraum, der im Rahmen der steuerlichen Betriebsprüfung geprüft wird)
	R
Rz.	Randziffer
	S
S.	Seite
SD-Karte	Sichere digitale Speicherkarte
SFN-Zuschläge	Sonntags-, Feiertags-, Nachtzuschläge
SGB	Sozialgesetzbuch
sog.	so genannte
SQL	Structured Query Language (Strukturierte Abfrage-Sprache)
SRP	Summarische Risikoprüfung (Verprobungsverfahren der Finanzverwaltung, entwickelt von Andreas Wähnert)
SSD	Solid-State-Drive
StBerG	Steuerberatungsgesetz
StBp	Die steuerliche Betriebsprüfung (Zeitschrift)
Stpfl.	Steuerpflichtige/r
StuB	Unternehmensteuern und Bilanzen (Zeitschrift)
SV	Sozialversicherung
	T
TAR	Tape Archiv (Archiv-Datei)
TBM	Tatbestandsmerkmale
TKE	Tageskasseneinnahmen

TSE	Technische Sicherheitseinrichtung
Tz.	Textziffer
TzBfG	Teilzeit- und Befristungsgesetz
	U
u.a.	und andere
u.Ä.	und Ähnliche(s)
USt	Umsatzsteuer
UStAE	Umsatzsteuer-Anwendungserlass
UStDV	Umsatzsteuer-Durchführungsverordnung
UStG	Umsatzsteuergesetz
u. v. m.	und viele mehr
	V
VD	Verfahrensdokumentation
VG	Verwaltungsgericht
vgl.	vergleiche
	W
WWS	Warenwirtschaftssystem
	X
X-Rechnung	Standardisiertes, elektronisches Rechnungsformat, das auf XML (Extensible Markup Language) basiert
	Z
z.B.	zum Beispiel
ZuGFeRD	„Zentraler User Guide des Forums elektronische Rechnung Deutschland" = ein hybrides Rechnungsformat
zzgl.	zuzüglich

Kapitel A: Die neuen alten Anforderungen

I. Einführung

Die Gastronomie zählt nicht umsonst zu den beratungsintensiven Mandaten in der steuerlichen Beratung, denn die Gastronomie ist seit jeher „bargeldintensiv" und zählt damit aus Sicht der Finanzbehörden zu den sog. Hochrisikogruppen und bietet somit ein umfangreiches Streitpotenzial. 1

Daran hat sich auch durch die Einführung der neuen Gesetzesregelungen durch das Gesetz zum Schutz vor Manipulationen an digitalen Grundaufzeichnungen nichts geändert. Schon die in der Anlage 3 aufgelisteten BFH-Urteile seit dem 1.1.2015 machen deutlich, dass ein großer praktischer Beratungsbedarf besteht, und das für viele Bereiche. 2

Nach der Entscheidung für eine **Kassenführung** mittels offener Ladenkasse (OLK) oder mittels elektronischem Aufzeichnungssystem (eAS) stehen im Weiteren praktische Überlegungen zur rechtssicheren Implementierung der jeweiligen Systeme im operativen Geschäft des Unternehmens an. 3

Denn ein eAS dient der Erfassung von Einnahmen und der Kontrolle von Mitarbeitenden und erfüllt letztendlich auch betriebswirtschaftliche Aspekte bei der Auswertung der Zahlen.

Da die Finanzverwaltung im bargeldintensiven Bereich von bewussten Manipulationen an digitalen Grundaufzeichnungen (= Kasseneinzeldaten) durch die Steuerpflichtigen ausgeht, was offen selten kommuniziert wird, ist die Kassenführung regelmäßig einer der Prüfungsschwerpunkte im Rahmen von Nachschauen oder Außenprüfungen. 4

Hierbei wird oft festgestellt, dass die Grundsätze ordnungsmäßiger Kassenführung nicht eingehalten werden. Dies wiederum führt oft zu einem Verlust der Beweiskraft der Buchführung (§ 158 AO) und somit zu einer Schätzungsbefugnis der Finanzbehörden nach § 162 AO.

Die **betriebswirtschaftlichen Auswertungen** aus dem Kassensystem können aber auch als Grundlage für Beratungsgespräche im Bereich der Auswertung und Analysen dienen. Von besonderem Interesse sind hierbei die Wareneinsätze, Abverkaufsstatistiken, Renner- und Pennerlisten, Frequenzlisten und vieles mehr. Durch Visualisierungen können diese Kennzahlen leicht verständlich und nachvollziehbar präsentiert werden. 5

Neben dem „rein steuerlichen" Beratungsbedarf gibt es aber auch noch weitere Beratungsfelder im Bereich der Gastronomie, z. B. den Bereich **Lohn und** 6

Gehalt. Hier ist besonderes Augenmerk auf Personalbögen, Arbeitsverträge oder gesetzliche und tarifvertragliche Regelungen zu legen. Zusätzlich sind Regelungen zu (Sofort-)Meldungen, Urlaubsansprüchen und Lohnabrechnungen zu beachten. Denn der gesamte Lohnbereich wird regelmäßig wiederkehrend durch die Finanzkontrolle Schwarzarbeit (FKS; eine Abteilung der Zollverwaltung) und den Prüfdiensten der Rentenversicherungsträger überprüft.

7 In der Organisation des Unternehmens selbst ist ein Beratungsschwerpunkt sicherlich der Bereich der **Verfahrensdokumentation** und die Einhaltung der sog. TAX-Compliance-Richtlinien. Hier geht es darum, sowohl interne Abläufe innerhalb der Gastronomie als auch Schnittstellen, zu beispielsweise Beratern oder auch der Finanzverwaltung, darzustellen. Denn spätestens seit der Neueinführung des § 158 Abs. 2 AO ist die digitale Schnittstelle der Finanzverwaltung für Kassensysteme (kurz: DSFinV-K) in den Mittelpunkt der Betrachtung gerückt.

8 Auch der richtige Umgang mit **Nachschauen und Außenprüfungen** muss hinreichend besprochen, organisiert und geplant werden. Denn oft wird vergessen, dass die Gastronomie gläserner und transparenter ist als mancher (Steuerpflichtige) denkt.

9 Schon diese kurze Zusammenfassung lässt erkennen, dass auch die steuerlichen Berater gefordert sind, sich mit den jeweiligen Themenstellungen auseinander zu setzen und ständig auf dem aktuellen Wissensstand zu sein. Denn nur so ist eine vollständige, umfassende und lösungsorientierte Beratungsleistung für den Mandanten überhaupt möglich.

10 Aber die steuerberatenden Berufe stehen in ihrer alltäglichen Beratungspraxis oft vor der Frage, wie bargeldintensive Gewerbebetriebe und deren Unternehmer richtig beraten werden können, ohne dabei selbst Gefahr zu laufen, von den Mandanten in Haftung genommen zu werden oder wegen Beihilfe zur Steuerhinterziehung für Steuerschulden zu haften. Denn jede Mitwirkung an einer unrichtigen Steuererklärung erfüllt den objektiven Straftatbestand der Beihilfe.[1] Geschützt ist der Berater regelmäßig nur durch seine fehlende Kenntnis, die es unbedingt zu wahren gilt. Den Berater trifft keine Pflicht zur Anzeige von Verfehlungen[2] und er ist auch nicht zur Mandatsniederlegung im Fall der nachträglichen Kenntnis verpflichtet. Allerdings gilt es, mögliche Verfehlungen bei Dauersachverhalten, wie z. B. den Umsatzsteuervoranmeldungen, „im Auge“ zu halten.

1 § 370 AO i. V. m. § 27 StGB.
2 AEAO zu § 153 Tz. 4 Satz 5.

Dem Berater muss bewusst sein, dass bei einer steuerlichen Beratung die Freundschaft aufhört. Er darf sich niemals erpressbar machen,[3] denn allzu oft zeigt sich, dass der Mandant der erste Belastungszeuge des Beraters ist. 11

PRAXISHINWEIS:

Eine umfangreiche Dokumentation in der Mandantenakte mit Gesprächsprotokollen, Besprechungsvermerken, Berechnungslisten und Kommunikationsnachweisen ist die beste Beweisvorsorge.

(*Einstweilen frei*) 12–15

II. Rechtliche Grundlagen

Die Gastronomie stellt einen Teilbereich des Gastgewerbes dar und umfasst die gewerbliche Bewirtung von Gästen mit Verköstigung von Speisen und den Ausschank von Getränken. 16

Die Gastronomie kann man weiter unterteilen in 17

- einen Betrieb eines klassischen Restaurants oder Cafés,
- einen Imbiss,
- eine Eisdiele,
- sog. „Food-Trucks“,
- Systemgastronomie,
- Bars, Kneipen, Diskotheken,
- Catering Unternehmen oder
- sonstige Verpflegungsdienstleistungen.

Für den Betrieb eines Gaststättengewerbes finden die Vorschriften der Gewerbeordnung Anwendung, soweit vorhandene Gaststättengesetze keine abweichenden Regelungen treffen. 18

Die grundlegende Definition des Gaststättengewerbes findet sich in § 1 Gaststättengesetz (GastG). 19

§ 1 GASTSTÄTTENGEWERBE

(1) Ein Gaststättengewerbe im Sinne dieses Gesetzes betreibt, wer im stehenden Gewerbe

1. Getränke zum Verzehr an Ort und Stelle verabreicht (Schankwirtschaft) oder

3 BFH, Urteil v. 17.11.2015 - X R 35/14, NWB JAAAF-70009.

2. zubereitete Speisen zum Verzehr an Ort und Stelle verabreicht (Speisewirtschaft),

wenn der Betrieb jedermann oder bestimmten Personenkreisen zugänglich ist.

(2) Ein Gaststättengewerbe im Sinne dieses Gesetzes betreibt ferner, wer als selbständiger Gewerbetreibender im Reisegewerbe von einer für die Dauer der Veranstaltung ortsfesten Betriebsstätte aus Getränke oder zubereitete Speisen zum Verzehr an Ort und Stelle verabreicht, wenn der Betrieb jedermann oder bestimmten Personenkreisen zugänglich ist.

20 § 2 GastG regelt die Erlaubnispflicht, denn grundsätzlich sind Gaststättengewerbe nur anzeigepflichtig, es sei denn:

§ 2 ERLAUBNIS

(1) Wer ein Gaststättengewerbe betreiben will, bedarf der Erlaubnis. (...)

(2) Der Erlaubnis bedarf nicht, wer

1. alkoholfreie Getränke,
2. unentgeltliche Kostproben,
3. zubereitete Speisen oder
4. in Verbindung mit einem Beherbergungsbetrieb Getränke und zubereitete Speisen an Hausgäste

verabreicht.

21 Eine notwendige Erlaubnis ist dann grundsätzlich für eine bestimmte Betriebsart und für bestimmte Räume zu erteilen (§ 3 GastG), so denn in der Person des Antragstellers keine Versagungsgründe i. S. des § 4 GastG vorliegen.

PRAXISHINWEIS:

Obwohl in § 4 Abs. 1 Nr. 4 GastG lediglich die Unterrichtungsbescheinigung einer IHK gefordert wird, ist die Zuverlässigkeit der Person des Antragstellers bzw. der Gesellschaft i. d. R. durch Vorlage folgender Dokumente nachgewiesen:

- Auskunft in Steuersachen des Wohnsitzfinanzamtes des Antragstellers,
- Auskunft in Steuersachen des Betriebsstätten Finanzamts der Gesellschaft,
- Unbedenklichkeitsbescheinigung des Gemeindesteueramtes des Antragsstellers,
- Unbedenklichkeitsbescheinigung des Gemeindesteueramtes der Gesellschaft,
- Negativbescheinigung des Insolvenzgerichts des Antragstellers,
- Negativbescheinigung des Insolvenzgerichts der Gesellschaft,
- Auszug aus der Schuldnerkartei über das Vollstreckungsportal der Länder, § 882b ZPO,
- Führungszeugnis der Belegart „0“,
- Auszug aus dem Gewerbezentralregister der Belegart „9“.

Da der Bund die Gesetzgebungskompetenz für das Gaststättenrecht auf die Länder verlagert hat, finden sich neben dem grundsätzlich geltenden Bundesrecht auch individuelle Landesregelungen, so das 22

- GastG des Landes Baden-Württemberg,
- GastG des Landes Brandenburg,
- GastG des Landes Bremen,
- GastG des Landes Hessen,
- GastG des Landes Niedersachsen,
- GastG des Landes Saarland,
- GastG des Landes Sachsen,
- GastG des Landes Sachsen-Anhalt,
- GastG des Landes Thüringen.

Neben diesen grundsätzlichen Regelungen finden sich noch wichtige außersteuerliche Rechtspflichten, so etwa die Regelungen nach: 23

- **dem Jugendschutzgesetz (JuSchuG)** 24

Das Jugendschutzgesetz regelt unter anderem in Bezug auf Minderjährige den Aufenthalt an öffentlichen Orten wie eben Gaststätten oder Tanzveranstaltungen (Diskotheken) und den Verzehr und die Abgabe von alkoholischen Getränken in der Öffentlichkeit.

- **der Preisangabeverordnung (PAngV)** 25

Die PAngV scheibt in § 3 Abs. 1 verpflichtend vor, dass jeder Unternehmer, der Verbrauchern Waren oder Dienstleistungen anbietet oder unter Angabe von Preisen wirkt, den Preis einschließlich Umsatzsteuer und alle sonstigen Preisbestandteile anzugeben hat. Zusätzlich ist neben dem Eingang zur jeweiligen Gaststätte ein Preisverzeichnis anzubringen, aus dem die Preise für die wesentlichen angebotenen Speisen und Getränke ersichtlich sind.

PRAXISHINWEIS:

Auch wenn die PAngV keine längerfristigen Aufbewahrungspflichten für Speise- und Getränkekarten fordert, empfiehlt es sich, diese über einen Zeitraum von zehn Jahren aufzubewahren. Denn die Speise- und Getränkekarten werden zu Zwecken der Plausibilisierung oder einer Nachkalkulation benötigt.

26 ► **der DIN 6650 „Getränkeschankanlagen"**

Normen sind zwar nicht verbindlich wie Vorschriften, beschreiben jedoch den derzeitigen Stand der Technik. So sind in der DIN 6650-1 die allgemeinen Anforderungen an Getränkeschankanlagen, aus denen mit oder ohne Betriebsüberdruck Getränke zum Endverbraucher ausgeschenkt werden, beschrieben. In der DIN 6650-6 sind die für die tägliche Arbeit wichtigen Anforderungen an Reinigung und Desinfektion beschrieben. So sollen Getränkeschankanlagen in folgenden Intervallen gereinigt werden:

Getränk	Intervall
Fruchtsaft, -nektar, Fruchtsaftgetränke	Täglich
Alkoholfreies Bier	1 – 7 Tage
Bier (außer alkoholfreies Bier)	Alle 7 Tage
Wein, kohlensäurehaltiges, alkoholfreies Erfrischungsgetränk, kohlensäurehaltiges Wasser	7 – 14 Tage
Spirituosen	30 – 90 Tage
Wasser, Tafelwasser	90 – 180 Tage

PRAXISHINWEIS:

Nachweise über durchgeführte Reinigungen werden im Dokumentationsbuch für Getränkeschankanlagen zusammengefasst und sollten ebenfalls zu den Dokumentationen, die über einen Zeitraum von zehn Jahren aufzubewahren sind, gehören. Denn die durch die Reinigung entstehenden Warenverluste werden zu Zwecken der Plausibilisierung oder einer Nachkalkulation benötigt.

27 ► **der Lebensmittel-Hygieneverordnung (LMHV)**

Die LMHV regelt in § 3, „*dass Lebensmittel nur so hergestellt, behandelt oder in den Verkehr gebracht werden dürfen, dass sie bei Beachtung der im Verkehr erforderlichen Sorgfalt, der Gefahr einer nachteiligen Beeinflussung nicht ausgesetzt sind*". Lebensmittel sind hierbei alle Stoffe oder Erzeugnisse, die dazu bestimmt sind oder von denen nach vernünftigem Ermessen erwartet werden kann, dass sie in verarbeitetem, teilweise verarbeitetem oder unbearbeitetem Zustand von Menschen aufgenommen werden. Wichtig ist, dass zu Lebensmitteln auch Getränke und sonstige Stoffe, einschließlich Wasser, zählen, die dem Lebensmittel bei seiner Herstellung oder Bearbeitung absichtlich zugesetzt werden.[4]

4 Artikel 2 der Verordnung (EG) 178/2002; https://eur-lex.europa.eu/LexUriServ/LexUriServ.do?uri=CONSLEG:2002R0178:20080325:de:PDF.

PRAXISHINWEIS:

Ein besonderes Augenmerk sollte auf der Dokumentation von Lebensmitteln liegen, für die eben keine Umsatzerlöse erzielt werden können (Abschnitte, abgelaufene oder verdorbene Lebensmittel). Denn auch diese Angaben zu entstehenden Warenverlusten werden zu Zwecken der Plausibilisierung oder einer Nachkalkulation benötigt.

Hierdurch wird auch die in § 4 Abs. 1 GastG normierte Forderung nachvollziehbar, dass die Gaststättenerlaubnis dann erteilt wird, wenn der Antragsteller anhand einer Bescheinigung nachweist, dass er über die Grundzüge der für den in Aussicht genommen Betrieb notwendigen lebensmittelrechtlichen Kenntnisse unterrichtet worden ist und mit ihnen als vertraut gelten kann. 28

Auf die betriebswirtschaftlichen und somit auch steuerlichen Auswirkungen dieser Regelungen wird in den folgenden Abschnitten dieses Buches noch gesondert eingegangen. 29

GastG 30

JuSchuG

PAngV

Hygienischer Betrieb von Getränkeschankanlagen, ASI 6.84, DIN 6650-6

LMHV

31–35 (*Einstweilen frei*)

III. Liquiditätsplanung

36 Ein in der Gastronomie oft vernachlässigter Teil ist die Liquiditätsplanung.

37 Der Gastronom erhält über seinen Steuerberater zwar in regelmäßigen Abständen – im besten Fall sogar monatlich – die Auswertungen, bestehend aus **kurzfristiger Erfolgsrechnung** und **Summen- und Saldenliste**, aber entweder werden diese Auswertungen nicht verstanden oder sogar nur abgelegt.

38 Umso wichtiger ist es, dass der Gastronom lernt, diese Auswertungen zu lesen und zu verstehen. Im besten Fall kennt er auch die Grundzüge einer Liquidationsplanung und kann diese auch für sich zur Anwendung bringen – die Zeiten von Pi-mal-Daumen und Bauchgefühl sind schon lange vorbei. In der heutigen Zeit zeigt sich immer wieder, dass Liquidität, also das „flüssige, direkt frei verfügbare Geld", für die Überprüfung des zielgerichteten Wirtschaftens und die Zahlungsfähigkeit des Unternehmens ein echter „Game Changer" sein kann.

39 Die Planung der Liquidität dient der Analyse der Liquiditätsentwicklung im Unternehmen, also der Planung, dass durch die Steuerung von ein- und ausgehenden Geldflüssen die Zahlungsfähigkeit, auch „Solvenz" genannt, immer gewährleistet ist. Im Gegensatz zur Solvenz ist die Insolvenz bekannt, also der Zustand, in dem aufgrund mangelnder Liquidität, der Gastronom nicht mehr in der Lage ist, seine ausstehenden Zahlungen zu begleichen.

PRAXISHINWEIS:

In einem Urteil aus 2005 hat der BGH festgestellt, dass eine Zahlungsunfähigkeit dann gegeben ist, wenn der Schuldner nicht in der Lage ist, binnen drei Wochen 90 % seiner fälligen Gesamtverbindlichkeiten zu begleichen.[5]

5 BGH, Urteil v. 24.5.2005 - IX ZR 123/04, NWB AAAAB-78851.

Das Hauptziel der Liquiditätsplanung ist es somit, die Zahlungsfähigkeit des Unternehmens zu gewährleisten. Hierbei können unterschiedliche Planzahlszenarien, von pessimistisch über realistisch bis zu optimistisch gegenübergestellt werden. Mit der Erstellung dieser unterschiedlichen Szenarien kann die komplette Bandbreite von schwankenden Erlösen, Ein- und Verkaufspreisen, über gestiegene oder gesunkene Personalkosten bis hin zu Gemeinkosten abgebildet werden. 40

Auf den ersten Blick mag eine Liquiditätsplanung kompliziert erscheinen, doch wenn die notwendigen Schritte zur Erstellung der Planung gegangen werden, ist die Planung doch recht einfach. 41

PRAXISHINWEISE:

In der Praxis haben sich folgende Schritte bewährt:

Schritt 1: Für die Planung wird ein Überblick über alle notwendigen Geschäftskonten notwendig. Zudem muss ein Startsaldo festgelegt werden (für den Anfang kann hier auch erstmal der Wert „null" eingetragen werden).

Schritt 2: Es werden sämtliche Einzahlungen/Einnahmen einer Periode (Monat, Quartal, Jahr) addiert.

Schritt 3: Es werden alle Auszahlungen/Ausgaben dieser Periode subtrahiert.

Schritt 4: Vom Startsaldo wird das Ergebnis aus Schritt 2 addiert und das Ergebnis aus Schritt 3 subtrahiert. Das Ergebnis entspricht dem Periodenergebnis und wird hiernach als Startsaldo für die Folgeperiode genommen.

Schritte 5 und 6: Hier werden dann wieder Einnahmen und Ausgaben addiert.

Ab hier geht es wieder mit den Schritten 4 bis 6 weiter.

An einem Praxisbeispiel werden die einzelnen Schritte leichter nachvollziehbar. Es handelt sich hierbei um ein Restaurant, welches an den Abenden einen DJ zur musikalischen Untermalung engagiert. Das Restaurant wird als GmbH geführt (die Werte in der Tabelle sind Euro-Werte, aus Gründen der besseren Lesbarkeit ohne Nachkommastellen). 42

Schritt 1:

Zahlen zusammensuchen, Startsaldo „null".

Schritt 2:

Sämtliche Einnahmen auflisten, hier Erlöse aus Food, Beverage und Veranstaltung, beginnend mit dem Monat „01 25".

Zahlenwerte ohne Nachkommastellen in Euro – Liquiditätsplanung Muster Restaurant GmbH						
	01 25	02 25	03 25	04 25	05 25	06 25
	€	€	€	€	€	€
I. Liquide Mittel						
Kasse/Bank	0	-2.429	-13.993	3.500	2.743	10.487
II. Zahlungseingänge						
Erlöse						
- Food	80.284	69.756	91.371	90.891	101.203	104.070
- Beverage	43.229	37.562	49.201	48.941	54.494	56.038
- Veranstaltung			8.403			
Darlehensauszahlung						
Privateinlagen/ Eigenkapital						
Summe Cash In	123.513	107.318	148.975	139.832	155.697	160.108

Das zum Einsatz gebrachte Tabellenkalkulationsprogramm addiert die Zahlungseingänge monatlich auf, das Ergebnis ist in der Zeile „Summe Cash In" abgebildet.

Schritt 3:

Sämtliche Ausgaben auflisten, hier:

- Wareneinkauf, unterteilt nach Wareneinkauf Food (angenommen mit 35 %), Wareneinkauf Beverage (angenommen mit 22,5 %), produktbezogene Materialkosten (hier CO2 für die Zapfanlage mit 150 € linear/Monat),
- Personalkosten, unterteilt nach Lohn-/Gehaltszahlungen und Lohnnebenkosten,
- Raumkosten,
- Versicherungen,
- Kfz-Kosten,
- Werbe-/Reisekosten,
- Kosten Warenabgabe,
- Reparatur/Instandhaltung,
- Sonstige Kosten,
- Steuer(voraus)zahlungen.

Zahlenwerte ohne Nachkommastellen in Euro						
	01 25	02 25	03 25	04 25	05 25	06 25
III. Zahlungsausgänge						
Material/Wareneinkauf						
- WE Food 35 %	28.099	24.415	33.450	31.812	35.421	36.435
- WE Beverage 22,5 %	9.727	8.451	12.016	11.012	12.261	12.609
- CO2 etc.	150	150	150	150	150	150
Personalkosten						
- Löhne/Gehälter	48.100	48.100	48.100	48.100	51.180	51.180
- SV, LST, Sachzuwendungen	14.430	14.430	14.430	14.430	15.354	15.354
Raumkosten						
- Mieten	8.636	8.636	8.636	8.636	8.636	8.636
- Energiekosten (Strom/ Gas/Wasser)	1.500	1.500	1.500	1.500	1.500	1.500
- Miete BGA				10.250	10.250	10.250
- Instandhaltung	500	500	500	500	500	500
- Dekoration	500	500	500	500	500	500
Versicherungen						
- Gema	1.000			1.000		
- Versicherungen	1.000			1.000		
- Beiträge	600					
Kfz-Kosten						
- Leasing	500	500	500	500	500	500
- Betriebskosten	150	150	150	150	150	150
Werbe-/Reisekosten						
- Telekommunikation	150	150	150	150	150	150
- Marketing, Social Media	1.000	1.000	1.000	1.000	1.000	1.000

Kosten Warenabgabe						
-DJ	0	0	0	0	0	0
-Technik	250	250	250	250	250	250
Abschreibung						
Reparatur/Instandhaltung						
-Reinigung	4.000	4.000	4.000	4.000	4.000	4.000
-Hygiene	250	250	250	250	250	250
-Abfall	500	500	500	500	500	500
-Schädlingsbekämpfung	100	100	100	100	100	100
-Reparaturen/Wartung	500	500	500	500	500	500
Sonstige Kosten						
-Telefon/Porto	100	100	100	100	100	100
-Rechts- & Beratungskosten (alles)	2.500	2.500	2.500	2.500	2.500	2.500
-Betriebsbedarf	1.500	1.500	1.500	1.500	1.500	1.500
-NK Geldverkehr inkl. Terminals	200	200	200	200	200	200
Steuerzahlungen (Vorauszahlung)		500	500		500	500
Summe Cash Out	125.942	118.882	131.482	140.590	147.952	149.303

Das zum Einsatz gebrachte Tabellenkalkulationsprogramm addiert die Zahlungsausgänge monatlich auf, das Ergebnis ist in der Zeile „Summe Cash Out" abgebildet. Dem versierten BWA-Leser fällt an dieser Stelle sicherlich sofort auf, dass die Reihenfolge dem Aufbau aus einer kurzfristigen Erfolgsrechnung (hier im SKR 03) entspricht. Diese Aufbauart hat sich bewährt, denn auch Steuerberater, Banker etc. nutzen diesen Aufbau, so dass die Zahlen auch für einen sachverständigen Dritten schnell nachzuvollziehen sind.

Schritt 4:

Vom Startsaldo wird das Ergebnis aus Schritt 2 addiert und das Ergebnis aus Schritt 3 subtrahiert. Das Ergebnis entspricht dem Periodenergebnis wird hiernach als Startsaldo für die Folgeperiode genommen.

Zahlenwerte ohne Nachkommastellen in Euro – Liquiditätsplanung Muster Restaurant GmbH						
	01 25	02 25	03 25	04 25	05 25	06 25
	€	€	€	€	€	€
I. Liquide Mittel						
Kasse/Bank	0	-2.429	-13.993	3.500	2.743	10.487
II. Zahlungs-eingänge						
Summe Cash In	123.513	107.318	148.975	139.832	155.697	160.108
III. Zahlungs-ausgänge						
Summe Cash Out	125.942	118.882	131.482	140.590	147.952	149.303
Monats-Über-/ Unterdeckung	-2.429	-11.564	17.493	-758	7.745	10.805
IV. Über-/Unter-deckung kumuliert	-2.429	-13.993	3.500	-2.743	10.487	21.292
Kreditlinie		0	0	0	0	0
V. Kreditlinienüber-ziehung	2.429	13.993				

Aus Gründen der Übersichtlichkeit wird in den vorstehenden Tabellen lediglich ein halbes Jahr abgebildet, die Jahreswerte in der Tabelle in Rz. 44 beziehen sich dann auf 12 Monate. Für das Jahr 2025 wurde im zweiten Halbjahr ein Faktor von 2,3 angesetzt, in 2026 eine Steigerung von 10 %, in 2027 und 2028 von 2 %.

Mit Hilfe von farblichen Visualisierungstools der Tabellenkalkulationsprogramme lassen sich so übersichtliche Gesamttabellen abbilden. 43

Aus der Liquiditätsplanung lässt sich dann auch schnell eine „Plan-, Gewinn- und Verlustrechnung" inklusive überschlägiger Steuerberechnung für das Unternehmen erstellen: 44

- Der Ertrag, bestehend aus Umsatzerlösen und sonstigen Erträgen, ergibt sich aus der Addition der zwölf Monate eines Jahres aus der Liquiditätsplanung (Schritt 2, 5 etc.).

- Der Wareneinkauf und die sonstigen Aufwendungen ergeben sich ebenfalls aus der Addition der zwölf Monate eines Jahres aus der Liquiditätsplanung (Schritt 3, 6 etc.).
- Hiernach folgend die Auswertung des Betriebsergebnisses

EBITDA	Earnings before interest, taxes, depreciation and amortization (Ergebnis vor Zinsen, Steuern, Abschreibungen und Abschreibungen auf immaterielle Vermögenswerte)
EBITA	Ergebnis vor Zinsen, Steuern und Abschreibungen auf immaterielle Vermögenswerte
EBIT	Gewinn vor Zinsen und Steuern
EBT	Gewinn vor Steuern
EAT	Gewinn nach Steuern

	2025 €	**2026 €**	**2027 €**	**2028 €**
Ertrag				
Umsatzerlöse	1.902.192,00	2.092.411,20	2.134.259,42	2.176.944,61
Sonstige Erlöse, WKZ		10.000,00		
Summe Erträge	**1.902.192,00**	**2.102.411,20**	**2.134.259,42**	**2.176.944,61**
Wareneinkauf	**588.102,50**	**646.912,75**	**679.258,38**	**713.221,30**
Aufwand				
Personal	766.376,00	843.013,60	859.873,87	877.071,35
Material	7.800,00	8.580,00	8.751,60	8.926,63
Mieten	189.132,00	189.132,00	193.860,30	193.860,30
Sonstiger Aufwand	149.600,00	164.560,00	167.851,20	171.208,22
Summe Aufwand	**1.112.908,00**	**1.205.285,60**	**1.230.336,97**	**1.251.066,51**
EBITDA	**201.181,50**	**250.212,85**	**224.664,07**	**212.656,80**
bestehende AfA, lt. Stb 2025 (in Auswertung nur kalkulatorisch)	36.000,00	36.000,00	36.000,00	36.000,00
AfA Kaufpreis 250 TEUR, 8 J.	31.250,00	31.250,00	31.250,00	31.250,00

AfA Einrichtung neu, 300 TEUR, 5 J.	60.000,00	60.000,00	60.000,00	60.000,00
GwG	50.000,00	10.000,00	5.000,00	5.000,00
EBIT	**23.931,50**	**112.962,85**	**92.414,07**	**80.406,80**
Zinsaufwand	12.500,00	34.500,00	30.736,00	27.400.00
EBT	**11.431,50**	**78.462,85**	**61.678,07**	**53.006,80**
Steuern (35 % KSt + GewSt)	4.001,93	27.462,00	21.587,32	18.552,38
EAT	**7.430,48**	**51.000,86**	**40.090,74**	**34.454,42**

Wenn der Gastronom bei der Erstellung seines Liquiditätsplans wie beschrieben 45
vorgeht und seine Zahlen sorgfältig aufarbeitet, hat er gleich mehrere Vorteile:

- Ein genauer Liquiditätsplan lässt einen sorgfältigen Blick in die Zukunft zu. Wenn finanzielle Engpässe erwartet werden, können diese in die Plantabelle eingepflegt werden, Auswirkungen auf die Liquidität der kommenden Monate werden sofort sichtbar. Die Berechnung anhand der „Pi-mal-Daumen"-Formel wird überflüssig.
- Ein genauer Liquiditätsplan lässt eine Prognose zu. Oft werden Auswirkungen von Einsparungen im Waren- oder Personalbereich verkannt. Wird hier beispielsweise der Wareneinsatz um ein oder zwei Prozentpunkte gesenkt, ist diese Verbesserung schnell in Euro messbar. Oft werden auch unnötig hohe Kosten aufgedeckt, die sich durch Sparmaßnahmen senken lassen und somit die Liquidität des Unternehmens, und somit langfristig auch den Gewinn, erhöhen.
- Ein sorgfältig aufgearbeiteter Liquiditätsplan schlüsselt sämtliche Einnahmen und Ausgaben des Unternehmens auf und gibt einen guten Überblick über die Kostenstruktur.

- Da ein Liquiditätsplan ein wichtiger Bestandteil eines Businessplans ist, kann hierdurch auch ein möglicher Kapitalbedarf des Unternehmens berechnet werden; das Gleiche gilt auch für die Rückführung der Gelder aus dem eingebrachten Kapital.
- Und zu guter Letzt zeigt ein guter und aussagekräftiger Liquiditätsplan das was Dritte erwarten: Der Unternehmer beschäftigt sich mit seinem Unternehmen und seinen Zahlen.

46–50 (*Einstweilen frei*)

Kapitel B: Finanzbuchhaltung in der Gastronomie

I. Buchführungs- und Aufzeichnungspflichten

1. Die so genannte „abgeleitete“ Buchführungspflicht

Gesetzeswortlaut: § 140 AO 51

Wie sich dem Gesetzeswortlaut entnehmen lässt, gelten außersteuerliche Auf- 52
zeichnungs- und Aufbewahrungspflichten auch für das Steuerrecht. Dies bedeutet, dass z. B. Gastronomen bzw. Gastronomiebetriebe, die handelsrechtlich als Kaufmann zu betrachten sind (z. B. Kaufleute i. S. des §§ 1, 2 HGB sowie Personen- oder Kapitalgesellschaften, wie z. B. OHG, KG, UG oder GmbH, sog. „Formkaufleute“ – § 6 HGB), für steuerliche Zwecke auch die handelsrechtlichen Aufzeichnungs- und Buchführungsvorschriften beachten müssen.

HINWEIS:

Auch wenn sich nach dem Handelsrecht eine grundsätzliche Buchführungspflicht (§ 238 HGB) für Kaufleute i. S. der §§ 1, 2 HGB ergibt, können bestimmte Einzelkaufleute von dieser nach § 241a HGB befreit sein. Voraussetzung ist das Unterschreiten der Grenze von jeweils 800.000 € Umsatzerlös und 80.000 € Jahresüberschuss in zwei aufeinander folgenden Geschäftsjahren oder in Fällen der Neugründung. In diesen Fällen ergibt sich keine steuerliche Buchführungspflicht nach § 140 AO, vielmehr ist in diesen Fällen eine steuerliche Buchführungspflicht nach § 141 AO zu prüfen.

Auch wenn die Grenzen des HGB und der AO betragsmäßig gleich sind, reicht es nach § 141 AO aus, wenn bereits eine dieser Grenzen überschritten wurde (Hinweis auf Gesetzeswortlaut „oder" statt „und").

Aber auch aus anderen Bereichen ergeben sich entsprechende Aufzeichnungs- 53
verpflichtungen (hier: beispielhafte Aufzählung):

- Allgemeines: 54

  Gastronomiebetriebe müssen sich bei den Gemeinden anmelden. Es müssen Unterlagen abgegeben werden, aus denen sich die Geschäftstätigkeit, die Art des Gewerbes, die Betriebsstätte und der/die Inhaber ergeben [siehe auch Gewerbeordnung]. Auch Genehmigungen und Erlaubnisse (z. B. Ausschankerlaubnis für Alkohol) sind aufzuzeichnen und aufzubewahren (= Bestandteile der Verfahrensdokumentation, siehe Kapitel E).

55 ► Personalbereich:

Es sind Aufzeichnungen zu führen über Mitarbeiter, und zwar: Arbeitsverträge, Lohnabrechnungen, Stundenaufzeichnungen, Belehrung der Mitarbeiter über die Mitführungspflicht von Ausweisen u.a. im Gastronomiegewerbe (siehe Kapitel D) etc. (vgl. Mindestlohngesetz, Schwarzarbeitsbekämpfungsgesetz etc.).

HINWEIS:

Ein Merkblatt des Zolls zu den „Prüfungen der Finanzkontrolle Schwarzarbeit der Zollverwaltung in Hotellerie und Gastronomie" findet sich unter: https://www.zoll.de/SharedDocs/Downloads/DE/FormulareMerkblaetter/Arbeit/Bekaempfung-Schwarzarbeit-illegale-Beschaeftigung/hotel_gastronomie.pdf?__blob=publicationFile&v=2.

56 ► Sonstiges:

Weitere Gesetze, die neben den steuerlichen Aufzeichnungs- und Aufbewahrungspflichten zu beachten sind: Gaststättengesetz, Geldwäschegesetz, Spieleverordnung, Preisangabeverordnung (PAngV) etc. (siehe Rz. 23 ff.).

BEISPIEL: § 13 PAngV verpflichtet Gastronomiebetriebe in Speise- und Getränkekarten genau ihre Preise anzugeben, und zwar inkl. Umsatzsteuer, Bedienungsgelder und sonstiger Preisbestandteile, die vom Gast zu zahlen sind. Diese Speise- und Getränkekarten sind zehn Jahre für steuerliche Zwecke aufzubewahren.

2. Die so genannte „originäre" steuerliche Buchführungspflicht

57 Gesetzeswortlaut: § 141 AO

Gastronomische Unternehmen in Form eines Einzelunternehmens erzielen steuerlich Einkünfte aus Gewerbebetrieb (§ 15 EStG). Sollten diese einen Umsatz von mehr als 800.000 € oder einen Gewinn von mehr als 80.000 € erwirtschaften, müssen diese Unternehmen nach dem o.g. § 141 AO steuerliche Jahresabschlüsse erstellen (Steuerbilanzen & Gewinn- und Verlustrechnungen). Hier ist die schriftliche Aufforderung durch die Finanzbehörden zum Beginn der Buchführungspflicht ab dem auf die Mitteilung folgenden Wirtschaftsjahres maßgeblich (§ 141 Abs. 2 AO). In der Praxis kann diese Aufforderung z. B. auch in den Erläuterungen eines Steuerbescheides enthalten sein.

3. Freiwillige Aufzeichnungen

Es ist zulässig, freiwillig Bücher zu führen (z. B. auf Wunsch der Banken oder zur besseren eigenen Übersicht), auch wenn vorgenannte Grenzen des § 141 AO *unter*schritten werden. Jedoch sind dabei die Grundsätze der steuerlichen Buchführungsregelungen (§§ 4 Abs. 1 Satz 1, 5 Abs. 1 EStG) zu beachten. 58

HINWEIS:

Ein freiwilliger Wechsel zur Buchführung ist in der Regel für drei Jahre bindend.[1] Damit soll auch ein willkürliches Hin- und Herwechseln zwischen den verschiedenen Gewinnermittlungsarten verhindert werden.

Darüber hinaus können und sollten unternehmensbedingt erforderliche Aufzeichnungen aber auch freiwillig geführt werden. 59

Diese müssen nur dann im Rahmen von steuerlichen Außenprüfungen oder Kassen-Nachschauen vorgelegt werden, wenn diese zum Verständnis und zur Überprüfung der für die Besteuerung gesetzlich vorgeschriebenen Aufzeichnungen von Bedeutung sind. Das Erstqualifizierungsrecht, was steuerlich relevant ist, hat der Unternehmer bzw. die Unternehmerin. Das so ausgeübte Erstqualifizierungsrecht wird dann von den Prüfern der Finanzbehörden überprüft. 60

Aufbewahrt werden müssen nur die Bücher und Aufzeichnungen, für die eine steuergesetzliche Aufzeichnungspflicht besteht (näheres dazu im Folgenden, s. Abb. 1). 61

ABB 1: Grundsatz der Akzessorietät[2]

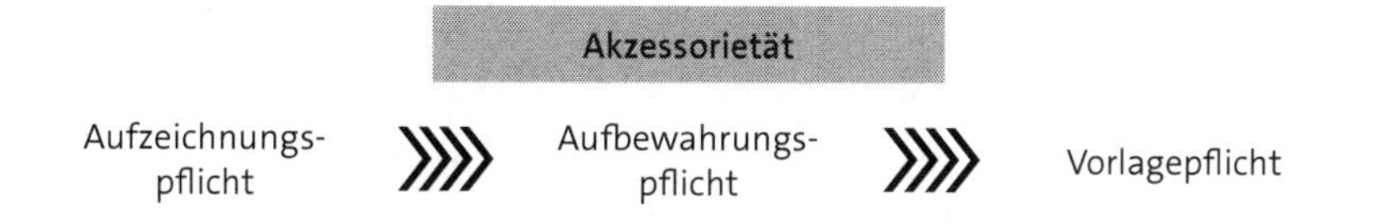

1 R 4.6 EStR (zu § 4 EStG).

2 BFH, Urteil v. 24.6.2009 - VIII R 80/06, BStBl 2010 II S. 432.

62 In seinem Urteil v. 24.6.2009 hat der BFH klar gemacht, dass freiwillig geführte Aufzeichnungen nur dann vorgelegt werden müssen, wenn es eine gesetzliche Aufzeichnungspflicht und daraus ableitend, auch eine Aufbewahrungspflicht gibt.

4. Weitere wichtige steuerliche Aufzeichnungsvorschriften

63 Neben den bereits genannten Vorschriften sind insbesondere die folgenden steuerlichen Gesetzesvorschriften zu beachten:

Gesetzeswortlaut: § 143 AO
Genaue Aufzeichnung des Wareneingangs.
Beachte:
Bei Gewerbetreibenden, die verpflichtet sind Bücher zu führen (§§ 140, 141 AO) oder freiwillig Bücher führen, ist es ausreichend, wenn sich die geforderten Angaben aus der Buchführung ergeben (§ 143 AO).[3]

Gesetzeswortlaut: § 22 UStG
Umsatzsteuerliche Aufzeichnungspflichten, die über die AO-rechtlichen Aufzeichnungsregelungen hinausgehen, da sie keine Ausnahmeregelung enthalten.

Gesetzeswortlaut: 63 UStDV
Diese Vorschrift ist immer dann von Bedeutung, wenn Unternehmen, die Umsätze zu 7 % & 19 % Umsatzsteuer erwirtschaften und eine erleichterte Trennung der Entgelte beantragen wollen.

3 AEAO Nr. 2 zu § 143.

5. Allgemeine Anforderungen an Buchführung und Aufzeichnungen

Gesetzeswortlaut: § 145 AO 64

- Die Verarbeitung der einzelnen Geschäftsvorfälle sowie das dabei angewandte Buchführungs- oder Aufzeichnungsverfahren müssen nachvollziehbar sein.
- Die Buchungen und die sonst erforderlichen Aufzeichnungen müssen durch einen (e)Beleg nachgewiesen sein oder nachgewiesen werden können.
  - Handschriftlicher Beleg = manuelle Grundaufzeichnungen (z. B. bei der Kassenführung mittels offener Ladenkasse und Einzelaufzeichnungspflicht).
  - Digitaler/elektronischer Beleg = digitale Grundaufzeichnungen (z. B. bei Nutzung von elektronischen Aufzeichnungssystemen).

Bei der **doppelten Buchführung** ist von Bedeutung, dass zu jeder Buchung ein Beleg vorhanden ist. Im Zeitalter der Digitalisierung sind auch digitale Grundaufzeichnungen als „Beleg" zu sehen. 65

ABB 2: Progressive Prüfung bei Nutzung eines elektronischen Aufzeichnungssystems

Die retrograde Prüfung verläuft umgekehrt.

(*Einstweilen frei*) 66–70

II. Ordnungsvorschriften für die Buchführung und für Aufzeichnungen

71 Die steuergesetzlichen Ordnungsvorschriften für die Buchführung und für Aufzeichnungen finden sich in § 146 Abs. 1 Satz 1 AO.

Gesetzeswortlaut: § 146 AO

72 Aus dem Gesetzeswortlaut (§ 146 Abs. 1 Satz 1 AO) ergibt sich, dass die Buchungen und die sonst erforderlichen Aufzeichnungen einzeln, vollständig, richtig, zeitgerecht und geordnet vorzunehmen sind.

73 Daraus ergeben sich die folgenden Grundsätze, die durch folgende Verwaltungsanweisungen näher erläutert werden:

- AEAO zu § 146 AO und
- Grundsätze zur ordnungsmäßigen Führung und Aufbewahrung von Büchern, Aufzeichnungen und Unterlagen in elektronischer Form sowie zum Datenzugriff (GoBD).[4]

4 BMF, Schreiben v. 28.11.2019 - IV A 4 S 0316/19/10003 :001, BStBl 2019 I S. 1269; zuletzt geändert durch BMF, Schreiben v. 11.3.2024 - IV D 2 - S 0316/21/10001 :002, BStBl 2024 I S. 374.

ABB 3: Die wesentlichen Grundsätze der GoBD

1. Grundsatz der Vollständigkeit

- Die Geschäftsvorfälle sind vollzählig und lückenlos (= vollständig) aufzuzeichnen. 74
- Es besteht der **Grundsatz der Einzelaufzeichnungspflicht.**

In der Gastronomie gilt grundsätzlich die Verpflichtung, jeden Geschäftsvorfall einzeln aufzuzeichnen.

Diese Einzelaufzeichnungsverpflichtung ergibt sich für 75

- Kaufleute aus § 140 AO i. V. m. § 238 Abs. 1 Satz 3 HGB,
- Bilanzierer (§ 141 AO oder freiwillig) aus § 146 Abs. 1 Satz 1 AO, bei Nutzung eines elektronischen Aufzeichnungssystems (eAS) auch aus § 146a Abs. 1 Satz 1 AO,
- Gastronomen, die ihren Gewinn durch Einnahmenüberschussrechnung (§ 4 Abs. 3 EStG) ermitteln aus § 146 Abs. 1 Satz 1 AO, bei Nutzung von eAS auch aus § 146a Abs. 1 Satz 1 AO.

76 Darüber hinaus ist zu beachten, dass Gastronomiebetreiber auch umsatzsteuerrechtliche Unternehmer sind (§ 2 UStG) und sich daraus auch eine Einzelaufzeichnungspflicht nach § 22 UStG i. V. m. § 63 UStDV ergibt. Für die umsatzsteuerrechtliche Einzelaufzeichnungspflicht ist die Art der Gewinnermittlung ohne Bedeutung.

77 Leider wird im Gesetz nicht erläutert, wie einzeln aufzuzeichnen ist.[5] Aus Sicht der Finanzbehörden[6] müssen Geschäftsvorfälle in der Gastronomie folgende Bestandteile aufweisen:

ABB 4: Was ist einzeln aufzuzeichnen?

Datum und Zeitpunkt des Umsatzes.

Eindeutige Bezeichnung des verkauften Artikels bzw.
die eindeutige Bezeichnung der erbrachten Dienstleistung.

Die verkaufte Anzahl bzw. Menge.

Der endgültige Einzel(verkaufs)preis.

Der gesetzliche Umsatzsteuersatz (z.B. 19% bzw. 7%)
und der Umsatzsteuerbetrag.

Vereinbarte Preisminderungen. *Beispiele: Seniorenrabatt, Kinderrabatt, Personalessen, Mängelrabatte, Mengenrabatte etc.*

Die tatsächliche Zahlungsart!
[Bar] oder [Unbar]

78 Von den Finanzbehörden wird nicht beanstandet, wenn die Kundendaten (Name und Anschrift) nicht aufgezeichnet werden, sofern diese nicht zur Nachvollziehbarkeit und Nachprüfbarkeit des Geschäftsvorfalls benötigt werden.[7]

79 Bei Nutzung von elektronischen Aufzeichnungssystemen (eAS) ergibt sich die Detailtiefe der Artikelprogrammierung aus den Speise- und Getränkekarten des jeweiligen gastronomischen Betriebs.

5 Jope/Teutemacher, BBK 2023 S. 543.
6 AEAO zu § 146, Nr. 2.1.1.
7 AEAO zu § 146, Nr. 2.1.5.

BEISPIEL: Das folgende Beispiel zeigt die Detailtiefe einer Artikelprogrammierung eines italienischen Restaurants (nur auszugsweise dargestellt).

Ausgangspunkt ist dabei die Getränke- und Speisekarte. [Hinweis: Dieses Beispiel kann aber auch auf andere gastronomische Betriebe übertragen werden.]

TAB. 1: Auszug aus der Artikelprogrammierung eines italienischen Restaurants

Hauptgruppen	Warengruppen	Artikel	Preis
Speisen	Antipasti	Vitello Tonnato	14,50 €
		Carpaccio Di Manzo	14,50 €
		Bruschetta	8,50 €
		Bufala e pomodori	15,00 €
	Insalatone	Classica	10,00 €
		Pomodori	9,00 €
		Rucola e Grana	14,00 €
		Al Tonno	11,50 €
	Pasta	Spaghetti Bolognese	11,50 €
		Penne all Arrabbiata	15,00 €
		Lasagne Tradizionale	17,50 €
		Cannelloni Al Salmone	19,50 €
Getränke	Alkoholfreie Getränke	San Pellegrino 0,25 l Flasche	4,00 €
		San Pellegrino 0,75 l Flasche	10,00 €
		Coca-Cola, Fanta, Sprite 0,2 l	3,50 €
		Coca-Cola, Fanta, Sprite 0,4 l	5,00 €
	Weißweine	Chardonnay 0,2 l Glas	7,50 €
		Chardonnay 0,75 l Flasche	25,00 €
		Sauvignon Blanc 0,2 l Glas	7,50 €
		Sauvignon Blanc 0,75 l Flasche	25,00 €

PRAXISHINWEIS:

Eine reine Warengruppenprogrammierung wird von den Finanzbehörden nur zugelassen, wenn Waren mit demselben Einzelverkaufspreis in einer Warengruppe zusammengefasst werden und die verkaufte Menge bzw. Anzahl aus den digitalen Aufzeichnungen ersichtlich ist.[8]

2. Grundsatz der Richtigkeit

80 Geschäftsvorfälle sind in Übereinstimmung mit den tatsächlichen Verhältnissen und im Einklang mit den rechtlichen Vorschriften (hier sind insbesondere zu beachten: § 239 Abs. 2 HGB, §§ 145, 146, 146a AO) inhaltlich zutreffend durch digitale Einzelaufzeichnungen (= Grundaufzeichnungen = Belege) im Betrieb abzubilden, der Wahrheit entsprechend aufzuzeichnen und bei kontenmäßiger Abbildung zutreffend zu kontieren.[9]

ABB 5: Ebenen der Aufzeichnungen und Verbuchungen

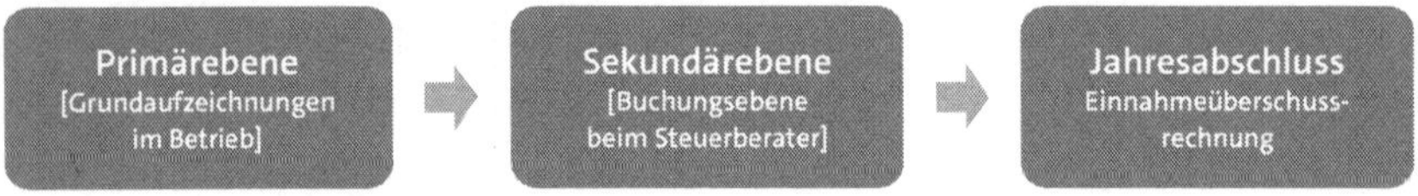

81 Besonders zu beachten ist dabei die richtige Aufzeichnung der Zahlungsart. Vielfach werden in der Gastronomie unbare Geschäftsvorfälle als „BAR"-Umsatz aufgezeichnet, obwohl der Gast unbar gezahlt hat. Diese Form der Aufzeichnung widerspricht dem Grundsatz der Einzelaufzeichnungspflicht.

3. Grundsatz der zeitgerechten Buchung

82 Das Erfordernis „zeitgerecht" zu buchen verlangt, dass ein zeitlicher Zusammenhang zwischen den Vorgängen und ihrer buchmäßigen Erfassung besteht.[10] Das bedeutet, dass jeder Geschäftsvorfall zeitnah, d. h. möglichst unmittelbar nach seiner Entstehung in einer (digitalen) Grundaufzeichnung oder in einem Grundbuch zu erfassen ist.

8 AEAO zu § 146, Tz. 2.1.3.

9 BFH, Urteil v. 24.6.1997, BStBl 1998 II S. 51 sowie Rz. 44 GoBD BMF, Schreiben v. 28.11.2019 - IV A 4 S 0316/19/10003 :001, BStBl 2019 I S. 1269.

10 BFH, Urteil v. 25.3.1992 - I R 69/91, BStBl 1992 II S. 1010; BFH, Urteil v. 5.3.1965 - VI 154/63 U, NWB AAAAB-48537 sowie Rz. 45 GoBD BMF, Schreiben v. 28.11.2019 zuletzt geändert durch BMF-Schreiben v. 11.3.2024 - IV D 2 - S 0316/21/10001 :002, BStBl 2024 I S. 374.

Gesetzlich vorgeschrieben ist, dass Kasseneinnahmen und Kassenausgaben täglich festgehalten werden (§ 146 Abs. 1 Satz 2 AO). 83

4. Grundsatz der Klarheit und Ordnung

Der Grundsatz der Klarheit verlangt u. a. eine systematische Aufzeichnung der Geschäftsvorfälle und übersichtliche, eindeutige und nachvollziehbare Buchungen.[11] 84

In der Gastronomie sollten in Bezug auf die Klarheit und Ordnung folgende Grundsätze beachtet werden: 85

- Getrennte Erfassung von baren und unbaren Geschäftsvorfällen.[12]
- Gesonderte Erfassung von Trinkgeldern (Arbeitnehmer und Unternehmer).
- Gesonderte Aufzeichnung von Gutscheinen.
- Dokumentationen zu Diebstahl und Unterschlagung.
- Aufzeichnung von Stornobuchungen bei Nutzung von eAS.
- Aufzeichnungen von entgeltgeminderten oder unentgeltlichen Warenabgaben.

Der Grundsatz der Klarheit und Ordnung gilt nicht nur für bilanzierende Unternehmen, sondern auch bei der Einnahmenüberschussrechnung nach § 4 Abs. 3 AO. 86

5. Grundsatz der Unveränderbarkeit

Nach dem Wortlaut des Gesetzes darf eine Aufzeichnung oder eine Buchung nicht in einer Weise verändert werden, dass der ursprüngliche Inhalt nicht mehr feststellbar ist. 87

Dies gilt sowohl bei der Kassenführung mittels offener Ladenkasse (OLK) als auch bei Nutzung von elektronischen Aufzeichnungssystemen (eAS). 88

Beim Einsatz von eAS i. S. des § 146a Abs. 1 Satz 1 AO i. V. m. § 1 KassenSichV wird der Grundsatz der Unveränderbarkeit dadurch gewährleistet, dass seit dem 1.1.2020 (tatsächlich aber erst seit dem 1.4.2021) nur noch eAS im Einsatz sein dürfen, die über eine gültige vom Bundesamt für Sicherheit in der Informationstechnik (BSI) zertifizierte technische Sicherheitseinrichtung (TSE) ver- 89

11 Rz 53 GoBD BMF, Schreiben v. 28.11.2019 - IV A 4 - S 0316/19/10003 :001, BStBl 2019 I S. 1269 zuletzt geändert durch BMF, Schreiben v. 11.3.2024 - IV D 2 - S 0316/21/10001 :002, BStBl 2024 I S. 374.

12 Ausführlich Teutemacher/Krullmann, Handbuch zur Kassenführung, 4. Aufl., Herne 2023, S. 51 ff.

fügen. Denn dadurch wird sichergestellt, dass das eAS und die digitalen Aufzeichnungen (Geschäftsvorfälle und sonstige Vorgänge) geschützt werden.

90 Werden darüber hinaus auch die weiteren Vorgaben des Gesetzes zum Schutz vor Manipulationen an digitalen Grundaufzeichnungen eingehalten wie

- Einzelaufzeichnungspflicht,
- TSE-Pflicht,
- Belegausgabepflicht und
- Mitteilungspflicht,

kann davon ausgegangen werden, dass der Grundsatz der Unveränderbarkeit eingehalten wurde.[13]

91 Die Wahrung der Unveränderbarkeit ist auch unerlässlich bei den ab 2025 eingeführten E-Rechnungen (= „Datensatz"; vgl. auch Rz. 169 ff.) und das für die Dauer der gesetzlichen Aufbewahrungsfristen.

In der Gastronomie betrifft dieses vor allem elektronisch empfangene E-Rechnungen, z. B. Einkauf beim Großhändler, als auch etwaige selbst ausgestellte E-Rechnungen, z. B. für die Bewirtung betrieblicher Veranstaltungen von Unternehmen.

92–97 (*Einstweilen frei*)

III. Wahl des Kontenrahmens

98 In einem gemeinsamen Gespräch mit dem Steuerberater sollte entschieden werden, welche Sachkonten für das Unternehmen von Bedeutung sind.

99 Ein **Kontenrahmen** ist ein systematisches Verzeichnis aller Buchungskonten, die in einem gastronomischen Unternehmen Verwendung finden können. Der dann für das jeweilige Unternehmen erstellte **Kontenplan**, ist ein individuell auf das Unternehmen erstelltes, systematisches Verzeichnis, der am häufigsten benötigten Konten.

BEISPIEL FÜR EINEN SPEZIELLEN KONTENRAHMEN: DATEV-Kontenrahmen, Branchenpaket für Hotels und Gaststätten (auf Basis SKR 03 oder – hier – SKR 04).

100 Solche Branchen-Kontenrahmen zeichnen sich dadurch aus, dass sie schon spezielle Sachkonten enthalten, die für gastronomische Betriebe von Bedeutung sind.

13 Siehe auch Krullmann/Teutemacher, BBK 2024 S. 883.

Beispiele für solche Sachkonten (hier nur Auszüge): 101

Kontonummer	Bezeichnung
1140 20	Bestand Lebensmittel
1140 25	Bestand Kaffee, Tee, Kakao
1140 30	Bestand Getränke
1140 31	Bestand Bier
1140 32	Bestand alkoholfreie Getränke
1140 33	Bestand Wein, Sekt
1140 34	Bestand Spirituosen
4300 75	Erlöse Kaffee, Tee, Kakao außer Haus 7 %
4300 76	Erlöse Essensverkauf außer Haus 7 %
4400 31	Erlöse Bier 19 %
4400 32	Erlöse alkoholfreie Getränke 19 %
4400 33	Erlöse Wein, Sekt 19 %
4400 34	Erlöse Spirituosen 19 %
4400 71	Erlöse Bier außer Haus 19 %
4400 72	Erlöse alkoholfreie Getränke außer Haus 19 %
4620 20	Entnahmen Speisen durch Unternehmer 19 %
4620 30	Entnahmen Getränke durch Unternehmer 19 %
5000 20	Wareneinkauf Lebensmittel 7 % Vorsteuer
5000 25	Wareneinkauf Kaffee 7 % Vorsteuer
5200 30	Wareneingang Getränke 19 % Vorsteuer
5200 31	Wareneingang Bier 19 % Vorsteuer
5200 32	Wareneingang alkoholfreie Getränke 19 % Vorsteuer
5200 33	Wareneingang Wein, Sekt 19 % Vorsteuer

In der Praxis empfiehlt es sich, detailliert die Sachkonten zu nutzen und auch 102
tatsächlich zu „bebuchen". In der heutigen Zeit ist es auch für Gastronomen von Bedeutung, dass diese vernünftig und auskömmlich kalkulieren. Dabei hilft auch ein richtig ausgewählter Kontenrahmen.

(*Einstweilen frei*) 103–108

IV. Die umsatzsteuerlichen Besonderheiten in der Gastronomie

1. Definition Restaurant- und Verpflegungsdienstleistungen

109 Nach Art. 6 der Mehrwertsteuerverordnung (MwStDVO[14]) werden Restaurant- und Verpflegungsdienstleistungen wie folgt definiert:

(1) Als Restaurant- und Verpflegungsdienstleistungen gelten die Abgabe zubereiteter oder nicht zubereiteter Speisen und/oder Getränke, zusammen mit ausreichenden unterstützenden Dienstleistungen, die deren sofortigen Verzehr ermöglichen. Die Abgabe von Speisen und/oder Getränken ist nur eine Komponente der gesamten Leistung, bei der der Dienstleistungsanteil überwiegt. Restaurantdienstleistungen sind die Erbringung solcher Dienstleistungen in den Räumlichkeiten des Dienstleistungserbringers und Verpflegungsdienstleistungen sind die Erbringung solcher Dienstleistungen an einem anderen Ort als den Räumlichkeiten des Dienstleistungserbringers.

(2) Die Abgabe von zubereiteten oder nicht zubereiteten Speisen und/oder Getränken mit oder ohne Beförderung, jedoch ohne andere unterstützende Dienstleistungen, gilt nicht als Restaurant- oder Verpflegungsdienstleistung im Sinne des Absatzes 1.

2. Lieferungen und sonstige Leistungen

110 Der Gesetzeswortlaut: § 3 UStG

Das deutsche Umsatzsteuerrecht unterscheidet zwei Formen von Leistungen:

- Lieferungen (§ 3 Abs. 1 UStG) und
- sonstige Leistungen (§ 3 Abs. 9 UStG)

14 Durchführungsverordnung (EU) Nr. 282/2011 des Rates vom 15.3.2011 zur Festlegung von Durchführungsvorschriften zur Richtlinie 2006/112/E über das gemeinsame Mehrwertsteuersystem.

Lieferungen liegen dann vor, wenn ein Unternehmer den Abnehmer (Kunden) befähigt, im eigenen Namen über einen Gegenstand zu verfügen. Man spricht von Verschaffung der Verfügungsmacht (§ 3 Abs. 1 UStG). 111

BEISPIELE:

- Bei einem Stadtfest verkauft ein Gastronom Würstchen im Brötchen. Der Verkauf eines jeden Brötchens wäre umsatzsteuerrechtlich jeweils eine Lieferung.
- Ein Catering-Unternehmen liefert ausschließlich warme und kalte Speisen an seine Kunden. Geschirr, Bestecke etc. werden nicht zur Verfügung gestellt.

Sonstige Leistungen sind alle Leistungen, die keine Lieferungen sind (§ 3 Abs. 9 UStG). 112

BEISPIELE:

- Dienstleistungen im gastronomischen Bereich sind Service und Bedienung, Vermietung von Räumlichkeiten etc.
- Ein Catering-Unternehmen stellt ausschließlich Geschirr, Besteck und Gläser für eine größere Veranstaltung gegen Entgelt zur Verfügung.

In vielen Bereichen der Gastronomie kommt es zu einem Zusammenspiel von verschiedenartigen Leistungen. So werden in einem Restaurant Speisen oder Getränke hergestellt und verkauft (= Lieferungen). Gleichzeitig werden dem Gast sonstige Leistungen angeboten, in dem Kellnerinnen und Kellner das Essen und die Getränke an die Tische der Gäste bringen (= sonstige Leistungen). 113

Dies zu verstehen ist von besonderer Bedeutung, weil sich daran auch die jeweiligen umsatzsteuerlichen Steuersätze ausrichten. Bei Nutzung elektronischer Aufzeichnungssysteme (eAS) kommt es in diesem Zusammenhang auch auf die richtige Programmierung und die anschließend richtige, getrennte Eingabe von Lieferungen und sonstigen Leistungen an; idealerweise sind den einzelnen Positionen dann auch die richtigen Umsatzsteuerschlüssel zugeordnet worden. 114

Des Weiteren ist darauf zu achten, an welchem Ort die jeweilige Leistung erbracht wird. Hier wird unterschieden zwischen „*Im Haus*"-Umsätzen (aktuell noch Regelsteuersatz 19 %) und „*Außer Haus*"-Umsätzen (bei Getränkelieferungen und Dienstleistungen in der Regel 19 %, bei Warenlieferungen 7 %). Aufgrund der aus dem aktuellen Koalitionsvertrag für die 21. Legislaturperiode zu erwartenden Ermäßigung der Umsatzsteuer für Speisen in der Gastronomie auf 7 % sollte der Gastronom rechtzeitig vor dem Jahreswechsel mit seinem Kassenfachhändler die notwendigen Änderungen in der Programmierung besprechen. 115

3. Die umsatzsteuerlichen Aufzeichnungspflichten

116 Der Gesetzeswortlaut: § 22 UStG

Neben den generellen Aufzeichnungspflichten in der Abgabenordung (§§ 140 bis 148 AO) sind zusätzlich auch die umsatzsteuerlichen Aufzeichnungspflichten zu beachten.

117 Nach § 22 UStG ist jeder Unternehmer verpflichtet, zur genauen Feststellung der abzuführenden Umsatzsteuer bzw. – bei einem Vorsteuerüberhang – zur erstattenden Vorsteuer, detaillierte Einzelaufzeichnungen zu führen. Diese Einzelaufzeichnungen gehen über den Grundsatz der Einzelaufzeichnungspflicht (§ 146 Abs. 1 Satz 1 AO) hinaus, da es im Umsatzsteuerrecht keine dem § 146 Abs. 1 Satz 3 AO vergleichbare Ausnahmeregelung von der Einzelaufzeichnungspflicht gibt.

118 Aus den Aufzeichnungen müssen sich

- die vereinbarten Entgelte für die ausgeführten Umsätze sowie
- die Entgelte auf die steuerpflichtigen Umsätze, getrennt nach Steuersätzen, entnehmen lassen.

PRAXISHINWEIS:

Die vorgenannte umsatzsteuerrechtliche Einzelaufzeichnungsverpflichtung besteht unabhängig von der Gewinnermittlungsart, da jeder Unternehmer/jede Unternehmerin nach dem Umsatzsteuergesetz zur Führung dieser Aufzeichnungen verpflichtet ist. Eine bestimmte Form ist für Umsatzsteuerzwecke nicht vorgeschrieben.

4. Die Steuersätze

119 Der Gesetzeswortlaut: § 12 UStG

Der Regelsteuersatz beträgt grundsätzlich 19 %, der ermäßigte Steuersatz von 7 % ist insbesondere bei der Lieferung von Lebensmitteln zu beachten.

In der Gastronomie kommen beide Steuersätze zur Anwendung, wie das Schaubild zeigt: 120

ABB 6: Mehrwertsteuersätze in der Gastronomie

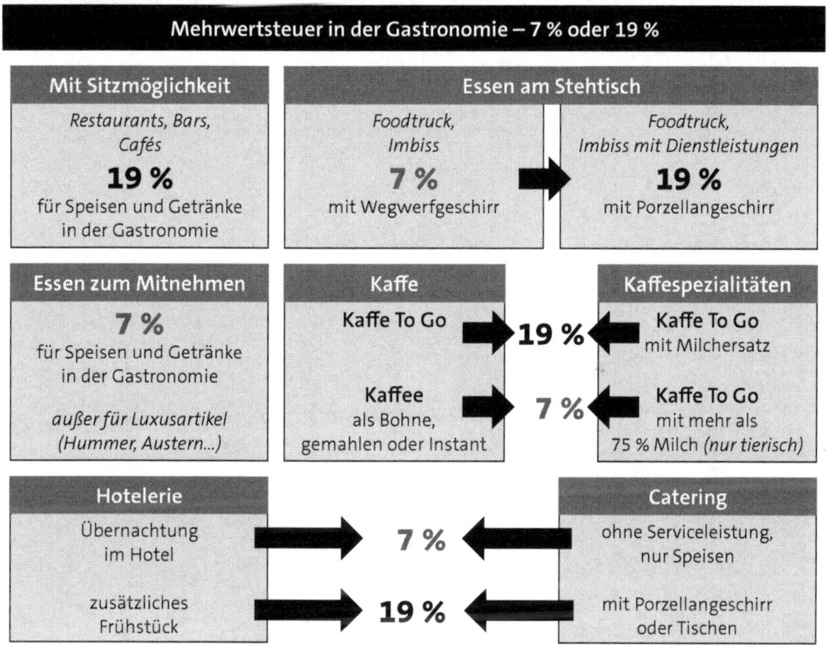

ABB 7: Zeitliche Übersicht der geltenden Steuersätze[15]

	bis zum 30.6.2020	1.7.2020 - 31.12.2020	1.1.2021 - 30.6.2021	1.7.2021 - 31.12.2022	1.1.2023 - 31.12.2023	1.1.2024 - 31.12.2025	ab 1.1.2026
Grund-steuersatz	7% / 19%	5% / 16%	7% / 19%	7% / 19%	7% / 19%	7% / 19%	7% / 19%
Speisen Inhouse	19%	5%	7%	7%	7%	19%	7%
Speisen ToGo	7%	5%	7%	7%	7%	7%	7%
Getränke	19%	16%	19%	19%	19%	19%	19%

5. Die umsatzsteuerlichen Besonderheiten

a) Abgabe von Speisen und Getränken in der Gastronomie

121 Gegenstand von Umsatzsteuer-Sonderprüfungen und Betriebsprüfungen in der Gastronomie ist oftmals die Abgrenzung von Lieferungen und sonstigen Leistungen bei der Abgabe von Speisen und Getränken. Verzehrfertig zubereitete Speisen können derzeit (Stand 6/2025) sowohl im Rahmen einer ggf. ermäßigt besteuerten Lieferung als auch im Rahmen einer sonstigen Leistung mit Anwendung des Regelsteuersatzes, abgegeben werden.[16]

122 Das BMF hat sich dazu ausführlich geäußert.[17] Ausgehend von diesen Äußerungen lässt sich die Thematik wie folgt zusammenfassen:

123 Die Abgabe verzehrfertig zubereiteter Speisen unterliegt grundsätzlich dem ermäßigten Steuersatz von 7%, wenn die Abgabe als Lieferung zu qualifizieren ist und ein Liefergegenstand lt. Anlage 2 zum UStG vorliegt.

BEISPIELE FÜR LIEFERGEGENSTÄNDE LT. ANLAGE 2 ZUM USTG:

- Fleisch,
- Fische, Krebstiere, **nicht** aber: Langusten, Hummern, Austern und Schnecken,
- Milch und Milcherzeugnisse,
- Gemüsen, Pflanzen etc.,
- Früchte, Nüsse,
- Kaffee, Tee, Mate etc.

15 Ab 1.1.2026 vorbehaltlich der tatsächlichen Umsetzung der Pläne aus dem Koalitionsvertrag aus April 2025.

16 Siehe Abschn. 3.6 Abs. 1 Satz 1 UStAE.

17 Siehe Abschn. 3.6 UStAE.

- Zucker,
- etc.

Eine sonstige Leistung, die mit dem Regelsteuersatz von 19 % zu besteuern ist, liegt vor, wenn die Abgabe zubereiteter oder nicht zubereiteter Speisen und/ oder Getränke mit ausreichenden unterstützenden Dienstleistungen zusammenkommen, die deren sofortigen Verzehr ermöglichen.[18] 124

Maßgeblich ist, ob der Dienstleistungsanteil qualitativ überwiegt, wenn im Zusammenhang mit der Abgabe von Speisen und/oder Getränken noch weitere Leistungen erbracht werden.[19] Für diese Prüfung ist das Gesamtbild der Verhältnisse des Umsatzes maßgeblich. In diese wertende Gesamtbetrachtung aller Umstände des Einzelfalls sind zunächst einmal nur solche Leistungen einzubeziehen, die sich von denen unterscheiden, die notwendig mit der Vermarktung der Speisen verbunden sind [Gesamtbetrachtung]. Dienstleistungselemente, die notwendig mit der Vermarktung von Lebensmitteln verbunden sind, bleiben grundsätzlich unberücksichtigt, sie können bestenfalls im Rahmen der Gesamtbetrachtung als ergänzende Gesichtspunkte herangezogen werden. 125

PRAXISHINWEIS:

Dienstleistungen des speiseabgebenden Unternehmers oder Dritter, die in keinem Zusammenhang mit der Abgabe von Speisen stehen, sind bei der vorgenannten Prüfung nicht mit einzubeziehen.

Folgende Grundregel sollte beachtet werden:

Eine sonstige Leistung liegt immer dann vor, wenn der zu beurteilende Umsatz näher dem Verzehr in einem Restaurant gleicht, d. h. je mehr Leistungselemente (Bedienung, Sitzgelegenheiten, großartiges Ambiente etc.) eines Restaurantbesuchs enthalten sind.

Folgende Kriterien sind bei der Gesamtbetrachtung nicht zu berücksichtigen, weil sie mit der Vermarktung verzehrfertiger Speisen verbunden sind (hier nur Auszug aus Abschn. 3.6 Abs. 2 Satz 1 UStAE): 126

- Darbietung von Waren in Regalen,
- Zubereitung der Speisen,
- Transport der Speisen und Getränke zum Ort des Verzehrs,
- übliche Nebenleistungen (z. B. Verpacken, Beigabe von Einweggeschirr oder -besteck),
- Bereitstellung von Papierservietten,

18 Art. 6 Abs. 1 MwStVO.

19 Siehe Abschn. 3.6 Abs. 1 Satz 5 UStAE.

- Abgabe von Senf, Ketchup, Mayonnaise, Apfelmus oder ähnlicher Beigaben,
- bloße Erstellung von Leistungsbeschreibungen (z. B. Speisekarten oder -pläne),
- allgemeine Erläuterung des Leistungsangebotes,
- überlassene Gegenstände (Geschirr, Platten etc.) haben reine Verpackungsfunktion

  (gilt auch für die anschließende Reinigung bzw. Entsorgung),
- etc.

BEISPIEL 1: Ein Imbissstandbetreiber verkauft seine verzehrfertigen Würstchen, Pommes frites etc. an seine Kunden in Pappbehältern oder auf Mehrweggeschirr. Der Kunde erhält dazu eine Serviette, Einweg- oder Mehrwegbesteck und auf Wunsch auch diverse Saucen. Der Imbissstand verfügt über eine Theke, an der Speisen im Stehen eingenommen werden können. Vor dem Stand stehen auch drei Stehtische. 80 % der Speisen werden zum sofortigen Verzehr abgegeben, 20 % der Speisen werden zum Mitnehmen verkauft.

LÖSUNGSVORSCHLAG: Unabhängig davon, ob die Kunden die Speisen zum Mitnehmen oder zum Verzehr an Ort und Stelle erwerben, liegen insgesamt umsatzsteuerlich begünstigte Lieferungen vor. Die erbrachten Dienstleistungselemente führen bei einer wertenden Gesamtbetrachtung des Vorgangs auch hinsichtlich der vor Ort verzehrten Speisen nicht zur Annahme einer sonstigen Leistung.[20]

ABER: Stellt der Imbissbetreiber neben den Stehtischen auch noch Bänke und Tische auf („Bierzeltgarnituren"), an denen die Kunden die Speisen einnehmen können, liegen hinsichtlich der Speisen zum Verzehr an Ort und Stelle sonstige Leistungen i. S. des § 3 Abs. 9 UStG vor. Dabei kommt es nicht auf die tatsächliche Inanspruchnahme der Sitzgelegenheiten an, sondern auf die Absichtserklärung des Kunden, die Speisen vor Ort verzehren zu wollen.[21] Hier wäre der volle Umsatzsteuersatz von derzeit 19 % anzuwenden.

Weitere Beispiele:

1. Unternehmer 1 verkauft auf Wochenmärkten in drei gleichartigen Imbisswagen Getränke und verzehrfertig zubereitete Speisen, insbesondere verschiedene Würste und Pommes frites. An diesen Imbisswagen gibt es geschützte Stellen, damit diese Speisen an Ort und Stelle verzehrt werden können.
2. Unternehmer 2 betreibt mehrere für den Verzehr an Ort und Stelle besonders ausgestattete Imbissstände und einen Schwenkgrill. Er verkauft dort verzehrfertige Speisen (Bratwürste, Currywürste, Hot Dogs, Pommes Frites, Steaks, Bauchfleisch, Spieße, Bauchrippen).

---

20 BFH, Urteile v. 8.6.2011 - XI R 37/08, BStBl 2013 II S. 238 und v. 30.6.2011 - V R 35/08, BStBl 2013 II S. 244.

21 BFH, Urteil v. 30.6.2011 - V R 18/10, BStBl 2013 II S. 246; EuGH, Urteil v. 22.4.2021 - C-703/19 „Dyrector Isby Administracji Skarbowej w Katowicach", NWB AAAAH-42852.

3. Eine BG-Gesellschaft betreibt eine Fleischerei und einen Partyservice. Im Rahmen des Partyservice liefert sie die von den Kunden bestellten Speisen in verschlossenen Warmhalteschalen aus, wobei sie je nach Kundenwunsch auch Geschirr und Besteck, Stehtische und Personal zur Verfügung stellt.

Auch bei diesen drei Sachverhalten stellt sich die Frage nach dem anzuwendenden Steuersatz.[22] 127

LÖSUNGSVORSCHLÄGE: Zu den Beispielen 1 und 2:

Die Umsätze sind zum ermäßigten Steuersatz mit 7% zu versteuern, da hier die Lieferung von Speisen oder Mahlzeiten im Vordergrund steht. Die Bereitstellung von Vorrichtungen, die einer beschränkten Zahl von Kunden den Verzehr an Ort und Stelle erlaubt, ist eine rein untergeordnete Nebenleistung.

Zu Beispiel 3:

Im vorliegenden Beispiel handelt es sich nicht nur um bloße Standardzubereitungen von Mahlzeiten. Hier weisen die Umsätze einen deutlich größeren Dienstleistungsanteil auf, wie z. B. den personellen Einsatz (Bereitstellung von Geschirr, Besteck und Mobiliar sowie deren Reinigung). Unter diesen Umständen stellt die Tätigkeit eines Partyservice eine Dienstleistung dar, die mit dem vollen Steuersatz von 19% zu versteuern ist.

PRAXISHINWEIS:

Die Abgabe von zubereiteten oder nicht zubereiteten Speisen mit oder ohne Beförderung, jedoch ohne andere unterstützende Dienstleistungen, stellt stets eine Lieferung dar.[23]

Eine sonstige Leistung und damit Anwendung des Regelsteuersatzes von 19% liegt dann vor, wenn sich das leistende Unternehmen nicht auf die Ausübung der Handels- und Verteilerfunktion des Lebensmitteleinzelhandels und des Lebensmittelhandwerks beschränkt.[24] 128

Bei vorliegenden Zusatzleistungen ist insgesamt von einer sonstigen Leistung auszugehen (hier Auszüge aus Abschn. 3.6 Abs. 3 UStAE): 129

- Bereitstellung einer die Bewirtung fördernden Infrastruktur:

  Beispiele:

  Vorrichtungen, die den bestimmungsgemäßen Verzehr der Speisen und Getränke an Ort und Stelle fördern sollen (Räumlichkeiten, Tische, Stühle, Bänke, Bierzeltgarnituren etc.),
- Servieren der Speisen und Getränke,

22 EuGH, Urteil v. 10.3.2011 - Rs. C-497/09, C-499/09, C-501/09 und C-502/09, NWB OAAAD-75602.
23 Art. 6 Abs. 2 MwStVO.
24 BFH, Urteil v. 24.11.1988 - V R 30/83, BStBl 1989 II S. 210.

- Gestellung von Bedienungs-, Koch- oder Reinigungspersonal,
- Nutzungsüberlassung von Geschirr oder Besteck,
- Überlassung von Mobiliar (z.B. Tischen und Stühlen) zur Nutzung außerhalb der Geschäftsräume des Unternehmens,
- Reinigung bzw. Entsorgung von Gegenständen, wenn die Überlassung dieser Gegenstände ein berücksichtigungsfähiges Dienstleistungselement darstellt[25]
- etc.

130 Die vorgenannten Grundsätze gelten gleichermaßen für Imbissstände, Verpflegungsleistungen in Kindertagesstätten, Schulen und Kantinen, bei Leistungen von Catering-Unternehmen (= Partyservice) und Mahlzeitdiensten („Essen auf Rädern").[26]

PRAXISHINWEIS:

Bei der Bestimmung des Orts der Restaurations- oder Verpflegungsdienstleistung gilt der Ort, an dem die Leistungen tatsächlich erbracht werden.[27] Dabei ist unbeachtlich, ob der Gast ein Unternehmer oder ein Nichtunternehmer ist.

b) Abgabe von Speisen und Getränken in der Gastronomie an Arbeitnehmer

131 Die Abgaben von Speisen und Getränken im Unternehmen stellen sonstige Leistungen dar und sind mit dem Regelsteuersatz von 19% zu versteuern. Die Abgabe unterliegt auch den umsatzsteuerlichen Einzelaufzeichnungspflichten, d.h. Personalverzehr ist bei Nutzung von elektronischen Aufzeichnungssystemen (eAS) über diese aufzeichnen und durch die TSE abzusichern.

132 Erfolgt die Beköstigung unentgeltlich, liegt eine steuerbare und steuerpflichtige Leistung für den privaten Bedarf des Arbeitnehmers vor (Regelsteuersatz 19%). Gleiches gilt für mitarbeitende Angehörige, die aufgrund eines Dienstverhältnisses beschäftigt sind.

133 Eine entsprechende Programmierung des eAS in Bezug auf unentgeltliche Arbeitnehmer-Abgaben wird unserseits empfohlen. So kann z.B. auch im Falle einer späteren Betriebsprüfung nachgewiesen werden, warum ein etwaig ermittelter Rohgewinnaufschlagsatz niedriger als erwartet ausfällt.

---

25 BFH, Urteil v. 10.8.2006 - V R 55/04, BStBl 2007 II S.480.

26 BFH, Beschluss v. 15.9.2021 - XI R 12/21 (XI R 25/19), BStBl 2022 II S.417; Abschn.3.6 Abs.6 Satz 1 UStAE.

27 Art.55 MwStSystRL; § 3a Abs.3 Nr.3 Buchst.b UStG.

BEISPIELE:

- Personalrabatt
  - Preisebene: ...
  - Preisminderung von: ...%
  - Rabatt direkt auf Bon gutschreiben
  - Personaltische
- Personalverzehr

PRAXISHINWEIS:

Auch für den Personalverzehr gilt die Belegausgabepflicht (§ 146a Abs. 2 AO).

c) Trennung der Entgelte bei der Kassenführung mittels offener Ladenkasse

Bei kleinen Gastronomiebetrieben (z. B. Eisdielen, Bierkneipen etc.) kommt es 134
häufig vor, dass in diesen eine Kassenführung mittels offener Ladenkasse eingesetzt wird. Auch hier gelten neben den AO-rechtlichen Aufzeichnungspflichten auch die des Umsatzsteuergesetzes.

Nach § 22 UStG ist der Unternehmer grundsätzlich verpflichtet aufzuzeichnen, 135
wie sich die Entgelte auf die steuerpflichtigen Umsätze, getrennt nach Steuersätzen, und auf die steuerfreien Umsätze verteilen.

Ausnahmeregelung:

Bei kleineren Unternehmen, denen aufgrund der Art und des Umfangs der 136
Tätigkeit eine genaue Trennung der Entgelte nicht zugemutet werden kann, kann die Finanzbehörde auf Antrag gestatten, die Entgelte und Teilentgelte nachträglich auf der Grundlage der Wareneingänge oder nach anderen Merkmalen zu trennen (§ 63 Abs. 4 UStDV).

(*Einstweilen frei*) 137

d) Unentgeltliche Wertabgaben

Hinsichtlich der Pauschbeträge für 138
unentgeltliche Wertabgaben wird auf die amtlichen Richtsatzsammlungen verwiesen.
Über den QR-Code werden sämtliche Pauschbeträge für die Jahre 1996 bis 2024 angezeigt.

e) „Food-Courts“

139 So genannte „Food-Courts“ sind bekannt aus Einkaufszentren. Dabei bieten verschiedene gastronomische Unternehmen diverse Speisen und Getränke an. In unmittelbarer Nachbarschaft dazu finden sich dann Tische und Sitzgelegenheiten, die von allen Kunden der Unternehmen gleichermaßen genutzt werden können. Auch Abfallbehälter und Geschirrrückgabestationen sind vorhanden.

140 In diesen Fällen kommt es maßgeblich auf die Absichtserklärung des Kunden an. Werden die Speisen zum Mitnehmen abgegeben, fällt der ermäßigte Steuersatz von 7 % an (§ 12 Abs. 2 Nr. 1 UStG).

141 Erklärt der Kunde, dass er die Speisen in den „Food-Court“ mitnehmen und dort verzehren will, kommt der Regelsteuersatz zur Anwendung (= 19 %).

142 Die gemeinsam genutzte Infrastruktur ist allen Unternehmen zuzurechnen, auch wenn es sich um die Einrichtung des Einkaufszentrumsbetreibers handelt.[28]

HINWEIS:

Auch hier wird deutlich, dass Mitarbeiter für die Unterschiede der „Abgabeformen“ sensibilisiert und Betriebsabläufe entsprechend angepasst werden müssen. Idealerweise geht diese einher mit entsprechenden Kassier- und Mitarbeiteranweisungen und einem auf diese Besonderheiten ausgerichtetes Custumizing des elektronischen Aufzeichnungssystems. Denn nur wenn täglich bei der Vielzahl der hier stattfindenden Geschäftsvorfälle jeder Mitarbeiter die Vorgänge zutreffend erfasst, so ist eine zutreffende (umsatzsteuerliche) Besteuerung sichergestellt.

f) Systemgastronomie

143 Bei der Zusammenfassung von Speisen und Getränken im Rahmen eines zum Mitnehmen bestimmten „Sparmenüs“ kommt es umsatzsteuerrechtlich nicht zu einer einzigen Lieferung; es ist vielmehr von zwei selbständigen Lieferungen auszugehen. Es handelt sich um zwei selbständige Hauptleistungen: Lieferung einer ermäßigt besteuerten Speise und Lieferung eines normalbesteuerten Getränks. Da demnach von zwei unterschiedlich zu besteuernden Lieferungen auszugehen ist, ist der einheitliche Preis für das Menü in zwei Entgeltbestandteile aufzuteilen. Dabei ist die „einfachstmögliche Berechnung- oder Bewertungsmethode“ zu verwenden, welche transparent und nachvollziehbar sein muss.

28 BFH, Urteil v. 26.8.2021 - V R 42/20, BStBl 2022 II S. 219.

Das Gesamtentgelt ist im Verhältnis der Einzelverkaufspreise der einzelnen Menükomponenten aufzuteilen.[29]

Bestehen mehrere sachgerechte und gleich einfache Aufteilungsmethoden, kann der Unternehmer zwischen diesen Methoden frei wählen.[30] 144

Daneben sind auch andere Aufteilungsmethoden wie das Verhältnis des Wareneinsatzes, die sog. „Food-and-Paper-Methode" zulässig,[31] sofern diese gleich einfach sind und zu sachgerechten Ergebnissen führen. Unter dieser Methode sind die vom Lieferanten in Rechnung gestellten Beträge für die Lebensmittel, wie z. B. Hackfleisch, Brötchen, Salat sowie Soßen, einerseits sowie die Verpackung, z. B. Papier und Becher, andererseits zu verstehen. Durch die exakten festgelegten Rezepturen bzw. Einzelkomponenten, die vom Kassenhersteller im System hinterlegt sind, können die Food-and-Paper-Kosten in der Systemgastronomie konkret dem einzelnen Produkt zugeordnet werden. 145

Bisher ergab sich dieses Aufteilungserfordernis nur bei der Abgabe von „Spar-Menus" zum Mitnehmen (**Außer-Haus-Lieferungen**), da hier die Speise mit 7 % und das Getränk mit 19 % besteuert wird. Im Zeitraum zwischen dem 1.7.2020 und dem 31.12.2023 (vgl. Rz. 120) bestand diese Konstellation auch bei der Abgabe von Speisen und Getränken zum **Vor-Ort-Verzehr** (d. h. im Rahmen einer sonstigen Leistung). Im Rahmen der verschiedenen Coronahilfe-Steuergesetze wurden in diesem Zeitraum Speisen zum Vor-Ort-Verzehr umsatzsteuerlich mit 5 % bzw. später wieder mit 7 % versteuert, Getränke aber (weiterhin) mit 16 % bzw. 19 %. Zum 1.1.2024 ist diese Erleichterung wieder entfallen. 146

Hierzu hat das **BMF** eine Regelung gefunden und den Umsatzsteueranwendungserlass entsprechend geändert. Danach ist es nicht zu beanstanden, wenn zur Aufteilung des Gesamtkaufpreises von sog. Kombi-Angeboten aus Speisen, inklusive Getränken (z. B. Buffet, All-Inklusive-Angeboten), der auf die Getränke entfallende Entgeltanteil mit 30 % des Pauschalpreises angesetzt wird.[32] 147

g) Pfand

Wird dem Kunden Pfandgeld für Warenumschließungen bei jeder Lieferung berechnet, ist dieser Teil des Entgelts für die jeweilige Lieferung.[33] Bei Rück- 148

29 BFH, Beschluss v. 3.4.2013 - V B 125/12, BStBl 2013 II S. 973; BFH, Urteil v. 30.6.2011 - V R 44/10, BStBl 2011 II S. 1003.

30 Abschn. 10.1 Abs. 11 Satz 3 UStAE.

31 Niedersächsische FG, Beschluss v. 5.10.2020 - 11 V 112/20, NWB AAAAH-65863.

32 Abschn. 10.1 Abs. 12 UStAE.

33 Abschn. 10.1 Abs. 8 Satz 1 UStAE.

nahme des Leerguts und Rückzahlung des Pfandbetrags liegt eine Entgeltsminderung vor.[34]

149 Auf Antrag des Unternehmers können besondere Verfahren von den Finanzbehörden genehmigt werden. Näheres dazu s. Abschn. 10 Abs. 8 Satz 5 Nr. 1 und 2 UStAE (s. QR-Code).

Auszug aus dem UStAE:

h) Einweg oder Mehrweg

aa) Gesetzliche Grundlagen

150 Seit Anfang 2022 sind alle Einweg-Getränkeflaschen aus Kunststoff sowie alle Getränkedosen pfandpflichtig. Eine Übergangsfrist bis 2024 galt für Plastikflaschen mit Milchgetränken. Von der Einweg-Pfandpflicht ausgenommen sind bisher Sekt, Wein, Spirituosen, Milch, Frucht- und Gemüsesäfte, Nektare ohne Kohlensäure oder diätische Getränke.[35]

151 Seit dem 1.1.2023 sind alle „Letztvertreibenden", wie z. B. Restaurants, Cafés, Bistros, Kantinen, Tankstellen und Cateringbetriebe dazu verpflichtet, neben ihren Einweg-Kunststoffprodukten, zusätzlich auch Mehrwegalternativen anzubieten.[36] Für Einwegverpackungen aus anderen Materialien, also etwa Pizzakartons, Aluschalen und Alu-Folie, gilt dies nicht. Bei Getränken muss es – unabhängig vom Material der Einweggefäße – eine Mehrwegoption geben.

152 Unter „Letztvertreibende" fallen alle Betriebe, die mit Speisen und Getränken befüllte To-Go-Verpackungen an Kunden verkaufen. Mehrwegvarianten dürfen dabei nicht teurer sein als das Produkt in der Einwegverpackung. Hinzu kommt, dass es für Einwegverpackungen keine Rabatte oder sonstige Vergünstigungen geben darf.

153 Auf Mehrwegverpackungen darf ein Pfand erhoben werden. Gastronomen sind gesetzlich dazu verpflichtet, deutlich auf ihre Mehrwegoption hinzuweisen.

34 Abschn. 10.1 Abs. 8 Satz 2 UStAE.

35 § 31 Abs. 4 Nr. 7 VerpackG.

36 § 33, § 34 VerpackG.

PRAXISHINWEIS:

Verstöße hiergegen stellen eine Ordnungswidrigkeit dar und können mit einer Geldbuße von bis zu 10.000 € geahndet werden.[37]

Kleinere Betriebe mit einer Verkaufsfläche von bis zu 80 qm **und** bis zu fünf Beschäftigten sind von der Mehrwegangebotspflicht ausgenommen. Sie müssen aber auf Wunsch mitgebrachte Gefäße der Kunden befüllen. 154

Zur Berechnung der Anzahl der Beschäftigten werden Teilzeitkräfte, die nicht mehr als 20 Stunden arbeiten, mit dem Faktor 0,5 und Teilzeitkräfte, die nicht mehr als 30 Stunden wöchentlich arbeiten, mit dem Faktor 0,75 berechnet. 155

Zur Verkaufsfläche zählen alle Flächen, die für die Kunden zugänglich sind. Hierzu zählen auch saisonal genutzte Flächen, Außenflächen und andere Sitz- und Aufenthaltsbereiche. Küchen und Thekenflächen sind für die Berechnung der Verkaufsfläche ausgenommen. Bei Lieferdiensten werden zur Berechnung der Verkaufsfläche alle Lager- und Versandflächen hinzugezählt. 156

Aufgepasst bei Filialbetrieben: Hier wird das gesamte Unternehmen betrachtet. Wenn die einzelnen Filialen zwar jeweils kleiner als 80 qm und weniger als fünf Mitarbeiter haben, das gesamte Unternehmen aber mit allen seinen Filialen insgesamt die Kriterien größer als 80 qm und mehr als fünf Mitarbeiter erfüllt, dann fallen die einzelnen Filialen nicht unter die Erleichterungsregelung des § 34 VerpackG und müssen somit trotzdem eine Mehrwegalternative nach § 33 VerpackG anbieten. 157

bb) Welche Möglichkeiten hat der Gastronom um die Mehrwegangebotspflicht zu erfüllen?

- Individualsystem: die Kunden bringen ihre eigenen Gefäße mit und lassen sie befüllen. 158
- Inselsystem: der Gastronomiebetrieb setzt eigene Mehrweggefäße ein. Hierzu ist es erforderlich, dass der Gastronom die Mehrweggefäße kauft. Es entstehen somit ggf. beträchtliche Anschaffungskosten.
- Verbundsystem: mehrere Gastronomiebetriebe schließen sich zusammen und setzen Gefäße aus einem gemeinsam betriebenen Bestand ein. Hier fallen anteilige Anschaffungskosten an oder es erfolgt eine Finanzierung durch Nutzungsentgelte oder Mitgliederbeiträge.

37 § 36 Abs. 2 VerpackG.

- Poolsystem: die Mehrweggefäße werden von einem Dienstleistungsunternehmen oder einer Organisation in einem Poolsystem bereitgestellt. In diesem Fall zahlt der Gastronom ein Entgelt für die Bereitstellung der Mehrweggefäße. Dieses System ist für den Gastronomen mit dem geringsten Aufwand verbunden, da sich das Poolsystemunternehmen um die Verpackungen, Bestände und bei der Rückgabe um die Kommunikation mit den Kunden kümmert.

BEACHTE:

Bei dem Vertrag mit dem Poolanbieter können unter Umständen gewerbesteuerliche Fallen lauern. Im Fall von fiktivem Anlagevermögen der Mehrweggefäße ist eine gewerbesteuerliche Hinzurechnung gem. § 8 Nr. 1 GewStG beim anmietenden Unternehmer geboten. Eine gewerbesteuerrechtliche Hinzurechnung von Mieten für Mehrweggefäße scheidet aber aus, wenn das Vertragsverhältnis neben der Gebrauchsüberlassung auch umfangreiche Werk-, Dienstleistungs- und Transportvertragselemente enthält und das Mietvertragselement dem gesamtvertraglichen Leistungsbündel nicht das Gepräge gibt.[38]

159 Außer bei dem Individualsystem wird bei der Ausgabe ein Pfand von den Kunden erhoben, welches bei der Rückgabe dann wieder erstattet wird.

160 Möchte der Gastronom weiter auf dem Pfad der Digitalisierung wandeln, so kann er auch die ausgegebenen Gefäße mit einem QR-Code versehen und die Daten der Kunden mit den QR-Codes der ausgegebenen Gefäße elektronisch verknüpfen. Diese Methode gewährleistet eine eindeutige Zuordnung. Erinnerungen an die Rückgabe der Gefäße oder Rechnungen lassen sich so auf Knopfdruck erstellen.[39] In allen Fällen ist bei Einsatz eines elektronischen Aufzeichnungssystems (eAS) auf eine entsprechende Programmierung zu achten.

161–168 (*Einstweilen frei*)

V. Die E-Rechnung in der Gastronomie

1. Einleitung

169 Seit dem 1.1.2025 gilt in Deutschland im inländischen B2B-Geschäft (B2B = „Business-to-Business“) grundsätzlich eine Verpflichtung zur Ausstellung von E-Rechnungen. Ausnahmen gibt es z. B. für Kleinbetragsrechnungen, bestimmte umsatzsteuerfreie Leistungen und Umsätze von „umsatzsteuerlichen“ Kleinunternehmern[40] i. S. des § 19 UStG. Diese neue gesetzliche Regelung betrifft auch die Gastronomie, da oftmals nicht nur ausschließlich Privatpersonen bewir-

38 BFH, Urteil v. 1.6.2022 - III R 56/20, BStBl 2023 II S. 875.

39 https://esseninmehrweg.de/wp-content/uploads/2022/11/20221102_F09_Mehrweglo%CC%88sungen-fuer-Takeaway-Essen.pdf, Abruf 31.3.2023.

40 Siehe auch § 33 Satz 4 UStDV und § 34a UStDV i. d. F. des JStG 2024 v. 2.12.2024.

tet oder nur geringe Einzelumsätze < 250 € pro Kunde erzielt werden, sondern auch selbst im Großhandel eingekauft oder Leistungen anderer inländischer Unternehmen bezogen werden.

BEISPIEL: Ein Unternehmer (Gast) lädt potenzielle neue Kunden zu einem Geschäftsessen in einem Restaurant ein. Die angemessenen Bewirtungsaufwendungen belaufen sich auf 324€. Zusätzlich gewährt der Gast der Bedienung ein Trinkgeld von 26€. Den Gesamtbetrag von 350€ bezahlt der Gast mit seiner Kreditkarte. Er bittet um Erstellung einer ordnungsgemäßen Rechnung.

Der Restaurantbetreiber ist nunmehr seit dem 1.1.2025 grundsätzlich verpflichtet, dem Unternehmer eine E-Rechnung zu übermitteln, in der auch das Trinkgeld mit ausgewiesen werden muss (mit Übergangsregelungen).

Wie genau eine E-Rechnung aussehen muss, wird in diesem Kapitel erklärt. 170

Zuvor jedoch ein kurzer Rückblick auf die Entwicklung der neuen Vorschriften: 171

Auf europäischer Ebene gibt es seit Anfang 2022 eine Initiative der EU-Kommission (VAT in the Digital Age, kurz „ViDa"), um u.a. das geltende Umsatzsteuerrecht zu modernisieren und den Umsatzsteuerbetrug wirksamer bekämpfen zu können. Kernpunkte sind u.a. die geplante elektronische Meldung von einzelnen B2B-Umsätzen innerhalb der EU in Echtzeit (B2B = „Business-to-Business"). 172

Nachdem lange Zeit keine Einigung erzielt werden konnte, hat der europäische Rat für Wirtschaft und Finanzen (ECOFIN) am 5.11.2024 dem Maßnahmenpacket ViDA zugestimmt. 173

In diesem Zusammenhang ist die verpflichtende Einführung der E-Rechnung in Deutschland ab 2025 zu sehen. Hierzu wurde u.a. die Vorschrift des § 14 UStG mit Wirkung ab dem 1.1.2025 durch das sog. „**Wachstumschancengesetz**" v. 27.3.2024 (BGBl 2024 I Nr. 108) geändert.

Das Vorliegen einer nach **§ 14 UStG** ordnungsgemäßen Rechnung ist weiterhin die Voraussetzung für einen Vorsteuerabzug. Ab dem 1.1.2025 (mit gewissen **Übergangsregelungen** bis spätestens Ende 2027; vgl. § 27 Abs. 38 UStG i.d.F. v. 27.3.2024) besteht nunmehr die Verpflichtung zur Übermittlung einer E-Rechnung für bestimmte, nicht umsatzsteuerfreie Leistungen, die ein inländischer Unternehmer an ein inländisches Unternehmen für dessen Unternehmen ausführt.

Übergangsvorschriften

Eine Ausnahme von der Verpflichtung zur Ausstellung einer E-Rechnung besteht für sog. Kleinbetragsrechnungen bis zu einem Rechnungsgesamtbetrag von 250€ bzw. für Umsätze eines sog. „umsatzsteuerlichen Kleinunternehmers“ i.S.des §19 UStG (**§33 UStDV** i.d.F. v. 2.12.2024).

174 Das Thema E-Rechnung betrifft nunmehr tatsächlich (fast) jeden inländischen Gastronomiebetrieb:

- auf der **Eingangsseite** (z.B. Wareneinkauf bei anderen inländischen Unternehmen oder betriebliche Reparaturen durch einen inländischen Fachbetrieb) und
- ggf. auch auf der **Ausgangsseite** (s. vorgenanntes Beispiel mit dem Bewirtungsumsatz an einen anderen inländischen Unternehmer für dessen Unternehmen).

175 Insofern gilt es auch in dieser Branche, sich mit dem Thema E-Rechnung zu beschäftigen, Mitarbeiter zu sensibilisieren und innerbetriebliche Strukturen und Prozesse anzupassen.

BEACHTE:

Bereits seit dem 1.1.2025 muss ein Gastronomiebetrieb ohne Zustimmung eine E-Rechnung empfangen können, sofern seitens des Rechnungsausstellers eine Verpflichtung zur Ausstellung einer E-Rechnung besteht. Und nur bei Vorliegen einer ordnungsgemäßen E-Rechnung ist ein Vorsteuerabzug möglich; ein alternativer Anspruch auf Ausstellung einer „Papierrechnung“ besteht in diesen Fällen nicht.

Weitere Hinweise zum Thema E-Rechnung: 176

- Das Bundesministerium der Finanzen (BMF) hat mit Schreiben v. 15.10.2024 weitere Ausführungen zum Thema E-Rechnung veröffentlicht.[41]
- Auf der Internetseite des BMF befindet sich ferner ein FAQ zur Einführung der obligatorischen E-Rechnung ab dem 1.1.2025.[42]
- Mit Hilfe des Elster-Portals[43] lässt sich eine E-Rechnung nach dem Hochladen visualisieren (aber nicht validieren).[44]
- Eine Übersicht über E-Rechnung-Viewer und Validierungs-Tools hat beispielsweise der Bundesverband Software und Digitalisierung im Bauwesen e.V. auf seiner Internetseite zur Verfügung gestellt.[45] Auch das Bayerische Staatsministerium für Digitales stellt ein entsprechendes Tool zur Verfügung.[46]

2. Neue Definitionen für Rechnungen

Aber was genau ist nun eine E-Rechnung? Und warum ist eine per E-Mail übersandte Rechnung im PDF-Format ab dem 1.1.2025 keine elektronische, sondern nur noch eine sonstige Rechnung? 177

Definition E-Rechnung:

Nach dem neugefassten § 14 Abs. 1 Satz 3 UStG i. d. F. v. 27.3.2024 ist eine **elektronische Rechnung (E-Rechnung)** eine Rechnung, die in einem strukturierten elektronischen Format ausgestellt, übermittelt und empfangen wird und eine elektronische Verarbeitung ermöglicht (s. u. Rz. 181). 178

Definition sonstige Rechnung:

Alle anderen Rechnungen, also Papierrechnungen oder Rechnungen in einem anderen elektronischen Format (z. B. Rechnung als PDF-, Text- oder Bild-Datei), gelten dann als „**sonstige Rechnung**“. 179

3. Pflicht zur Ausstellung einer E-Rechnung

Bei Umsätzen zwischen zwei inländischen Unternehmern, die nicht nach § 4 Nr. 8 bis 28 UStG umsatzsteuerfrei sind, ist ab 2025 (bzw. spätestens ab 2028 180

41 BMF, Schreiben v. 15.10.2024 - III C 2 - S 7287-a/23/10001 :007, BStBl 2024 I S. 1320.
42 http://www.bundesfinanzministerium.de/Content/DE/FAQ/e-rechnung.html.
43 https://www.elster.de/eportal/e-rechnung.
44 Zuletzt aufgerufen am 22.1.2025.
45 https://www.bvbs.de/erechnung/.
46 https://e-rechnung.bayern.de/app/#/upload.

bei Inanspruchnahme etwaiger Übergangsregelungen) grundsätzlich eine E-Rechnung ab einem Gesamtbetrag von >250€ auszustellen. Das gilt auch dann, wenn der Unternehmer ausschließlich umsatzsteuerfreie Leistungen (z. B. Allgemeinmediziner) erbringt.

BEISPIELE:

- Der örtliche Getränkelieferant beliefert die Gaststätte.
- Der Inländische Kassenfachhändler vermietet das elektronische Aufzeichnungssystem samt TSE an einen Gastronomen.[47]
- Blumen-Einzelhändlerin liefert Blumenschmuck für eine Veranstaltung im Saal.
- Die lokalen Stadtwerke rechnen über Energie- sowie Telefonie und Internetleistungen ab.
- Die örtliche Tischlerei setzt einen Teil der Schankraumausstattung instand.
- Die Werkstatt wartet den betrieblichen Transporter eines Betriebes mit zusätzlichem Catering-Angebot.
- Die (umsatzsteuerpflichtige) Miete für das Geschäftslokal laut Mietvertrag wird monatlich an eine Grundstücksgesellschaft überwiesen.
- Der Steuerberater berechnet Gebühren für die laufende Finanzbuchhaltung und Erstellung des Jahresabschlusses des Restaurants.
- Die betriebliche Photovoltaikanlage speist gegen Entgelt Energie in das Versorgungsnetz ein.

Erbringt ein Gastronom hingegen Leistungen an Privatpersonen oder an inländische Unternehmer für Zwecke außerhalb des Unternehmens („private Bewirtung"), so darf eine E-Rechnung nur mit Zustimmung des Rechnungsempfängers ausgestellt werden.

PRAXISHINWEIS:

Die Verpflichtung zur Belegausgabe bei Nutzung eines elektronischen Aufzeichnungssystems nach § 146a Abs. 2 AO gilt unabhängig von der Verpflichtung zur Ausstellung einer E-Rechnung. Über den Kassenfachhändler kann in Erfahrung gebracht werden, ob das eingesetzte eAS bereits in der Lage ist, E-Rechnungen zu erstellen.

4. Format der E-Rechnung

181 Eine E-Rechnung ist ein nach bestimmter Struktur erzeugter **Datensatz** in Form einer XML-Datei und enthält alle erforderlichen Rechnungsangaben. Dieser Datensatz muss entweder der EU-Norm EN 16831 entsprechen oder ein abweichend zwischen Rechnungsaussteller und Rechnungsempfänger vereinbartes strukturiertes Datenformat ermöglicht die richtige und vollständige Extraktion der erforderlichen Angaben oder es ist mit der EU-Norm EN 16831 „interopera-

47 Hinweis auf die Mitteilungspflicht auch von gemieteten oder geleasten Kassensystemen, § 146a Abs. 4 AO.

bel". Somit kann eine „einfache" PDF-Rechnung keine E-Rechnung sein, da es sich hiebei nicht um einen strukturierten Datensatz handelt.

Die in Deutschland bereits genutzten elektronischen Formate der X-Rechnung[48] bzw. ZUGFeRD-Rechnung (jedoch hier nur ab der Version 2.0.1) erfüllen bereits die EU-Norm EN 16831. 182

HINWEISE:

Bei der ZUGFeRD-Rechnung[49] handelt es sich um ein sog „hybrides" Rechnungsformat. Hier ist der strukturierte Datensatz in eine menschenlesbare Datei (z. B. PDF) eingebunden worden. Maßgeblich für den Vorsteueranspruch ist hier jedoch nur der strukturierte Datensatz.

Es gibt jedoch unterschiedliche Varianten des ZUGFeRD-Formats (z. B. die Profile Minimum, Basic, EN 16931 oder Extended). Die Profile „Minimum" oder „Basic" erfüllen jedoch nicht die Voraussetzungen einer Rechnung i. S. des § 14 Abs. 4 UStG, da hier in einer Rechnung zwingend erforderliche Mindestangaben fehlen.

5. Übermittlung

Eine E-Rechnung ist nur dann eine E-Rechnung, wenn der Datensatz entsprechend elektronisch übermittelt/empfangen wurde. Die Übermittlung kann erfolgen: 183

- als Anlage einer E-Mail,
- zwischen elektronischen Schnittstellen oder
- als Up- und Download des Datensatzes über einen Web-Client,
- z. B. auch Nutzung von PEPPOL.[50]

PRAXISTIPP:

1. Für den Empfang einer E-Rechnung reicht bereits ein E-Mail-Postfach.
2. Auch wenn eine gesonderte E-Mail-Adresse für den Empfang von E-Rechnungen nicht erforderlich ist, empfiehlt sich hier die Einrichtung eines gesonderten Postfaches, z. B. Rechnungen@Restaurant-XX.de .

   Zum einen können hier Zugriffsrechte (z. B. nur für den Unternehmer und den Mitarbeitern der Buchhaltung) besser verwaltet werden, zum anderen ist dieses geosonderte Postfach regelmäßig elektronisch zu sichern, da auch E-Rechnungen unter die gesetzlichen Aufbewahrungsfristen von nunmehr mindestens acht Jahren fallen.

48 https://www.e-rechnung-bund.de/faq/xrechnung/.

49 https://www.ferd-net.de.

50 Peppol: Pan-European Public Procurement OnLine; s.a. https://www.e-rechnung-bund.de/ubertragungskanale/peppol/.

3. Sofern der Rechnungsaussteller E-Rechnungen mittels E-Mail übermitteln möchte, sollten diese E-Mails idealerweise digital signiert sein (z. B. Nutzung von DE-Mail oder einer anderen elektronisch qualifizierten Signatur, welche entsprechend im Vorfeld und mittels Identitätsprüfung von einer vertrauenswürdigen Zertifizierungsstelle zu beantragen ist, z. B. ein digitales Zertifikat im S/MIME-Standard ausgestellt durch die Telekom, D-Trust oder einer anderen vertrauenswürdigen Zertifizierungsstelle). Dieses ist deswegen von besonderer Bedeutung, weil nur so der Rechnungsempfänger die gesetzlich geforderte „Echtheit der Herkunft" der E-Rechnung auch tatsächlich gewährleisten kann (vgl. § 14 Abs. 3 Satz 5 und 6 UStG n. F.).

6. Empfang und Aufbewahrung

184 Ein Gastronom muss als Empfänger einer E-Rechnung Sorge dafür tragen, dass während der Dauer der gesetzlichen Aufbewahrungsfristen (mind. acht Jahre) der Datensatz der E-Rechnung nicht verändert wurde (Stichwort: Unversehrtheit), die zutreffende Identität des Rechnungsausstellers vorliegt (Stichwort: Echtheit der Herkunft) sowie die Lesbarkeit (d. h. maschinelle Auswertbarkeit) gewährleistet ist. Der Gesetzgeber lässt dabei (technologie-)offen, welches innerbetriebliche Kontrollverfahren genau der Unternehmer anzuwenden hat, um die vorgenannten Anforderungen zu gewährleisten. In Bezug auf die Echtheit der Herkunft und einer Unversehrtheit der E-Rechnung sei neben einem normierten EDI-Verfahren[51] (elektronisches Datenaustausch-Verfahren) auch die Überprüfung und Aufbewahrung von qualifizierten elektronischen Signaturen (z. B. bei Übertragung des Datensatzes per E-Mail und einer entsprechend „signierten" E-Mail) möglich.

185 **Ein Ausdruck des Datensatzes auf Papier reicht nicht aus.**

186 Die E-Rechnung muss hingegen nicht zwingend maschinell weiterverarbeitet worden sein.

187 Wie beispielsweise auch bei Kasseneinzeldaten bestehen somit tatsächliche Anforderungen an die Datenspeicherung, -sicherung und -sicherheit, unabhängig der Unternehmensgröße. Entsprechende IT-Konzepte sind zu entwickeln, fortwährend zu überprüfen und in einer „gelebten" Verfahrensdokumentation zu dokumentieren.

7. Vorsteuerabzug

188 Immer dann, wenn ein Rechnungsaussteller nach § 14 Abs. 2 Satz 2 UStG n. F. verpflichtet ist (Stichwort: inländisches B2B-Geschäft), eine E-Rechnung elek-

51 EDI = Electronic Data Interchange.

tronisch zu übermitteln und diese sämtliche erforderlichen Rechnungsinhalte der §§ 14, 14a UStG enthält, ist ein Vorsteuerabzug möglich. Wird trotz Verpflichtung zur Ausstellung einer E-Rechnung eine sonstige Rechnung ausgestellt, liegt keine ordnungsgemäße Rechnung vor.

Oftmals werden **Mietverträge** o. Ä. als Rechnung für den Vorsteuerabzug angesehen. Hier ist es ausreichend, wenn ab 2025 (bzw. aufgrund der Übergangsregelungen erst später) für den ersten Teilleistungszeitraum eine E-Rechnung mit einem entsprechenden Verweis auf den entsprechenden Vertrag ausgestellt wurde. Das gilt für vor 2025 abgeschlossene Verträge. 189

PRAXISHINWEIS:

Für den Übergangszeitraum bis Ende 2027 wird jedoch ein Vorsteuerabzug aus einer sonstigen Rechnung nicht beanstandet, wenn davon auszugehen ist, dass der Rechnungsaussteller die Übergangsregelungen des § 27 Abs. 38 UStG n. F. in Anspruch nimmt.

8. Übergangsregelungen

a) Übergangsregelung bis zum 31.12.2026

Für einen nach dem 31.12.2024 und vor dem 1.1.2027 ausgeführten Umsatz kann eine Rechnung abweichend von § 14 Abs. 1 und 2 UStG n. F. als sonstige Rechnung (Papier oder vorbehaltlich der Zustimmung des Empfängers in einem anderen elektronischen Format) übermittelt werden. 190

b) Übergangsregelung bis zum 31.12.2027

Hat der Gesamtumsatz des Rechnungsausstellers im vorangegangenen Kalenderjahr (= 2026) nicht mehr als 800.000 € betragen, kann für einen nach dem 31.12.2026 und vor dem 1.1.2028 ausgeführten Umsatz weiterhin eine sonstige Rechnung (Papier oder vorbehaltlich der Zustimmung des Empfängers in einem anderen elektronischen Format) übermittelt werden. 191

Weitere Übergangsregelung bis zum 31.12.2027 für bestimmte EDI-Verfahren:

Mit Zustimmung durch den Rechnungsempfänger können Rechnungen über einen nach dem 31.12.2025 und vor dem 1.1.2028 ausgeführten Umsatz in einem anderen bestimmten elektronischen Format mittels Datenaustausch (EDI) übermittelt werden. Das EDI-Verfahren muss dabei Art. 2 der Empfehlung 94/820/EG der Kommission vom 19.10.1994 über die rechtlichen Aspekte des elektronischen Datenaustausches[52] entsprechen. 192

52 ABl. L 338 vom 28.12.94, S. 98.

BEACHTE:

Die in § 27 Abs. 38 UStG genannten Übergangsregelungen gelten nur für den Rechnungsaussteller.

9. Lösungsvorschlag für das Beispiel aus Rz. 169

193 In der Einführung zu diesem Kapitel wurde folgendes Beispiel gebildet:

BEISPIEL: Ein Unternehmer lädt potenzielle neue Kunden zu einem Geschäftsessen in einem Restaurant ein. Die angemessenen Bewirtungsaufwendungen belaufen sich auf 324€. Zusätzlich gewährt der Gast der Bedienung ein Trinkgeld von 26€. Den Gesamtbetrag von 350€ bezahlt der Gast mit seiner Kreditkarte. Er bittet um Erstellung einer ordnungsgemäßen Rechnung.

Der Restaurantbetreiber ist nunmehr ab dem 1.1.2025 verpflichtet, dem Unternehmer eine E-Rechnung zu übermitteln, in der auch das Trinkgeld mit ausgewiesen werden muss.

Wie genau diese E-Rechnung aussehen muss, wird in diesem Kapitel erklärt.

Lösungsvorschlag:

Sofern der Restaurantbetreiber die Bewirtung >250€ vor dem 1.1.2026 an einen inländischen Unternehmer für dessen Unternehmen ausgeführt hat, ist noch die Ausstellung in Papierform (= sonstige Rechnung) zulässig.

194 Die Anforderungen an einen Bewirtungsbeleg[53] sind jedoch zu beachten (s. auch Kapitel C, Rz. 380 ff.)

195 Ob dieses im Jahr 2027 auch weiterhin Gültigkeit hat, hängt von dem Gesamtumsatz des Gastronomiebetriebs ab. Hier ist es von Bedeutung, dass Steuerberater, Kassenfachhändler und Gastronomen sich laufend austauschen.

PRAXISHINWEIS:

Nach den FAQs des BMF bietet es sich bei Barverkäufen und Verpflichtung zur Ausstellung einer E-Rechnung an, „dass zunächst vor Ort eine sonstige Rechnung (z. B. in Form eines Kassenbelegs) ausgestellt wird, die nachträglich durch eine E-Rechnung berichtigt wird. Die E-Mail-Adresse des Rechnungsempfängers kann bei Leistungserbringung erfragt und später eine E-Rechnung per E-Mail versandt werden. Den Beteiligten steht allerdings frei, die für sie optimale Lösung zu wählen".[54]

196–200 (*Einstweilen frei*)

53 Siehe BMF, Schreiben v. 30.6.2021 - IV C 6 – S 2145/19/10003 :003 – 2021/0748446, BStBl 2021 I S. 908.

54 http://www.bundesfinanzministerium.de/Content/DE/FAQ/e-rechnung.html, hier Nr. 10 (aufgerufen am 31.3.2025).

VI. Kalkulation und Auswertungen

1. Einleitung

Die Auswertung und Analyse von Zahlen ist für den Gastronomen ebenso wie für den steuerlichen Berater unerlässlich. Egal, ob Wareneinsatz, Personalkosten, Gemeinkosten, Rohgewinn, Rohgewinnaufschlagsatz, Deckungsbeitrag oder Liquiditätsplanung, die Analyse dieser Zahlen gibt Auskunft, ob eine Gastronomie auch wirtschaftlich erfolgreich ist. 201

Hierbei spielt es auch keine Rolle, wie groß der Betrieb ist, ob Imbissbude, Restaurant oder Franchisekette, überall sind es dem Grunde nach die gleichen Zahlen, die erhoben, ausgewertet und überwacht werden müssen.

Aus Sicht des Gastronomen sind hierbei insbesondere Personal-, Wareneinsatz und Deckungsbeitrag von Interesse, denn den Gastronomen interessiert primär der Gewinn seines Unternehmens.

Die Prüfdienste der Finanzverwaltung bedienen sich oft des sog. Rohgewinnaufschlagsatzes, um die erklärten Zahlen zu überprüfen und zu plausibilisieren. 202

Steuerliche Berater müssen somit beide Seiten im Blick haben, um ihre Mandanten umfassend und richtig beraten zu können.

Umso wichtiger ist es, Ermittlung und Zusammenhänge der Zahlen zu kennen, um aus diesem Zahlenmaterial, die richtigen unternehmerischen Entscheidungen ableiten zu können.

2. Wareneinsatz

Anschaffungskosten definieren sich als Aufwendungen bzw. Kosten, die geleistet werden, um einen Vermögensgegenstand zu erwerben und ihn in einen betriebsbereiten Zustand zu versetzen, soweit sie dem Vermögensgegenstand einzeln zugeordnet werden können, § 255 Abs. 1 HGB. 203

Der Wareneinsatz ist also die Summe aller Einkäufe in Euro, die im Laufe der zu betrachtenden Periode getätigt wurden, ergänzt, um den Inventurbestand zu Anfang und gemindert, um den Inventurbestand zum Ende der Periode. Die Formel hierfür lautet: 204

Warenanfangsbestand
+ Warenzugang
– Warenbestand
= Wareneinsatzmenge
x Einstandspreis(e)
= Wareneinsatz

An folgendem Beispiel soll dies verdeutlicht werden

Warenanfangsbestand		25.000 Einheiten
+	Warenzugang	15.000 Einheiten
-	Warenbestand	30.000 Einheiten
=	Wareneinsatzmenge	10.000 Einheiten
x	Einstandspreis(e)	5 €
=	Wareneinsatz	50.000 €

Der so errechnete Wareneinsatz oder auch Warenverbrauch kann zu verschiedenen Größen ins Verhältnis gesetzt werden, so dass sich hieraus eine prozentuale Quote ermitteln lässt. Bezogen auf einen Umsatz im Food & Beverage (F&B) Segment i. H. v. 200.000 € ergibt sich ein Wareneinsatz von X %.

Warenverbrauch = 50.000 €/Umsatz F&B = 200.000 €= 0,250, entspricht 25,0 %

PRAXISHINWEIS:

Die notwendigen Werte lassen sich jederzeit aus der „Betriebswirtschaftlichen Auswertung“ (kurz: BWA) ablesen und bilden so die erste wichtige Kennzahl für den Gastronom.

205 Neben der Ermittlung des Warenverbrauchs ist es für den Gastronomen unerlässlich, weitere Kennzahlen mit in die Auswertung einfließen zu lassen.

3. Verhältnis Speisen- und Getränkeumsatz

206 Diese erste ermittelte Kennzahl ist noch sehr grob, so dass für die Ermittlung genauere Zahlen sowie eine Verfeinerung geboten sind. Der erste Schritt ist die Unterteilung der Erlöse und des Wareneinsatzes in die Bereiche Food und Beverage, also Getränke und Speisen.

Anhand des Beispiels aus Abschnitt (1) ergibt sich folgende Rechnung:

Der gesamte Warenverbrauch i. H. v. 50.000 € teilt sich auf in einen Wareneinsatz Food i. H. v. 30.000 € und einen Warenverbrauch Beverage i. H. v. 20.000 €. Auf der Erlösseite kann eine entsprechende Berechnung durchgeführt werden, der gesamte Umsatz i. H. v. 200.000 € teilt sich auf in einen Umsatz Food i. H. v. 95.000 € und einen Umsatz Beverage i. H. v. 105.000 €. Setzt man im ersten Schritt Erlöse und Kosten ins Verhältnis lassen sich der Warenverbrauch Food und der Warenverbrauch Beverage in % ermitteln:

Warenverbrauch Food =	30.000 €/	
Umsatz Food =	95.000 €	= 0,316, entspricht 31,6 %
Warenverbrauch Beverage =	20.000 €/	
Umsatz Beverage =	105.000 €	= 0,190, entspricht 19,0 %

Eine weitere wichtige Kennzahl ist das Verhältnis von Food und Beverage Umsatz zueinander, hier:

Verhältnis Umsatz Food	95.000/200.000 = 0,475, entspricht 47,5 %
Verhältnis Umsatz Beverage	105.000/200.000 = 0,525, entspricht 52,5 %,

denn dieser Wert gibt einen ersten Anhaltspunkt dafür, ob es sich eher um eine speisen- oder getränkegeprägte Gastronomie handelt. Da der prozentuale Wareneinsatz im Food-Bereich in der Regel höher ist, können hier schon die ersten Controlling- und Beratungsansätze abgeleitet werden, denn je geringer der gesamte Wareneinsatz im Unternehmen ist, desto größer ist auch die Wahrscheinlichkeit, dass die Gewinnlage des Gastronomen eine bessere ist.

4. Personaleinsatz

Auch wenn die Zahlen für den Personaleinsatz schon seit jeher eine feste Kos- 207
tengröße sind, rücken diese mittlerweile verstärkt in den Fokus der Gastronomie. Noch bis vor wenigen Jahren sprach man in der Gastronomie von einem sog. Arbeitgebermarkt, d. h. es gab viel mehr Arbeitnehmer als verfügbare Stellen. Die Gastronomie lebte und lebt in den umsatzstärksten Phasen oft von einer ausreichenden Anzahl an Personal, um das Gästeaufkommen bedienen zu können. In den letzten Jahren hat sich die Marktsituation aus Sicht der Arbeitgeber deutlich verschlechtert. Neben einem ausgeprägtem Fachkräftemangel fehlen in der Gastronomie auch viele Aushilfskräfte.

208 Heute stellt sich in der Gastronomie nicht mehr die Frage nach den zu zahlenden Mindestlöhnen, sondern nur die Frage, bis zu welcher Höhe der Gastronom bereit und in der Lage ist, Löhne und Gehälter zu zahlen. Genau vor dem Hintergrund dieser gestiegenen Kostensparte ist es wichtig, die aufzuwendenden Summen permanent im Blick zu haben, um möglichen Fehlentwicklungen schnellstmöglich entgegenwirken zu können.

209 Grundsätzlich versteht man im Personalwesen unter Personaleinsatz die zeitpunktbezogene Zuordnung von vorhandenem Personal zu den verfügbaren Stellen eines Unternehmens in qualitativer, quantitativer, zeitlicher und örtlicher Hinsicht.[55]

Die Kosten für den Personaleinsatz können in Euro bemessen werden und geben Auskunft über die Summe aller Kosten im Zusammenhang mit der Beschäftigung von Mitarbeitern. Grundsätzlich bedient man sich hier der entsprechenden Kostenkonten in der Buchhaltung oder den Zahlen aus den Lohnabrechnungen, es sind aber auch Kosten für freie Mitarbeiter oder Personaldienstleister mit „im Auge zu behalten“, um belastbare Zahlen zu ermitteln.

210 Bei der Ermittlung der absoluten oder relativen Zahlen kann auch hier wieder zuerst ein gröberer und dann ein feinerer Betrachtungsfilter angewandt werden.

Aus dem Beispiel ergibt sich bei einer gesamtunternehmerischen Betrachtung:

Gesamtpersonalkosten

Personalkosten 68.000	/Umsatz F&B = 200.000	= 0,340, entspricht 34,0 %

Wird der Betrachtungsfilter verfeinert, können die Personalkosten für die Bereiche Beverage und Food getrennt voneinander ermittelt werden.

Personalkosten Food

Personalkosten 38.000	/Umsatz Food = 95.000	= 0,400, entspricht 40,0 %

Personalkosten Beverage

Personalkosten 30.000	/Umsatz Beverage = 105.000	= 0,286, entspricht 28,6 %

55 Hentze/Kammel, Personalwirtschaftslehre, 7. Aufl., Bern/Stuttgart/Wien 2001, S. 425 ff.

5. Prime Costs

Im Zusammenspiel der ermittelten Zahlen sind die „Prime Costs“ die vielleicht wichtigste Kennzahl im Unternehmen, denn sie gibt – vereinfacht ausgedrückt – Auskunft darüber, ob ein Betrieb erfolgreich geführt wird. Zudem sind die Prime Costs die Kosten, auf die jederzeit proaktiv Einfluss genommen werden kann. 211

Die Formel zur Berechnung ist einfach:

(Warenkosten + Personalkosten)/Nettoumsatz = Prime Costs

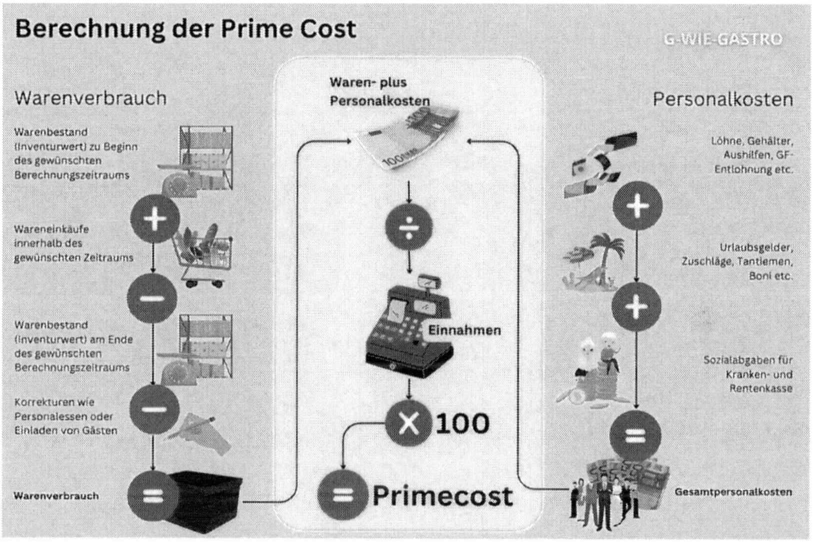

Das Schaubild in Zahlen:

15.000 € (Warenanfangs-bestand) +	118.000 € (Summe Waren- plus Personalkosten)	40.000 € (Löhne, Gehälter...) +
45.000 € (Wareneinkäufe) ./.	geteilt durch	20.000 € (Urlaubsgeld, Zuschläge...) +
7.500 € (Warenendbestand) ./.	200.000 € (Einnahmen) =	8.000 € (Sozialabgaben) =
2.500 € (Korrekturen)	0,590	
50.000 € (Warenverbrauch)	**59,0 % (PrimeCost in %)**	**68.000 € (Gesamtpersonalkosten)**

Nur Beverage

Warenverbrauch =	20.000+
Personalkosten =	30.000
Gesamtkosten =	50.000/
Umsatz gesamt =	105.000
Prime Costs =	**47,6 %**

Nur Food

Warenverbrauch =	30.000+
Personalkosten =	38.000
Gesamtkosten =	68.000/
Umsatz gesamt =	95.000
Prime Costs =	**71,6 %**

212 Schon mit diesen wenigen und verhältnismäßig leicht zu ermittelnden Kostenpositionen lassen sich wichtige betriebswirtschaftliche Kennzahlen ermitteln. Da die Prime Costs auch die Kostenpositionen umfassen, auf die der Gastronom jederzeit Einfluss hat, zeigt sich schon hier, wie wichtig eine

gute Wareneinkaufspolitik und ein effizientes Personalmanagement im Unternehmen sind.

PRAXISTIPP:

Im Idealfall sollte der prozentuale Wert für Prime Costs 55 bis 60 % nicht überschreiten.

Betrachtet man den gastronomischen Betrieb aus dem Beispielfall insgesamt, so liegt der Wert mit 59,0 % genau im Zielkorridor, in der Teilbetrachtung liegt der Wert für Beverage bei 47,6 %, für Food allerdings bei 71,6 %. 213

Somit ist in der Beratung dieses Betriebs primär ein genauerer Blick auf die Erlöse und Kosten im Bereich Food geboten, um das ungünstige Kosten-Erlös-Verhältnis zu analysieren, Schwachstellen und Entwicklungspotenzial aufzuzeigen, und letztendlich die Ertragslage zu verbessern. Da es sich bei den gewonnenen Zahlen immer nur um eine Momentaufnahme handelt, sollte die Berechnung der Prime Costs mindestens monatlich, besser wöchentlich, und im Idealfall täglich, durchgeführt werden. Denn nur so kann aktiv auf die folgenden Entwicklungen des Betriebs Einfluss genommen werden: 214

- Zu hoher Personaleinsatz durch Überplanung der Aushilfen;
- ineffizientes Schichtsystem;
- zu hohe Wareneinkäufe aufgrund von fehlerhafter Umsatzeinschätzung;
- gestiegene Warenkosten, z. B. saisonal oder durch Lieferengpässe bedingt;
- Auffinden von unzureichenden Speisen- und Getränkekalkulationen (Preisfindung Pi-mal-Daumen).

6. Gemeinkosten

In der Betriebswirtschaftslehre definieren sich Gemeinkosten als die Kosten, die sich nicht direkt auf die einzelnen Kostenarten oder Kostenstellen verteilen lassen,[56] also alle Kosten, die nicht nach dem Verursacherprinzip einzelnen Speisen oder Getränken zugeordnet werden können. Diese werden dann linear, als durchschnittlicher Wert, auf alle Verkaufsartikel gleichmäßig verteilt. Um die Gemeinkosten zu ermitteln, kann man sich der Zahlen aus der Buchhaltung bedienen, so fallen Kostenpositionen wie Mieten, Reinigung, Instandhaltung und Wartung, Kosten für Strom, Gas und Wasser, Kosten für zusätzliche Lagerflächen und Abfallkosten an. Einige der Kostenpositionen sind den variablen Kosten zuzuordnen, andere den fixen Kosten. Wichtig ist zu wissen, dass 215

56 https://wirtschaftslexikon.gabler.de/definition/gemeinkosten-33256/version-256783.

auch die Gemeinkosten durch den Verkauf von Speisen und Getränken gedeckt werden müssen.

	Gemeinkosten	Einzelkosten
Variable Kosten	Strom	Wareneinkauf
Fixe Kosten	Miete	Löhne Festangestellte

7. Preisfindung

216 Die Preisfindung in der Gastronomie führt dann sämtliche o.g. Kostenpositionen zusammen. Neben den Faktoren Wareneinkauf, Personalkosten, Gemeinkosten, Gewinnmargen und Steuern sind auch Faktoren aus Sicht der Gäste-Zahlungsbereitschaft zu berücksichtigen. Denn nur wenn ein Verkaufsartikel aus Sicht der Kunden im Preis angemessen ist, kann damit auch Umsatz generiert werden. Zu teure oder eher unbeliebte Artikel verkommen oft zu „Penner"-Artikeln, beliebte Artikel sind der Kategorie „Renner" zuzuordnen.

Aber auch innerhalb dieser beiden Gruppen, „Renner" und „Penner", muss die wirtschaftliche Kalkulation im Auge behalten werden, denn Renner-Artikel zeichnen sich durch einen hohen Abverkauf bzw. hohe Frequenz aus, es ist aber nicht automatisch sichergestellt, dass diese Renner-Artikel auch eine hohe Marge haben. Um diese Marge „richtig" zu ermitteln, hat sich die sog. Deckungsbeitragsrechnung bewährt.

Um die Deckungsbeitragsrechnung aber vollständig nutzen zu können, muss vorab der Wareneinsatz, je Artikel auf der Speise- und Getränkekarte, kalkuliert werden. Vereinfacht ausgedrückt liegt jedem Abverkaufsartikel eine Rezeptur zugrunde. Diese Rezeptur besteht aus vielen einzelnen Bestandteilen, die in Gewicht, Volumen oder Stück abgebildet werden. Diese Bestandteile werden mit den jeweiligen Einkaufspreisen in Euro multipliziert. Die so ermittelten Einzelbeträge werden aufaddiert, in der Summe ergibt sich der Wareneinsatz in Euro für den jeweiligen Abverkaufsartikel.

Aus dem Auszug einer Getränke- und Speisekarte (Rz. 79) folgen hier exemplarische Ermittlungen:

Wareneinsatzkalkulation

Vitello Tonnato

Gramm	Stück		Lieferant	€/kg	€/Stück	€/Artikel netto
175,00 gr.		Kalbfleisch	abc	16,50 €		2,89 €
	1	Gemüse	Eigenherstellung		0,25 €	0,25 €
50,00 gr.		Thunfisch	ghi	0,99 €		0,05 €
20,00 gr.	4	Sardellenfilets	ghi	18,00 €		0,36 €
	2	Eigelb	Eigenherstellung	0,25 €		0,50 €
	1	Öl, Essig, Salz, Pfeffer	Eigenherstellung		0,10 €	0,10 €
				Wareneinsatz:		4,15 €

Spaghetti Bolognese

Gramm	Stück		Lieferant	€/kg	€/Stück	€/Artikel netto
200,00 gr.		Pasta	abc	2,40 €		0,48 €
100,00 gr.		Hackfleisch	def	6,00 €		0,60 €
30,00 gr.		Pancetta	Eigenherstellung	24,00 €		0,72 €
100,00 gr.		Tomaten	Eigenherstellung	6,00 €		0,60 €
	1	Gemüse	Eigenherstellung		0,10 €	0,10 €
	1	Buter, Öl, Lorbeer, Salz, Pfeffer	Eigenherstellung		0,10 €	0,10 €
				Wareneinsatz:		2,60 €

Aperol Spritz, 45cl Glas

Liter	Stück		Lieferant	€/l	€/Stück	€/Artikel netto
3,00 cl		Aperol	abc	10,49 €		0,31 €
6,00 cl		Prosecco	def	9,00 €		0,54 €
	1	Sodawasser			0,02 €	0,02 €
	1	Orangenscheibe			0,10 €	0,10 €
300,00 cl		Eis		0,10 €		0,30 €
				Wareneinsatz:		1,27 €

San Pellegrino

Liter	Stück		Lieferant	€/l	€/Stück	€/Artikel netto
	1	Flasche	xyz	0,90 €		0,90 €
				Wareneinsatz:		0,90 €

Im Internet finden sich unter Suchbegriffen „Rezeptrechner“ oder „Speisenkalkulation“ einfach zu bedienende Softwarelösungen, die den Gastronomen bei Mengen für Gerichte und vollständige Menü-/Getränkekalkulationen unterstützen.

PRAXISHINWEIS:

Auch wenn die am Markt erhältlichen Lösungen allesamt bewährt sind, kann es anfangs für die Ermittlung der Rezepte, Mengen und Zahlen hilfreich sein, die ersten Schritte ohne Zuhilfenahme dieser Programme auszuprobieren. Denn das selbständige Beschäftigen mit den eigenen Zahlen, ohne vorgegebene Strukturen oder Formeln, führt in der Regel zu einem tieferen Verständnis der Zusammenhänge.

8. Deckungsbeitragsrechnung

217 Nach der Ermittlung der jeweiligen Wareneinsätze kann der aus der Kosten- und Leistungsrechnung bekannte Deckungsbeitrag ermittelt werden.

Vereinfacht ausgedrückt ist der ausgerechnete Deckungsbeitrag ein Geldwert, der einem Gastronomen zur Deckung seiner Kosten zur Verfügung steht.

Die einfachste Form der Deckungsbeitragsrechnung ist die Berechnung des Deckungsbeitrags 1.

Unter **Deckungsbeitrag 1** versteht man die Summe der Erlöse abzüglich der variablen Herstellungskosten (s. o.):

Speise 1: Vitello Tonnato

VKP = 14,50 € (brutto), WE = 4,15 € (netto)

DB 1 = Netto VKP – netto WE
= (14,50 €/119 x 100) – 4,15 €
= 12,19 € –4,15 €
= 8,04 €

Speise 2: Spaghetti Bolognese

VKP = 11,50 € (brutto), WE = 2,60 €

DB 1 = Netto VKP – netto WE (netto)
= (11,50/119 x 100) – 2,60 €
= 9,66 € –2,60 €
= 7,06 €

Getränk 3: Spritz

VKP = 8,50 € (brutto), EK = 1,27 € (netto)

DB 1 = Netto VKP – netto WE
= (8,50 €/119 x 100) – 1,27 €
= 7,14 € – 1,27 €
= 5,87 €

Getränk 4: San Pellegrino 0,75l

VKP = 10,00 € (brutto), EK = 0,90 € (netto)

DB 1 = Netto VKP – netto WE
= (8,40 €/119 x 100) – 0,90 €
= 8,40 € – 0,90 €
= 7,50 €

Unter **Deckungsbeitrag 2** versteht man die Summe der Erlöse abzüglich der variablen Herstellungskosten und abzüglich der Produktfixkosten. Für den Anfang können hier die Werte aus der BWA zum Ansatz kommen, bei der Ermittlung hilft das Steuerbüro:

Speise 1: Vitello Tonnato

DB 1 = 8,04 € – anteilige Personalkosten 3,50 € (Küche + Service)
DB 2 = 4,90 €

Speise 2: Bolognese

DB 2 = 7,06 € – anteilige Personalkosten 3,50 € (Küche + Service)
DB 3 = 3,56 €

Getränk 3: Aperol Spritz

DB 2 = 5,86 € – anteilige Personalkosten 1,40 € (ohne Küche)
DB 3 = 4,46 €

Getränk 4: San Pellgrino

DB 1 = 7,50 € – anteilige Personalkosten 1,40 € (ohne Küche)
DB 2 = 6,10 €

Unter **Deckungsbeitrag 3** versteht man die Summe der Erlöse abzüglich der variablen Herstellungskosten, abzüglich der Produktfixkosten und abzüglich der Gruppenfixkosten. Für den Anfang können hier ebenfalls die Werte aus der BWA zum Ansatz kommen, bei der Ermittlung hilft das Steuerbüro:

Speise 1: Vitello Tonnato

DB 2	= 4,90 € – anteilige produktgruppenfixe Kosten 2 €
DB 3	= 2,90 €

Speise 2: Spaghetti Bolognese

DB 2	= 3,56 € – anteilige produktgruppenfixe Kosten 2 €
DB 3	= 1,56 €

Getränk 3: Aperol Spritz

DB 2	= 4,46 € – anteilige produktgruppenfixe Kosten 2 €
DB 3	= 2,46 €

Getränk 4: San Pellegrino

DB 2	= 6,10 € – anteilige produktgruppenfixe Kosten 2 €
DB 3	= 4,10 €

Im nächsten Schritt werden die Verkaufszahlen aus den eAS analysiert, es wird eine sog. Renner-/Penner-Liste erstellt, die Auskunft über die am häufigsten bzw. am wenigsten verkauften Artikel gibt. Diese Werte sollten in absoluten Zahlen und prozentualen Werten vorliegen, so dass hiermit gearbeitet werden kann.

ABB 8: Tabellarischer Auszug aus einer Renner-/Penner-Liste, hier nur Renner

Renner & Penner Analyse

Bezeichnung	Gruppe	Zeitraum	Prozentual
Gesamt		366.120	100,00%
Cappuccino	B	32.385	8,85%
San Pellegrino 0,75	B	31.842	8,70%
Spaghetti Bolognese	F	28.341	7,74%
Bier 0,2	B	24.262	6,63%
Espresso	B	16.108	4,40%
Aperol Spritz	B	15.319	4,18%
Cafe Créme	B	14.128	3,86%
Coca Cola Zero 0,2	B	14.097	3,85%
San Pellegrino Panna 0,75	B	12.182	3,33%
Latte Macchiato	B	11.114	3,04%
Cremant de Limoux Rosé 0,1	B	9.325	2,55%
Coca Cola 0,2	B	9.297	2,54%
Frisch gepresster Orangensaft 0,15	B	9.244	2,52%
Lillet Wild Berry	B	8.503	2,32%
Grauburgunder 0,15	B	7.065	1,93%
Cannelloni Al Salmone	F	6.341	1,73%
Aqua Panna 0,25	B	5.923	1,62%
Vitello Tonnato	F	5.538	1,51%
San Pellegrino 0,25	B	5.166	1,41%
Apfelschorle 0,4	B	5.147	1,41%
Café au Lait	B	5.146	1,41%
Maracujaschorle 0,4	B	5.121	1,40%
Lille Peach	B	4.620	1,26%
Tagliarini mit frischem Trüffel	F	4.315	1,18%

Schon aus dieser recht einfach und schnell zu erstellenden Liste lassen sich viele Erkenntnisse ableiten, so u. a., dass mit nur 24 von rund 130 Einzelartikeln (ca. 20 %) aus dem gesamten Warensortiment rund 80 % aller Warenverkäufe erzielt werden.

Dieses Verhältnis wird in den allermeisten gastronomischen Betrieben ähnlich sein. Zurückzuführen ist dieses Ergebnis auf das sog. Pareto-Prinzip,[57] welches besagt, dass 80 % der Wirkung durch 20 % der beteiligten Faktoren erreicht werden. Anders ausgedrückt sind 20 % des Aufwands für 80 % des angepeilten

57 Vilfredo Pareto, (1848 – 1923), gilt als Begründer der Wohlfahrtsökonomie als Klassiker der Wirtschaftswissenschaft.

Ergebnisses verantwortlich. Zwar trifft die Verhältnismäßigkeit nicht immer exakt zu, aber die darin ausgedrückte Gesetzmäßigkeit kann bei der Festlegung von Prioritäten, hier der exakten DB-Kalkulation der Verkaufsartikel, nützlich sein

Werden bei der Analyse der Auswertungen nur diese wenigen Artikel der Gesamtbetrachtung zugrunde gelegt, kann mit verhältnismäßig wenig weiterem Aufwand schon ein aussagekräftiges Ergebnis erzielt werden.

Neben der reinen Renner-Penner-Auswertung sollte jetzt auch der jeweilige Deckungsbeitrag 1 mit in die Betrachtung einfließen, um so auch die „Gewinnbringer“ und „Verlierer“ zu ermitteln.

Aus der Summe der Abverkäufe und der einzelnen Deckungsbeiträge lassen sich Mittelwerte bilden, die für die endgültige Auswertung benötigt werden. Es lassen sich somit die vier Kategorien abbilden:

ABB 9: Analyse der Produkte

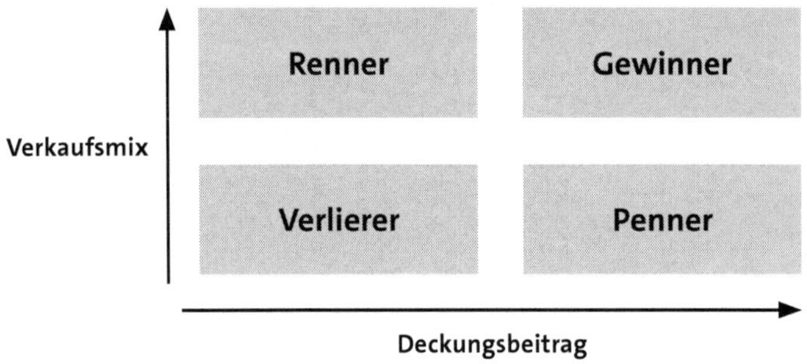

Gewinner sind die Artikel, bei denen der Anteil am Verkauf (Verkaufsmix) und der Deckungsbeitrag über den errechneten Durchschnittswerten liegen. Sie sind die Topprodukte und erzielen hohe Erlöse. Sie sollten immer im Fokus der Analysen stehen.

Renner werden im Verhältnis zwar sehr oft verkauft, der Deckungsbeitrag 1 liegt jedoch unter dem Durchschnitt. Durch diese Artikel wird zwar ein hoher Umsatz aber eben kein hoher Gewinn erzielt. Es gilt den Artikel zu „optimieren“, entweder durch veränderte günstigere Zutaten, geringere Mengen oder Anhebung des Verkaufspreises.

Penner könnten die Umsatz- & Gewinnbringer werden, da sie einen überdurchschnittlichen Deckungsbeitrag haben, aber leider sind die Verkaufsmengen zu gering und rutschen unter den Durchschnitt. Es gilt auch hier zu „optimieren", vielleicht durch gesonderte Hinweise bzw. Hervorhebungen in der Speisen- und Getränkekarte.

Bei **Verlierern** liegen alle Parameter unter den durchschnittlichen Werten. Es könnte zu überlegen sein, diese Artikel insgesamt aus dem Angebot zu entfernen.

(*Einstweilen frei*) 218–220

Kapitel C: Kassensysteme

I. Mögliche Formen der Kassenführung

ABB 1: Zulässige Arten der Kassenführung

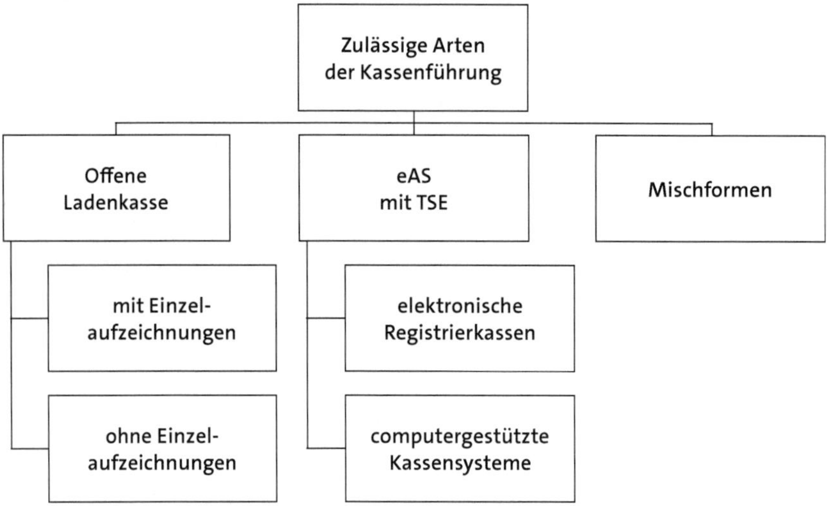

221 Gastronomische Betriebe gehören zu den am häufigsten geprüften Unternehmen der Bargeldbranchen. Aus Sicht der Finanzbehörden ist dort das Risiko, dass nicht alle Einnahmen versteuert werden, am größten. Darum ist das Thema „Art der Kassenführung" hier von besonderer Bedeutung.

222 Dabei stellen sich insbesondere folgende Fragen:

- Welche Form der Kassenführung ist in der Gastronomie aus Sicht der Finanzbehörden zulässig?
- Eignet sich für bestimmte inhabergeführte Gastronomiebetriebe (z. B. Restaurant, Imbiss, Café oder Eisdiele) eine bestimmte Form der Kassenführung besser als für Mittel- oder Großbetriebe (z. B. Betriebe mit viel Personal und leitenden Angestellten, Filial-Betriebe, Franchise- Unternehmern)?

223 Grundsätzlich gibt es aktuell noch keine gesetzliche Verpflichtung zur Nutzung eines elektronischen Aufzeichnungssystems (eAS) mit Kassenfunktion. Jedoch birgt die Führung einer offenen Ladenkasse gewisse Risiken. Ein Großteil der

Steuerberater vertritt sogar die Auffassung, dass eine Kassenführung mittels offener Ladenkasse (OLK), nie „finanzamtskonform" geführt werden kann.

Aus diesem Grund wird die offene Ladenkasse aus Sicht der Autoren auch nicht für Gastronomiebetriebe empfohlen. 224

Bei der Wahl der Art der Kassenführung sollten nicht nur die Größe des Betriebes, die etwaige Anzahl von Mitarbeitern und Betriebsstätten sowie die individuellen betrieblichen Besonderheiten eine Rolle spielen, sondern auch Kosten- und Nutzen-Überlegungen. Die Entscheidung für einen Einsatz moderner und teils auch komplexer eAS bringt eine Vielzahl von Vorteilen mit sich. Dank zahlreicher Schnittstellen können viele verschiedene effektive Steuerungs- und Optimierungsinstrumente genutzt werden. 225

BEISPIELE:

- Erstellung des Kassenbuchs mittels eAS,
- Bestell- und Tischverwaltung,
- Kundenbindungstools,
- Anschluss an die Warenwirtschaft,
- Zeiterfassung für das Personal,
- Kalkulationstools, betriebswirtschaftliche Analysen, Controlling-Funktionen,
- Einkaufstools,
- Schnittstellen zu Bestell- und Lieferdiensten, Onlineshops oder Reservierungsportalen,
- etc.

Entscheidet sich der Gastronom für die Nutzung eines solchen eAS, so hat er spätestens jetzt die Entscheidung zu treffen, ob es ein lokales Kassensystem vor Ort als Stand-Alone-Gerät, als Bestandteil eines ganzen Netzwerkes mit diversen Hard- und Softwarekomponenten (Erfassungsgeräte, zentraler Daten- und Tischserver, Küchen- und Thekenmonitor, Drucker) oder reines Erfassungsgerät mit Datenverarbeitung und -speicherung in einer Cloud oder auf Servern von Drittanbietern werden soll. Und dann ist da noch der Tax-Compliance-Gedanke, d.h. die Berücksichtigung der steuerlichen Vorgaben von Gesetzgeber und Finanzbehörden. 226

PRAXISHINWEIS:

Bei der Auswahl des eigentlichen eAS sollte der Gastronom neben seinem steuerlichen Berater unbedingt auch seine Mitarbeiter mit einbeziehen. Das „beste eAS" ist nur halb so gut, wenn die Mitarbeiter es nicht oder nicht richtig bedienen können.

227 Bevor nachgehend unterschiedliche Möglichkeiten der Kassenführung in der Gastronomie näher beschrieben werden, ein kurzer Blick auf das Steuerrecht. Das Thema Kassenführung ist hier grundsätzlich eng mit der mittlerweile gesetzlich normierten **Einzelaufzeichnungspflicht** verknüpft. Aufzeichnungspflichtige Geschäftsvorfälle und andere Vorgänge[1] sind nicht nur vollständig, richtig, zeitgerecht und geordnet vorzunehmen, sondern auch einzeln (vgl. § 146 Abs. 1 Satz 1 AO sowie § 146a Abs. 1 Satz 1 AO).

228 Einzelaufzeichnungspflicht bedeutet, dass der Geschäftsvorfall oder sonstige Vorgang so aufzuzeichnen ist, wie er tatsächlich in der jeweiligen Lebenssituation passiert ist. Hier müssen ggf. auch althergebrachte Betriebsabläufe oder betriebliche Prozesse angepasst oder umgestellt und Mitarbeiter entsprechend eingewiesen werden.

BEISPIEL: In einem Restaurant werden sämtliche Geschäftsvorfälle (auch die unbar bezahlten) immer als „BAR"-Umsatz aufgezeichnet.

Dieses Restaurant sollte seine gewohnten Betriebsabläufe umstellen, da die erfasste Zahlungsart immer der tatsächlichen Zahlung des Gastes entsprechen muss, d. h. unbare Zahlungen sind als solche aufzuzeichnen. Bei Mischzahlungen (auch Splitzahlungen genannt), z. B., wenn Gäste den Rechnungsbetrag aufgeteilt in bar und unbar zahlen, sind beide Zahlungsarten aufzuzeichnen.

Nach der gesetzlich vorgeschriebenen Einzelaufzeichnungspflicht (§ 146 Abs. 1 Satz 1 AO und § 146a Abs. 1 Satz 1 AO) muss immer die richtige Zahlart („BAR", „EC-Karte", „ApplePay" oder „GooglePay" etc.) aufgezeichnet werden. Dies gilt insbesondere bei Nutzung von elektronischen Abrechnungssystemen, denn bei der Absicherung der Geschäftsvorfälle über die TSE muss die richtige Zahlart aufgezeichnet und signiert werden.

PRAXISHINWEIS:

Im Rahmen von Nachschauen und Außenprüfungen können bei unrichtiger Aufzeichnung von Zahlungsvorgängen ggf. Einzelvorgänge bei einer Vielzahl von Geschäftsvorfällen nicht mehr nachgeprüft werden (z. B. bei Vorliegen einer Kontrollmitteilung). Werden z. B. bei den Geschäftsvorfällen die Zahlungsarten nicht korrekt ausgewiesen, kann dies nach § 379 Abs. 1 Satz 1 Nr. 1 und Nr. 3 AO mit einem Bußgeld geahndet werden. Zusätzlich kann es bei Zweifeln an der richtigen und vollständigen Erfassung auch zu Hinzuschätzungen zu den Betriebseinnahmen kommen.[2]

229–235 (*Einstweilen frei*)

1 Die jeweiligen Definitionen ergeben sich aus dem AEAO zu § 146a, Nr. 1.10 und 1.11. Das BMF hat die Definitionen auch um entsprechende Beispiele ergänzt.

2 FG Berlin-Brandenburg, Beschluss v. 28.9.2015 - 4 V 4076/15, NWB OAAAF-77884.

II. Kassenführung mittels offener Ladenkasse (OLK)

1. Allgemeines

Aus Kreisen der steuerberatenden Berufe ist vielfach zu hören, dass die Kassenführung mittels offener Ladenkasse einige Vorteile bieten würde, wie z. B. die geringen Anschaffungskosten oder, da ohne Stromanschluss nutzbar, eine hohe Mobilität. Auch sei sie „einfacher“ und weniger „bürokratisch“. 236

Aus Sicht der Finanzbehörden ist die offene Ladenkasse eine Form der Kassenführung mit hohem Manipulationsrisiko. Aus diesem Grund werden bei Unternehmen, die diese Form der Kassenführung gewählt haben, im Verhältnis mehr Kassen-Nachschauen durchgeführt als bei Unternehmen, die eAS zur Erfassung der Geschäftsvorfälle nutzen. 237

Darüber hinaus gibt es weitere Nachteile, die hier nur auszugsweise aufgezählt werden sollen: 238

- Die oftmals als „einfach“ beschriebene Einnahmeermittlung mittels retrograd aufgebautem Kassenbericht, erweist sich in der Praxis häufig als großes Problem.
- Auch eine OLK muss tatsächlich immer zeitnah und täglich geführt werden. Wird der Kassenbericht aus „Bequemlichkeit" oder anderen Gründen, z. B. erst Tage später, am Wochenende oder gar am Monatsende rückwirkend ausgefüllt, entstehen Unplausibilitäten oder Fehler.
- Das Führen einer OLK bedeutet nicht automatisch eine Befreiung von der gesetzlichen Einzelaufzeichnungspflicht; diese ist stets gesondert zu prüfen.
- Betriebswirtschaftlich sinnvolle Auswertungen können nicht erstellt und Mitarbeiterkontrollen nicht durchgeführt werden.
- Notwendigkeit zur Erstellung einer umfassenden Verfahrensdokumentation, wie die OLK in der Praxis tatsächlich geführt wird.
- Im Zuge der ständig steigenden Anzahl von Kassen-Nachschauen werden verstärkt Prüfungen bei Unternehmen durchgeführt werden, die eine OLK nutzen. Im Zuge der Umsetzung der Meldepflicht für eAS ist davon auszugehen, dass zukünftig eine vermehrte Anzahl von Kassen-Nachschauen bei Unternehmen durchgeführt werden, die eine OLK nutzen.

2. Definition OLK

239 Kein Steuergesetz beinhaltet eine Legaldefinition der Kassenführung mittels OLK. Aus Sicht der Finanzbehörden[3] gilt eine summarische, retrograde Ermittlung der Tageseinnahmen sowie manuelle Einzelaufzeichnungen ohne Einsatz technischer Hilfsmittel als OLK.

BEISPIEL: Wer in seinem gastronomischen Betrieb z.B. Warenautomaten betreibt, muss die dort erzielten Einnahmen zwingend einzeln aufzeichnen, weil der Automat ein technisches Hilfsmittel darstellt. Die von dem technischen Hilfsmittel erstellten Daten müssen im Rahmen von Kassen-Nachschauen und Außenprüfungen digital zur Verfügung gestellt werden.

240 Die Einzelheiten regelt daher der AEAO zu § 146.[4]

BEACHTE:

Es besteht die gesetzliche Verpflichtung, Kasseneinnahmen und Kassenausgaben täglich festzuhalten (§ 146 Abs. 1 Satz 2 AO).

3. Kassenführung mittels OLK mit Einzelaufzeichnungspflicht

Gesetzeswortlaut: § 146 AO

241 Auch bei der Kassenführung mittels OLK gilt grundsätzlich die gesetzlich normierte Einzelaufzeichnungspflicht. Aus § 146 Abs. 1 Satz 1 AO ergibt sich, dass die Buchungen und die sonst erforderlichen Aufzeichnungen einzeln, vollständig, richtig, zeitgerecht und geordnet vorzunehmen sind. Dabei wird im Gesetz selbst nicht erläutert wie im Detail diese Einzelaufzeichnungsverpflichtung auszusehen hat.

242 Des Weiteren ergibt sich der Grundsatz der Einzelaufzeichnungspflicht auch aus § 22 Abs. 1 Nr. 1 UStG. Diese Vorschrift gilt nicht nur für bilanzierende Unternehmer, sondern auch für diejenigen, die ihren Gewinn durch Einnahmenüberschussrechnung nach § 4 Abs. 3 EStG ermitteln.

3 AEAO zu § 146 AO Tz. 2.2.1.

4 BMF v. 19.6.2018 - IV A 4-S 0316/13/10005:053, BStBl 2028 I S. 706.

Die Detailtiefe der Einzelaufzeichnungen ergibt sich aus § 14 Abs. 4 UStG. In dieser Vorschrift finden sich die Mindestangaben, die in einer Rechnung (Ausnahme: Kleinbetragsrechnungen i. S. d. § 33 UStDV) enthalten sein müssen. 243

Da bei der OLK keine technischen Hilfsmittel genutzt werden dürfen, müssen die Einzelaufzeichnungen händisch geführt werden.

Bei einem Blick in Tz. 2.1.3 des AEAO zu § 146 stellt man fest, dass die Grundaufzeichnungen (= Einzelaufzeichnungen) so beschaffen sein müssen, dass sie jederzeit in ihre Einzelpositionen aufgegliedert werden können. Um das zu gewährleisten, müssen zeitnah, d. h. möglichst unmittelbar zu der Entstehung des jeweiligen Geschäftsvorfalls, folgende Informationen **(händisch)** aufgezeichnet werden: 244

- der verkaufte, eindeutig bezeichnete Artikel,
- der endgültige Einzelverkaufspreis,
- der dazugehörige Umsatzsteuersatz und Umsatzsteuerbetrag,
- vereinbarte Preisminderungen,
- die Zahlungsart,
- das Datum,
- der Zeitpunkt des Umsatzes und
- die verkaufte Menge bzw. Anzahl.

Beim Verkauf von Waren an eine Vielzahl von nicht bekannten Personen gegen Barzahlung gilt aus Zumutbarkeitsgründen die Einzelaufzeichnungspflicht nicht. 245

PRAXISHINWEIS:

Wer ein Kartenterminal nutzt, z. B. für EC-, Kredit-, Debitkarten oder für Apple- und Google Pay, nutzt aus Sicht der Finanzbehörden ein technisches Hilfsmittel. Damit ist eine Kassenführung mittels OLK nicht mehr möglich.

Deshalb sollte überlegt werden, ob es Sinn macht, eine „ALL-IN-ONE"-Kasse zu kaufen.

Beispiel:

Im Rahmen des Stadtfestes betreibt ein Gastronom einen Bierstand und eine Würstchenbude. An beiden Ständen besteht die Möglichkeit, dass jedem Mitarbeitendem eine solche Kasse zur Erfassung der Geschäftsvorfälle zur Verfügung gestellt wird. Damit könnten nicht nur die Mitarbeitenden überwacht, sondern es können auch unbar Zahlungen entgegengenommen werden.

Aktuell werden solche Geräte bei fast allen Kassenherstellern, auch leihweise, angeboten. Es handelt sich hierbei um ein (ggf. mobiles) eAS mit integriertem Bondrucker und Karten-Lesegerät (POS All-in-One-Lösungen).

4. Kassenführung mittels OLK ohne Einzelaufzeichnungspflicht

246 Die folgenden Ausführungen gelten sowohl für bilanzierende Unternehmen als auch für Unternehmen, die den Gewinn zulässigerweise durch Einnahmen-überschussrechnung ermitteln.

247 Von dem Grundsatz der Einzelaufzeichnungspflicht **darf** abgewichen werden, wenn

- **Waren,**
- an eine **Vielzahl von nicht bekannten Personen**[5] (= Kunden),
- gegen **Barzahlung**

verkauft werden und Einzelaufzeichnungen unzumutbar wären (s. § 146 Abs. 1 Satz 3 AO).

PRAXISHINWEIS:

Nach dem Gesetz darf die vorgenannte Ausnahmeregelung nur von Unternehmern angewandt werden, die „Waren" bar verkaufen.

Bei der Erbringung von Dienstleistungen wäre somit die Ausnahmeregelung nicht anwendbar.

Aber:

Die vorgenannten Zumutbarkeitsüberlegungen dürfen grundsätzlich auch auf Dienstleistungen übertragen werden, wenn folgende Voraussetzungen erfüllt werden:

- Dienstleistungen müssen an eine Vielzahl von nicht bekannten Personen gegen Barzahlung[6] erbracht werden.
- Der Geschäftsbetrieb ist auf eine Vielzahl von Kundenkontakten ausgerichtet.
- Der Kundenkontakt des Dienstleisters und seiner Angestellten beschränkt sich auf die Bestellung und den kurzen Bezahlvorgang.
- Es werden tatsächlich auch keine Einzelaufzeichnungen geführt.[7]

248 Wenn zulässigerweise – wie zuvor beschrieben – auf Einzelaufzeichnungen verzichtet wird, müssen zwingend die Bareinnahmen anhand eines retrograd aufgebauten Kassenberichtes nachgewiesen werden.

---

5 Voraussetzung ist, dass die Identität der Käuferinnen und Käufer für die Geschäftsvorfälle regelmäßig nicht von Bedeutung ist. Unschädlich ist, wenn der Verkäufer aufgrund außerbetrieblicher Gründe tatsächlich viele seiner Kunden namentlich kennt (AEAO zu § 146, Tz. 2.2.5).

6 **Barzahlung:** Der Gesetzeswortlaut des § 146 Abs. 1 Satz 3 AO spricht ausdrücklich von „Barzahlung". Wenn für Kunden die Möglichkeit der Zahlung per Karte (= unbar) möglich sein soll, muss zwingend zur Kassenführung mittels OLK und Einzelaufzeichnungen übergegangen werden. Einzeln aufzuzeichnen sind dann **alle** baren und unbaren Geschäftsvorfälle!

7 AEAO zu § 146, Tz. 2.2.6.

Bei einem **retrograd aufgebauten Kassenbericht** wird stets vom gezählten Kassenendbestand des jeweiligen Geschäftstages ausgegangen. Von diesem Kassenendbestand werden der Kassenendbestand bei Geschäftsschluss des Vortages sowie die durch Eigenbeleg zu belegenden Bareinlagen abgezogen. Ausgaben und durch Eigenbeleg nachzuweisende Barentnahmen sind hinzuzurechnen. 249

Da viele Unternehmer beim Ausfüllen Schwierigkeiten haben, sollte der folgende Mustervordruck verwendet werden: 250

ABB 2: Retrograd aufgebauter Kassenbericht (Muster)[8]

Zählprotokoll			
Scheine	**Anzahl**	**Summe in EURO**	**Kontrolle**
500,00 €			
200,00 €			
100,00 €			
50,00 €			
20,00 €			
10,00 €			
5,00 €			
I. Summe der Schein (1.)			
Münzen	**Anzahl**	**Summe in EURO**	**Kontrolle**
2,00 €			
1,00 €			
0,50 €			
0,20 €			
0,10 €			
0,05 €			
0,02 €			
0,01 €			
II. Summe der Münzen (2.)			
I. + II. Summe Gesamt (3.)			
Unterschriften (11.)			
1. Person			
2. Person			

Kassenbericht	**lfd. Nr.**		**Datum**			**Buchungsvermerk**
Kassenbestand bei Geschäftsschluss (lt. beigefügtem Zählprotokoll) **(4.)**						
Ausgaben im Laufe des Tages:		Vorsteuerbetrag %-Satz	MwSt-betrag	Netto-betrag		
1. Wareneinkäufe und Warennebenkosten						
2. Geschäftsausgaben						
3. Privatentnahmen (Eigenbeleg beifügen)						
4. Sonstige Ausgaben (z.B. Bareinzahlungen bei der Bank)					Summe MwSt-Betrag + Netto-Betrag	
(5.) **Summe:** (Kassenbestand bei Geschäftsschluss + Summe (MwSt-Betrag + Netto-Betrag))						
abzüglich Kassenbestand des Vortages (6.)						
= Kasseneingang (7.)						
abzüglich sonstige Einnahmen (8.)						
abzüglich (Bar-)Einlagen (Eigenbeleg beifügen) (8.)						
= Bareinnahmen (Tageslosung) (9.)						

Gegenprobe (10.)			**Kontrolle**
	Kassenbstand zu Beginn des Tages		
+	Einlage Barmittel von der Bank		
./.	Barausgaben 1. + 2. + 4.		
+	Bareinnahmen		
./.	Privatentnahme 3.		
	rechnerischer Istbestand		
	tatsächlicher Istbestand aus Zählprotokoll (I. + II. Summe Gesamt)		
	Differenz		

8 Zu finden ist dieser Muster-Kassenbericht auch als Arbeitshilfe in der NWB-Datenbank, NWB WAAAH-43484.

251 Dieser führt in 11 Schritten zum richtigen Ergebnis:

1. Ermittlung der Summe der Scheine (I.).
2. Ermittlung der Summe der Münzen (II.).
3. Zusammenrechnung der Summe der Scheine (I.) und der Münzen (II.).

Beachte:
Es ist zwingend erforderlich, dass der gesamt geschäftliche Bargeldbestand einschl. Wechselgeld und Hartgeld täglich gezählt wird.
Die Aufbewahrungsorte des Geldes (z. B. Handkassen der Kellner, Wechselgeld, Portokasse etc.) spielen dabei keine Rolle.

4. Die zu 3. ermittelte Summe wird dann in das freie Feld neben „Kassenbestand bei Geschäftsschluss" eingetragen.
5. Die Barausgaben (1. bis 4.) eintragen, die Belege anheften und die Summe ermitteln.
6. Den Kassenbestand des Vortages eintragen.
7. Den Kasseneingang ermitteln (4 + 5 + 6).
8. Sonstige Einnahmen und Privateinlagen eintragen.
9. Bareinnahmen ermitteln (7 bis 8).
10. Gegenprobe.
11. Unterschriften.

Beachte:
Sämtliche Bareinnahmen, Barausgaben, Entnahmen und Einlagen (einschl. Herkunftsnachweise) sind durch Belege (ggf. Eigenbelege) nachzuweisen.

PRAXISHINWEIS:

Der hier vorgestellte Musterkassenbericht beinhaltet auch ein Zählprotokoll. Dieses muss zwar nicht zwingend geführt werden, erleichtert jedoch den Nachweis des tatsächlichen Auszählens und die Eintragungen im Kassenbericht.

252 Der für die tägliche Bestandsaufnahme notwendige Kassenbericht kann auch nicht durch ein Kassenbuch ersetzt werden, wenn in diesem in einer gesonderten Spalte *„Bestände"* ausgewiesen werden, weil das Kassenbuch nicht die rechnerische Ermittlung der Tageseinnahmen dokumentiert, sondern lediglich die rechnerische Entwicklung der Kassenbestände.

Wenn in einem Unternehmen Umsätze zu unterschiedlichen Steuersätzen, z. B. 7 % und 19 %, getätigt werden, muss bei der Kassenführung mittels OLK ohne Einzelaufzeichnungen Folgendes beachtet werden: Aus den Aufzeichnungen muss sich entnehmen lassen, wie sich die Entgelte auf die einzelnen Steuersätze verteilen (s. auch § 22 UStG). 253

Einem Unternehmer, dem wegen der Art und des Umfangs seines Geschäftes eine Trennung der Entgelte und Teilentgelte bzw. der Bemessungsgrundlage nach Steuersätzen nicht zuzumuten ist, kann das Finanzamt **auf Antrag** Erleichterungen gewähren. Es sollte ein Antrag auf erleichterte Trennung der Entgelte (§ 63 Abs. 4 Satz 1 UStG) gestellt werden. Die Anwendung des Verfahrens kann auch auf einen in der Gliederung des Unternehmens gesondert geführten Betrieb beschränkt werden (§ 63 Abs. 4 Satz 4 UStG). 254

5. Grundsätze ordnungsmäßiger Kassenführung

a) Bilanzierende Unternehmer

Bilanzierende (z. B. Kaufleute nach HGB, aber auch wenn freiwillig Bücher geführt werden) Unternehmer mit Bargeschäften sind verpflichtet 255

- ein Kassenbuch/Kassenbestandsrechnung
  - als Loseblattsammlung oder
  - als gebundenes Buch oder
  - in elektronischer Form (z. B. DATEV-Kassenbuch, Lexware-Kassenbuch etc.)

  oder in Form aneinandergereihter Kassenberichte

zu führen.[9]

In dem Kassenbericht sind sämtliche Geschäftsvorfälle handschriftlich festzuhalten. Die ausgegebenen Rechnungen (= Aufzeichnungsbelege) sind fortlaufend zu nummerieren. Zu den Anforderungen an den Inhalt einer Rechnung s. § 14 Abs. 4 UStG. 256

Die (Durch-)Nummerierung kann handschriftlich oder mittels Paginierstempel erfolgen. Auch die Nutzung von Quittungsbelegen mit vorgedruckten Nummern ist zulässig.

9 AEAO zu §146, Tz. 1.4.

PRAXISHINWEIS:

Auch bei der Kassenführung mittels offener Ladenkasse mit Einzelaufzeichnungen sind Geschäftsvorfälle mit unterschiedlichen Steuersätzen (z. B. 7% und 19%) gesondert aufzuzeichnen.

257 Die GoB[10] verlangen von Unternehmern, dass die Aufzeichnungen jedes einzelnen Geschäftsvorfalls unmittelbar nach dem Abschluss und im Umfang, einem sachverständigen Dritten in angemessener Zeit, eine lückenlose Überprüfung der Grundlagen, des Inhalts, der Entstehung und der Abwicklung und der Bedeutung für den Betrieb ermöglichen.

258 Das bedeutet, dass grundsätzlich nicht nur die Aufzeichnung der in Geld bestehenden Gegenleistung, sondern auch der Inhalt des Geschäfts und der Name des Vertragspartners aufgezeichnet werden müssen.

259 Wenn ein bilanzierender Unternehmer fortlaufend nummerierte (retrograde) Kassenberichte nutzt, stellen diese auch das Kassenbuch dar. Da aber in den Kassenberichten die Bareinnahmen nur in einer Summe aufgeführt werden, müssen zusätzlich die Ursprungsbelege (z.B. Rechnungen, Quittungen etc.) zum Nachweis aufbewahrt werden.

260 **Wesentliche Bestandteile** einer OLK mit Einzelaufzeichnungen:

- Händische Aufzeichnungen oder Vordrucke (z.B. Quittungen) fortlaufend nummeriert,
- Erfassung der baren Betriebseinnahmen im
  - Kassenbuch oder
  - Kassenbestandsrechnung oder
  - Kassenbericht,
- Erfassung sonstiger barer Vorgänge,
  - Privatentnahmen und Privateinlagen jeweils mit Eigenbeleg,
  - Betriebsausgaben mit (Nachweis-)Beleg,
  - Geldtransit.

261 Für die vorgenannten Aufzeichnungen ist es erforderlich, dass sie geordnet abgelegt werden (Stichwort: geordnete Belegablage). Die Nachweise können auch eingescannt werden, wenn eine aussagefähige Verfahrensdokumentation zum ersetzenden Scannen vorhanden ist. Eine lose Zettelwirtschaft ist

10 GoB = Grundsätze ordnungsmäßiger Buchführung.

nicht zulässig, weil sich dann ein sachverständiger Dritter nicht in angemessener Zeit einen Überblick über die baren Geschäftsvorfälle machen kann.

b) Unternehmer die ihren Gewinn durch Einnahmenüberschussrechnung (§4 Abs. 3 EStG) ermitteln

Auch diese Unternehmen sind **verpflichtet Einzelaufzeichnungen** zu führen. 262
Wenn Unternehmer ihren Gewinn nach §4 Abs. 3 EStG ermitteln, sind sie nicht verpflichtet, ein Kassenbuch zu führen. Nach §146 Abs. 5 Satz 1 Halbsatz 2 AO müssen sie die Aufzeichnungen, die allein nach den Steuergesetzen (hier: §22 UStG) vorzunehmen sind, lediglich so führen, dass sie dem konkreten Besteuerungszweck genügen. Sie können auch in der geordneten Ablage von Belegen bestehen.[11]

Aber:

Die Höhe der Bareinnahmen und Barausgaben ist durch geordnete und voll- 263
ständige Belege nachzuweisen, z. B. auch durch eine handschriftliche Liste. Unschlüssige, widersprüchliche oder lückenhafte Aufzeichnungen führen zu einer Schätzungsbefugnis („dem Grunde nach“).

6. Darauf ist bei der Kassenführung mittels OLK besonders zu achten

a) Kassensturzfähigkeit

Nach dem Gesetz (§146 Abs. 1 Satz 2 AO) müssen Kasseneinnahmen und Kas- 264
senausgaben täglich festgestellt werden. Gleichzeitig müssen die Kassenaufzeichnungen so beschaffen sein, dass ein sachverständiger Dritter jederzeit in der Lage ist, den Sollbestand mit dem Istbestand der Geschäftskasse zu vergleichen (= Kassensturzfähigkeit).[12] Dieser Abgleich muss jederzeit möglich sein, d. h. zu Beginn des Geschäftstages, im Laufe des Geschäftstages und am Ende des Geschäftstages. Im Rahmen einer nicht angekündigten Kassen-Nachschau wird auch immer ein Kassensturz durchgeführt.

PRAXISTIPP:

Der Unternehmer muss darauf achten, dass die Kasse täglich geführt wird.

---

11 §146 Abs. 5 Satz 1 AO; BFH, Beschluss v. 16.2.2006 - X B 57/05, BFH/NV 2006 S. 940, NWB KAAAB-80831.

12 BFH, Urteil v. 20.9.1989 - X R 39/87, BStBl 1990 II S. 109; AEAO zu § 146 Tz. 3.4.

b) Kassendifferenzen

265 Kassendifferenzen sind menschlich und dürfen durchaus vorkommen. Sie entstehen oftmals durch falsche Wechselgeldrückgaben, fehlende Belege über Barausgaben, fehlende Eigenbelege über Entnahmen und Einlagen, Rechenfehler etc.

Deshalb ist von Bedeutung, dass der Kassenbestand täglich genau gezählt wird. Festgestellte Kassendifferenzen sollten mit Angabe des Zeitpunkts der Feststellung sowie Angabe der feststellenden Person schriftlich dokumentiert werden. Durch Korrekturbuchungen ist dafür zu sorgen, dass der Istbestand wieder mit dem Sollbestand lt. Buchführung übereinstimmt.

HINWEIS:

Ein Fehlbetrag kann bspw. auf das Konto „Sonstige Aufwendungen unregelmäßig", ein Mehrbetrag auf das Konto „Sonstige Erträge unregelmäßig" gebucht werden.

c) Zählprotokolle

266 An dieser Stelle noch ein paar Hinweise zu den Zählprotokollen. Nach dem Gesetz besteht keine Verpflichtung ein Zählprotokoll zu erstellen. Die Praxis zeigt aber, dass damit im Rahmen von Betriebsprüfungen nachgewiesen werden kann, dass die Kasse auch tatsächlich gezählt wurde. Es sollte zur Gewohnheit werden, ein Zählprotokoll zu erstellen. Sobald in einem Unternehmen Fremdpersonal eingesetzt wird, sollte bei der täglichen Zählung des Bargeldbestands immer das „**Vier-Augen-Prinzip**" beachtet und das Zählprotokoll von beiden „Zählenden" unterschrieben werden.

d) Bargeldverluste durch Diebstahl

267 Im Rahmen von Betriebsprüfungen werden oftmals Bargeldverluste durch Diebstahl geltend gemacht. Dabei sollten die folgenden Punkte beachtet werden:[13]

- Nachweis darüber, dass das Bargeld zum Betriebsvermögen des Unternehmens gehörte, z. B. ordnungsgemäß geführte Kassenberichte.
- Eine Strafanzeige gegen den/die Täter/in. Notfalls auch gegen „unbekannt". Anzeigedurchschrift der Polizei als Nachweis aufbewahren.
- Ist der Täter ein/e Mitarbeiter/in, so sollte eine Abmahnung oder Kündigung ausgesprochen werden.
- Regressansprüche gegen den Täter werden geltend gemacht.

13 H 4.5 (2) EStH zu § 4 EStG – Stichwort: Diebstahl.

PRAXISHINWEIS:

Bilanzierende Unternehmen müssen die Regressansprüche in der Bilanz ausweisen. In diesen Fällen ist es erforderlich, dass es dafür auch entsprechende Nachweise gibt.

7. Nutzung von eAS und OLK in einem Unternehmen

Werden in dem Unternehmen ein oder mehrere eAS[14] (i.S.des §146a Abs.1 Satz1 AO i.V.m. §1 Abs.1 Satz1 KassenSichV) verwendet, müssen diese grundsätzlich zur Aufzeichnung sämtlicher Erlöse verwendet werden. 268

Nur wenn für einen räumlich **oder** organisatorisch eindeutig abgrenzbaren Bereich aus technischen Gründen **oder** aus Zumutbarkeitserwägungen eine Erfassung über das vorhandene elektronische Aufzeichnungssystem nicht möglich ist, wird es von den Finanzbehörden nicht beanstandet, wenn zur Erfassung dieser Geschäftsvorfälle eine offene Ladenkasse verwendet wird.[15]

BEISPIELE:

a) Ein Restaurantbetrieb verkauft im Rahmen des örtlichen Stadtfestes auch Getränke über einen Bierstand außerhalb des Restaurants.

   Die Nutzung einer OLK am Bierstand wäre zulässig.

b) In einem Eiscafé wird der Im-Haus-Verkauf über ein eAS erfasst. Die Eistheke für den Außer-Haus-Verkauf ist zwar räumlich integriert, aber aus technischen und auch aus organisatorischen Gründen ist die Nutzung des eAS dort nicht möglich. In diesem Fall könnte eine OLK zulässig sein (Einzelfallprüfung).

8. Kassenführung mittels OLK beim Ausfall von eAS

Wird in einem Unternehmen zur Erfassung von aufzeichnungspflichtigen Geschäftsvorfällen ein eAS genutzt und fällt dieses aus (z.B. durch technischen Defekt oder bei Stromausfall), ist während dieser Zeit eine händisch geführte OLK zulässig.[16] 269

BEACHTE:

Die Ausfallzeit des eAS ist zu dokumentieren und durch Nachweise zu belegen (z.B. Rechnung über Reparaturleistung).

Sollte in einem Unternehmen das eAS ausfallen, sollte Folgendes beachtet werden, wenn kein Ersatzaufzeichnungssystem vorhanden ist: 270

---

14 Es handelt sich hierbei um elektronische oder computergestützte Kassensysteme oder Registrierkassen.

15 AEAO zu § 146 Tz. 2.2.3.

16 AEAO zu § 146 Tz. 2.1.6.

- Beginn des Kassenausfalls genauestens dokumentieren.
- Kassenhändler informieren und um kurzfristige Behebung des Schadens bitten.
- Bargeldbestand zählen, da dieser für die OLK von Bedeutung ist.
- Ermittlung der Einnahmen mit Hilfe des (Muster-)Kassenberichtes.

PRAXISTIPP:

Entsprechende Handlungsanweisungen für den Fall des Ausfalls eines eAS, auch für Schichtleiter und Mitarbeiter, und Vordrucke des (Muster-)Kassenberichts könnten idealerweise Bestandteil einer „gelebten Verfahrensdokumentation" und Bestandteil von Mitarbeiterschulungen sein. Ferner können hier auch entsprechende Handlungsanweisungen für den Ausfall des Belegdruckers oder den Ausfall der TSE beschrieben sein, sofern das eAS selbst noch funktioniert (s. auch Kapitel E, Rz. 626 ff.).

9. Nutzung eines alten eAS als „Taschenrechner" bei der Kassenführung mittels OLK

271 Im Rahmen von Kassen-Nachschauen wurde mehrfach folgender Sachverhalt festgestellt: In einem Unternehmen der Bargeldbranche mit einer Kassenführung mittels OLK wird zusätzlich ein eAS älterer Bauart (sog. Z-Bon-Kasse) als „Taschenrechner" genutzt.

Steuerberater vertreten die Auffassung, dass dies eine zulässige Form der Kassenführung ist, und berufen sich auf ein Urteil des FG Köln v. 4.8.2022.[17]

272 Dabei wird vergessen, dass das eAS ein Aufzeichnungssystem i.S.des § 146a AO darstellt und seit dem 1.1.2020 sämtliche Geschäftsvorfälle über dieses eAS zu erfassen sind. Zusätzlich müssen das eAS und die damit aufgezeichneten Geschäftsvorfälle durch eine zertifizierte technische Sicherheitseinrichtung (TSE) geschützt werden.

10. Zusammenfassung OLK

273 Eine Kassenführung mittels sog. „offenen Ladenkasse" ist weiterhin zulässig, sofern die rechtlichen Voraussetzungen erfüllt sind. Das ist z.B. der Fall, wenn tatsächlich **kein** technisches Hilfsmittel bei der Ermittlung der Tageseinnahmen zum Einsatz kommt.

17 FG Köln, Urteil v. 4.8.2022 - 3 K 2129/20, NWB CAAAJ-30574.

BEISPIEL: Ein Restaurantbesitzer reicht seinem Steuerberater kurz nach dem Monatsende jeweils einen handschriftlich ausgefüllten Vordruck „Kassenbericht" für jeden Öffnungstag ein. Die Höhe des Tagesumsatzes sowie die Trennung des Entgelts ergeben sich aus dem angehefteten täglichen, auf Thermopapier ausgedruckten Tagesendsummenbericht (sog. Z-Bon).

- In diesem Fall wird ein technisches Hilfsmittel genutzt. Das eAS mit Kassenfunktion muss dabei den seit dem 1.1.2020 geltenden Vorgaben des § 146a AO entsprechen (für bestimmte Registrierkassen ist die letzte Übergangsregelung zum 31.12.2022 ausgelaufen).
- Ein sog. Z-Bon kann in der heutigen Zeit zwar noch als Buchungsbeleg dienen, es müssen jedoch alle Kasseneinzeldaten (Einzelaufzeichnungspflicht des § 146a Abs. 1 Satz 1 AO) vorliegen.[18]
- Ein tatsächliches tägliches Auszählen der Kasse und die retrograde Ermittlung von Tageseinnahmen wird so nicht ersichtlich.

In der Praxis finden sich in Gastronomiebetrieben oftmals „Mischsysteme" zwischen „offener Ladenkasse", Einzel- und elektronischer Aufzeichnung, teilweise auch aufgrund der über längere Zeit gewachsenen Unternehmensstrukturen, z. B., wenn die Summe, der auf den gesammelten und anschließend vernichteten Bierdeckeln vom Thekenausschank angeschriebenen Getränkeumsätze, bei Geschäftsschluss als ein Geschäftsvorfall im Kassensystem eines Gastronomiebetriebes mit Saalbetrieb erfasst wird. 274

In anderen Unternehmen hingegen gibt es voneinander räumlich und organisatorisch getrennte Kassen, z. B. das eAS mit Kassierfunktion im Gastraum und eine „offene Ladenkasse" auf dem Getränkewagen beim Stadt- oder Schützenfest. 275

Doch gilt es hier genau zu differenzieren, um später keine Probleme bei der nächsten Kassen-Nachschau oder steuerlichen Außenprüfung zu haben. Auch in einem Steuerbüro sollten Tageskasseneinnahmen nicht einfach **„nur"** anhand irgendwelcher eingereichter Belege und ohne Kenntnisse über die tatsächlichen Betriebsabläufe der Einnahmenerfassung, im konkreten Unternehmen gebucht werden. 276

(*Einstweilen frei*) 277–285

18 BMF, Schreiben v. 26.11.2010 - IV A 4 - S 0316/08/10004-07, BStBl 2010 I S. 1342. Schon seit dem 1.1.2017 müssen alle steuerlich relevanten Einzeldaten (Einzelaufzeichnungspflicht) einschließlich etwaiger mit dem Gerät elektronisch erzeugter Rechnungen i. S. des § 14 UStG unveränderbar und vollständig aufbewahrt werden.

III. Kassenführung mittels elektronischer Aufzeichnungssysteme (eAS)

Gesetzeswortlaut:
§ 146a AO

Gesetzeswortlaut:
§ 1 KassenSichV

1. Einführung

286 Wie sahen die Tagesendsummenbons (sog. Z-Bons) aus?

TAB. 1: Z-Bon aus der „alten Zeit“

Finanzberichtsnummer		1.456
Finanzbericht täglich		Z
Kasse 1	23:34	01-03-24
Brutto 1		2.380,00
MWSt 19%		380,00
Netto 1		2.000,00
Kassensoll		
Bar EUR		2.380,00
	Anzahl	Umsatz
Bar EUR	87	2.380,00
Bonanzahl	87	
Tischumsatz		2.380,00
Z-Zähler 1	1.455	
# # # Speicher gelöscht # # #		

Heutzutage spielt der Tagesendsummenbon (sog. Z-Bon) aus einem eAS keine steuerlich relevante Rolle mehr. Er kann als betriebsinterner Informationsbeleg oder als Buchungsbeleg für den Steuerberater dienen, mehr aber auch nicht. 287

Mit Bekanntgabe des Gesetzes zum Schutz vor Manipulationen an digitalen Grundaufzeichnungen (Ende 2016) sind im Rahmen von Außenprüfungen (§§ 193 ff. AO) oder Kassen-Nachschauen (zulässig seit dem 1.1.2018) immer elektronisch gespeicherte Kasseneinzeldaten (als Grundaufzeichnungen) erforderlich. Im Zeitraum 1.1.2017 bis 31.12.2019 im GoBD-Format und seit dem 1.1.2020 nur noch im einheitlichen Format der DSFinV-K.[19] 288

PRAXISHINWEIS:

„Alte" Registrierkassen, die keine Datenexporte zulassen, sondern nur Tagesendsummenbons, dürfen seit dem 1.1.2017 nicht mehr zur Dokumentation von Geschäftsvorfällen genutzt werden.

Die Begrifflichkeiten für Registrierkassen, Kassen oder Kassensysteme haben sich aus steuerlicher Sicht geändert. In Anlehnung an die immer komplexeren Systeme, spricht man nunmehr von **elektronischen Aufzeichnungssystemen (eAS) mit Kassenfunktion**. Bei Einsatz dieser Systeme sind uneingeschränkt die Vorschiften des § 146a AO sowie der Kassensicherungsverordnung (KassenSichV)[20] zu beachten. Etwaige Ausnahmen oder Übergangsregelungen für „**Altsysteme**" bestehen nicht mehr.[21] 289

Der Begriff des „eAS mit Kassenfunktion" umfasst dabei nicht nur die typischerweise in der Gastronomie oder im Einzelhandel eingesetzten elektronischen Systeme („Kassen"), sondern auch die elektronischen Systeme vieler andere Branchen, von Hotels über Werkstätten bis hin zu den Praxismanagementsystemen in der Gesundheitsbranche. Das entscheidende Merkmal ist hier die vorhandene (und ggf. je nach Betrieb und Branche nicht genutzte) „Kassen**funktion**": 290

19 DSFinV-K = **D**igitale **S**chnittstelle der **Fin**anz**v**erwaltung für **K**assensysteme. Die aktuelle Version befindet sich unter https://www.bzst.de/DE/Unternehmen/Aussenpruefungen/DigitaleSchnittstelleFinV/digitaleschnittstellefinv_node.html (zuletzt abgerufen am 13.3.2025).

20 Verordnung zur Bestimmung der technischen Anforderungen an elektronische Aufzeichnungs- und Sicherungssysteme im Geschäftsverkehr, v. 26.9.2017, BGBl 2017 I S. 3515, mit späteren Änderungen.

21 Mit Ablauf des 31.12.2022 lief die letzte mögliche Übergangsregelung für bestimmte Registrierkassen aus, die bauartbedingt nicht mit einer TSE ausgerüstet werden konnten, gleichwohl aber schon Einzelaufzeichnungen gespeichert haben.

AUSZUG AUS DEM AEAO ZU § 146A, NR. 1.2:

„...Kassenfunktion haben eAS dann, wenn diese der Erfassung und Abwicklung von zumindest teilweise baren Zahlungsvorgängen dienen können. Dies gilt auch für vergleichbare elektronische, vor Ort genutzte Zahlungsformen (elektronisches Geld wie z. B. Geldkarte oder virtuelle (Kunden-)Konten) sowie an Geldes statt vor Ort angenommener Gutscheine, Guthabenkarten, Bons und dergleichen. Eine Aufbewahrungsmöglichkeit des verwalteten Bargeldbestandes (z. B. Kassenlade) ist nicht erforderlich. ...“

291 Nach § 1 Abs. 1 Satz 1 KassenSichV sind elektronische oder computergestützte Kassensysteme oder Registrierkassen nicht nur DV-Systeme[22] i. S. der GoBD, sondern auch eAS im Sinne des § 146a Abs. 1 Satz 1 AO.

292 Dieses hat insbesondere zur Folge, dass:

- jeder Geschäftsvorfall und andere Vorgänge zwingend einzeln, vollständig, richtig, zeitgerecht und geordnet aufgezeichnet werden muss,
- das eAS und die digitalen (Grund-)aufzeichnungen zwingend durch eine vom BSI[23] zertifizierte technische Sicherheitseinrichtung (TSE) geschützt werden muss (nähere Ausführungen zur TSE s. Rz. 322 f.),
- für jeden Geschäftsvorfall und anderen Vorgang ein Beleg erzeugt werden muss (Belegausgabepflicht, s. auch Rz. 362),
- das jedes vorhandene eAS sowie dessen zertifizierte technische Sicherheitseinrichtung (TSE) den Finanzbehörden mitzuteilen ist (Mitteilungspflicht, s. Rz. 391 f.).

293 In Gastronomiebetrieben kommen oftmals auch mehrere unterschiedliche Varianten der Kassenführung parallel zum Einsatz, z. B.:

- Einsatz eines eAS im Haus und Führung einer offenen Ladenkasse (OLK) im Biergarten oder auf Sonderveranstaltungen (Getränkewagen auf dem Schützenfest etc.),
- Eisdiele mit einer offenen Ladenkasse (OLK) für den Fensterverkauf und ein eAS für den Gastraum.

22 DV = Datenverarbeitung; somit gelten hier auch die GoBD, s. a. BMF, Schreiben v. 28.11.2019 - IV A 4 - S 0316/19/10003 :001, BStBl 2019 I S. 1269.

23 BSI = Bundesamt für Sicherheit in der Informationstechnik.

2. Auswahl, Inbetriebnahme

Die Anforderungen an ein eAS sind so individuell wie der jeweilige Betrieb, in dem das System genutzt werden soll. In Deutschland gibt es kein „Einheitssystem“ oder nur wenige, vom Staat zugelassene Anbieter („Monopol“). 294

Das Gegenteil ist der Fall; es gibt eine Vielzahl von Anbietern und unterschiedlichste Varianten von eAS. Gerade für die verschiedensten Ausprägungen der „Gastronomie“ gibt es eine Vielzahl von unterschiedlichsten Produktlösungen bzw. auch Kombinationen von Produktlösungen unterschiedlichster Anbieter. 295

Bereits die Auswahl und spätestens das Customizing[24] eines eAS (sowie die regelmäßige Überprüfung und Anpassungen des Customizings) ist eine Gemeinschaftsaufgabe für 296

- den Unternehmer ggf. unter Zuhilfenahme seiner Mitarbeiter („kennt seinen Betrieb und die typischerweise vorkommenden Geschäftsvorfälle“),
- den Kassenfachhändler („kennt das Kassensystem“) und
- den Steuerberater („kennt gesetzliche Anforderungen und Risiken im Steuerrecht“).

Nicht jede Standardprogrammierung eines Systems passt auf den Betrieb, in dem das System tatsächlich eingesetzt wird. Nicht in jedem Gastronomiebetrieb ist z. B. der Umgang mit Trinkgeldern gleich organisiert. In anderen Gastronomiebetrieben wird ein bestimmtes eAS von Beginn an vorgegeben, z. B. bei Franchise-Nehmern, Systemgastronomie-Ketten o. Ä. 297

Das ausgewählte Kassensystem muss zu dem Betrieb, den individuellen Betriebsabläufen und den Menschen, die das System tagtäglich nutzen („Bediener-Ergonomie“), passen. 298

BEISPIELE:

- Viele Gastronomen haben nach der Coronakrise mit einem teils gravierenden Fachkräftemangel zu kämpfen. Das eAS muss daher effektiv und intuitiv in der Handhabe mit möglichst geringer Einarbeitungszeit und ohne große Fehlerquellen sein.
- In Gastronomiebetrieben mit überwiegend asiatischem Speiseangebot wird überwiegend fremdsprachiges Personal im Service eingesetzt. Hier werden oft eAS bevorzugt, deren Bedieneroberflächen in die entsprechenden Landessprachen umgestellt werden können.

24 Customizing = to customize = anpassen.

300 Bevor sich Unternehmer, Kassenfachhändler und Steuerberater zusammensetzen, um das optimale eAS für das Unternehmen zu ermitteln, sollte man sich darüber Gedanken machen, welche Form von Gastronomie betrieben werden soll bzw. betrieben wird:

BEISPIELE:

- Restaurant mit Tischbedienung
  - mit Einsatz mobiler Kassen,
  - ohne Einsatz mobiler Kassen,
- Restaurant ohne Tischbedienung
  - Imbiss,
  - Bistro,
  - etc.
- Verkaufsfahrzeuge, Food Trucks etc.
- Filialbetriebe
- etc.

301 Bei der Auswahl eines eAS spielen oftmals **Kosten**überlegungen (Kauf, Leasing, Miete, Umfang der Leistungen, Festpreis vs. Modulpreise) eine Rolle. Auch bezüglich der Kosten einer TSE gibt es Unterschiede. Muss eine Hardware-TSE einmalig angeschafft werden, so fallen bei einer Cloud-TSE ggf. laufende monatliche Kosten an. Eine Hardware-TSE verfügt oftmals über eine – herstellerseitig – begrenzte Laufzeit und muss turnusmäßig ausgetauscht werden. Je nach Bauart kann auch ein Austausch bei Ablauf der zeitlich begrenzten Zertifizierung (i.d.R. ist eine TSE-Zertifizierung auf maximal acht Jahre begrenzt) oder eine Neuzertifizierung erforderlich sein.

FALLBEISPIEL AUS DER PRAXIS:

Im Jahr 2023 hat der Fall einer bestimmten Hardware-TSE erstmalig gezeigt, welche „praktischen" Probleme es geben kann. Hintergrund war das Auslaufen eines befristeten Zertifikats der Bundesdruckerei D-TRUST TSE (Version 1.0" der cv cryptovision GmbH) zum 7.1.2023.[25] Die neue TSE „Version 2" musste erst noch vom BSI zertifiziert werden und die eAS, in dem die nicht mehr zertifizierte TSE im Einsatz war, konnten kurzfristig nicht auf die TSE eines anderen TSE-Anbieters umgestellt werden. Das BMF unterstütze hier mit einer Nichtbeanstandungsregelung für den Zeitraum bis zur Zertifizierung der neuen und Austauschmöglichkeit der alten TSE.[26]

Das war jedoch ein Einzelfall, eine generelle Regelung für den Fall des Auslaufens oder eines Widerrufs einer TSE gibt es derzeit noch nicht. Jedoch ist nicht auszuschließen, dass es auch zukünftig Fälle geben kann, in denen aufgrund von z.B. bekannt gewor-

25 BMF, Schreiben v. 8.7.2022 - IV A 4 - S0316-a/19/10006 :036, BStBl 2022 I S.1170.

26 BMF, Schreiben v. 16.3.2023 - IA 4 - S 0319/20/10002 :009, BStBl 2023 I S.606.

denen Sicherheitsmängeln, eine Zertifizierung vorzeitig widerrufen oder nicht wieder rezertifiziert werden kann.

Wichtig ist, dass im Falle eines Austausches einer TSE, die auf der Speichereinheit der TSE gespeicherten Daten sicher für die Dauer der gesetzlichen Aufbewahrungsfristen jederzeit verfügbar und lesbar aufbewahrt werden.

Neben den reinen Anschaffungskosten für Hard- und Software sollte auch das **Serviceangebot** des jeweiligen Kassenfachhändlers bzw. Systembetreuers beachtet werden; dieses reicht von einem individuellen betriebsbezogenen Customizing des eAS, der laufenden Betreuung (Systempflege wie z. B. Umprogrammierungen bei Preis- oder Steuersatzänderungen, Unterstützung bei der Mitteilungspflicht nach § 146a Abs. 4 AO, Updates, Datensicherung oder Datenarchivierung) bis hin zur Erreichbarkeit und Notdienst bei technischen Problemen. Nicht selten sind lokale eAS mit dem Internet verbunden, so das der Service zeitnah und unkompliziert aus der Ferne (= Remote) durchgeführt werden kann. Sofern das eAS mit dem Internet verbunden ist, muss auf IT-Sicherheit in Bezug auf stets aktuelle Betriebssysteme, Virenschutzsoftware und Firewall geachtet werden. 302

Nutzungsanforderungen und die spätere Nutzungsumgebung machen bestimmte **Hardwaretypen** und **zusätzliche Komponenten** erforderlich. Je nach Einsatzort ist auf Temperatur-, Fettdampf- oder Feuchtigkeitsbeständigkeit bzw. Empfindlichkeit der Komponenten zu achten. Wie sieht die Netzwerk- bzw. Internetstruktur am beabsichtigten Standort des eAS aus? Wie viel Platz darf das eAS einnehmen? Ist es z. B. wichtig, dass alle Systemkomponenten in einem „geschlossenen Gehäuse" verbaut sind, es keine störenden Verbindungskabel gibt? 303

BEISPIELE: Mögliche Nutzungsanforderungen an die Kassentechnik können sein:

- Nutzung des eAS erfolgt immer am selben Ort oder ist eine Mobilität erforderlich,
- Nutzung im Haus oder im Freien,
- ganzjährige oder nur saisonale Nutzung,
- Test- und/oder Schulungssystem,
- etc.

Neben der eigentlichen „Kasse" werden oftmals weitere Komponenten wie z. B. Bondrucker, Kundendisplay, Küchendrucker bzw. -monitor oder Kartenlesegeräte benötigt. Sofern Bestellannahme und -Abrechnung direkt am Tisch erfolgen soll, sind oftmals zusätzlich mobile Lösungen (sog. „Handhelds" oder auch Apps auf Tablets oder den Smartphones der Angestellten) erforderlich. Solche mobilen Lösungen können dann jeweils als unabhängige Einzelkasse ausfallen 304 (womit jede „Einzelkasse“ dann auch mit einer TSE abzusichern ist) oder sind als reines „Erfassungsgerät“ Bestandteil eines Netzwerkes mit einer zentralen Kasse. Mobile Lösungen erfordern eine über das Einsatzgebiet (z. B. auch die hinterste Ecke eines Biergartens) ausreichende Netz- oder WLAN-Abdeckung. In anderen Betrieben bieten sich entweder zentrale oder dezentrale Server- und Clint-Lösungen oder Cloud-Lösungen an. Es gibt ferner Kombinationen aus lokalen und cloudbasierten Systemen. Für cloudbasierte Systeme ist eine gute und verlässliche Internetanbindung zwingende Voraussetzung. Bei Filialbetrieben oder auf Expansion ausgelegte Konzepte („Skalierbarkeit“) sind zusätzlich einheitliche Strukturen, Datenhaltung sowie Datenauswertung erforderlich.

305 Die **erforderliche TSE** wird in der Praxis tatsächlich durch die Wahl des eAS bestimmt. Der jeweilige Kassenhersteller gibt hier Art und Anbieter einer mit dem System kompatiblen TSE vor (z. B. Nutzung einer lokalen Hardware-TSE in Ausführung eines USB-Sticks oder die Verbindung zu einer Cloud-TSE). Ein einfacher Wechsel des TSE-Anbieters ist ohne Austausch des Kassensystems oftmals gar nicht möglich oder zu empfehlen.

PRAXISHINWEIS:

Aktuelle Liste der TSE-Anbieter

Das genutzte eAS sollte ferner immer der aktuellen gültigen Version der DSFinV-K entsprechen.[27]

Aktuell ist derzeit die DSFinV-K in der Version 2.4. Bei vorhandenen eAS sollte beachtet werden, dass diese bereits seit dem 1.7.2022 über die Version 2.3 verfügen müssen. Da in der Version 2.4 nur redaktionelle Änderungen und Anpassungen an den neuen AEAO zu § 146a erfolgten, ist auch weiterhin noch die Anwendung der Version 2.3 zulässig.

27 Diese findet sich unter: https://www.bzst.de/DE/Unternehmen/Aussenpruefungen/DigitaleSchnittstelleFinV/digitaleschnittstellefinv_nodes.html.

PRAXISTIPP:

Komplexe eAS sind regelmäßig auf neue, vorhandene Updates hin zu überprüfen. Diese sollten dann auch zeitnah eingespielt werden. Spätestens vor etwaigen Updates sollten Datensicherungen durchgeführt werden. Informationen zu durchgeführten Updates und Datensicherungen sollten in einer gelebten Verfahrensdokumentation enthalten sein.

Neben der eigentlichen Kassenfunktion spielen für den Unternehmer bei der Auswahl des Systems viele weitere Aspekte eine Rolle. Das reicht von Statistik- und Controlling-Funktionen über Rechteverwaltung von Benutzern bzw. Kontrollfunktionen bis hin zu Schnittstellen zu anderen DV-Systemen. Für Schnittstellen (API)[28] gibt es eine Vielzahl an Anwendungsbeispielen. Aus Sicht der Hersteller sind solche – teils komplexen – Schnittstellen jedoch auch programmier- und kostenintensiv, mitunter auch fehleranfällig. Eine regelmäßige Überprüfung des Datenflusses und richtige Verarbeitung der zwischen den Schnittstellen übertragenen Daten ist daher unerlässlich, insbesondere immer dann, je komplexer die Systeme und deren Schnittstellen sind. Spätestens im Rahmen der nächsten Außenprüfung wird eine solche „Schnittstellen-Verprobung" Prüfungsschwerpunkt sein. 306

BEISPIEL: Ein Restaurant nutzt im eAS auch eine Schnittstelle für einen Lieferdienst. Durch einen Fehler bei der Einrichtung werden Bestellungen über den Lieferdienst zwar erfasst und ausgeführt, die entsprechenden Abrechnungen jedoch nicht als steuerpflichtiger Umsatz verarbeitet.

Beispiele für mögliche Kassenschnittstellen in der Gastronomie für: 307

- externe Zugriffsmöglichkeiten (z. B. für den Unternehmer von außerhalb seines Betriebes),
- Anbindung an Zahlungssysteme (Kartenlesegeräte, PayPal, Kryptowährungen u. v. m.),
- Anbindung an verschiedene Web-Anwendungen (z. B. eigener Webshop oder eigenes Reservierungs- oder Bestellportal, externe Lieferdienste, externe Reservierungsportale, externe Gutscheinsysteme u. v. m.),
- Anbindung an externe Kundenbindungsprogramme oder Prämiensysteme (Payback, Deutschlandcard etc.),
- Anbindung an Controlling-, Statistik- oder Auswertungssoftware,

28 API = Application Programming Interface (Anwendungs- oder Programmierschnittstelle).

- Anbindung Arbeitszeit- und Personalmanagementsysteme (z. B. zur Dienstplanerstellung, Analyse und Steuerung eines effektiveren Personaleinsatzes oder Überwachung der Produktivität in bestimmten Schichten),
- Anbindung an mobile Anwendungen, von der eigenen App bis hin zu diversen Kommunikationsplattformen (Bestellung per Messanger etc.),
- Anbindung an Self-Ordering-Systeme (Bestellsysteme) oder Küchen-, Liefer-, Service- bzw. Abräumroboter,
- Anbindung an Küchensysteme (z. B. Küchenmonitor für eine effiziente Produktion, Bestellübersicht in Echtzeit und deren Bearbeitungsstatus sowie Vermeidung von Fehlern oder Papier aus Küchendruckern),
- Anbindung an Schankanlagen oder Getränke- bzw. Kaffeeautomaten (Steuerung, Auswertung etc.),
- Anbindung an Franchisegeber,
- Anbindung an Lieferanten oder Einkaufsportalen,
- Anbindung an digitale Info- oder Preistafeln, Werbedisplays oder sog. „Kundenstopper“ oder Bestell-Terminals,
- Anbindung an andere Faktura-Systeme (z. B. Anbindung der Hotelbar-Kasse oder Kasse im Spa-Bereich an die Rezeption),
- Anbindung an Finanzbuchhaltung (ggf. zur automatisierten Datenübernahme der Kasseneinzeldaten zur Verbuchung auf dem Kassenkonto),
- Exportschnittstellen (u. a. auch für den Export der Kasseneinzeldaten für steuerliche Zwecke nach DSFinV-K),
- Anbindung an die TSE i. S. des § 146a AO,
- Anbindung an Datenarchivierungssysteme,
- Anbindung an KI-Systeme.

3. Das Customizing

308 Unter Custominzing versteht man die individuelle Anpassung des eAS an die Bedürfnisse des Unternehmens, in dem das System genutzt werden soll (Erstprogrammierung). An dieser Stelle möchten wir auf ein paar in der Praxis wichtige Grundprogrammierungen hinweisen. Die Details sollten zusammen mit Kassenfachhändler und Steuerberater besprochen werden.

a) Bedienerprogrammierung

Im eAS sind alle berechtigen Bediener in sog. Bedienergruppen strukturiert anzulegen. Eine solche Gliederung stellt die Basis der Bedienerberechtigungen dar. Jeder Bediener erhält zu seiner angelegten Benutzerrolle seinen eigenen Bedienercode oder Bedienerschlüssel (sofern mit einem Bedienerschloss gearbeitet wird). 309

Mit der Ersteinrichtung des eAS werden oftmals auch verschiedene Bediener (vom Chef über Schichtleiter bis hin zu einzelnen Mitarbeitern oder Posten) im eAS angelegt und ihnen entsprechende **Benutzerrechte** zugewiesen. Dafür werden dann entsprechende „Bedienergruppen“ angelegt. 310

Die in der Praxis am häufigsten genutzten Bedienergruppen sind: 311

- Chef,
- Restaurantleiter,
- Schichtleiter,
- Kellner/Bediener,
- Training,
- Betriebsprüfung (nur lesende Rechte),
- Techniker/Service,

  Hinweis: In der Regel findet ein Techniker-/Service-Einsatz im Trainingsmodus statt, der auch in den Grundaufzeichnungen gespeichert und über die TSE abgesichert wird.
- Sonstige individuell programmierbare Benutzer, die frei bezeichnet werden können.

PRAXISHINWEIS:

Eine Vielzahl von eAS für die Gastronomie ermöglichen eine Arbeitszeiterfassung direkt an der Kassentechnik. Die Arbeitszeitkontrolle (Arbeitszeit An-/Abmeldung) kann dann mit dem Bedienerschlüssel oder dem Bedienercode erfolgen. Auch die Pausen können mit Beginn und Ende eingegeben werden.

Für jede einzelne Bedienergruppe werden unterschiedliche Nutzungsmöglichkeiten des eAS eingerichtet: 312

Wer darf bonieren, stornieren oder gar in höhere Systemebenen mit Zugriff auf alle Auswertungs-, Statistik- und Kontrollfunktionen gelangen?

Die Bedienergruppe „Betriebsprüfung“ sollte für einen (nur lesenden) Datenzugriff der Finanzverwaltung oder des Zolls im Rahmen von (Kassen-)Nachschauen (§ 146b AO) oder Außenprüfungen (s. auch § 147 Abs. 6 AO) eingerichtet werden. Über die Benutzerrechte kann auch gesteuert werden, wer welche Daten oder welche Zeiträume exportieren darf. Bei einigen eAS kann auch über die Benutzerrolle gezielt gesteuert werden, ob Schnittstellen aus Sicherheitsgründen für einen Datenexport auf externe Speichermedien (z. B. USB-Stick) freigeschaltet sind oder nicht.

b) Artikelprogrammierung

313 Das ausgewählte eAS hat schlussendlich nicht nur den formalen Vorgaben der Steuergesetze (z. B. § 146a AO) oder den Verwaltungsanweisungen (z. B. den GoBDs[29]) zu entsprechen, sondern muss auch in der Lage sein, die typischerweise in dem einen, ganz konkreten Betrieb anfallenden Geschäftsvorfälle und sonstigen Vorgänge, richtig und vollständig abzubilden (**Einzelaufzeichnungspflicht**, § 146a Abs. 1 Satz 1 AO). Daher ist beim Customizing insbesondere auch auf eine **artikelgenaue Programmierung** zu achten. Für Zwecke der Ausstellung eines „Bewirtungsbeleges“ (s. Rz. 381) ist ebenso eine detaillierte Aufgliederung der einzelnen Artikel und Leistungen erforderlich.[30]

314 Bei der Artikelprogrammierung sollte darauf geachtet werden, das klare Artikelnamen verwendet werden. Auf Artikelbezeichnungen wie „Diverse Getränke“, „Diverse Speisen“ oder „Mittagsmenü I“, „Mittagsmenü II“ etc. sollte verzichtet werden.

315 Eine Programmierung ausschließlich von **Warengruppen** („Speisen“, „Getränke“ o. Ä.) ist nur im Ausnahmefall zulässig.[31] Aus **Zumutbarkeitsgründen** können beim Verkauf einer Vielzahl von Waren mehrere Produkte **gleicher Art** und **einheitlichen Einzelverkaufspreisen** zu Warengruppen (= **Warengruppenprogrammierung**) zusammengefasst werden. Die verkaufte Menge bzw. Anzahl muss aber stets ersichtlich sein. Eine zulässige Warengruppenprogrammierung muss aber in jedem konkreten Einzelfall geprüft werden; ggf. bietet sich auch ein Antrag nach § 148 AO an. Das Vorgehen sowie die Prüfung der Voraussetzungen ist in einer gelebten Verfahrensdokumentation zu dokumentiert.

PRAXISHINWEIS:

Die falsche Aufzeichnung eines Geschäftsvorfalls kann bereits als Ordnungswidrigkeit angesehen werden (§ 379 Abs. 1 Satz 1 Nr. 1 und Nr. 3 AO). Diese kann im schlimmsten Fall mit einem Bußgeld von bis zu 25.000 € geahndet werden.

29 BMF, Schreiben v. 28.11.2019 - IV A 4 - S 0316/19/10003 :001, BStBl 2019 I S. 1269.

30 Siehe auch Jope/Teutemacher, BBK 2023 S. 543, NWB FAAAJ-41573.

31 AEAO zu § 146, Nr. 2.1.3.

Gastronomiebetriebe, die in Form von Kapitalgesellschaften oder Personengesellschaften geführt werden, droht bei in § 379 AO genannten Verstößen, eine Geldbuße nach § 30 OWiG.

BEISPIEL: Im Rahmen der gesetzlichen Einzelaufzeichnungspflichten ist auch die zutreffende Zahlungsart zu erfassen und nicht pauschal „Bar-Zahlung" trotz Kartenzahlung. Hier müssen ggf. althergebrachte Betriebsabläufe überprüft, angepasst und entsprechende Mitarbeiteranweisungen erarbeitet werden. Im Rahmen des Customizings sollte das eAS bereits so konfiguriert werden, dass die „Zahlart" eine Pflichtangabe ist, bevor der Tisch abgerechnet und der ausgabepflichtige Beleg erzeugt wird. Ferner könnte der tatsächlich vom Gast hingegebene Zahlbetrag eine Pflichtangabe sein, so dass bei Differenzen zum eigentlichen Rechnungsbetrag z. B. ausgewählt werden kann, dass es sich bei der Differenz um ein Trinkgeld handelt.

Darüber hinaus muss sichergestellt werden, dass bereits bei Erfassung dieser Geschäftsvorfälle etwaige steuerliche Konsequenzen, z. B. in Bezug auf die Umsatzsteuer, richtig verarbeitet und richtig auf dem ausgabepflichtigen Beleg ausgewiesen werden. 316

c) Umsatzsteuerliche Besonderheit bei der Erstprogrammierung

Umsatzsteuerliche Besonderheiten können hier sein: 317

- Trennung der Entgelte (7 % bzw. 19 %) für In- und Außerhausumsätze,
- umsatzsteuerfreie und steuerpflichtige Trinkgelder (Arbeitnehmer, Arbeitgeber),
- Umsatzsteuer bei Pfandausgabe und -Einlösung, ebenso bei Mehrweg-Verpackungen,
- Umsatzteuer bei Gutscheinen,
- Umsatzsteuer bei Cateringleistungen,
- Zutreffende Umsatzsteuersätze bei Kaffee- bzw. Milchmixgetränken (s. auch § 12 Abs. 2 Nr. 1 UStG i. V. m. Anlage 2 Nr. 35 AO), insbesondere auch bei „To-Go"-Getränken.

Zu weiteren Informationen zu den umsatzsteuerlichen Besonderheiten in der Gastronomie siehe Rz. 119 ff. 318

d) Umgang mit dem eAS

Entscheidend ist im laufenden Tagesgeschäft nicht nur das zutreffende Customizing, sondern die durchgehend richtige Bedienung des eAS. Das beginnt mit der „richtigen" und „einheitlichen" Erfassung der einzelnen Geschäftsvorgänge durch Mitarbeiter und Unternehmer. Hierzu bietet es sich an, entsprechende 319

schriftliche Mitarbeiteranweisungen zur Erfassung der typischerweise im Betrieb vorkommenden Geschäftsvorfälle (z. B. Erfassung der zutreffenden Zahlungsart, Erfassung von Freigetränken o. Ä., Rechnungssplitting, Trinkgeldzahlungen, Gutscheineinlösungen, Personalverkauf, Durchlaufende Posten, Reklamationen oder Rückläufer, Falscheingaben, Kassenfehlbeträge bei Schichtende, „Zechpreller" usw.) zu verfassen, die Mitarbeiter regelmäßig zu schulen und zu kontrollieren. Eine solche Kontrolle kann auch in einer regelmäßigen Analyse der Kasseneinzeldaten bestehen (Kassenmonitoring im Rahmen eines betrieblichen IKS). All diese Maßnahmen sind in einer gelebten Verfahrensdokumentation zu dokumentieren.

BEISPIEL: Da verschiedene Soft-Getränke im Betrieb den gleichen Preis haben, erfassen einige Mitarbeiter diese der „Einfachheit halber" als „Cola". Im eAS selbst wurden die Erfrischungsgetränke bewusst jedoch nicht einfach nur unter dem Oberbegriff „Getränke" als PLU-Taste eingerichtet, sondern in der Benutzeroberfläche des eAS im Bereich der Warengruppe „Alkoholfreie Getränke" differenziert, z. B. als „Cola" bzw. „Orangenlimonade"/„Zitronenlimonade", sowie jeweils als „Light-", „Zero-" und „Mischgetränk-Variante" programmiert. Auch können bei der Erfassung von Bestellungen schon direkte Zusatzvermerke wie „ohne Eiswürfel" oder „zusätzliches Glas" vermerkt werden.

320 Dieses hat mehrere Hintergründe, z. B.:

- zutreffende Zubereitung der Getränke durch das Thekenpersonal,
- Verknüpfung einzelner PLUs mit bestimmten Steuersätzen, etwaige Pfandbeträge bei Außer-Haus-Verkauf u. v. m.,
- Verknüpfung der Kasseneinzeldaten mit Warenwirtschaft, Lagerhaltung und Bestellwesen,
- Dokumentation Gratis-Abgaben (Freigetränk o. Ä.) oder Personalverzehr (ggf. mit entsprechenden Rabatten),
- Betriebsanalyse in Echtzeit (z. B. Renner-Penner-Analyse, Minimierung von Schwund und Verderb, Ermittlung Deckungsbeiträge und sonstiger Kontrollzahlen),
- Optimierung (Preisgestaltung EK/VK, Anpassungen an Mischkalkulation oder frühzeitiges Erkennen von Markttrends u. v. m.),
- Notwendigkeit einer artikelgenauen Programmierung im Rahmen der gesetzlichen Einzelaufzeichnungspflichten.

321 Einer von vielen weiteren Vorteilen eines guten Customizings und entsprechender Mitarbeiterschulungen sind nicht nur Optimierungen betrieblicher Strukturen aufgrund „richtiger, echter Daten" oder Erfüllung steuerlicher Einzelaufzeichnungspflichten, sondern das die einzelnen Geschäftsvorfälle bereits

bei Erfassung am eAS steuerlich zutreffend (Stichwort „Umsatzsteuer" u. v. m.) erfasst und diese Zahlen somit ohne größeren Um- und Korrekturbuchungsaufwand im Steuerbüro übernommen und für Zwecke von Steueranmeldungen- und Jahreserklärungen direkt weiterverarbeitet werden können.

4. Die zertifizierte technische Sicherheitseinrichtung (TSE)

Das Gesetz (§ 2 KassenSichV) schreibt vor, für jede Aufzeichnung eines Geschäftsvorfalls oder anderen Vorgangs i. S. des § 146a Abs. 1 Satz 1 AO von einem eAS unmittelbar eine neue Transaktion zu starten ist, die folgende Punkte enthalten muss: 322

1. den Zeitpunkt des Vorgangsbeginns,
2. eine eindeutige und fortlaufende Transaktionsnummer,
3. die Art des Vorgangs,
4. die Daten des Vorgangs,
5. die Zahlungsarten,
6. den Zeitpunkt der Vorgangsbeendigung oder des Vorgangsabbruchs,
7. einen Prüfwert sowie
8. die Seriennummer des eAS und die Seriennummer des Sicherheitsmoduls.

Allgemein gesprochen können mithilfe einer technischen Sicherheitseinrichtung (**TSE**) beliebige Daten mit einer fortlaufenden Nummerierung, einer Zeitinformation und einer elektronischen Signatur versehen und gespeichert sowie auf Anforderung zusammengefasst exportiert werden. Werden aufzeichnungspflichtige Geschäftsvorfälle und andere Vorgänge mithilfe eines eAS erfasst, ist nach § 146a Abs. 1 Satz 2 AO, der Einsatz einer gültigen **zertifizierten** technischen Sicherheitseinrichtung (**TSE**) notwendig.[32] 323

Beispiele für Geschäftsvorfälle und andere Vorgänge:[33] 324

- Geschäftsvorfälle:
  - Eingangs-/Ausgangs-Umsatz,
  - Nachträgliche Stornierung eines Umsatzes,
  - Trinkgeld[34] (Unternehmer),

32 Ausführlich Teutemacher/Krullmann, Handbuch zur Kassenführung, 4. Aufl., Herne 2023, S. 101 f.

33 AEAO zu § 146a, Rz. 1.10 und 1.11.

34 Geänderter AEAO zu § 146a; BMF, Schreiben v. 3.3.2025 - IV D 1 – S 0062/00117/001/007, BStBl 2025 I S. 643.

  - Gutschein (Ausgabe, Einlösung),
  - Privatentnahme, Privateinlage,
  - Wechselgeld-Einlage,
  - Lohnzahlungen aus der Kasse,
  - Geldtransit,
  - etc.

- Andere Vorgänge
  - Trainingsbuchungen,
  - Sofort-Stornierung eines unmittelbar zuvor erfassten Vorgangs,
  - Belegabbrüche,
  - Erstellte Angebote,
  - Nicht abgeschlossene Geschäftsvorfälle (z. B. Bestellungen),
  - etc.

325 Für eine TSE gibt es verschiedene Anbieter und Ausführungsformen. Die Zertifizierung einer TSE-Bauart nach den Vorgaben der vom Bundesamt für Sicherheit in der Informationstechnik (BSI) entwickelten „Technischen Richtlinien" erfolgt durch das BSI und ist zeitlich (i. d. R. auf acht Jahre mit der Möglichkeit einer Neubewertung nach fünf Jahren) befristet. Eine Übersicht der aktuell zertifizierten TSE samt Gültigkeitsende ist auf den Internetseiten des BSI zu finden.[35] Die TSE eines Anbieters ist dann bei Ersteinrichtung mit dem eAS des jeweiligen Kassenherstellers zu verbinden; jedoch nicht jede TSE ist mit jedem eAS kompatibel.

35 https://www.bsi.bund.de/DE/Themen/Unternehmen-und-Organisationen/Standards-und-Zertifizierung/Zertifizierung-und-Anerkennung/Listen/Zertifizierte-Produkte-nach-TR/Technische_Sicherheitseinrichtungen/TSE.html (zuletzt aufgerufen am 26.1.2024).

ABB 3: Derzeit verfügbare Anbieter[36]

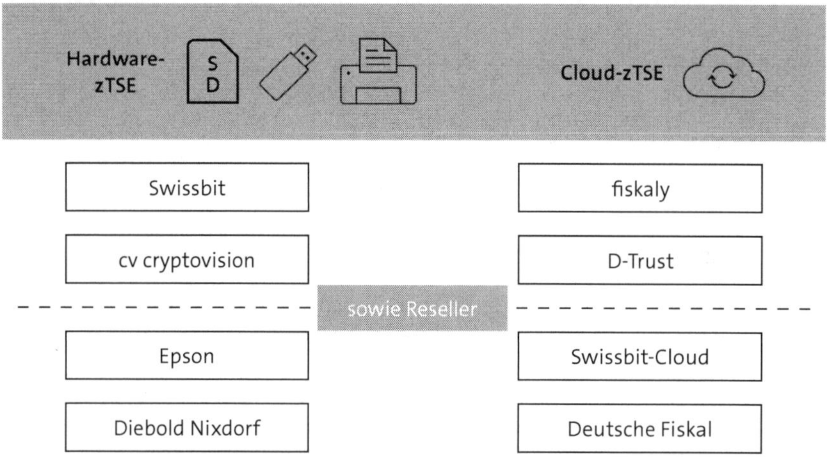

Eine TSE besteht im Wesentlichen aus dem **Sicherheitsmodul**, einem **Speichermodul** und **Schnittstellen**, u.a. zur Anbindung an ein eAS oder den Datenexport. Das Sicherheitsmodul selbst beinhaltet die sicherheitsrelevanten Module **CSP** (**C**ryptographic **S**ervice **P**rovider) und **SMA(ERS)** (**S**ecurity **M**odule **A**pplication for Electronic Record Keeping Systems), die u.a. für die Vergabe fortlaufender Nummern, der Signierung und die Kryptologie erforderlich sind und selbst auch vom BSI zertifiziert sein müssen.[37] 326

Was also genau macht jetzt die TSE? Das eAS wird wie gewohnt bedient. Hier werden auch die ganzen Kasseneinzeldaten gespeichert. Parallel dazu protokolliert die TSE die am eAS erfassten Geschäftsvorfälle und anderen Vorgänge in einzelnen sog. „Transaktionen". Das Sicherheitsmodul der TSE vergibt dabei eine fortlaufende **Transaktionsnummer** und **Signaturzähler**, den **Vorgangsbeginn und das Ende** (Zeitstempel) und speichert ein Protokoll zu jeder Transaktion sicher auf der Speichereinheit der TSE. Sicher bedeutet in diesem Kontext, dass die Daten z.B. verschlüsselt gespeichert werden und dass mit Hilfe 327

36 Am 27.3.2025 teilte das Unternehmen Fiskaly mit, die DF Deutsche Fiskal GmbH, eine 100prozentige Tochtergesellschaft der GK Software SE, erworben zu haben.

37 Zum Beispiel: nach BSI TR-03151, BSI TR-03116, BSI-CC-PP-0105-2019, BSI-CC-PP-0105-V2-2020, BSI-CC-PP-0104-2019 oder BSI-CC-PP-0111-2019.

von auf dem Sicherheitsmodul der TSE hinterlegten Zertifikaten,[38] eine Signatur (**Prüfwert)** für den abgesicherten konkreten Datensatz ermittelt wird. Mittels Prüfwert können späterer Veränderungen an den Daten nachgewiesen werden, denn jede Änderung an einem Datensatz ergibt einen neuen, anderen Prüfwert. Anders gesagt kann mit Hilfe des Prüfwertes, die Echtheit der Daten geprüft werden. Anschließend werden diese Informationen von der TSE in Echtzeit an das eAS zurückgesendet und es kann nun der ausgabepflichtige Beleg (Rechnung) mit den Pflichtangaben i. S. des § 6 KassenSichV erzeugt und ausgegeben werden.

ABB 4: Funktionsweise einer TSE

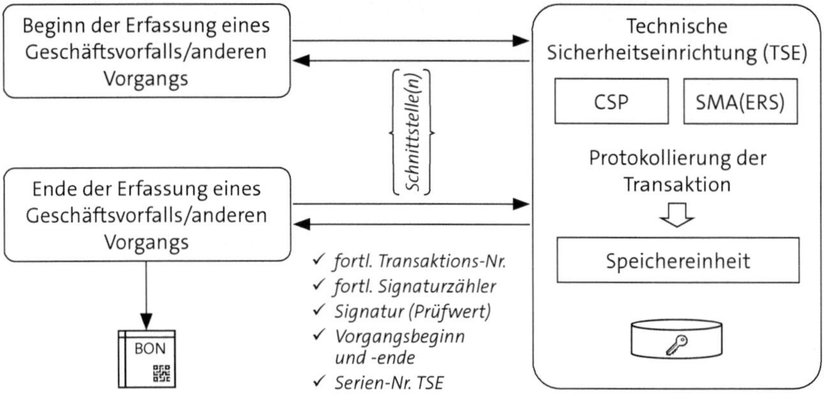

BEACHTE:

Für den Fall eines Datenzugriffs (Datenübermittlung; sog. Z3-Zugriff)[39] im Rahmen einer Kassen-Nachschau oder steuerlichen Außenprüfung sind daher oftmals zwei verschiedene Exportschritte erforderlich: Zum einen müssen die Kasseneinzeldaten des eAS nach den Vorgaben der DSFinV-K (Einheitliche Schnittstelle) exportiert werden. Zusätzlich sind die auf der Speichereinheit der TSE verkryptet gespeicherten Rohdaten in ein für die Finanzverwaltung les- und auswertbares Format umzuwandeln und zu exportieren (sog. TAR-Datei) und zu exportieren.

Können diese Daten nicht nach den Vorgaben des § 146a AO exportiert werden, drohen Zuschätzungen.[40]

38 Die Gültigkeit der Zertifikate zum Signierungszeitpunkt lassen sich auch noch später im Nachhinein mittels Prüfsoftware und einem sog. PKI-Abgleich überprüfen. Ausführlich in Teutemacher/Krullmann, Handbuch zur Kassenführung, 4. Aufl., Herne 2023, S. 165 f.

39 § 147 Abs. 6 Satz 1 Nr. 3 AO.

40 § 158 Abs. 2 Nr. 2 AO i. V. m. § 162 Abs. 2 Satz 2 AO.

Der Gastronom sollte sich daher bei seinem Kassenfachhändler oder Systembetreuer rückversichern, dass sein eAS die erforderlichen Exporte nach vorgeschriebenem Format ausführen kann. Eine entsprechend schriftliche Bestätigung und Exportanleitungen sind Bestandteile einer gelebten Verfahrensdokumentation. Der Gastronom sollte sich idealerweise mit den Exportfunktionen seines eAS im Vorhinein vertraut machen, um z. B. den Export auf von der Prüfung betroffene Zeiträume einschränken zu können. Die für die Exporte notwendigen Benutzerrechte (z. B. durch Anlegen einer Benutzerrolle „Prüfung"; s. a. unter Rz. 308 f.) müssen angelegt und etwaige Benutzer-Passwörter, Admin-PINs und PUKs (TSE) oder auch die entsprechenden Zugangsdaten bei Nutzung einer Cloud-TSE, dem Unternehmer bekannt sein.

Diese steuerlich relevanten Daten sind für die Dauer der gesetzlichen Aufbewahrungsfristen (steuerlich mindestens zehn Jahren) jederzeit lesbar vorzuhalten. Auch Kasseneinzeldaten sind daher vor Verlust zu schützen. Deshalb sind regelmäßige Datensicherungen,[41] auch für Kasseneinzeldaten und die Daten der Speichereinheit der TSE, unerlässlich.

5. Aufzeichnung von Trinkgeldern bei Nutzung eAS

a) Trinkgelder an Arbeitnehmer

Müssen Trinkgelder[42] auch auf dem Beleg ausgewiesen werden? Wenn ja, wie? Wie verhält es sich mit Trinkgeldern an den Unternehmer? Wie sollten diese in einem elektronischen Aufzeichnungssystem aufgezeichnet werden? Insbesondere bei der Nutzung von eAS wird aktuell bei Außenprüfungen durch die Finanzverwaltung genau hingeschaut, wie im Rahmen der Kassenführung Trinkgelder aufgezeichnet, über die zertifizierte technische Sicherheitseinrichtung (TSE) abgesichert, gespeichert und später verbucht werden. Wird der Grundsatz der lückenlosen Nachprüfbarkeit (progressiv und retrograd) erfüllt (§ 145 AO)? 328

Die Trennung nach Trinkgeldarten (z. B. Arbeitnehmer-/Unternehmertrinkgeld) ist von Bedeutung, da sich daraus insbesondere unterschiedliche umsatz- und lohnsteuerrechtliche Konsequenzen ergeben. Auch die bei der Trinkgeldgewährung gewählte Zahlungsart (bar oder unbar) spielt im Zusammenhang mit den gesetzlichen Aufzeichnungspflichten eine bedeutende Rolle. Deshalb sollte in der Praxis darauf geachtet werden, dass bei unbaren Zahlungsvorgängen von Trinkgeldern an Arbeitnehmer, die auf dem betrieblichen Konto eingehen, im Rahmen von Betriebsprüfungen genaue Kassenaufzeichnungen (= Kasseneinzeldaten = Grundaufzeichnungen) vorgelegt werden können, die nachweisen, 329

41 Idealerweise auf räumlich getrennten Speichermedien. Datensicherungen sind regelmäßig auf Vollständigkeit und Lesbarkeit zu überprüfen.

42 Siehe auch Krullmann/Teutemacher, BBP 2022 S. 314 ff.

welcher Anteil des Umsatzes auf das Trinkgeld entfällt und ob bzw. welche Arbeitnehmer dieses wann erhalten haben.

330 In der Vergangenheit wurden Trinkgelder oftmals nur in bar und ohne Eingabe im eAS von den Arbeitnehmern in dem Kellner-Portemonnaie vereinnahmt. Ein Kassensturz im laufenden Betrieb, z.B. im Rahmen einer unangekündigten Kassen-Nachschau (§ 146b AO), führt so zu Bestandsdifferenzen und Abgrenzungsproblemen zwischen Trinkgeldern und nicht erfassten Betriebseinnahmen. Diese lassen sich durch vernünftige Programmierung der eAS durch den Kassenfachhändler vermeiden.

331 An dieser Stelle ein steuerlicher Exkurs:

aa) Die lohnsteuerrechtliche Problematik

332 Nach § 19 Abs. 1 Satz 1 Nr. 1 EStG gehören sämtliche Vorteile, die dem Arbeitnehmer für seine Beschäftigung gewährt werden, zum Arbeitslohn. Dies gilt auch für die Zuwendung eines Dritten, wenn diese Zuwendung ein Entgelt „für“ eine Leistung bildet, die der Arbeitnehmer im Rahmen des Arbeitsverhältnisses für seinen Arbeitgeber erbringt, erbracht hat oder erbringen soll.[43]

333 Vor diesem Hintergrund gehört somit auch das Trinkgeld grundsätzlich zum Arbeitslohn. **Trinkgelder** sind aber nach § 3 Nr. 51 EStG ohne betragsmäßige Begrenzung steuerfrei, wenn das Trinkgeld anlässlich einer Arbeitsleistung dem Arbeitnehmer von Dritten freiwillig und ohne dass ein Rechtsanspruch auf sie besteht, zusätzlich zum Betrag gegeben wird, der für diese Arbeitsleistung zu zahlen ist. Unbeachtlich ist auch die Zahlungsart (bar oder unbar).

BEISPIELE AUS DER GASTRONOMIE

- Ein vom Arbeitgeber weitergeleitetes Trinkgeld, dass das Backoffice-Team oder alle Arbeitnehmer erhalten, ist immer steuerpflichtig (= umsatzsteuerpflichtiges Entgelt des Unternehmers und Arbeitslohn bei den Arbeitnehmern), da keine Leistungsbeziehung zwischen den einzelnen Arbeitnehmern und den trinkgeldgebenden Dritten (Kunden) besteht.
- In Gastronomiebetrieben setzen viele Gastronomen mittlerweile auch auf Self-Ordering. Beim unbaren Bezahlen am Ende über PayPal, EC- oder Kreditkarte kann der Gast auch ein Trinkgeld gewähren. Da keine persönliche Beziehung zum Mitarbeiter aufgebaut wird, handelt es sich um steuerpflichtigen Arbeitslohn, soweit die Gelder auf die Arbeitnehmer entfallen.

43 BFH, Urteil v. 18.6.2015 - VI R 37/14, BFHE 250 S. 159, BStBl 2016 II S. 751.

Etwaige betriebliche (Sonder-)Regelungen für die Verwendung und/oder Verteilung der Trinkgelder sollten Bestandteil einer „gelebten" Verfahrensdokumentation sein und laufend aktualisiert werden[44] (s. auch Kapitel E). 334

bb) Die umsatzsteuerrechtliche Problematik

Die an das angestellte Bedienungspersonal gezahlten freiwilligen Trinkgelder rechnen nicht zum Entgelt für die Leistungen des Unternehmers (Abschn. 10.1 Abs. 5 UStAE). Somit entsteht hier keine Umsatzsteuer. 335

Sofern diese Trinkgelder mithilfe eines eAS aufgezeichnet werden, muss darauf geachtet werden, dass auf dem in der Rechnung (ausgabepflichtiger Beleg, § 146a Abs. 2 AO) enthaltenen Trinkgeld für Arbeitnehmer, keine Umsatzsteuer ausgewiesen wird. 336

b) Trinkgelder an den Unternehmer

aa) Die umsatzsteuerrechtliche Problematik

Zum umsatzsteuerrechtlichen Entgelt gehört alles, was der Leistungsempfänger aufwendet, um die Leistung zu erhalten, abzüglich der Umsatzsteuer (§ 10 Abs. 1 Satz 2 UStG). 337

Dazu rechnen auch die vom Kunden freiwillig gewährten Trinkgelder. Zwischen den von den Kunden an den leistenden Unternehmer gezahlten Trinkgeldern und der von ihm erbrachten unternehmerischen Leistung, besteht eine innere Verknüpfung. Daher sind Trinkgelder in die Bemessungsgrundlage der Umsatzsteuer einzubeziehen.[45] 338

bb) Die ertragssteuerrechtliche Problematik

Das Unternehmertrinkgeld stellt eine Betriebseinnahme dar und ist insoweit bei der Gewinnermittlung mit zu berücksichtigen. 339

c) So sind Trinkgelder im eAS aufzuzeichnen.

Im AEAO zu § 146a (Tz. 1.10.2)[46] werden bei den Beispielen für aufzeichnungspflichtige Geschäftsvorfälle (und andere Vorgänge) **ausdrücklich** auch Trinkgelder an den Unternehmer genannt. Werden Trinkgelder im eAS erfasst, so werden diese i. d. R. bei Geschäftsschluss aufgeteilt und ausgezahlt. Diese Auszah- 340

---

44 Vgl. Teutemacher/Krullmann, BBK 2022 S. 405 ff.

45 BFH, Urteil 17.2.72 - V R 118/71, BStBl 1972 II S. 405; R 10 Abs. 5 Satz 1 UStAE.

46 Geänderter AEAO zu § 146a; BMF, Schreiben v. 3.3.2025 - IV D 1 – S 0062/00117/001/007, BStBl 2025 I S. 643.

lung(en) sind dann entsprechend auch über das eAS zu erfassen. Bei der Protokollierung der digitalen Grundaufzeichnungen im Zusammenhang mit Trinkgeldern ist darauf zu achten, dass die nach § 2 KassenSichV geforderten Mindestangaben zusätzlich aufgezeichnet werden.

341 Nach dem Gesetzeswortlaut muss bei jeder Aufzeichnung eines Geschäftsvorfalls (= Gewährung von Trinkgeldern an den Unternehmer) oder eines anderen Vorgangs i. S. des § 146a Abs. 1 Satz 1 AO von dem eAS unmittelbar eine neue Transaktion gestartet werden. Diese Transaktion muss folgende Inhalte aufweisen:

- Den Zeitpunkt des Vorgangsbeginns;
- Eine eindeutige und fortlaufende Transaktionsnummer;
- Die Art des Vorgangs (Trinkgeld);
- Die Daten des Vorgangs;
- Die Zahlungsarten (bar, unbar);
- Den Zeitpunkt der Vorgangsbeendigung oder des Vorgangsabbruchs;
- Einen Prüfwert;
- Die Seriennummer des elektronischen Aufzeichnungssystems und die Seriennummer des Sicherheitsmoduls.

PRAXISHINWEIS:

Auch wenn das BMF erst kürzlich den AEAO zu § 146a[47] geändert hat und – ähnlich wie in der Version 2.4 der DSFinV-K im Vergleich zur vorherigen Version 2.3 – nun nur noch von Trinkgeldzahlungen an den Unternehmer spricht, so ist es u. E. empfehlenswert, weiterhin jede Trinkgeldzahlung getrennt nach Trinkgeld UN und Trinkgeld AN, mittels eAS aufzuzeichnen. Das löst ggf. einige praktische Aufzeichnungsprobleme, die dann später im Rahmen einer Nachschau oder Außenprüfung für Gesprächsbedarf sorgen werden. Als gedankliches Beispiel hierfür eine unbare Zahlung inkl. Trinkgeld an den Arbeitnehmer, der sich dann bei Schichtende das Trinkgeld in bar aus dem Kassenbestand nimmt.

342 Die vorgenommene Trennung nach Zahlungswegen ist von Bedeutung, weil auf dem auszugebenden Beleg, die Zahlungsarten ordnungsgemäß abgebildet werden müssen (vgl. § 146a Abs. 2 AO i. V. m. § 6 Nr. 5 KassenSichV).

d) Anpassung der Betriebsabläufe

343 Da auch Trinkgelder im eAS zu erfassen sind, bedarf dies i. d. R. einer Umstellung im Betriebsablauf. In der Praxis entstehen Probleme, wenn Rechnungen

47 Geänderter AEAO zu § 146a; BMF, Schreiben v. 3.3.2025 - IV D 1 – S 0062/00117/001/007, BStBl 2025 I S. 643.

bereits vor Zahlungswunsch des Kunden erstellt werden, die dann möglicherweise die falsche Zahlungsart (bar statt unbar) und dem entsprechend, keine Trinkgelder ausweisen. Dieser seit Jahrzehnten in den Köpfen verfestigte Betriebsablauf, ist bei der Nutzung eines modernen eAS und unter Berücksichtigung der gesetzlichen Einzelaufzeichnungspflicht des § 146a AO, nicht mehr zeitgemäß.

PRAXISHINWEIS:

Nicht nur die genaue Dokumentation der tatsächlichen Zahlungswege ist erforderlich, sondern auch die Erfassung der Trinkgelder, da ansonsten ein Ordnungswidrigkeitsverfahren (§ 379 Abs. 1 Satz 1 Nr. 1 und Nr. 3 AO) eingeleitet werden kann (= Opportunitätsprinzip). Das maximal in solchen Fällen festgesetzte Bußgeld kann bis zu 25.000 € betragen.

Dies erfordert in der Praxis eine genaue Einweisung der mitarbeitenden Per- 344
sonen in die ordnungsmäßige Aufzeichnung der Geschäftsvorfälle und des Trinkgelds mit dem eAS.

Diese Einweisungsschulungen sollten turnusmäßig (mindestens jährlich) wie- 345
derholt und genau protokolliert werden. Entsprechende Mitarbeiteranweisungen sind zu erstellen (oder vorhandene anzupassen). Im Rahmen eines betrieblichen internen Kontrollsystems (IKS) sollte dann regelmäßig die Einhaltung der festgelegten Betriebsabläufe kontrolliert und überwacht werden. Die Unterlagen sind der gelebten Verfahrensdokumentation (s. Rz. 626 ff.) beizufügen.

e) Worauf sollte der Kassenfachhändler bei der Programmierung des eAS achten?

Bei der Erstprogrammierung des eAS durch den Kassenfachhändler, dem sog. 346
Customizing (= unternehmensspezifische Anpassungen des eAS), sollte auch auf die spezielle Programmierung der Trinkgelder, unter Berücksichtigung der steuerlichen Aspekte, eingegangen werden. So sind auch Funktionstasten für Trinkgelder einzurichten. Dabei ist darauf zu achten, dass bei Arbeitnehmer-Trinkgeldern, keine Umsatzsteuer aus dem Trinkgeld auf dem ausgabepflichtigen Beleg ausgewiesen wird.

347

TAB. 2:	Mögliche Trinkgeldprogrammierung eines eAS	
Trinkgelder lassen sich – je nach praktischer Nutzung – in drei Bereiche einteilen:		
Bar	**EC**	**Kreditkarte**
Bar mit Trinkgeld	EC mit Trinkgeld	Kreditkarte mit Trinkgeld
Bar mit Bewirtung (mit Ausgabe eines Bewirtungsbelegs)	EC mit Bewirtung (mit Ausgabe eines Bewirtungsbelegs)	Kreditkarte mit Bewirtung (mit Ausgabe eines Bewirtungsbelegs)
Bar mit Trinkgeld und Bewirtung (mit Ausgabe eines Bewirtungsbelegs)	EC mit Trinkgeld und Bewirtung (mit Ausgabe eines Bewirtungsbelegs)	Kreditkarte mit Trinkgeld und Bewirtung (mit Ausgabe eines Bewirtungsbelegs)

348 Wie man der Tabelle entnehmen kann, werden damit sämtliche in der Praxis vorkommenden Arten des Trinkgelds abgebildet. Über die Bedienerprogrammierung (= Vergabe der Bedienerrechte) lässt sich dann steuern, ob das Trinkgeld einem Arbeitnehmer gewährt wurde oder dem Unternehmer, mit den entsprechenden Konsequenzen beim Ausdruck der Belege.

349 Bediener melden sich in der Regel an dem eAS mit ihrer Bedienernummer oder einem Bedienerschlüssel an. In der Bedienergrundprogrammierung wird festgelegt, welche Rechte sie an dem jeweiligen eAS erhalten, z. B. Erfassung des Bedienertrinkgelds, Unternehmertrinkgelds. Bei der Erstellung des Belegs (Belegausgabepflicht, § 146a Abs. 2 AO) wird dann automatisch das richtige Trinkgeld mit angegeben.

PRAXISHINWEIS:

Zur steuerlichen Anerkennung von Aufwendungen für die Bewirtung von Personen aus geschäftlichem Anlass in einem Bewirtungsbetrieb als Betriebsausgaben müssen vom Steuerpflichtigen schriftliche Nachweise über Ort, Tag, Teilnehmer und Anlass der Bewirtung sowie die Höhe der Aufwendungen vorgelegt werden (§ 4 Abs. 5 Satz 1 Nr. 2 EStG; R 4.10 Abs. 5 bis 9 EStR).

350 Die Rechnung muss den Preis für die Bewirtungsleistungen enthalten, d. h., ein vom bewirtenden Steuerpflichtigen zusätzlich gewährtes Trinkgeld sollte durch die maschinell erstellte und elektronisch aufgezeichnete Rechnung zusätzlich ausgewiesen werden.[48]

48 Näheres dazu s. BMF v. 30.6.2021 - IV C 6 - S 2145/19/10003 :003, BStBl 2021 I S. 908.

Trinkgelder werden von den Mitarbeitenden oftmals direkt aus der Kasse entnommen. Dies gilt auch für die Trinkgelder, die von den Gästen bzw. Kunden unbar gezahlt werden. Dafür sollte in den eAS ein entsprechender Menüpunkt programmiert werden, der dafür Sorge trägt, dass die „Entnahme" der Trinkgelder durch die Mitarbeitenden auch dokumentiert wird. Über die Trinkgeldentnahme durch die Mitarbeiter wird dann vom eAS ein entsprechender Beleg erstellt. Dieser sollte von den Mitarbeitenden unterschrieben und zu den Kassenunterlagen genommen werden. Diese genaue Dokumentation ist erforderlich, weil die Kassensturzfähigkeit gewährleistet werden muss. 351

BEISPIEL: Der Arbeitnehmer M ist in dem Café Sorglos der einzige Angestellte. Am Ende des Tages rechnet er mit seinem Chef ab. Dazu ruft er am eAS seine Bedienerselbstabrechnung ab. Das System druckt einen entsprechenden Beleg aus. Wenn M alles richtig im eAS erfasst hat, wird das Trinkgeld ordnungsgemäß ausgewiesen. An dem eAS drückt er dann die Taste <TRINKGELD>, und nimmt sich sein Trinkgeld von dem jeweiligen Tag <BAR> aus der Kasse.

Am Ende des Tages erstellt sein Chef an dem eAS den Tagesabschluss. Darauf ist dann zu erkennen, wie viel Trinkgeld M eingenommen und aus der Kasse entnommen hat.

In den DSFinV-K Daten ist dieses Vorgehen dann auch nachvollzieh- und nachprüfbar.

6. Gutscheine und ihre Aufzeichnung in elektronischen Aufzeichnungssystemen

ABB 5: Arten von Gutscheinen[49]

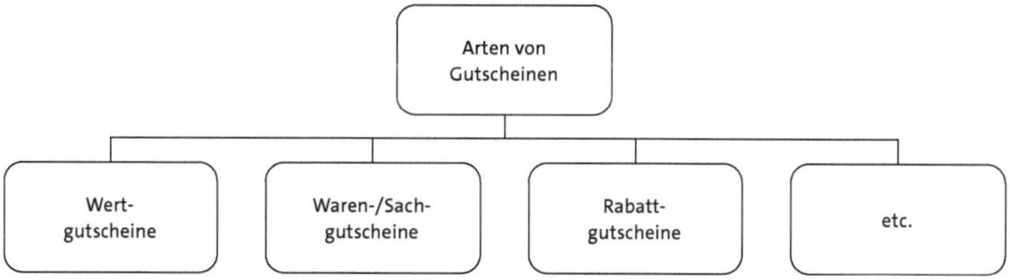

Der Abbildung ist zu entnehmen, dass es im wirtschaftlichen Leben eine Vielzahl von Gutscheinarten gibt: 352

- Wertgutscheine: Hier handelt es sich um einen Tausch von Zahlungsmitteln. Eine Leistung wird noch nicht erbracht.
- Waren-/Sachgutscheine: Bei Ausgabe der Gutscheine ist der Bezug zur bezeichneten Leistung (Ware oder Dienstleistung) bereits gegeben.

49 Teutemacher/Krullmann, Handbuch zur Kassenführung, 4. Aufl., Herne 2023, 2. Kapitel, Tz. 4.3.

- Rabattgutscheine: Vielfach auch als Preisnachlass- oder Preiserstattungsgutschrift bezeichnet, dienen der Kundenbindung. Sie werden oftmals bei Influencern eingesetzt, um ihre „Follower" auf bestimmte Internetseiten ihrer „Unterstützer" zu lotsen.

a) Einzweck-Gutscheine (§ 3 Abs. 14 UStG)

353 Bei einem **Einzweck-Gutschein** steht bei Ausgabe des Gutscheins bereits fest:

- der Ort der Lieferung oder der sonstigen Leistung, auf die der Gutschein sich bezieht, und
- die für diese Umsätze geschuldete Steuer zum Zeitpunkt der Ausstellung des Gutscheins.

354 Überträgt der Unternehmer einen Einzweck-Gutschein im eigenen Namen, gilt die Übertragung des Gutscheins als die Lieferung des Gegenstands oder die Erbringung der sonstigen Leistung, auf die sich der Gutschein bezieht (§ 3 Abs. 14 Satz 2 UStG).

355 Überträgt ein Unternehmer einen Einzweck-Gutschein im Namen eines anderen Unternehmers, gilt diese Übertragung als Lieferung des Gegenstands oder Erbringung der sonstigen Leistung, auf die sich der Gutschein bezieht, durch den Unternehmer, in dessen Namen die Übertragung des Gutscheins erfolgt (§ 3 Abs. 14 Satz 3 UStG).

356 Wird die im Einzweck-Gutschein bezeichnete Leistung von einem anderen Unternehmer erbracht als dem, der den Gutschein im eigenen Namen ausgestellt hat, wird der leistende Unternehmer so behandelt, als habe er die im Gutschein bezeichnete Leistung an den Aussteller erbracht (§ 3 Abs. 14 Satz 4 UStG).

357 Die tatsächliche Lieferung oder die tatsächliche Erbringung der sonstigen Leistung, für die ein Einzweck-Gutschein als Gegenleistung angenommen wird, gilt in den vorgenannten Fällen nicht als unabhängiger Umsatz (§ 3 Abs. 14 Satz 5) und unterliegt demnach nicht mehr der Umsatzsteuer.

358 Wie sind Einzweck-Gutscheine nunmehr in der Kassenführung aufzuzeichnen?

BEISPIEL: Der Restaurantbetrieb M in Münster tätigt aus Vereinfachungsgründen nur Umsätze zum Regelsteuersatz (19 %). Der Kunde K erwirbt am 8.2.2025 einen Gutschein für ein romantisches Essen für zwei Personen im Wert von 150 €, den er vor Ort sofort bar bezahlt.

K verschenkt diesen Gutschein an seinen Freund A.

A geht am 12.3.2025 mit seiner Frau bei M essen. Das Essen kostet insgesamt 180 €. Der den Einzweck-Gutschein übersteigende Betrag wird von A bar beglichen.

Buchung bei M am 8.2.2025 bei Ausgabe des Gutscheins (SKR 03):

(1000) Kasse	150,00 €	an	(1796) Einzweck-Gutschein	126,05 €
		an	(1776) Umsatzsteuer	23,95 €

Eine Gewinnauswirkung ergibt sich im Zeitpunkt der Gutscheinausgabe noch nicht.

Buchung am 12.3.2025 (SKR 03):

Zunächst die Buchung der 30 €, um die das tatsächliche Essen den Gutscheinbetrag überragt:

(1000) Kasse	30,00 €	an	(8400) Erlöse 19 %	25,21 €
		an	(1776) Umsatzsteuer	4,79 €

Anschließend die Buchung der Einlösung des Gutscheins:

(1796) Einzweck-Gutschein	126,05 €	an	(8410) Umsatzerlöse aus Einzweck-Gutscheinen	126,05 €

Jetzt tritt eine Gewinnauswirkung i. H. von 151,26 € (126,05 € + 25,21 €) ein.

In vielen eAS sind Gutscheinverwaltungsmodule enthalten, über die vorgenannte Gutscheine erfasst und abgewickelt werden können. Die entsprechenden Geschäftsvorfälle werden aufgezeichnet und durch die TSE abgesichert. Im Rahmen von Betriebsprüfungen lassen sich dann jederzeit die noch offenen Gutscheine ermitteln. 359

b) Mehrzweck-Gutscheine (§ 3 Abs. 15 UStG)

Ein Gutschein, bei dem es sich nicht um einen Einzweck-Gutschein handelt, ist 360 ein **Mehrzweck-Gutschein.**

Die tatsächliche Lieferung oder die tatsächliche Erbringung der sonstigen Leistung, für die der leistende Unternehmer einen Mehrzweck-Gutschein als vollständige oder teilweise Gegenleistung annimmt, unterliegt der Umsatzsteuer nach § 1 Abs. 1 UStG, wohingegen jede vorangegangene Übertragung dieses Mehrzweck-Gutscheins nicht der Umsatzsteuer unterliegt.

361 Anders als beim Einzweck-Gutschein liegen in diesem Fall bei Ausgabe des Gutscheins noch nicht alle Informationen vor, um die Leistung umsatzsteuerrechtlich zu würdigen.

Eine Umsatzbesteuerung ist erst zum Zeitpunkt der tatsächlichen Lieferung oder der tatsächlichen Ausführung der sonstigen Leistung vorzunehmen.

ABWANDLUNG ZUM BEISPIELSFALL (SIEHE UNTER EINZWECK-GUTSCHEINE): ► Der Gutschein bezieht sich nicht auf ein romantisches Essen, sondern generell auf das gesamte Angebot des M. Bei Ausgabe dieses Mehrzweck-Gutscheins sehen die Buchungen wie folgt aus:

Buchung am 8.2.2025 bei Ausgabe des Gutscheins (SKR 03):

(1000) Kasse	150,00 €	an	(1796) ausgegebene Mehrzweck-Gutscheine	150,00 €

Die Buchung führt weder zu einer Umsatzsteuer noch zu einer Gewinnauswirkung.

Buchung am 12.3.2025 (SKR 03):

(1000) Kasse	30,00 €	an	(8400) Erlöse 19 %	25,21 €
		an	(1776) Umsatzsteuer	4,79 €

(1796) ausgegebene Mehrzweck-Gutscheine	150,00 €	an	(8400) Erlöse 19 %	126,05 €
		an	(1776) Umsatzsteuer	23,95 €

7. Die Belegausgabepflicht

a) Die gesetzliche Regelung und unter welchen Voraussetzungen eine Befreiung beantragt werden kann

362 Auch die Gastronomie ist aktuell noch verpflichtet Belege auszugeben, und zwar nicht nur, wenn der Gast explizit danach fragt, sondern bei allen Verkäufen.

363 Von der Belegausgabepflicht kann der Gastronom heute nur im konkreten Einzelfall auf Antrag und mit Zustimmung des zuständigen Betriebsstätten-Finanzamtes (§ 148 AO) zeitlich begrenzt befreit werden.

364 Voraussetzung für einen solchen Antrag ist jedoch:

- ► Verkauf von Waren bzw. Erbringung von Dienstleistungen an eine Vielzahl nicht bekannter Personen.
- ► Bestehen einer nachweislich sachlichen Härte für den Gastronom (Kostenerwägungen stellen für sich allein keine sachliche Härte dar).
- ► Die Ausgabe von Belegen ist (trotz Nutzung eines eAS) nicht zumutbar.

- Die Unterdrückung einer etwaigen Belegausgabe darf nicht die vollumfängliche Funktion der TSE einschränken.
- Die Befreiung von der Belegausgabepflicht nach § 146a Abs. 2 AO entbindet der Gastronom nicht von dem Anspruch des Gastes auf die Ausstellung einer Quittung (§ 368 BGB).
- Die Belegausgabepflicht ist nicht zu verwechseln mit der Verpflichtung zur Erstellung von Eigenbelegen[50] (z. B. für Entnahmen oder Einlagen; Stichwort: „Keine Buchung ohne Beleg") für die Buchhaltung.

Persönliche Gründe, wie Alter und Krankheit des Gastronomen bzw. der Gas- 365
tronomin, rechtfertigen regelmäßig keine Erleichterungen.[51] Auch kann die Befreiung von der Belegausgabepflicht nicht auf Dauer gewährt werden, sondern nur für einen begrenzten Zeitraum.[52]

Ein Beleg muss somit bei jeder Gast-Abrechnung tatsächlich erzeugt und dem 366
Kunden auch zur Mitnahme angeboten werden:

- Eine Mitnahmepflicht für den Gast besteht hingegen nicht.
- Es besteht insoweit auch keine Aufbewahrungspflicht des Belegausstellers für nicht entgegengenommene Papierbelege.[53]

Statt eines Belegs in Papierform kann der Beleg mit (stillschweigender) Zustim- 367
mung des Kunden auch elektronisch zur Verfügung gestellt werden. Zu beachten ist:

- Der elektronische Beleg muss tatsächlich erzeugt werden. Das Aufrufen eines und dem Gast vorgezeigten zu zahlenden „Betrags" auf dem Display eines Handheld o. Ä. bedeutet ja nicht, dass ein Beleg auch tatsächlich erzeugt wurde.
- Der elektronische Beleg ist in einem standardisierten Datenformat zu erstellen, z. B. in einem gängigen Bildformat (z. B. .jpg-Datei) oder als PDF-Datei. Wichtig ist, dass der Gast den elektronischen Beleg auf seinem Endgerät mit kostenloser Standard-Software empfangen und sichtbar machen kann.

---

50 Siehe auch BMF, Schreiben v. 28.11.2019 - IV A 4 - S 0316/19/10003 :001, BStBl 2019 I S. 1269, Tz. 4, Rz. 61, zuletzt geändert durch BMF-Schreiben v. 11.3.2024 - IV D 2 - S 0316/21/10001 :002, BStBl 2024 I S. 374.

51 BFH, Urteil v. 14.7.1954 - II 63/53 U, BStBl 1954 III S. 253.

52 AEAO zu § 148 AO.

53 AEAO zu § 146a, Nr. 2.5.8.

HINWEIS:

Ein elektronischer Beleg im vorgenannten Sinne ist keine E-Rechnung i. S. des § 14 UStG, sondern nur eine „sonstige Rechnung". Im B2B-Geschäft ist seit 2025 jedoch die Ausstellung einer E-Rechnung verpflichtend.

- Seitens des Deutschen Fachverbandes für Kassen- und Abrechnungssystemtechnik im Bargeld- und bargeldlosen Zahlungsverkehr e.V. (DFKA e.V.) wurde in Zusammenarbeit mit weiteren Verbänden ein Elektronischer Kassen-Beleg-Standard, kurz EKaBS, entworfen.[54]
- Lediglich die Sichtbarmachung eines Beleges auf dem „Kassendisplay", einem „Handheld" oder „Tablet", ohne Möglichkeit der elektronischen Entgegennahme, reicht nicht aus.
- Der elektronische Beleg gilt als bereitgestellt, wenn dem Gast die Möglichkeit zur Entgegennahme, z. B. mit einem als QR-Code codierten Downloadlink, gegeben wird. Auch Übertragung via NFC-[55] oder Bluetooth-Verbindung, Hinterlegung in einem Kundenkonto bzw. Anzeige in einer Kunden-App oder Zusendung via Messanger oder E-Mail ist zulässig.

Die Nichterfüllung der Belegausgabepflicht kann derzeit nicht nach § 379 AO sanktioniert werden.

b) Angaben die auf dem Beleg gemacht werden müssen

Der Gesetzeswortlaut des § 6 KassenSichV:

368 Neben den umsatzsteuerlichen Anforderungen an eine Rechnung (§ 14 UStG) und den Anforderungen an den Bewirtungsbeleg für eine steuerliche Anerkennung von Bewirtungsaufwendungen aus geschäftlichem Anlass,[56] sind auch die Pflichtangaben bei Einsatz einer TSE auf dem ausgabepflichtigen Beleg zu beachten:

54 Weitere Informationen Abrufbar unter https://dfka.net/wp-content/uploads/2021/04/EKaBS-Elektronischer-Kassen-Beleg-Standard_1.0.0_Stand_14.04.2021.pdf (zuletzt abgerufen am 1.12.2023).

55 NFC = Near-Field-Communication.

56 BMF, Schreiben v. 30.6.2021 - IV C 6 - S 2145/19/10003 :003, BStBl 2021 I S. 908.

- Vollständiger Name und vollständige Anschrift des leistenden Unternehmers.
- Datum der Belegausstellung und den Zeitpunkt des Vorgangsbeginns sowie den Zeitpunkt der Vorgangsbeendigung.
- Menge und die Art der gelieferten Gegenstände oder den Umfang und die Art der sonstigen Leistung.
- Transaktionsnummer.
- Entgelt und den darauf entfallenden Steuerbetrag für die Lieferung oder sonstige Leistung in einer Summe sowie den anzuwendenden Steuersatz oder im Fall einer Steuerbefreiung einen Hinweis darauf, dass für die Lieferung oder sonstige Leistung eine Steuerbefreiung gilt.
- Die Seriennummer des elektronischen Aufzeichnungssystems sowie die Seriennummer der zertifizierten technischen Sicherheitseinrichtung.[57]
- Betrag je Zahlungsart.
- Signaturzähler.
- Prüfwert.
- Ggf. zusätzlich den Startzeitpunkt der Transaktion der ersten Bestellung des Gastes (bei Anwendung der Erleichterungsregelungen nach Tz. 2.7 der DSFinV-K Version 2.4 für komplexe Systeme; daher Rücksprache mit dem Kassenfachhändler und entsprechende Dokumentation in der gelebten Verfahrensdokumentation; s. Rz. 373 f.).

369 Anstelle der für jedermann ohne maschinelle Unterstützung lesbaren vorgenannte Pflichtangaben, können diese auch alternativ (oder zusätzlich)[58] codiert in einem QR-Code auf dem ausgabepflichtigen Beleg ausgewiesen werden. Bei einer E-Rechnung i. S. des § 14 Abs. 1 Satz 3 und 6 UStG müssen die vorgenannten Informationen in einem strukturierten Format der E-Rechnung beigefügt sein.

370 Der codierte Datensatz muss den Anforderungen an Inhalt und Format den Vorgaben der DSFinV-K entsprechen.[59] Dabei ist ferner zu beachten:

- Der QR-Code sollte eine Kantenlänge von mindestens 3 cm nicht unterschreiten und eine ausreichende Auflösung (mindestens 300 dpi) haben.

57 Bis zum 31.12.2023 war es zulässig, nur eine der beiden vorgenannten Seriennummern auszuweisen.

58 Bis zum 30.6.2021 konnte ein QR-Code nur zusätzlich zu den für jedermann lesbaren Pflichtangaben ausgegeben werden.

59 Anhang I der DSFinV-K, V. 2.4 (https://www.bzst.de/DE/Unternehmen/Aussenpruefungen/DigitaleSchnittstelleFinV/digitaleschnittstellefinv_node.html).

- Auch bei der Verwendung des QR-Codes anstelle der für jedermann lesbaren Pflichtangaben ist der Zeitpunkt der ersten Bestellung lesbar auf dem Beleg abzudrucken (s. a. Rz. 373 f.).
- Der Datensatz des QR-Codes hat zusätzlich den eindeutigen Public-Key der TSE zu enthalten. Mit Hilfe dieses Public-Keys und dem entsprechenden Algorithmus kann der ausgegebene Prüfwert (Signatur) und damit der abgesicherte Vorgang u.a. auf Echtheit und Unveränderbarkeit validiert werden.[60]

371 Der Vorteil des QR-Codes mit den o.g. Pflichtangaben ist die einfache und schnelle Überprüfung der Absicherung eines einzelnen, konkreten Geschäftsvorfalls durch eine gültige TSE mittels Prüfsoftware oder -App, siehe Rz. 734.

PRAXISHINWEIS:

Der Kassenfachhändler sollte angesprochen werden. Oftmals muss in den Einstellungen des eAS die Ausgabe des QR-Codes aktiviert werden.

Durch den Ausweis der TSE-Daten codiert als QR-Code in dem ausgabepflichtigen Beleg, können ggf. unangekündigte Kassen-Nachschauen vermieden werden, da sich die Finanzverwaltung bereits im Rahmen einer Inaugenscheinnahme mit Testkauf über den Einsatz einer gültigen TSE überzeugen kann. Voraussetzung ist allerdings immer, dass der ausgabepflichtige Beleg auch stets erstellt und ausgegeben wird.

„Ist kein QR-Code auf dem Beleg vorhanden, muss aus dem eAS (DSFinV-K) und der TSE (TAR-File) ein Datenexport vorgenommen werden, damit eine Prüfung der Daten erfolgen kann. Eine eventuell vermeidbare Störung des Betriebsablaufs kann somit in diesen Fällen nicht unterbleiben“ (Quelle: DSFinV-K, V. 2.4, S.123).

372 Mittels QR-Codes werden gerne Downloadlinks, Rabattcodes oder Gutscheine ausgegeben. Daher ist es bei einer Belegprüfung stets erforderlich, etwaige abgedruckten QR-Codes einmal zu decodieren. In vielen Fällen gelingt das schon mit der Kamera-App auf dem Smartphone. Der QR-Code mit den TSE-Angaben ist auch nicht zu verwechseln mit einem QR-Code für die Übermittlungsmöglichkeit eines elektronischen Beleges anstelle eines Papierbeleges (s. Rz. 367).

c) Bestellungen im Auge behalten

373 Grundsätzlich beginnt ein Geschäftsvorfall in der Gastronomie mit der Eröffnung eines Tisches bzw. der Aufnahme der ersten Bestellung im eAS. Der Abschluss erfolgt dann i.d.R. mit der Bezahlung durch den Gast. Je nach Anzahl und Verweildauer der Gäste an einem Tisch, Anzahl der Tische sowie etwaigen „getrennten“ Bezahlvorgängen können somit in einem Gastronomiebetrieb zeitgleich eine Vielzahl von „offenen“ Transaktionen innerhalb des eAS und der TSE vorliegen.

60 Ausführlich Teutemacher/Krullmann, Handbuch zur Kassenführung, 4. Aufl., Herne 2023.

Die DSFinV-K sieht daher eine Erleichterungsregelung in der TSE für komplexe Systeme vor.[61] Bestellvorgänge können demnach auch als eigenständige Transaktion abgesichert werden. Bestellungen können auch auf mehrere Rechnungen verteilt werden, z. B. bei einem Mehrpersonentisch und jeweils getrennter Bezahlung. 374

Bei Inanspruchnahme der Erleichterungsregelung nach Tz. 2.7 der DSFinV-K muss zusätzlich der Startzeitpunkt der Transaktion der ersten Bestellung des Gastes mit auf dem ausgabepflichtigen Beleg ausgegeben werden. Auch bei der Verwendung des QR-Codes anstelle der für jedermann lesbaren Pflichtangaben, ist der Zeitpunkt der ersten Bestellung, lesbar auf dem Beleg abzudrucken.[62] 375

Beleg-Beispiel:

Restaurant Friedenssaal
Am Friedensplatz 1, 48145 Münster

RECHNUNG
Lieferung am 16.12.2023
Rg.Nr. AR12345678
Steuernummer: 337/1234/5678
ID-Nr.: DE123456789
Tisch Nr. 13
Es bediente Sie: Andreas

Buchungszeit: 16-Dez.-23/18:10:49

1 x Café Crema	à 3,50 €	3,50 €
1 x Cola	à 4,00 €	4,00 €
1x Ratsteller	à 18,00 €	18,00 €
1x Tagesmenü	à 12,00 €	12,00 €

MwSt.%	Netto	MwSt.	Brutto
7%	28,04 €	1,96 €	30,00 €
19%	6,30 €	1,20 €	7,50 €

Zwischensumme:	37,50 €
Trinkgeld:	**2,50 €**

Bar Total: EUR
** 40,00 € **

++++++++ TSE-Angaben ++++++++
TSE-Transaktion: 106434
TSE-Signatur-Nr.: 213127
TSE-ErsteBestellung: 2023-12-13T16:26:26Z
TSE-Start: 2023-12-13T17:10:50Z
TSE-Ende: 2023-12-13T17:10:50Z
TSE-Signatur: AbCdEf....
TSE-PublicKey: 1A2B3C4D...
TSE-Seriennummer: 01234567...
Kasse-Seriennummer: 987654321ABC

Hinweise zum vorgenannten Beleg: 376

- Oftmals fällt bei bestimmten Belegen sofort ins Auge, dass zwischen der TSE-Startzeit und dem TSE-Ende nur wenige Sekunden liegen, obwohl die Dauer

61 DSFinV-K, V. 2.4, Tz. 2.7.
62 DSFinV-K. V. 2.4, Anhang I, Unterkapitel 2.

der eigentlichen Bewirtung deutlich länger dauerte. Mögliche Ursache könnte z.B. die Eingabe der Bestellungen/Artikel erst bei Zahlung sein. Hier jedoch wurden die Bestellungen zum Zeitpunkt der jeweiligen Bestellung bereits im eAS erfasst und durch die TSE aufgrund der o.g. Erleichterungsregelung als eigenständige Vorgänge abgesichert; ein entsprechender Hinweis zur ersten Bestellung ist auf dem Beleg zu finden.

- In der Winterzeit ist unsere Zeitzone + 1 Stunde hinter der UTC-Zeit. Es wird nach dem AEAO zu § 146a nicht beanstandet, wenn ein als **UNIX Time** (von der TSE) gelieferter Zeitstempel, als **Universal Time Coordinated (UTC)** ohne zusätzliche Zeitzone ausgegeben wird.[63] Daher erklärt sich hier die Zeitdifferenz von +1 Stunde (in der Sommerzeit: + 2 Stunden) zu der tatsächlichen Abrechnungszeit von 18:10 Uhr.
- Für die nach dem 30.6.2020 und vor dem 31.12.2023 erbrachten Restaurant- und Verpflegungsdienstleistungen galt der ermäßigte Umsatzsteuersatz mit Ausnahme der Abgabe von Getränken (§ 12 Abs. 1 Nr. 15 UStG).[64]

PRAXISHINWEIS:

Mit dem Kassenfachhändler oder Systembetreuer sollte gesprochen werden. Das praktische und technische Verfahren der Bestellungserfassung sollte in der gelebten Verfahrensdokumentation dokumentiert werden:

- Wie und wann werden Bestellungen im Betrieb erfasst?
- Gibt es entsprechende schriftliche Mitarbeiteranweisungen, wie bei Bestellungen bzw. deren Reklamation, Umtausch, Tischwechsel bzw. Tischumbuchung oder nicht abgerechnete Bestellungen bzw. offene Tische bei Schichtende wie jeweils zu verfahren und was wie zu dokumentieren ist?
- Wie werden Bestellungen im eAS verarbeitet?
- Kommt es im System zur Anwendung der o. g. Erleichterungsregelung?
- Wenn ja, wird der Startzeitpunkt der ersten Bestellung zusätzlich mit auf dem ausgabepflichtigen Beleg ausgegeben?

Es empfiehlt sich auch, vor einer etwaigen zukünftigen Kassen-Nachschau oder steuerlichen Außenprüfung einmal selbst die Kasseneinzeldaten (Export nach DSFinV-K; die so erzeugten .csv-Dateien lassen sich mit gängiger Software bzw. gängigen Tabellenkalkulationsprogrammen einsehen und verarbeiten) einzusehen:

- Sind alle Daten vorhanden?
- Wie werden Bestellungen in den Daten ausgewiesen?

63 AEAO zu § 146a, Nr. 2.4.4.

64 Siehe auch BMF, Schreiben v. 21.12.2023 - III C 2 - S 7220/22/10001: 009, BStBl 2024 I S. 90, u. a. mit der Übergangsregelung für die Silvester-Nacht.

- Bei Anwendung der o. g. Erleichterungsregelung muss in den Kasseneinzeldaten ein entsprechendes Kriterium für den inhaltlichen Zusammengang zwischen einzeln abgesicherten Bestellungen und Zahlungen vorliegen.

377 In der Praxis werden Bestellungen in den Gastronomiebetrieben auf die unterschiedlichste Art und Weise erfasst. Ist in dem Betrieb ein eAS vorhanden, sollten Bestellungen auch zum Zeitpunkt der Bestellung im eAS und nicht erst auf dem sog. „Kellnerblock“ oder „Bierdeckel“ erfasst werden. Gegebenenfalls müssen hier auch althergebrachte Betriebsabläufe umgestellt werden.

378 Im Zeitalter der digitalen Einzelaufzeichnungspflicht (§ 146a Abs. 1 Satz 1 AO) ist der Geschäftsvorfall und sonstige Vorgang, also von der ersten Bestellung bis hin zur letzten Bezahlung, richtig, zeitnah und vollständig aufzuzeichnen. Verstöße können bereits eine Ordnungswidrigkeit i. S. des § 379 Abs. 1 Nr. 3 AO darstellen. Im Rahmen einer Kassen-Nachschau oder steuerlichen Außenprüfung werden auch „Bestellungen“ daher stets ein Prüfungsschwerpunkt sein. Durch klar definierte Handlungsanweisungen für Mitarbeiter, interne Kontrollen und Beachtung der steuerrechtlichen und technischen Vorgaben, können hier bereits im Vorfeld Schätzungsrisiken vermieden werden.

379 In bestimmten Gastronomiebetrieben sind mittlerweile auch solche Systeme gängig, wo der Gast seine Bestellung selbst digital aufgibt (und/oder sogar seine Bestellung per Roboter ausgeliefert bekommt). Aber selbst hier schreitet die Digitalisierung weiter fort. So gibt es derzeit schon einen „smarten Bierdeckel“, bei dem der Füllstand des jeweiligen Glases an die Theke angezeigt und so zeitnah neue Getränke zum Tisch gebracht werden können.[65]

380 Bei Gastronomiebetrieben mit Lieferservice ist darauf zu achten, dass auf den Rechnungsbeleg für den Kunden auch die Bestellung zeitlich mit ausgewiesen wird.

d) Bewirtungsbelege

Der Gesetzeswortlaut: § 4 EStG

65 Der „digitale Bierdeckel“ ist z. B. mit einer SIM-Karte und einem Foliensensor ausgestattet. Er erfasst das Gewicht des Glases und übermittelt diese Daten in eine Cloud.

381 Werden Personen aus geschäftlichem Anlass[66] bewirtet, so können diese Aufwendungen unter bestimmten Voraussetzungen als Betriebsausgabe steuerlich bei der bewirtenden Person geltend gemacht werden. In diesen Fällen können 70 % der Aufwendungen abgezogen werden. Ein etwaiger (voller) Vorsteuerabzug ist nach § 15 Abs. 1a Satz 2 UStG zu prüfen, wenn die Aufwendungen nachgewiesen und angemessen sind.

382 Der (anteilige) Betriebsausgabenabzug umfasst z. B. auch nachgewiesene Trinkgelder oder Garderobengebühren, sofern sie zwangsläufig mit der Bewirtung anfallen und im Rahmen der gesamten Aufwendungen von untergeordneter Bedeutung sind.[67]

NACHWEIS DER TRINKGELDZAHLUNG:

Das BMF geht bei der Frage des Nachweises von Bewirtungsaufwendungen in seinem Schreiben v. 30.6.2021[68] davon aus, dass Trinkgeld in einer maschinell und elektronisch aufgezeichneten Rechnung ausgewiesen werden „kann". Wird das Trinkgeld hingegen nicht in der Rechnung ausgewiesen, würden für den Nachweis von Trinkgeldzahlungen die allgemeinen Regelungen über die Feststellungslast gelten, die beim bewirtenden Steuerpflichtigen liegen. Der Nachweis könnte z. B. durch eine handschriftliche Quittierung des Kellners auf der Rechnung geführt werden.

Dem gegenüber steht die gesetzliche Einzelaufzeichnungspflicht des § 146a Abs. 1 Satz 1 AO bei Nutzung eines eAS mit Kassenfunktion. Demnach sind alle Geschäftsvorfälle und anderen Vorgänge zeitnah, vollständig und richtig aufzuzeichnen. Das BMF gibt im AEAO zu § 146a Trinkgelder expliziert als Beispiel für „aufzeichnungspflichtige" Geschäftsvorfälle an.[69]

Aktuelle eAS mit Kassenfunktionen können i. d. R. Trinkgelder zutreffend abbilden. In den DSFinV-K (s. u. Anhang C „GV_TYP") finden sich daher auch Definitionen zu den dafür vorgesehenen Geschäftsvorfalltypen „TrinkgeldAG" (Trinkgelder für Arbeitgeber) und „TrinkgeldAN" (Trinkgelder für Arbeitnehmer). Diese wurden in der neuen, ab 2024 geltenden DSFinV-K in der Version 2.4 gegenüber der vorherigen Version nach Darstellung des BMF nur redaktionell geändert:[70]

- Der Vorgang der Vereinnahmung Trinkgeld-Arbeitgeber stellt einen separaten (und somit zu vollständig und richtig erfassenden) Geschäftsvorfall dar. TrinkgeldAG bezeichnet lediglich den Zufluss in der Kasse. Die Entnahme bzw. der Abfluss erfolgen durch die GV-Typen Geldtransit bzw. Privatentnehme.

66 Vgl. R 4.10 Abs. 6 Satz 2 EStR (Zu § 4 EStG): „Ein geschäftlicher Anlass besteht insbesondere bei der Bewirtung von Personen, zu denen schon Geschäftsbeziehungen bestehen oder zu denen sie angebahnt werden sollen."

67 Vgl. R 4.10 Abs. 5 Satz 4 EStR (Zu § 4 EStG).

68 BMF, Schreiben v. 30.6.2021 - IV C 6 – S 2145/19/10003 :003, BStBl 2021 I S. 908.

69 AEAO zu § 146a, Nr. 1.10.2.

70 Siehe auch BMF, Schreiben v. 12.2.2024 - IV D 2 -S 0316-a/19/10007:004: „Inhaltliche Änderungen zur V. 2.3 erfolgten nicht. Deshalb ist eine Anwendung der DSFinV-K in der V. 2.3 ausreichend und Systeme müssen nicht an die Fassung 2.4 angepasst werden."

- Im GV-Typ „TrinkgeldAN" werden alle kassenwirksamen Ein- und Auszahlungen von Trinkgeldern an den Arbeitnehmer erfasst. Trinkgeld für den Arbeitnehmer hat weder lohnsteuerliche noch umsatzsteuerliche Konsequenzen. Dieser Geschäftsvorfalltyp ist daher nur zu verwenden, sofern sich eine Auswirkung auf die Vermögenszusammensetzung des Unternehmers (vgl. AEAO zu § 146a Nr. 1.10.1) ergibt. Dies ist beispielweise der Fall, wenn Trinkgeld gemeinsam mit dem Rechnungsbetrag unbar gezahlt wird. Es ist möglich, mit diesem Geschäftsvorfalltyp sowohl die Ein- als auch die Auszahlung an den Arbeitnehmer darzustellen.

Im jeweiligen Unternehmen sollten daher Regelungen zum etwaigen Umgang und der Erfassung von Trinkgeldern eindeutig festgelegt, einheitlich von allen Mitarbeitern beachtet (Stichwort: „Mitarbeiteranweisungen") und vor allem in einer gelebten Verfahrensdokumentation dokumentiert werden. Hier kommt es insbesondere auch auf das zutreffende Customizing des eAS und die Zusammenarbeit von Kassenfachhändler, Unternehmer und Steuerberater an. Nicht zuletzt im Hinblick auf eine jederzeitige Kassensturzfähigkeit sowie den Anforderungen des Gastes an einen etwaigen Nachweis für steuerliche Zwecke, sollten Trinkgeldzahlungen richtig im eAS erfasst werden, so dass diese Zahlungen, egal, ob in bar oder unbar, nachprüfbar und die Werte vom Steuerberater für eine zutreffende Verbuchung übernommen werden können. Eine (zutreffende) Erfassung von Trinkgeldern im eAS ändert nichts an der etwaigen Steuerfreiheit dieser persönlichen Anerkennung der Leistung für den Arbeitnehmer.

Alternativ bieten mittlerweile Drittanbieter unbare Zahlungssysteme für Trinkgelder an Arbeitnehmer mittels Smartphones an; hier werden die Trinkgelder direkt außerhalb des eigentlichen Geschäftsvorfalls generiert und abgebildet.

Ein Betriebsausgabenabzug von Bewirtungsaufwendungen erfordert einen zeitnah erstellten schriftlichen Nachweis über Ort, Tag, Teilnehmer und Anlass der Bewirtung sowie die Höhe der Aufwendungen. Hierfür kann regelmäßig ein formloses und vom Steuerpflichtigen selbst unterschriebenes Dokument (sog. Bewirtungsbeleg als Eigenbeleg) erstellt werden. Nicht selten wird dem Steuerpflichtigen in einem Gastronomiebetrieb daher bereits ein entsprechender Beleg angeboten, auf welchem dieser die erforderlichen Angaben handschriftlich ergänzen kann (z. B. in einem entsprechenden Vordruck unterhalb oder auf der Rückseite eines Kassenbons). 383

Bei Bewirtung in einem Gastronomiebetrieb ist zum Nachweis zwingend die Rechnung über die Bewirtungsaufwendungen beizufügen.[71] Da die Rechnung maschinell erstellt und elektronisch aufgezeichnet sein muss, handelt es sich hier bei Nutzung eines eAS mit Kassenfunktion, um einen ausgabepflichtigen Beleg i. S. des § 146a Abs. 2 AO, der nicht nur den Anforderungen des § 14 UStG 384

71 § 4 Abs. 5 Satz 1 Nr. 2 Satz 3 EStG. Hinweis auch auf Achilles/Diekmann, Kassenbeleg: Anforderungen an mit Registrier- und PC-Kassen erstellte Rechnungen (mit Checkliste), BBP 2022 S. 120 ff.

erfüllen, sondern auch die Pflichtangaben nach § 6 KassenSichV (s. Rz. 368 f.)[72] enthalten muss.

385 Bei Rechnungen mit einem Gesamtbetrag bis zu 250 € (sog. „Kleinbetragsrechnungen“) müssen anstelle der Anforderungen nach § 14 UStG, mindestens die des § 33 UStDV erfüllt sein. Seit dem 1.1.2025 sind ferner die Vorgaben zur E-Rechnung im B2B-Geschäft zu beachten (siehe Rz. 169).

386 Sind vorgenannte Voraussetzungen nicht erfüllt, ist ein Betriebsausgabenabzug für die gesamten Bewirtungsaufwendungen nicht möglich.

387 In bestimmten Betrieben wird neben dem eAS ggf. zusätzlich ein sog. **Guest-Check-Drucker** für die Erstellung repräsentativer Rechnungen (Rechnungen auf entsprechend vorgedruckten Briefköpfen oder Formularen im Format DIN A5 oder DIN A4 und Nutzung hochwertigem Papier statt Bons aus Thermopapier) genutzt. Grundsätzlich sind solche Umsätze auch durch eine TSE abgesichert aufzuzeichnen bzw. der Beleg muss alle Anforderungen an einen ausgabepflichtigen Beleg erfüllen. Gegebenenfalls ist ein konkreter Verweis auf einen mit dem eAS erfassten und abgerechneten Umsatz erforderlich (oder dieser ist als Anlage beizufügen). Ein Doppel dieses Beleges ist aufbewahrungspflichtig.

e) Bewirtungsbelege mit (handschriftlichen) Ergänzungen (Sonderfall)

388 War es früher üblich, dass der Kellner zum Zahlvorgang bereits mit einer ausgedruckten Rechnung an den Tisch kam und etwaige handschriftliche Korrekturen (z. B. die Anzahl oder den Preis eines Artikels änderte) vornahm oder ein erhaltenes Trinkgeld für einen möglichen späteren Betriebsausgabenabzug von „Bewirtungsaufwendungen aus geschäftlichem Anlass“ quittiert, so müssen solche Betriebsabläufe heutzutage umgestellt werden. Zum einen ist die gesetzliche Einzelaufzeichnungspflicht des § 146a Abs. 1 Satz 1 AO zu beachten, d. h. der Geschäftsvorfall ist einzeln, vollständig und richtig auszureichen (somit also auch die tatsächliche Zahlungsart und etwaige in dem Zahlungsbetrag enthaltene Trinkgelder u. v. m.).

389 Wird erst eine **„Abschlags-“** bzw. **„Zwischenrechnung“**, ein sonstiger Beleg mit dem Zusatz „keine Rechnung“ oder **„Pro-Forma-Rechnung“** für den anschließenden Bezahlvorgang am Tisch des Kunden ausgedruckt oder ein mobiles Gerät für den Abruf der Umsätze genutzt, ist anschließend immer ein ausgabepflichtiger Beleg digital oder in Papierform zu erzeugen, auch wenn der

72 BMF, Schreiben v. 30.6.2021 - IV C 6 – S 2145/19/10003 :003, BStBl 2021 I S. 908.

Gast diesen ggf. gar nicht möchte (Erfüllung der gesetzlichen Belegausgabepflicht i. S. des § 146a Abs. 2 AO).

Sollten bei Nutzung eines eAS Korrekturen am ausgabepflichtigen Beleg not- 390
wendig sein (z. B. nachträgliche Preisminderungen etc.) und sollte dieser mit Hilfe des eAS (z. B. nachträglicher Storno eines Belegs und anschließende richtige Neuerfassung des Geschäftsvorfalls etc.) abgewickelt werden, so ist der Grund für diese Änderung zu dokumentieren und aufzubewahren. In einigen eAS kann der Grund und die Dokumentation auch am eAS selbst erfolgen und (abgesichert) gespeichert werden.

8. Mitteilungspflicht für eAS

Die Mitteilungspflicht wurde zum 1.1.2025 eingeführt.[73]

Die Mitteilungspflicht gilt für elektronische Aufzeichnungssysteme (eAS) 391
i. S. des § 1 Abs. 1 Satz 1 KassenSichV (= elektronische und computergestützte Kassensysteme oder Registrierkassen) und § 1 Abs. 2 KassenSichV (Taxameter und Wegstreckenzähler).

Durch das BMF-Schreiben v. 28.6.2024 (s. QR-Code) wurde der Beginn der Mit- 392
teilungsflicht zum 1.1.2025 bekanntgegeben. Die elektronische Übermittlungsmöglichkeit wird über das Programm *„Mein Elster“* und die ERiC-Schnittstelle ermöglicht. Dort können neben händischer Eingaben, auch XML-Dateien, die die Kassenhersteller anbieten, hochgeladen werden.

73 BMF, Schreiben v. 28.6.2024 - IV D 2 – S 0316-a/19/10011 :009, BStBl 2024 I S. 1063.

393 Fragen zur Mitteilungspflicht für eAS werden auch in der FAQ-Liste des BMF zum Kassengesetz beantwortet (s. QR-Code).[74]

a) Die Übergangsfristen im Einzelnen

394 Für elektronische und computergestützte Kassensysteme und Registrierkassen gelten folgende Übergansfristen:

- Alle **ab** dem **1.7.2025 angeschafften** eAS sind **innerhalb eines Monats** nach Anschaffung mitzuteilen.
- Alle **vor** dem **1.7.2025 angeschafften** eAS sind **bis zum 31.7.2025** mitzuteilen.

Außerbetriebnahme

- eAS, die **vor dem 1.7.2025** endgültig außer Betrieb genommen wurden und im Betrieb nicht mehr vorgehalten werden, sind nur dann mitzuteilen, wenn die Mitteilung der Anschaffung des eAS, beginnend mit dem **1.1.2025**, zu diesem Zeitpunkt bereits erfolgt ist.

BEACHTE:

Auch in der gelebten Verfahrensdokumentation müssen die Informationen über Anschaffung, Nutzung und Außerbetriebnahme dokumentiert werden, damit im Rahmen von Außenprüfungen, der Grundsatz der Nachvollziehbarkeit und Nachprüfbarkeit (§ 145 AO) erhalten bleibt.[75]

PRAXISHINWEIS:

Die Mitteilungspflicht gilt auch für Kurzfrist-Leihgeräte. Für diese gelten die gleichen Regeln wie bei Kauf, Leasing, Miete o.Ä. Der Entleiher hat seine Mitteilungspflicht nach § 146a Abs. 4 AO gegenüber der Finanzbehörde zu erfüllen.

Beispiel: Für das Oktoberfest in München vom 20.9.2025 bis 5.10.2025 leiht sich ein Festzeltbetreiber 30 eAS inkl. TSE für die Zeit vom 18.9.2025 bis 7.10.2025. Der Fest-

74 Siehe auch Geberzahn/Teutemacher, Fragen und Antworten zur Mitteilungspflicht, BBK 2025 S. 439.

75 BMF, Schreiben v. 28.11.2019 - IV A 4 -S 0316/19/10003 :001, BStBl 2019 I S. 1269, zuletzt geändert durch Schreiben v. 11.3.2024, BStBl 2024 I S. 374.

zeltbetreiber muss bis zum 18.10.2025 die ausgeliehenen eAS und der Finanzbehörde mitteilen. Bis zum 7.11.2025 hat er dann die Außerbetriebnahme mitzuteilen. Er kann aber auch die Inbetriebnahme und die Außerbetriebnahme in einer Mitteilung abgeben.

Unter die Mitteilungspflicht nach § 146a Abs. 4 AO fallen alle eAS, die eine Kassenfunktion[76] haben. Sofern einzelne eAS ohne Kassenfunktion mit einem eAS mit Kassenfunktion verbunden wurden, ist nur dieses eAS mit Kassenfunktion mitzuteilen und nicht die damit verbundenen eAS ohne Kassenfunktion.[77] 395

Der Mitteilungspflicht unterliegen **nicht** die in § 1 Abs. 1 Satz 2 Nr. 1 bis 6 KassenSichV genannten elektronischen Aufzeichnungssysteme. 396

b) Betriebsstättenbezogenheit

Das Gesetz (§ 12 Satz 1 AO) definiert die Betriebsstätte als **feste Geschäftseinrichtung** oder **Anlage,** die der Tätigkeit eines Unternehmens dient. 397

Bei genauem Lesen des Einführungssatzes stellt man fest, dass dort das Adjektiv **„fest“** genannt wird. Der BFH schlussfolgert daraus, dass eine Geschäftseinrichtung oder Anlage örtliche, zeitliche und rechtliche Kriterien erfüllen muss, um eine Betriebsstätte zu sein. In örtlicher und zeitlicher Hinsicht ist eine Geschäftseinrichtung oder Anlage fest, wenn sie einen Bezug zu einem bestimmten Teil der Erdoberfläche aufweist und dieser von einer gewissen Beständigkeit, also nicht nur vorübergehend, ist. 398

Weitere rechtliche Voraussetzung ist, dass die Geschäftseinrichtung oder Anlage nicht nur der vorübergehenden **Verfügungsmacht des Unternehmens** unterliegt. In der Regel handelt es sich um **Verkaufsstellen** i. S. des § 12 Satz 2 Nr. 6 AO, denen das eAS zugeordnet wurde bzw. in denen es eingesetzt wird, z. B. in einem Restaurant. Eine Verkaufsstelle ist nur dann eine Betriebsstätte, wenn sie eine **feste** Geschäftseinrichtung oder Anlage ist. Dies bedeutet auch, dass ein flexibler Verkaufsstand, den ein Unternehmen z. B. einmal im Jahr vier Wochen lang auf einem Weihnachtsmarkt o. Ä. unterhält, laut dem „Weihnachtsmarkt-Urteil“[78] des BFH keine Betriebsstätte darstellt. 399

Für eine Betriebsstätte i. S. des § 12 Satz 1 AO ist es erforderlich, dass der Unternehmer eine nicht nur vorübergehende, über die bloße (tatsächliche) Nutzungsmöglichkeit hinausgehende und ggf. auch behördlich zugewiesene, 400

76 Eine Kassenfunktion haben eAS dann, wenn sie der Erfassung und Abwicklung von zumindest teilweise baren Zahlungsvorgängen dienen können (AEAO zu § 146a AO Tz. 1.2).

77 AEAO zu § 146a AO Tz. 2.6.

78 BFH, Urteil v. 17.9.2003 - I R 123/02, BFHE 2003 S. 300, BStBl 2004 II S. 396, Rz. 8.

rechtliche Verfügungsmacht über die betreffende(n) Geschäftseinrichtung(en) oder Anlage(n) und Standfläche innehat.

401 Somit stellen die Standflächen, die z. B. von **Foodtrucks** an ständig wechselnden Einsatzstellen genutzt werden, meist keine Betriebsstätte nach § 12 AO dar. Verkaufsstände an Wochenmärkten können Betriebsstätten sein, wenn sich die jeweilige Marktveranstaltung mehrmals im Jahr und meist auch an der gleichen Stelle wiederholt. Dabei ist u. a. von Bedeutung, ob die ggf. (örtlich fixierte) Besitzposition z. B. von der Stadt/Gemeinde-Verwaltung zugewiesen wurde und somit eine gesicherte Rechtsposition vorliegt.

402 Das eAS ist immer nur einer **Betriebsstätte** (siehe § 12 AO und weitere Erläuterungen im AEAO zu § 12) eindeutig zuzuordnen. Es müssen immer alle der jeweiligen Betriebsstätte zugeordneten eAS erfasst werden **(Bruttoverfahren).**

403 Hat ein gastronomischer Betrieb mehrere Betriebsstätten, aber nur ein eAS, dann sollte die Mitteilung zu der Betriebsstätte erfolgen, an der das eAS am häufigsten eingesetzt wird. Im Zweifel an der Geschäftsleitungsbetriebsstätte nach § 12 Satz 2 Nr. 1 AO.

404 Wurde ein eAS bereits für eine Filiale (= Betriebsstätte) angeschafft (z. B. durch Kauf, Leihe, Leasing, Schenkung), obwohl diese noch nicht eröffnet wurde, ist gleichwohl eine Mitteilung für diese Betriebsstätte und alle dort zugeordneten (zukünftig eingesetzten) eAS abzugeben, weil alle sich im Besitz befindlichen eAS eindeutig zugewiesen werden müssen.

PRAXISHINWEIS:

Die aktuell im Geschäftsverkehr verwendete Bezeichnung der Betriebsstätte wird oftmals auch auf dem Kassenbon neben dem vollständigen Namen des leistenden Unternehmers aufgedruckt (siehe auch § 6 Satz 1 Nr. 1 KassenSichV). Auch aus Feld 3 der Gewerbeanmeldung (Vordruck GewA 1) lässt sich der handelsübliche Name des Geschäfts/der Filiale bzw. der Betriebsstätte oftmals entnehmen, z. B. Restaurant ETNA, Gaststätte „Zum Hirschen“.

Wesentliche Informationen zur Betriebsstätte lassen sich auch dem Datenexport der DSFinV-K entnehmen, wenn diese im eAS eingepflegt wurden.

c) Bruttoverfahren bei Korrekturen

405 Bei jeder Mitteilung **müssen** alle der Betriebsstätte zugeordneten eAS und nicht lediglich die Veränderungen (Korrekturen) mittgeteilt werden!

d) Die Ausfüllanleitung des BMF

Die vom BMF zur Verfügung gestellte Ausfüllhilfe (QR-Code scannen), befindet sich im FAQ-Katalog zum Kassengesetz. Dort im Themenbereich: 406
Mitteilungspflicht nach § 146a AO. Die Frage 2 behandelt das Thema „Welche Daten benötige ich?" Dahinter liegt die Ausfüllhilfe.

9. Manipulationen an eAS

Wer mit krimineller Energie erzielte Umsätze bewusst niedriger angeben und 407
damit (nicht nur) Steuern verkürzen möchte, wird auch heute Mittel und Wege finden. Das Spektrum reicht von der einfachsten Art der Manipulation, der Nichterfassung von Geschäftsvorfällen, über eine bewusste Falscherfassung bis hin zu Nutzung von Manipulationssoftware, „Zappern" o. Ä.

Das gab es so oder so ähnlich auch schon vor der TSE-Pflicht. Eine TSE oder die 408
Belegausgabepflicht werden Manipulationen nicht vollends verhindern, aber das Entdeckungsrisiko ist deutlich höher. Spätestens mit Umsetzung der Mitteilungspflicht eingesetzter eAS seit 2025 wird ein weiteres mögliches Schlupfloch geschlossen, der Einsatz von Zweit- oder Schattensystemen zum Zwecke der Umsatzverkürzung. Kein Steuerpflichtiger kann sich mehr sicher sein. Inaugenscheinnahmen und nicht angekündigte Kassen-Nachschauen erhöhen das Entdeckungsrisiko für Manipulierer. Wie lautete noch ein Werbespruch der Firma „DANONE" in den 80iger Jahren: „Früher oder später kriegen wir Euch".

10. Maßnahmenkatalog zur Verhinderung von Manipulationen

Bereits im Jahr 2016 wurde das Gesetz zum Schutz vor Manipulationen an 409
digitalen Grundaufzeichnungen erlassen.[79] Die dort getroffenen Maßnahmen haben in den letzten Jahren zu gravierenden Änderungen im Bereich der Kassenführung mittels technischer Hilfsmittel geführt. Die einzelnen Maßnahmen sind jedoch als ein **„Gesamtpaket"** zu verstehen, denn nur in ihrer Gesamtheit

79 Gesetz zum Schutz vor Manipulationen an digitalen Grundaufzeichnungen v. 22.12.2016, BGBl 2016 I S. 3152.

erhöhen sie das Entdeckungsrisiko von Steuerverkürzungen durch Kassenmanipulationen.

410 Der Maßnahmenkatalog zur Verhinderung von Manipulationen an digitalen Grundaufzeichnungen:

- Gesetzliche Normierung der Einzelaufzeichnungspflicht, § 146 Abs. 1 Satz 1 AO (gültig ab dem 22.12.2016) sowie § 146a Abs. 1 Satz 1 AO.
- Einführung der Möglichkeit der Finanzverwaltung zur unangekündigten Kassen-Nachschau, § 146b AO.
- Absicherung des eAS mit Kassenfunktion mittels TSE (§ 146a Abs. 1 Satz 2 AO) sowie die einheitlich digitale Schnittstelle für Kassensysteme.
- Eine Belegausgabepflicht bei Nutzung eines eAS, § 146 Abs. 2 AO, die im Übrigen uneingeschränkt seit dem 1.1.2020 gilt.[80]
- Das Verbot des Bewerbens oder Inverkehrbringens solcher Systeme, die den Vorschriften des § 146a AO nicht entsprechen (§ 146a Abs. 1 Satz 5 AO).
- Mitteilungspflicht für eAS (§ 146a Abs. 4 AO).
- Sanktionierung von Verstößen nach § 379 Abs. 1 Satz 1 Nr. 1, Nrn. 3 bis 6 AO.

411 Das der vorgenannte Maßnahmenkatalog trotz unterschiedlicher Gültigkeitszeitpunkte[81] nur als Gesamtpaket zielführend ist, war ausdrücklich von der Regierung so gewollt: *„Allein durch den Einsatz einer TSE kann die Manipulation von Kassensystemen nicht ausgeschlossen werden. Erst der ausgestellte Beleg ist der sofort sichtbare Nachweis dafür, dass der erste Tastendruck vorgenommen, die Transaktion eröffnet und schlussendlich korrekt erfasst wurde.“*[82]

412 Das Entdeckungsrisiko für den steuerlich unehrlichen Unternehmer ist durch diese Maßnahmen deutlich erhöht worden. Der Finanzverwaltung stehen gute und wirksame Instrumente zur Verfügung, allein wenn man hier an die unangekündigte Kassen-Nachschau denkt. Wichtig dabei ist auch, dass durch diese Maßnahmen der steuerehrliche Unternehmer noch stärker vor ungerechtfertigten Zuschätzungen o. Ä. geschützt wird als bisher.

80 Auch der geplante Wegfall der Belegausgabepflicht schmälert die Reichweite des Maßnahmenkatalogs nicht.

81 Vgl. auch Art. 97 EGAO, § 30 bzw. Nichtbeanstandungserlass des Bundes bzgl. der fehlenden Implementierung einer TSE bis zum 30.9.2020 (BMF, Schreiben v. 6.11.2019 - IV A 4 - S 0319/19/10002:001, BStBl 2019 I S. 1010). Aufgrund der Corona-Pandemie wurde diese Regelung durch die Ministerien für Finanzen der einzelnen Bundesländer (mit Ausnahme von Bremen) noch einmal bis zum 31.3.2021 verlängert.

82 Quelle: Hessischer Landtag, 20. Wahlperiode, DS 20/1770; Antwort des Ministers der Finanzen auf die kleine Anfrage der FDP v. 3.1.2020 zur Belegausgabepflicht.

11. Strafrechtliche Aspekte bei Manipulationen an eAS

413 Nicht zuletzt aufgrund der bereits seit 2016 gesetzlich normierten Einzelaufzeichnungspflicht (§ 146 Abs. 1 Satz 1 AO), die auch ausdrücklich bei Nutzung eines eAS mit Kassenfunktion i. S. des § 146a AO gilt, eröffnet sich bei etwaigen entdeckten und nachgewiesenen Manipulationen an elektronischen Grundaufzeichnungen eine ganz neue Straftatsebene. Neben dem Tatbestand der Steuerhinterziehung (§ 370 AO) wird bei Manipulationen an Kasseneinzeldaten nunmehr vermehrt § 268 StGB („Fälschung technischer Aufzeichnungen") zur Anklage gebracht. Hier drohen im Falle einer Verurteilung Geldstrafen oder Freiheitsstrafen bis zu fünf Jahren.

BEISPIEL: Aufgrund einer im Kassensystem fortlaufend geführten Log-Datei kann eine fast täglich über einen längeren Zeitraum erfolgte, nachträgliche prozentuale Verkürzung (sowie die Umgehung der Datenübermittlung dieser Umsätze an die TSE) aufgezeichnete Kasseneinnahme, festgestellt werden. Somit liegt, neben einer etwaigen Steuerhinterziehung, für jeden Geschäftstag eine Tat oder eine Tat von besonderer Schwere (Einstellung einer täglich geltenden automatisierten Verkürzungsquote) nach § 268 StGB vor.

PRAXISFALL: Mit Urteil v. 23.3.2021 verurteilte das Landgericht Osnabrück[83] zwei Restaurantbetreiber zu je einer Gesamtfreiheitsstrafe von zwei Jahren (zur Bewährung) sowie einer Geldstrafe von 360 Tagessätzen. Die Angeklagten wurden der Steuerhinterziehung in 24 Fällen in Tateinheit mit der Fälschung technischer Aufzeichnungen schuldig gesprochen. In der von den Angeklagten genutzten Kassensoftware war eine Manipulationsfunktionalität eingerichtet, mit welcher bereits erfasste Kasseneinnahmen nachträglich gelöscht werden konnten; die gelöschten Daten wurden dabei weitestgehend endgültig und rückstandslos aus dem Datenspeicher der PC-Kasse entfernt.

(Anm. der Autoren: Das Urteil betrifft die Veranlagungszeiträume 2015 bis 2018, also Zeiträume vor der ab spätestens dem 1.4.2021 geltenden TSE-Pflicht.)

414–425 (*Einstweilen frei*)

83 LG Osnabrück, Urteil v. 23.3.2021 - 2 KLs/950 js 48937/18 – 1/20, juris.

Kapitel D: Lohnbuchhaltung

I. Allgemeines

426 Das Themengebiet „Lohn in der Gastronomie" wird nur allzu oft auf ein notwendiges Mindestmaß reduziert, denn der Bereich „Lohn" gilt als schwierig, umfangreich und arbeitsintensiv.

427 Kein Wunder, denn es gibt nur wenige Themengebiete, in denen man sich mit gleich mehreren Rechtsgebieten auseinandersetzen muss, dem Arbeitsrecht, dem Steuerrecht, dem Sozialversicherungsrecht und – bei Pfändungen – der Zivilprozessordnung. Hinzu kommt eine umfangreiche Dokumentationspflicht in der täglichen Arbeit, z. B. bei der Aufzeichnung von täglichen Arbeitszeiten sowie der Erstellung von Arbeitsverträgen. Des Weiteren kommen jährliche Änderungen bei der Lohnsteuer- und Beitragsbemessung sowie regelmäßige Anpassungen bei Beitrags- und Umlagesätzen oder Pfändungsfreigrenzen hinzu.

428 Umso wichtiger ist es, dass den Gastronomen die grundlegenden Anforderungen, Begriffe und Zusammenhänge bekannt sind, um so eine reibungslose Zusammenarbeit mit dem Berater oder dem Lohnbüro zu ermöglichen.

II. Einführung

429 Ist der Gastronom Arbeitgeber, muss er sich fortlaufend mit dem Thema Lohn beschäftigen und die wichtigsten Aktualisierungen, die auch für bestehende Arbeitsverträge gelten, kennen, beachten und richtig anwenden.

430 Es findet sich allerdings nirgends eine allgemeingültige gesetzliche Definition des Begriffs „Arbeitgeber". Dieser wird vielmehr aus der Begriffsbestimmung des Arbeitnehmers abgeleitet. Arbeitgeber im arbeitsrechtlichen Sinne ist demnach jeder, der einen anderen, auch vorübergehend, als Arbeitnehmer beschäftigt. Es finden sich zudem Legaldefinitionen des Arbeitgeberbegriffs im Arbeitsschutzgesetz und dem allgemeinen Gleichbehandlungsgesetz.

§ 2 Arbeitsschutzgesetz (ArbSchG)

§ 6 Gleichbehandlungsgesetz (AGG)

Entscheidend ist die weisungsgebundene Tätigkeit des Arbeitnehmers. In § 1 431
Abs. 2 LStDV heißt es dazu: *„Ein Dienstverhältnis liegt vor, wenn der Angestellte (Beschäftigte) dem Arbeitgeber seine Arbeitskraft schuldet. Dies ist der Fall, wenn die tätige Person in der Betätigung ihres geschäftlichen Willens unter der Leitung des Arbeitgebers steht oder im geschäftlichen Organismus des Arbeitgebers, dessen Weisungen zu verfolgen, verpflichtet ist."*

Die Frage, ob man Arbeitnehmer ist oder nicht, ist nicht immer einfach zu 432
beantworten. In § 1 Abs. 1 LStDV heißt es dazu:

„Arbeitnehmer sind Personen, die in öffentlichem oder privatem Dienst angestellt oder beschäftigt sind oder waren und die aus diesem Dienstverhältnis oder einem früheren Dienstverhältnis Arbeitslohn beziehen. (...)" Es wird also auf die Frage abgestellt, wann eine abhängige Beschäftigung vorliegt, und Arbeitslohn bezogen wird. Der genaue Wortlaut des § 1 Abs. 3 LStDV:

***„Arbeitnehmer ist nicht**, wer Lieferungen und sonstige Leistungen innerhalb der von ihm selbständig ausgeübten gewerblichen oder beruflichen Tätigkeit im Inland gegen Entgelt ausführt, soweit es sich um die Entgelte für diese Lieferungen und sonstigen Leistungen handelt."*

Im zweiten relevanten Rechtsgebiet, dem Sozialversicherungsrecht, spricht 433
man von „Beschäftigung". In § 7 Abs. 1 SGB IV heißt es hierzu *„Beschäftigung ist die nichtselbständige Arbeit, insbesondere in einem Arbeitsverhältnis. Anhaltspunkte für eine Beschäftigung sind eine Tätigkeit nach Weisungen und eine Eingliederung in die Arbeitsorganisation des Weisungsgebers."* Man spricht hier auch von einer betrieblichen, beruflichen oder verwaltungsmäßigen Eingliederung in den Organismus des Arbeitgebers.

Und genau an dieser Stelle wird es in der Praxis oft problematisch, denn Ar- 434
beitsrecht, Steuerrecht und Sozialversicherungsrecht haben jeweils eine eigene Rechtsprechung die nicht im Einklang zueinander stehen. Entscheidend ist immer die Ausgestaltung der tatsächlichen Tätigkeit, die immer auf die Kriterien einer abhängigen, weisungsgebunden Tätigkeit überprüft werden muss.

PRAXISHINWEIS:

Die für die Praxis oft so wichtige tatsächliche Rechtssicherheit erreicht man in steuerrechtlicher Hinsicht nur durch eine Anrufungsauskunft[1] beim Finanzamt und in Sozialversicherungsrechtlicher Hinsicht durch ein Statusfeststellungsverfahren[2] bei der Clearing Stelle der deutschen Rentenversicherung.

435 Nachdem die Rollen des Arbeitgebers und Arbeitnehmers geklärt sind, schließen beide Parteien einen Arbeitsvertrag über die vereinbarte Leistung.

436 Rechtlich angesiedelt ist dieser Vertrag in § 611a BGB:

437 Der Arbeitgeber hat in Erfüllung der Anforderungen des Nachweisgesetzes die wesentlichen Vertragsbedingungen des Arbeitsverhältnisses – entgegen der häufig vorkommenden Praxis diese nur „mündlich" oder „oberflächlich" festzuhalten – auch schriftlich niederzulegen.

§ 2 NachwG regelt hierzu:

438 Der Nachweis der wesentlichen Vertragsbedingungen nach Satz 1 in elektronischer Form ist ausgeschlossen. Dem Arbeitnehmer ist die Niederschrift mit den Angaben nach Satz 7 Nr. 1, 7 und 8 spätestens am ersten Tag der Arbeitsleistung, die Niederschrift mit den Angaben nach Satz 7 Nr. 2 bis 6, 9 und 10 spätestens am siebten Kalendertag nach dem vereinbarten Beginn des Arbeits-

1 Die Anrufungsauskunft für Lohnsteuerfragen regelt § 42e EStG. Die erläuternden Verwaltungsanweisungen finden sich im BMF, Schreiben v. 12.12.2017 - IV C 5 - S 2388/14/10001, BStBl 2017 I S.1656.

2 Weitere Informationen zum Verfahren finden sich auf der Homepage der DRV unter dem Suchbegriff „Statusfeststellungsverfahren".

verhältnisses und die Niederschrift mit den übrigen Angaben nach Satz 7 spätestens einen Monat nach dem vereinbarten Beginn des Arbeitsverhältnisses auszuhändigen.

Wie auch in vielen anderen Bereichen gibt es für den Arbeitsvertrag keine Schriftformerfordernis, d. h., dass der Vertrag unabhängig vom Vorliegen eines schriftlichen Arbeitsvertrags zustande kommt. Schwierig wird es, wenn die Parteien sich streiten. Denn derjenige, der etwas von der anderen Partei möchte, muss dies auch nachweisen können. Insofern sind beide Parteien gehalten, den Vertrag schriftlich zu fassen, so dass es im Nachhinein hieraus nicht zu Komplikationen kommt. Seit August 2022 gilt zusätzlich, dass der Arbeitgeber nach § 4 NachwG mit einem Bußgeld in Höhe von bis zu 2.000€ belegt werden kann, wenn er seinen Nachweispflichten nicht nachkommt. 439

(*Einstweilen frei*) 440–449

III. Grundlagen

1. Gesetzliche Grundlagen

Grundlage für den Lohnanspruch ist der Arbeitsvertrag. Grundsätzlich herrscht hier Vertragsfreiheit, es gilt jedoch zu beachten, dass Gesetze, Tarifverträge und Betriebsvereinbarungen nicht umgangen werden dürfen. Das Arbeitsrecht findet seinen Niederschlag in vielen Gesetzen, so unter anderem im 450

- Bürgerlichen Gesetzbuch (BGB),
- Mindestlohngesetz (MiLoG),
- Bundesurlaubsgesetz (BUrlG),
- Entgeltfortzahlungsgesetz (EntgFG),
- Mutterschutzgesetz (MuSchG),
- Jugendarbeitsschutzgesetz (JArbSchG),
- Arbeitnehmer Entsendegesetz (AEntG),
- Teilzeit- und Befristungsgesetz (TzBfG).

2. Tarifverträge

Neben diesen gesetzlichen Grundlagen ist zu prüfen, ob für das vorliegende Vertragsverhältnis Tarifnomen zur Anwendung kommen. 451

Ein Tarifvertrag ist ein Vertrag zwischen Arbeitgeber und Gewerkschaften, wobei dies entweder ein einzelner Arbeitgeber oder ein Arbeitgeberverband, in 452 dem sich mehrere Arbeitgeber einer Branche zusammengeschlossen haben, sein kann. Der Tarifvertrag regelt Rechte und Pflichten von Arbeitnehmern und Arbeitgebern, wie z. B. die Regelung von Arbeitsbedingungen (Löhne, Sonderzahlungen, Arbeitszeit, Urlaubsanspruch Kündigungsfristen.

453 Die gesetzliche Regelung zu den Tarifverträgen befinden sich im sog. Tarifvertragsgesetz (TVG).

454 Tarifnormen können durch eine Allgemeinverbindlichkeitserklärung (AVE) nach dem Tarifvertragsgesetz, durch eine Rechtsverordnung nach dem Arbeitnehmer-Entsendegesetz oder durch eine Rechtsverordnung nach dem Arbeitnehmerüberlassungsgesetz verbindlich angeordnet werden. Daraus folgt, dass auch die nicht an den Tarifvertrag gebundenen Arbeitgeber und ihre Beschäftigten im Geltungsbereich des Tarifvertrags daran gebunden sind. Die verschiedenen Arten der verbindlichen Anordnung von Tarifnormen, ihre Wirkung sowie Besonderheiten werden hier erläutert.

PRAXISHINWEIS:

Ein Verzeichnis der für den Bereich des Gastgewerbes für allgemeinverbindlich erklärten Tarifverträge findet sich auf der Internetseite des Bundesministeriums für Arbeit und Soziales im Bereich „Arbeit", dort „Tarifverträge" unter „Allgemeinverbindliche Tarifverträge". Mit Stand zum 1.4.2025 gibt es für folgende Bundesländer entsprechende Verträge:

Allgemeinverbindliche Tarifverträge (AVE)

TAB. 1: Übersicht über die derzeit allgemeinverbindlichen Tarifverträge		
Hotel- und Gaststättengewerbe	**Bezeichnung des Tarifvertrags**	**Allgemeinverbindlich (av) ab**
Baden-Württemberg	Manteltarifvertrag vom 15.5.2024	av ab 1.6.2024 BAnz AT 16.12.2024 B11
Bremen	Manteltarifvertrag vom 17.4.1997	av ab 1.5.1997, teilweise außer Kraft ab1.4.2011
Niedersachsen, ohne ostfriesische Inseln und Oldenburg	Manteltarifvertrag vom 28.6.2000	av ab 28.12.2000*
Niedersachsen, nur Oldenburg	Manteltarifvertrag vom 27.7.2000	av ab 1.8.2000*
Nordrhein-Westfalen	Tarifvertrag für Auszubildende vom 18.7.2024	av ab 1.8.2024 BAnz AT 16.12.2024 B12
Nordrhein-Westfalen	Manteltarifvertrag vom 20.4.2016 mit Anhängen zum Manteltarifvertrag vom 23.3.1995	av ab 1.5.2016 BAnz AT 13.10.2016 B7
Rheinland-Pfalz	Entgelttarifvertrag vom 16.12.2021	av ab 1.12.2022 BAnz AT 8.12.2022 B13
Schleswig-Holstein	Tarifvertrag zur Regelung der Jahresarbeitszeit vom 25.6.2018	av ab 1.10.2022 BAnz AT 17.10.2022 B10
Schleswig-Holstein	Manteltarifvertrag vom 15.4.1994 i.d.F. der Protokollnotiz vom 6.3.2002	av ab 19.9.2002

455

Gibt es im Unternehmen zusätzlich einen Betriebsrat, dann kann dieser Betriebsvereinbarungen mit dem Arbeitgeber schließen, die besondere Arbeitslohnansprüche definieren, wie z.B. Weihnachtsgeld, Urlaubsgeld etc., sofern diese nicht bereits in einem Tarifvertrag geregelt worden sind. Zudem sind Rechtsnormen, wie der Grundsatz der Gleichbehandlung der Arbeitnehmer, zu beachten. 456

3. Definitionen Arbeitslohn bzw. -entgelt

Zuweilen gehen die Begriffe Arbeitslohn und Arbeitsentgelt durcheinander. Vereinfacht gesagt findet man den Begriff „Arbeits**lohn**“ im Steuerrecht und den Begriff „Arbeits**entgelt**“ im Sozialversicherungsrecht. 457

Arbeits**lohn** sind alle Einnahmen, die dem Arbeitnehmer aus dem Dienstverhältnis zufließen. Es ist unerheblich, unter welcher Bezeichnung oder in welcher Form die Einnahmen gewährt werden (§ 2 Abs. 1 LStDV). 458

459 Für die steuerrechtliche Definition des Brutto-Arbeitslohns finden die Regelungen

- des Einkommensteuergesetzes (EStG),
- der Lohnsteuerdurchführungsverordnung (LStDV),
- des Solidaritätszuschlaggesetzes (SolZG) und
- der Kirchensteuergesetze der einzelnen Bundesländer

Anwendung.

HINWEIS:

Für die tägliche Berufspraxis hat sich das „Amtliche-Lohnsteuer-Handbuch" als hilfreiches Arbeitsmittel erwiesen. Hier findet sich das Einkommensteuergesetz, die Einkommensteuer-Durchführungsverordnung, die Lohnsteuer-Durchführungsverordnung, die Lohnsteuer-Richtlinien und weitere Hinweise.

Zwar entfalten die hier vom Bundesministerium der Finanzen (BMF) erlassenen Richtlinien keinen Gesetzescharakter (Richtlinien binden nur die Finanzverwaltung), dennoch geben sie eine gute Arbeitshilfe, dass die Vorschriften „im Einklang mit der Finanzverwaltung" eingehalten werden.

460 „Arbeits**entgelt** sind alle laufenden oder einmaligen Einnahmen aus einer Beschäftigung, gleichgültig, ob ein Rechtsanspruch auf die Einnahmen besteht, unter welcher Bezeichnung oder in welcher Form sie geleistet werden und, ob sie unmittelbar aus der Beschäftigung oder im Zusammenhang mit ihr erzielt werden", definiert § 14 Abs. 1 SGB IV.

461 Für die sozialversicherungsrechtliche Definition des Arbeitsentgelts und die Sozialversicherungsbeiträge finden die Regelungen des Sozialgesetzbuchs, welches aus 13 Einzelgesetzen besteht, Anwendung. Für die Lohnabrechnungen sind insbesondere folgende Gesetze relevant:

- SGB III, Arbeitsförderung,
- SGB IV, Gemeinsame Vorschriften,
- SGB V, Gesetzliche Krankenversicherung,
- SGB VI, Gesetzliche Rentenversicherung,

- SGB VII, Gesetzliche Unfallversicherung,
- SGB XI, Gesetzliche Pflegeversicherung.

4. Lohnarten

a) Geldlohn

In der täglichen Praxis begegnet man immer wieder verschiedenen „Lohn"-Begrifflichkeiten. 462

Geldlohn und Barlohn meinen das Gleiche, es handelt sich um die in Geld bestehenden Lohnbestandteile, die dem Arbeitnehmer zufließen, z. B. Stundenlohn oder Gehalt, Rentenbezüge oder Abfindung. 463

In der Regel wird der Geldlohn in Form von **Gehalt** für Angestellte mit einem festen, wiederkehrenden Monatsbetrag gezahlt und dies unabhängig von der tatsächlichen Anzahl der Arbeitstage. 464

Im Gegensatz hierzu steht der Geldlohn in Form des **Stundenlohns**, der jeden Monat auf Basis der tatsächlich geleisteten Stunden ermittelt wird. Hier sind zunächst die Soll-Stunden zu ermitteln. Im zweiten Schritt werden die Ist-Stunden für den Arbeitnehmer ermittelt, die sich aus den tatsächlich geleisteten Arbeitsstunden inklusive der Überstunden, sowie bezahlten Ausfallstunden für Urlaub, Krankheit etc. zusammensetzen. Diese Stunden werden mit dem vereinbarten Stundenlohn multipliziert und zur Abrechnung gebracht. Plus- oder Minus-Stunden können somit ebenso berücksichtigt oder über ein Zeitkonto abgebildet werden, das entweder mit Freizeitausgleich bzw. einer Überstundenauszahlung ausgeglichen wird. 465

Zusätzlich hierzu gibt es den – in der Gastronomie allerdings oft nicht so verbreiteten – Prämienlohn. Der Prämienlohn setzt sich zusammen aus einem Stundenlohn und einem Leistungslohn. Der Leistungslohn wird dann in Form einer Prämie gezahlt, wenn bestimmte Ziele, z. B. Umsatzziele, erreicht werden. 466

Zur laufenden Abrechnungspraxis gehören **Zuschlagszahlungen** des Arbeitgebers, die zum jeweiligen Stundenlohn **zusätzlich** gezahlt werden: 467

- Überstundenzuschläge können entweder einzelvertraglich geregelt werden oder der jeweils gültige Entgelttarifvertrag schreibt einen zu gewährenden Zuschlag für tatsächlich geleistete Überstunden vor.
- Einmalige Zahlungen sind als zusätzliches Monatsgehalt, Urlaubsgeld, Weihnachtsgeld, Bonuszahlungen, oder gezahlte Prämien bekannt.

b) Sachlohn

468 **Sachlohn** hingegen sind Einnahmen in Geldeswert, d.h., der Arbeitnehmer erhält von seinem Arbeitgeber im Rahmen der Beschäftigung Waren oder Dienstleistungen, die er ansonsten von seinem Nettolohn hätte zahlen müssen. In Abgrenzung zum Geld oder Barlohn bezeichnet man diese Form des Arbeitslohns auch als „geldwerten Vorteil". Für die Besteuerung von geldwerten Vorteilen gelten die allgemeinen Grundsätze, wie sie auch bei Geldlohn zu beachten sind.

469 In der Praxis liegt die Schwierigkeit beim Sachbezug in der zutreffenden Ermittlung des Werteansatzes, der der Lohnsteuer und der Sozialversicherungsberechnung zugrunde gelegt werden muss. Die gesetzlichen Regelungen hierzu finden sich in § 8 EStG (Lohnsteuer) und § 14 SGB IV (Sozialversicherung).

470 Für die praktische Arbeit sind folgende BMF-Schreiben zu empfehlen:

- **Bewertung von Sachbezügen:** BMF, Schreiben v. 16.5.2013 – IV C 5 – S 2334/07/0011, BStBl 2013 I S. 729; BMF, Schreiben v. 11.2.2021 – IV C 5 – S 2334/19/10024 :003 (DOK 2021/0103951), BStBl 2021 I S. 311;
- **Rabattgewährung durch Dritte:** BMF, Schreiben v. 20.1.2015 – IV C 5 – S 2360/12/10002, BStBl 2015 I S. 143;
- **Unterscheidung Bar- und Sachlohn:** BMF, Schreiben v. 15.3.2022 – IV C 5 – S 2334/19/10007 :007 (DOK 2022/0274667), BStBl 2022 I S. 242.

TAB. 2: Übersicht steuerliche Einordnung Sachbezüge

Entgelt	LSt.	SV
Sachbezüge bis 50 € monatlich	Frei	Frei
Sachbezug bei Belegschaftsrabatt bis 1.080 € jährlich	Frei	Frei
Betriebliche Sachzuwendung an Arbeitnehmer, § 37b Abs. 2 EStG	Pauschale	Pflichtig
Betriebliche Sachzuwendung an Dritte, § 37b Abs. 1 EStG	Pauschale	Frei
Einkaufsvorteile und andere Rabatte von Dritten, soweit durch Dienstverhältnis, veranlasst.	Pauschale	Pflichtig

Im Gastgewerbe ist es nicht unüblich, dass Mitarbeiter im Betrieb verpflegt werden. Neben Motivation und Teamförderung sind solche „Benefits" heute schon fast unerlässlich für die Suche und später dann auch für die langfristige Bindung von qualifiziertem Personal. 471

Die Ausgestaltung etwaiger Regelungen obliegt dem Gastronomen als Arbeitgeber. Mahlzeiten oder Getränke können zu einem bestimmten bzw. ermäßigten Entgelt oder kostenlos an Mitarbeiter abgegeben werden. Neben gesonderten Aufzeichnungspflichten (vgl. auch § 4 LStDV)[3] sind hier auch die lohn- und sozialversicherungsrechtlichen Besonderheiten zu beachten: 472

- Kostenfreie Mahlzeiten sind als Sachbezug nach der Sachbezugsverordnung dem steuer- und sozialversicherungspflichtigen Bruttoentgelt hinzuzurechnen.
- Werden Speisen und Getränke verbilligt oder ermäßigt, so ist der Differenzbetrag aus Zahlung und Sachbezugswert anzurechnen.

> **Hinweis:** Werden unterschiedliche Mahlzeiten zu unterschiedlichen Preisen unentgeltlich oder verbilligt abgegeben, kann der geldwerte Vorteil auch mit dem Durchschnittswert ermittelt werden, wenn die Lohnsteuer pauschal erhoben wird (§ 40 Abs. 2 EStG).[4]

- Wenn den Mitarbeitern ein eigenes Mittagessen zur Verfügung gestellt wird, kann hier auch der Ansatz des Rabattfreibetrags von aktuell 1.080€ pro Kalenderjahr erfolgen (§ 8 Abs. 3 EStG).

> **Hinweis:** Wenn die Mitarbeiter gemeinsam sog. „Mitarbeiteressen" (Mahlzeit = Speise plus Getränk; vgl. H 8.1 Abs. 7 LStH 2024) bekommen, d. h. nur für die Mitarbeiter gesondert zubereitete Speisen, sind diese mit den amtlichen Sachbezugswerten anzusetzen.[5]

---

3 Siehe auch Schönfeld/Plenker/Schaffhausen, Lexikon für das Lohnbüro 2025, 11. Aufzeichnungsvorschriften: „Der Arbeitgeber muss zum einen alle Sachbezüge getrennt vom Barlohn aufzeichnen; zum anderen muss der Arbeitgeber zusätzlich die einzelnen Sachbezüge, auf die der Rabattfreibetrag angewendet wird, besonders kennzeichnen und mit den ermittelten Werten (Angebotspreis, durchschnittliche Preisnachlässe, Endpreis, Bewertungsabschlag 4%) im Lohnkonto eintragen."

4 Holm/Geiermann in Lexikon des Steuerrechts, 2025, Mahlzeitengewährung.

5 Siehe auch BMF, Schreiben v. 10.12.2024 - IV C 5 - S 2334/19/100010 :006, BStBl 2024 I S. 1603.

Idealerweise werden Mitarbeiterabgaben durch entsprechend eingerichtete Artikel- oder Rabatttasten im eAS aufgezeichnet. Damit können solche Abgaben auch „überwacht" oder für Kalkulationszwecke nachgewiesen werden. Mitarbeiteranweisungen sind zu fertigen und als Bestandteil zur Verfahrensdokumentation zu nehmen.

5. Mindestlohngesetz

473 Seit dem 1.1.2015 haben fast alle Arbeitnehmer in Deutschland Anspruch auf den gesetzlichen Mindestlohn. Die Entwicklung des Mindestlohns, lässt sich anhand der folgenden Tabelle nachvollziehen.

TAB. 3:	Entwicklung Mindestlohn seit 2015	
ab 1.1.2015	8,50 €	
ab 1.1.2017	8,84 €	
ab 1.1.2019	9,19 €	
ab 1.1.2020	9,35 €	
ab 1.1.2021	9,50 €	
ab 1.7.2021	9,60 €	
ab 1.1.2022	9,82 €	
ab 1.7.2022	10,45 €	Ende „altes" MiLoG
ab 1.10.2022	12,00 €	[6]
ab 1.1.2024	12,41 €	
ab 1.1.2025	12,82 €	

474 Von der Verpflichtung Mindestlohn zu zahlen, gibt es nur wenige, in der Person des Beschäftigten begründeten Ausnahmen, so z. B.:

- Auszubildende,
- Jugendliche unter 18 Jahren ohne abgeschlossene Berufsausbildung,
- Pflichtpraktikanten,
- Langzeitarbeitslose, begrenzt auf bis zu sechs Monate.

6 Gemäß Beschluss Mindestlohnkommission v. 26.6.2023.

HINWEIS:

In Bundesländern, in denen durch Mindestlohnverordnung oder allgemein verbindliche Tarifverträge ein höherer Mindestlohn festgesetzt wurde, gilt entsprechend dieser höhere Lohn.

Bei der Überprüfung der Einhaltung des Mindestlohns bei einem definierten Festgehalt und einer vereinbarten wöchentlichen Stundenzahl, kann folgendes Schema genutzt werden: 475

- Ermittlung der sog. Normalzeit, jeder Monat wird mit (52 Wochen/12 Monate =) 4,33 Wochen angesetzt,
- Multiplikation, der vereinbarten wöchentlichen Arbeitszeit mit dem Faktor 4,33 zur Ermittlung der Normalzeit,
- Division des Bruttolohns durch die Normal-Stunden.

BEISPIEL:

- 38 Stunden x 4,33 =164,54 Stunden/Monat
  2.110,00€ Bruttolohn: 164,54Stunden = 12,82€/Stunde
  Gesetzlicher Mindestlohn eingehalten
- 40 Stunden x 4,33 =173,32 Stunden/Monat
  2.200,00€ Bruttolohn: 173,32Stunden = 12,69€/Stunde
  Gesetzlicher Mindestlohn **nicht** eingehalten.

Auf der Seite des Bundesministeriums für Arbeit und Soziales findet sich ein Mindestlohn-Rechner, der entsprechend dieses Schemas den Mindestlohn entweder als Monatsgehalt oder als Stundenlohn berechnet: 476

ABB 1: Mindestlohnrechner

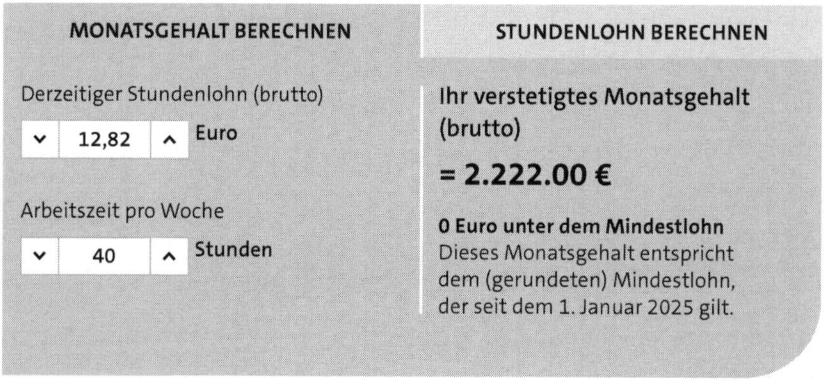

477 Mit der Anhebung des Mindestlohns wurden auch die Grenzen für geringfügige Beschäftigungsverhältnisse angepasst. Denn der Wunsch der Politik war und ist es, dass jeder Arbeitnehmer zusätzlich zu seiner Erstbeschäftigung weitere zehn Stunden in der Woche (für ihn) sozialversicherungsfrei tätig sein kann. Diese Zehn-Stunden-pro-Woche-Grenze wurde zum 1.6.2022 unterschritten, denn durch die Anhebung des Mindestlohns auf 10,45 € bei einer Minijob-Grenze von 450,00 € war nur noch eine wöchentliche Arbeitszeit von 9,94 Stunden möglich:

ab 1.1.2021

450,00 € : 9,50 € = 47,37 Stunden/10,94 Std/pW

ab 1.7.2022

450,00 €: 10,45 € = 43,06 Stunden/**9,94** Std/pW

478 Daraufhin wurde zum 1.10.2022 mit Anhebung des Mindestlohns auf 12,00 € auch die Beitragsgrenze für geringfügige Beschäftigungsverhältnisse auf 520,00 € angepasst. Gesetzlichen Niederschlag hat diese Regelung durch die Neueinführung der Absätze 1a und 1b des § 8 SGB IV mit Geltung zum 1.10.2022 gefunden.[7]

ab 1.10.2022

520,00 €: 12,00 € = 44,33 Stunden/10,00 Std/pW

479 Aktuell geht die Anhebung des gesetzlichen Mindestlohns auch mit der Anhebung der Minijob-Grenze einher:

seit 1.1.2024

538,00 €: 12,41 € = 43,35 Stunden/10,00 Std/pW

seit 1.1.2025

556,00 €: 12,82 € = 43,37 Stunden/10,00 Std/pW

---

7 https://www.buzer.de/gesetz/15379/a288002.htm.

6. Arbeit auf Abruf

Das Teilzeit- und Befristungsgesetz regelt in § 12, dass Arbeitgeber und Arbeitnehmer vereinbaren können, dass der Arbeitnehmer seine Arbeitsleistung entsprechend dem Arbeitsanfall zu erbringen hat (Arbeit auf Abruf). 480

Diese Regelung war und ist bei vielen Teilzeit-Beschäftigungsverhältnissen, wie dem Minijob, weit verbreitet. 481

Bis zum 31.1.2018 regelte das Teilzeit- und Befristungsgesetz, dass bei fehlender Vereinbarung einer wöchentlichen Arbeitszeit grundsätzlich eine Arbeitszeit von zehn Stunden als vereinbart gelten soll. Zum 1.1.2019 wurde § 12 Abs. 1 TzBfG dahingehend geändert, dass eine gesetzliche wöchentliche Arbeitszeit von 20 Stunden als vereinbart gilt, wenn die Vertragsparteien Arbeit auf Abruf vereinbart haben, aber die Dauer der wöchentlichen Arbeitszeit nicht festgelegt haben. Mit dieser Gesetzesänderung ergab sich somit auch ein neuer Regelungsbedarf für diese Beschäftigungsverhältnisse und insbesondere für geringfügige Beschäftigungsverhältnisse. Denn würden bei fehlender Regelung 20 Stunden als vereinbart gelten, würde dies regelmäßig zu einer Überschreitung der Minijob-Grenzen und somit zu einer Sozialversicherungspflicht führen. 482

Mit Urteil vom 18.10.2023 hat das Bundesarbeitsgericht (5 AZR 22/23) hierzu entschieden: 483

„Vereinbaren Arbeitgeber und Arbeitnehmer Arbeit auf Abruf, legen aber die Dauer der wöchentlichen Arbeitszeit nicht fest, gilt grundsätzlich nach § 12 Abs. 1 Satz 3 TzBfG eine Arbeitszeit von 20 Stunden als vereinbart. Eine Abweichung davon kann im Wege der ergänzenden Vertragsauslegung nur dann angenommen werden, wenn die gesetzliche Regelung nicht sachgerecht ist und objektive Anhaltspunkte dafür vorliegen, die Parteien hätten bei Vertragsschluss übereinstimmend eine andere Dauer der wöchentlichen Arbeitszeit gewollt."[8]

Somit ist in der Praxis darauf zu achten, dass im Arbeitsvertrag die wöchentliche Arbeitszeit und gegebenenfalls auch die tägliche Arbeitszeit genau geregelt ist. Der Arbeitnehmer ist zur Arbeitsleistung verpflichtet, wenn der Arbeitgeber ihm die Dauer seiner Arbeitszeit jeweils mindestens vier Tage im Voraus mitteilt und die Arbeitszeit innerhalb eines vom Arbeitgeber festgelegten Zeitrahmens erfolgt (§ 12 Abs. 3 Satz 2 TzBfG). Zu beachten ist in diesem Zusammenhang auch § 12 Abs. 2 TzBfG, wonach der Arbeitgeber, bei vereinbarter 484

8 https://www.bundesarbeitsgericht.de/entscheidung/5-azr-22-23/.

wöchentlicher Arbeitszeit, nur bis zu 25% der wöchentlichen Arbeitszeit zusätzlich abrufen darf.

7. Urlaubsberechnung

485 In §2 BurlG ist festgelegt, dass Arbeitnehmer, also Arbeiter und Angestellte, so wie die zu ihrer Berufsausbildung Beschäftigten Anspruch auf Urlaub haben.

486 Die Regelung zum gesetzlichen Mindestanspruch findet sich in§ 3 BurlG, wonach der Urlaub jährlich mindestens 24 Werktage beträgt. Als Werktage gelten alle Kalendertage, die nicht Sonntage oder gesetzliche Feiertage sind. Somit regelt das Gesetz die Sechstagewoche; bei einer Fünftagewoche beträgt der gesetzliche Urlaub 20Tage im Jahr.

487 Zu prüfen ist aber bei jedem Fall, ob den gesetzlichen Regelungen tarifvertragliche Regelungen vorgehen, so gilt beispielsweise für Nordrhein-Westfalen abweichend folgende Regelung:

Ab dem 19. Lebensjahr – 28 Arbeitstage (Fünftagewoche)

Ab dem 36. Lebensjahr – 30 Arbeitstage (Fünftagewoche)

488 Bei einer Teilzeittätigkeit ist der Urlaubsanspruch aufgrund der reduzierten Arbeitszeit entsprechend geringer. Der Urlaubsanspruch berechnet sich immer auf Basis der vereinbarten Arbeitstage und nicht auf Grundlage der vereinbarten Arbeitszeit. Arbeitet die Teilzeitkraft genauso viele Tage wie eine Vollzeitkraft, ergibt sich die gleiche Anzahl an Urlaubstagen. Die Formel für den gesetzlichen Mindesturlaub lautet:

Arbeitstage pro Woche x 4 = Urlaubsanspruch bei Vollzeit

489 Kommen Teilzeitkräfte aber auf weniger Arbeitstage als eine Vollzeitkraft, reduziert sich dadurch folglich der Urlaubsanspruch, und zwar abhängig von den geleisteten Wochenarbeitstagen bei regelmäßiger Arbeitszeit.

Arbeitstage	Urlaubstage
1 Arbeitstag	4 Urlaubstage
2 Arbeitstage	8 Urlaubstage
3 Arbeitstage	12 Urlaubstage
4 Arbeitstage	16 Urlaubstage
5 Arbeitstage	20 Urlaubstage

Arbeitet die Teilzeitkraft aber nur unregelmäßig, sollten die Urlaubstage auf das ganze Jahr bezogen berechnet werden: 490

Urlaubsanspruch bei Vollzeit/Jahresarbeitstage einer Vollzeitkraft x

tatsächliche Arbeitstage pro Jahr = Urlaubsanspruch bei Teilzeit

BEISPIEL: Es ergibt sich für eine Teilzeitkraft eine durchschnittliche Tätigkeit an 120 Arbeitstagen im Kalenderjahr. Der Urlaubsanspruch im Unternehmen für Vollzeitkräfte liegt bei 24 Werktagen. Im Unternehmen wird an 300 Werktagen pro Jahr gearbeitet.

(24 Tage/300 Jahreswerktage x 120 Arbeitstage = 9,6, somit 10 Urlaubstage)

Beachte:
Das Bundesurlaubsgesetz regelt in § 5 Abs. 2, dass Bruchteile von Urlaubstagen, die mindestens einen halben Tag ergeben, auf volle Urlaubstage aufzurunden sind. Bruchteile, die keinen halben Tag ergeben, bleiben hingegen bestehen und können durch stundenweise Befreiung von der Arbeitspflicht ausgeglichen oder nach erfolgter Kündigung abgegolten werden.

Für geringfügig Beschäftigte hat die Minijob-Zentrale einen Urlaubsrechner[9] zur Verfügung gestellt. Bei der Berechnung des Urlaubsanspruchs für geringfügige Beschäftigung hat sich in der Praxis bestätigt, dass auch zu Dokumentationszwecken über diesen Urlaubsrechner der Urlaubsanspruch berechnet wird. Von dieser Berechnung kann dann ein Screenshot gefertigt und zu den Lohnaufzeichnungen genommen werden. 491

8. Sonntags-, Feiertags- und Nachtzuschläge (SFN-Zuschläge)

Bei einer möglichen Gewährung von Sonntags-, Feiertags- und Nachtzuschlägen ist vorab zu prüfen, ob ein Rechtsanspruch auf die Gewährung solcher Zuschläge besteht. Dies kann in Tarifverträgen, Betriebsvereinbarung oder einzelvertraglich geregelt sein. Erst hiernach stellt sich die Frage nach Steuer- und Beitragsfreiheit. Grundsätzlich sind SFN-Zuschläge nur in dem in § 3b EStG definierten Umfang steuerfrei: 492

9 https://www.minijob-zentrale.de/DE/die-minijobs/urlaubsanspruch-im-minijob/urlaubsanspruch-im-minijob_node.html.

TAB. 4:	Steuerfreie Zuschläge nach §3b EStG	
Nachtarbeit	von 20.00 bis 6.00 Uhr von 0.00 Uhr bis 4.00 Uhr	25 % vom Grundlohn 40 % vom Grundlohn bei Arbeitsbeginn vor 0.00 Uhr
Sonntagsarbeit	von 0.00 Uhr bis 24.00 Uhr	50 % vom Grundlohn
Feiertagsarbeit	von 0.00 Uhr bis 24.00 Uhr	125 % vom Grundlohn an gesetzlichen Feiertragen und am 31.12. ab 14.00 Uhr 150 % vom Grundlohn am 1.5., 25.12., 26.12. und am 24.12. ab 14.00 Uhr

493 Wenn SFN-Zuschläge steuerfrei sind, sind sie auch begrenzt beitragsfrei. Die Höchstgrenze für die Steuerfreiheit liegt nach § 3b Abs. 2 Satz 1 EStG bei 50,00 € Grundlohn pro Stunde. Die Höchstgrenze aus sozialversicherungsrechtlicher Perspektive liegt nach § 1 Abs. 1 Nr. 1 SvEV bei 25,00 € Grundlohn pro Stunde.

494 Ob überhaupt steuerfreie SFN-Zuschläge vorliegen, ist an zwei Bedingungen geknüpft:

- Die Zuschläge müssen **zusätzlich** zum ohnehin geschuldeten Lohn gezahlt werden. Falls die Zahlung nicht schon durch Tarifvertrag geregelt ist, muss das Monatsgehalt oder der Stundenlohnsatz mit Arbeitszeitregelung plus Zuschlägen eindeutig aus dem Arbeitsvertrag hervorgehen.

WICHTIG:

Eine Herausrechnung aus einem festen Monatsgehalt oder Stundenlohnsatz ist nicht zulässig.

- Die Arbeit muss auch tatsächlich geleistet worden sein. Dies muss durch geeignete Aufzeichnungen wie z. B. Stundenzettel oder elektronische Arbeitszeiterfassung nachgewiesen werden.

WICHTIG:

Pauschal gezahlte SFN-Zuschläge sind immer steuer- und beitragspflichtig. Dies ist z. B. der Fall, wenn konkrete Aufzeichnungen der Stunden nicht vorliegen, oder es um die Ermittlung des regelmäßigen Gehalts, inklusive der SFN-Zuschläge, bei Lohnfortzahlung oder Urlaubsabgeltung geht (Fiktivlohn[10]).

(*Einstweilen frei*) 495–505

IV. Lohnbesteuerung

1. Einführung

Jeder beschäftigte Arbeitnehmer ist verpflichtet Lohnsteuer zu zahlen. Bei der Lohnsteuer handelt es sich um eine besondere Erhebungsform der Einkommensteuer. Berechnet, einbehalten und an das zuständige Betriebsstätten-Finanzamt abgeführt wird die Lohnsteuer vom Arbeitgeber. Die Lohnsteuer hat für den Arbeitnehmer die Wirkung einer Einkommensteuer-Vorauszahlung. 506

Die persönliche Steuerpflicht ergibt sich aus § 1 EStG, *„Natürliche Personen, die im Inland einen Wohnsitz oder ihren gewöhnlichen Aufenthalt haben, sind unbeschränkt einkommensteuerpflichtig. (...)“* 507

Die sachliche Steuerpflicht ergibt sich aus § 2 Abs. 1 Nr. 4 EStG, *„Der Einkommensteuer unterliegen (...) Einkünfte aus nicht selbständiger Arbeit, (...), die der Steuerpflichtige während seiner unbeschränkten Einkommensteuerpflicht erzielt. (...)“* 508

§ 19 Abs. 1 Nr. 1 und 1a EStG definiert, was zu Einkünften aus nichtselbständiger Arbeit gehört: 509

- Gehälter, Löhne, Gratifikationen, Tantiemen und andere Bezüge und Vorteile für eine Beschäftigung im öffentlichen oder privaten Dienst;
- Zuwendungen des Arbeitgebers (...) anlässlich von Veranstaltungen auf betrieblicher Ebene mit gesellschaftlichem Charakter (...).

Der Arbeitslohn wird definiert in § 2 LStDV, wonach Arbeitslohn alle Einnahmen sind, die dem Arbeitnehmer aus dem Dienstverhältnis zufließen. Zum Arbeitslohn gehören auch besondere Entlohnungen für Dienste, die über die regelmäßige Arbeitszeit hinaus geleistet werden, wie Entlohnung für Überstunden, Überschichten oder Sonntagsarbeit. 510

10 Fiktivlohn oder auch Phantomlohn ist ein Lohn, den der Arbeitnehmer trotz bestehenden (arbeits-) rechtlichen Anspruchs nicht erhalten hat, der aber zu bezahlen gewesen wäre und aus dem entsprechend Sozialversicherungsbeiträge zu berechnen und an die Einzugsstelle abzuführen sind.

511 Inwiefern dieser Arbeitslohn steuerpflichtig oder steuerfrei ist, regelt das Einkommensteuergesetz. Steuerpflichtiger Arbeitslohn kann individuell nach Steuerklassen oder pauschal versteuert werden.

2. Steuerpflichtiger Lohn

512 Die Berechnung des steuerpflichtigen Arbeitslohns erfolgt auf Basis der individuellen Lohnsteuerabzugsmerkmale des Arbeitnehmers. Der Arbeitnehmer muss beim Arbeitgeber seine steuerliche Identifikationsnummer angeben, damit die „ELStAM" des Arbeitnehmers, also die elektronischen Lohnsteuerabzugsmerkmale, mit folgenden Inhalten zurückgemeldet werden:

- Lohnsteuerklasse (ggf. mit Faktor),
- Kinderfreibeträge,
- Kirchensteuer – Abzugsmerkmale,
- Frei- oder Hinzurechnungsbetrag.

Zum Lohnsteuerabzug im Verfahren der elektronischen Lohnsteuerabzugsmerkmale (ELStAM) hat das BMF am 13.12.2024[11] ein neues, umfassendes Schreiben veröffentlicht:

Der Arbeitgeber ist seit dem 1.1.2013 verpflichtet, den Arbeitnehmer bei Aufnahme des Dienstverhältnisses bei der Finanzverwaltung anzumelden und damit ELStAM anzufordern. Nach dem Abruf sind die ELStAM in das Lohnkonto des Arbeitnehmers zu übernehmen und entsprechend deren Gültigkeit für die Dauer des Dienstverhältnisses für den Lohnsteuerabzug anzuwenden. Etwaige Änderungen stellt die Finanzverwaltung dem Arbeitgeber monatlich spätestens bis zum 5. Werktag des Folgemonats zum Abruf bereit. Wird das Dienstverhältnis beendet, ist der Arbeitgeber verpflichtet, den Arbeitnehmer unter Angabe des Beschäftigungsendes unverzüglich im ELStAM-Verfahren abzumelden.

PRAXISHINWEIS:

Wenn der Arbeitnehmer beispielsweise seine Steueridentifikationsnummer (IdNr.) und das Geburtsdatum dem Arbeitgeber nicht mitteilt, so ist der Arbeitgeber verpflichtet, die Lohnsteuer nach Steuerklasse VI abzurechnen (§ 39c Abs. 1 Satz 1 EStG). Spätestens nach Ablauf von drei Kalendermonaten nach Beschäftigungsbeginn ist diese Vorschrift dann **rückwirkend** anzuwenden.[12]

11 BStBl 2025 I S. 64.

12 Siehe auch Stier, Praxishandbuch für Lohnabrechnungen, 6. Aufl. Herne 2023, S. 81 ff.

a) Steuerklassen

Der individuelle Steuerabzug wird durch die Kategorisierung der Arbeitnehmer in Steuerklassen erreicht. Es werden folgende Steuerklassen unterschieden: 513

TAB. 5: Übersicht Steuerklassen

Steuerklasse	Familienstatus
I	a) Alleinstehende (Ledige, Geschiedene, Verwitwete) b) Getrennt lebende Ehepaare/eingetragene Lebenspartnerschaften
II	Alleinerziehende (ab dem 1. Kind)
III	a) Verwitwete (im Jahr des Todes + Folgejahr) b) Verheiratete/eingetragene Lebenspartnerschaften (wenn der Partner bzw. die Partnerin Steuerklasse 5 gewählt hat)
IV	Verheiratete/eingetragene Lebenspartner (wenn der Partner bzw. die Partnerin auch Steuerklasse 4 wählt) Ggf. mit Faktor
V	Verheiratete/eingetragene Lebenspartner (wenn der Partner bzw. die Partnerin Steuerklasse 3 wählt)
VI	Ledige/Verheiratete/eingetragene Lebenspartnerschaften (ab einem zweiten Job, wenn kein Minijob)

Neben der Verpflichtung des Arbeitgebers, die errechnete Lohnsteuer einzubehalten und abzuführen, verpflichtet das Solidaritätszuschlagsgesetz den Arbeitgeber 5,5 % der berechneten Lohnsteuer ebenfalls einzubehalten und abzuführen. Seit dem Jahr 2021 ist dieser Zuschlag für den größten Teil der Steuerpflichtigen in Deutschland allerdings weggefallen, denn die Freigrenzen zur Bemessungsgrundlage für die Erhebung des Solidaritätszuschlags wurden angehoben. Für das Jahr 2025 liegt die Freigrenze (bezogen auf die zu zahlende Einkommensteuer) bei 39.900 € und erhöht sich im kommenden Jahr 2026 auf 40.700 €. 514

Neben der Lohnsteuer und einem eventuell anfallenden Solidaritätszuschlag ist bei Arbeitnehmern, die der Kirchensteuerpflicht unterlegen, auch die Kirchensteuer einzubehalten und an das Finanzamt abzuführen. Die Kirchensteuer wird ebenfalls prozentual von der Lohnsteuer erhoben, wobei der Prozentsatz der Kirchensteuer in den Bundesländern unterschiedlich ist. In Bayern 515 und Baden-Württemberg beträgt der Kirchensteuersatz 8%, in allen anderen Bundesländern 9% der Lohnsteuer. Grundlage hierfür sind die landesrechtlichen Kirchensteuergesetze.[13]

b) Pauschalierte Lohnsteuer

516 Obwohl grundsätzlich die Besteuerung nach dem individuellen Lohnsteuermerkmalen Vorrang hat, kennt das deutsche Steuerrecht auch die pauschale Versteuerung von Arbeitslohn. Sämtliche Regelungen hierzu finden sich ebenfalls im Einkommensteuergesetz, die folgende Tabelle gibt eine Übersicht über die einzelnen Leistungen und deren prozentuale Versteuerung:

TAB. 6: Übersicht pauschale Versteuerung

Gesetzliche Grundlage	Prozent	Leistung
§ 40 Abs. 2 Satz 1 Nr. 1 EStG	25	Mahlzeiten im Betrieb
§ 40 Abs. 2 Satz 1 Nr. 2 EStG	25	Betriebsveranstaltungen
§ 40 Abs. 2 Satz 1 Nr. 3 EStG	25	Erholungsbeihilfen
§ 40 Abs. 2 Satz 1 Nr. 4 EStG	25	Verpflegungspauschalen, die die zustehenden Pauschalen um nicht mehr als 100% überschreiten
§ 40 Abs. 2 Satz 1 Nr. 6 EStG	25	Übereignung von Ladevorrichtungen für Elektrofahrzeuge
§ 40 Abs. 2 Satz 1 Nr. 7 EStG	25	Übereignung eines betrieblichen Fahrrads
§ 40 Abs. 2 Satz 2 Nr. 1 EStG	15	Fahrten zwischen Wohnung und erster Tätigkeitsstäte
§ 40a Abs. 1 EStG	25	Kurzfristig Beschäftigte
§ 40a Abs. 2 EStG	2	Geringfügig entlohnt Beschäftigte (Mini-Job)
§ 37b EStG	30	Incentives und Geschenke an Geschäftsfreunde und Arbeitnehmer

517 Zu der pauschalen Lohnsteuer kommt jeweils noch der Solidaritätszuschlag und die Kirchensteuer, außer bei der einheitlichen Pauschalsteuer für geringfügig entlohnte Beschäftigte bei der Ausübung eines Minijobs.

13 Bspw. für NRW: https://recht.nrw.de/lmi/owa/br_text_anzeigen?v_id=10000000000000000118 (Beispielhaft für NRW).

3. Steuerfreier Lohn

Steuerfreier Arbeitslohn ist in den §§ 3, 8 EStG geregelt, die vielleicht bekanntesten Leistungen sind: 518

TAB. 7: Steuerfreier Arbeitslohn

Gesetzliche Grundlage	Leistung
§ 3 Nr. 31 EStG	Typische Berufsbekleidung
§ 3 Nr. 45 EStG	Private Nutzung von betrieblichen Datenverarbeitungs- und Telekommunikationsgeräten
§ 3 Nr. 50 EStG	Auslagenersatz
§ 3 Nr. 51 EStG	An Arbeitnehmer von Dritten gezahlte Trinkgelder
§ 3b EStG	Sonntags-, Feiertags- und Nachtzuschläge (bis zu bestimmten Grenzen)
§ 8 Abs. 2 Satz 11 EStG	Geringfügige Sachbezüge bis 50 € monatlich
§ 8 Abs. 3 EStG	Rabattfreibetrag in Höhe von 1.080 € jährlich

(*Einstweilen frei*) 519–525

V. Sozialversicherung

1. Einführung

Die Sozialversicherung ist zentrales Element des Sozialstaats. Sie ist ein gesetzliches Versicherungssystem, dass zum einen Schutz gegen allgemeine Lebensrisiken, die Arbeitslosigkeit, Krankheit, Pflegebedürftigkeit, Invalidität, Arbeitsunfall und Berufskrankheit bietet und zum anderen eine Absicherung für das Alter ist. Die Aufgaben der Sozialversicherung hat der Staat auf bestimmte Körperschaften des öffentlichen Rechts übertragen, die sog. Versicherungsträger. Die Versicherungspflicht entsteht hierbei kraft Gesetzes (§ 2 SGB IV). Wenn also der Arbeitnehmer mit Arbeitsentgelt beschäftigt ist, ist er versicherungspflichtig und dies unabhängig vom Willen der Beteiligten. Denn der Gesetzgeber unterstellt hier ein Bedürfnis für den Versicherungsschutz. 526

Die Leistungen der Sozialversicherung werden hauptsächlich durch Beiträge finanziert. Grundprinzip der Sozialversicherung ist, dass die Beiträge mit dem Entstehen nach der Höhe des Einkommens des Versicherten bemessen werden. Die Höhe richtet sich nach den jeweils gültigen Beitragssätzen, den aktu- 527 ellen Beitragsbemessungsgrenzen und dem beitragspflichtigen Bruttoarbeitsentgelt des Arbeitnehmers.

528 Die Leistungen der Sozialversicherung werden in

- Krankenversicherung,
- Rentenversicherung,
- Arbeitslosenversicherung und
- Pflegeversicherung

unterteilt.

2. Beitragssätze und Bemessungsgrundlagen

529 Der Einzug dieses sog. Gesamtsozialversicherungsbeitrags erfolgt über die Krankenkasse des Arbeitnehmers. Die Krankenkasse verteilt die Beiträge wiederum auf die einzelnen Träger entsprechend der folgenden Beitragssätze für das Jahr 2025:

TAB. 8: Übersicht Gesamtsozialversicherungsbeitrag

	Gesamt	Arbeitnehmer	Arbeitgeber
Krankenversicherung, allgemeiner Satz zzgl. des kassenindividuellen Zusatzbeitrags	14,60 %	7,30 % + ½ ZB	7,30 % + ½ ZB
Durchschnittlicher Zusatzbeitrag der GKV[14]	2,50 %	1,25 %	1,25 %
Rentenversicherung	18,60 %	9,30 %	9,30 %
Arbeitslosenversicherung	2,60 %	1,30 %	1,30 %
Pflegeversicherung (ohne Kinder) 0,60 % Zuschlag nur für den Arbeitnehmer ...mit einem Kind[15] ...mit zwei Kindern (...)	4,20 % 3,60 % 3,35 %	2,40 % 1,80 % 1,55 %	1,80 % 1,80 % 1,80 %

530 Für die Berechnung der Beiträge wird das sozialversicherungspflichtige Bruttoarbeitsentgelt herangezogen. Hierbei gibt es unterschiedliche Beitragsbemessungen zu beachten, zum einen für die Kranken- und Pflegeversicherung, zum anderen für die Renten- und Arbeitslosenversicherung. Beiträge werden jeweils bis zur Höhe der Bemessungsgrenze erhoben, der über der jeweiligen Beitrags-

14 Veröffentlichung im Bundesanzeiger am 7.11.2024.

15 In Sachsen zahlt der Arbeitnehmer einen höheren Anteil (2,30 %) als der Arbeitgeber (1,30 %).

bemessungsgrenze liegende Teil des Arbeitsentgelts bleibt beitragsfrei; für 2025 gelten folgende Summen:

TAB. 9: Übersicht Beitragsbemessungsgrenze		
Beitragsbemessungsgrenze	**Jahresbetrag**	**Monatsbetrag**
Kranken- und Pflegeversicherung	65.150,00 €	5.512,50 €
Renten- und Arbeitslosenversicherung Alle Bundesländer	96.600,00 €	8.050,00 €

3. Meldungen

Die Meldungen zur Sozialversicherung umfassen verschiedene Meldearten, so z. B: 531

- Sofortmeldung,
- Anmeldung,
- Abmeldung,
- Jahresmeldung,
- Unterbrechungsmeldung.

Die eigentliche Meldung enthält dann zusätzlich zu den persönlichen Angaben des Arbeitnehmers noch folgende Angaben 532

- Versicherungsnummer des Beschäftigten,
- Meldegrund,
- Beginn der Beschäftigung,
- Betriebsnummer des Arbeitgebers,
- Personengruppenschlüssel,
- Beitragsgruppenschlüssel (BGRS in der Reihenfolge: KV, RV, AV, PV),
- Tätigkeitsschlüssel,
- Staatsangehörigkeitsschlüssel.

Die folgenden Tabellen geben ein Überblick über die zu meldenden unterschiedlichen Sachverhalte, Personengruppen und Beitragsgruppenschlüssel: 533

TAB. 10:	Übersicht Meldegrund	
Meldegrund	**Abgabe Grund**	**Sachverhalt**
Aufnahme einer Versicherungspflichtigen oder geringfügigen Beschäftigung	10	Anmeldung
Aufnahme einer Versicherungspflichtigen oder geringfügigen Beschäftigung	20	Sofortmeldung
Ende einer versicherungspflichtigen Beschäftigung	30	Abmeldung
Jahresmeldung für das abgelaufene Kalenderjahr	50	Jahresmeldung
Unterbrechung der Beschäftigung wegen unbezahlten Urlaubs	34 13	Abmeldung Wieder Anmeldung

TAB. 11:	Übersicht Personengruppenschlüssel
Die wichtigsten Personengruppenschlüssel	
Schlüsselzahl	**Personenkreis**
101	Sozialversicherungspflichtig Beschäftigte ohne besondere Merkmale
102	Auszubildende ohne besondere Merkmale
105	Praktikanten
106	Werkstudenten
109	Geringfügig entlohnte Beschäftigte nach § 8 Abs. 1 Nr. 1 SGB IV
110	Kurzfristig Beschäftigte nach § 8 Abs. 1 Nr. 2 SGB IV

TAB. 12:	Übersicht Beitragsgruppenschlüssel
Beitragsgruppenschlüssel	**Ziffer**
Krankenversicherung	
- Kein Beitrag	0
- Allgemeiner Beitrag	1
- Ermäßigter Beitrag	3
- Pauschalbeitrag für geringfügig Beschäftigte	6

Rentenversicherung	
-Kein Beitrag	0
-Voller Beitrag	1
-Halber Beitrag	3
-Pauschalbeitrag für geringfügig Beschäftigte	5
Arbeitslosenversicherung	
-Kein Beitrag	0
-Voller Beitrag	1
-Halber Beitrag	2
Pflegeversicherung	
-Kein Beitrag	0
-Voller Beitrag	1
-Halber Beitrag	2

Hieraus ergeben sich folgende Anmeldungsbeispiele: 534

Beispiel:

Sozialversicherungspflichtige Beschäftigung in Vollzeit als Servicekraft.

Grund der Abgabe	20	Sofortmeldung	
Grund der Abgabe	10	Anmeldung wegen Beginn einer Beschäftigung	
Personengruppe	101	Sozialversicherungspflichtig Beschäftigte ohne besondere Merkmale	
Beitragsgruppenschlüssel (BGRS)	1	KV	Allgemeiner Beitrag
	1	RV	Voller Beitrag
	1	AV	Voller Beitrag
	1	PV	Voller Beitrag

Der Tätigkeitsschlüssel für diesen Arbeitnehmer lautet: 633013211.

Stellen			
1+5	Ausgeübte Tätigkeit	Servicekraft Gastronomie	63301
6	Höchster Schulabschluss	Mittlere Reife	3
7	Höchster Berufsabschluss	Abschluss einer anerkannten Berufsausbildung	2
8	Arbeitnehmerüberlassung	Nein	1
9	Vertragsform	Vollzeit, unbefristet	1

Beispiel:

Sozialversicherungsfreie Beschäftigung als Koch im Rahmen eines Minijobs mit Befreiungsantrag zur Rentenversicherung.

Grund der Abgabe	20	Sofortmeldung	
Grund der Abgabe	10	Anmeldung wegen Beginn einer Beschäftigung	
Personengruppe	109	Geringfügig entlohnte Beschäftigte	
Beitragsgruppenschlüssel (BGRS)	6	KV	Allgemeiner Beitrag
	5	RV	Voller Beitrag
	0	AV	Voller Beitrag
	0	PV	Voller Beitrag

Der Tätigkeitsschlüssel für diesen Arbeitnehmer lautet: 293024314.

Stellen			
1+5	Ausgeübte Tätigkeit	Restaurantkoch	29302
6	Höchster Schulabschluss	Abitur	4
7	Höchster Berufsabschluss	Meister	3
8	Arbeitnehmerüberlassung	Nein	1
9	Vertragsform	Teilzeit, befristet	4

535 Auf der Homepage der Bundesagentur für Arbeit findet sich das Service-Tool „Tätigkeitsschlüssel Online“. Hier kann unter Angabe der Tätigkeitsbeschreibung der Tätigkeitsschlüssel ermittelt werden.

ABB 2: Tätigkeitsschlüssel

Bundesagentur für Arbeit

Tätigkeitsschlüssel-Online

Tätigkeitsschlüssel: 633013211

Der Tätigkeitsschlüssel im Klartext:

6	3	3	0	1	3	2	1	1
1	2	3	4	5	6	7	8	9

Stelle(n)		
1-5	Ausgeübte Tätigkeit	Servicekraft - Gastronomie und Gastgewerbe
6	Schulabschluss	Mittlere Reife oder gleichwertiger Abschluss
7	Beruflicher Ausbildungsabschluss	Abschluss einer anerkannten Berufsausbildung
8	Zeitarbeitsverhältnis	Nein
9	Arbeitszeit und Vertragsform	Vollzeit, Unbefristet

Die eigentliche Meldung zur Sozialversicherung kann über die von der Informationstechnischen Servicestelle der gesetzlichen Krankenversicherungen eingerichtete Web-Anwendung, dem „SV-Meldeportal der Sozialversicherung für Arbeitgeber“ vorgenommen werden. 536

ABB 3: Login SV-Meldeportal

537 Insbesondere vor dem Hintergrund der Verpflichtung zu der (zusätzlichen) Sofortmeldung in der Gastronomie ist es wichtig, dieses Portal, seine Anwendung und deren Bedienung zu kennen.

538 Denn in der Gastronomie kann es immer wieder zu spontanen Neuanstellungen aufgrund von Ausfällen kommen. Und da die Gastronomie auch zu Zeiten tätig ist, in denen Lohn- oder Steuerberatungsbüros keine regelmäßigen Öffnungszeiten mehr haben, kann über dieses Portal die Sofortmeldung auch durch den Arbeitgeber direkt erstellt werden kann.

a) Sofortmeldung

539 Die Gastronomie gehört zu den Wirtschaftsbereichen, in denen ein erhöhtes Risiko für Schwarzarbeit und illegale Beschäftigung besteht. Somit haben Arbeitgeber dieser Sparte seit dem 1.1.2009, spätestens bei Aufnahme der Beschäftigung, eine Sofortmeldung mit dem Abgabegrund 20 maschinell direkt an die Datenstelle der Rentenversicherung (DSRV) abzugeben. Unbedingt zu beachten ist, dass es sich hierbei um eine **zusätzliche** Meldung handelt. Die Sofortmeldung muss mindestens folgende Angaben enthalten:

- Familienname und Vorname des Beschäftigten,
- Versicherungsnummer des Beschäftigten,

- Betriebsnummer des Arbeitgebers,
- Art der Beschäftigung,
- Tag der Beschäftigungsaufnahme.

Über die oben beschriebene Web-Anwendung wird man auf die Anwendung „app.sv-meldeportal.de“ weitergeleitet, bei der man sich mit seinem ELSTER-Organisationszertifikat anmelden kann. 540

ABB 4: Login SV-Meldeportal via ELSTER

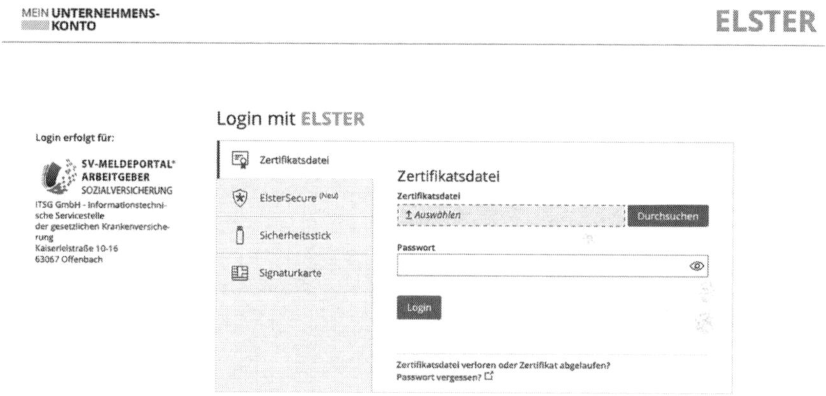

Sollte der Arbeitgeber noch keinen eigenen Zugang besitzen, empfiehlt es sich unbedingt einen solchen über die Homepage elster.de zu beantragen: 541

ABB 5: ELSTER.de, Registrierung

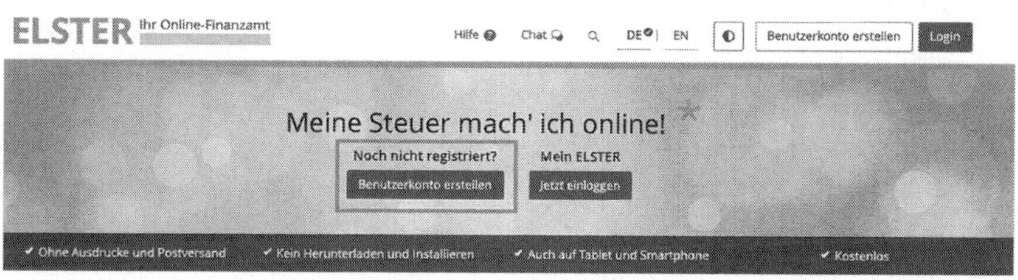

Bei der Registrierung ist darauf zu achten, dass die Auswahl „Klassische Registrierung“ für eine Organisation (Arbeitgeber) gewählt wird. 542

543 Liegt diese Login-Option beispielsweise in Form einer Zertifikats-Datei vor, kann sich der Arbeitgeber dann im SV-Meldeportal für Arbeitgeber anmelden.

ABB 6: SV-Meldeportal Arbeitgeber

544 Anfangs müssen unter dem Menüpunkt „Verwaltung" die eigene Firma, also die Daten als Arbeitgeber, angelegt werden. Hierbei ist bei Bedarf das Lohn- bzw. Steuerbüro gerne behilflich.

545 Nach erfolgter Anmeldung können für den Mitarbeiter alle erforderlichen Sozialversicherungsmeldungen abgegeben werden.

546 Um eine Meldung abgeben zu können, gelangt man über den Menüpunkt „Formulare“

ABB 7: SV-Meldeportal Arbeitgeber, Formularauswahl

auf die erste Unterseite, auf der der Menüpunkt „SV-Meldungen" ausgewählt wird:

ABB 8: SV-Meldeportal Arbeitgeber, Formularauswahl, SV-Meldungen

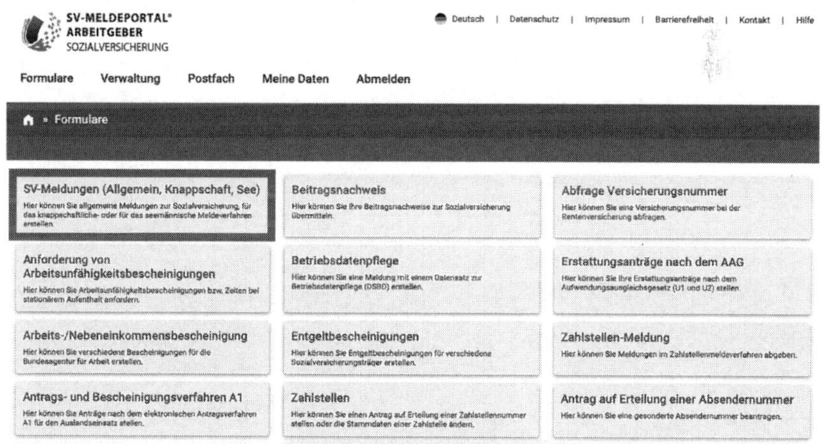

Hier ist dann die Übersicht der relevanten SV-Meldungen zu finden. Für eine Sofortmeldung ist der Menüpunkt „Sofortmeldung" auszuwählen:

ABB 9: SV-Meldeportal Arbeitgeber, Formularauswahl, SV-Meldungen, Sofortmeldung

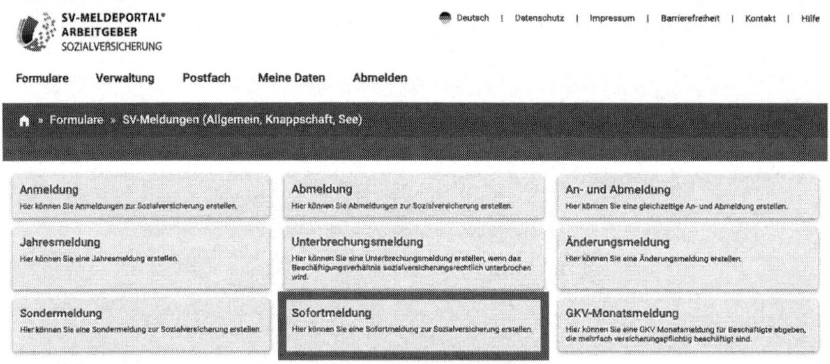

ABB 10: SV-Meldeportal Arbeitgeber, Formularauswahl, SV-Meldungen, Sofortmeldung

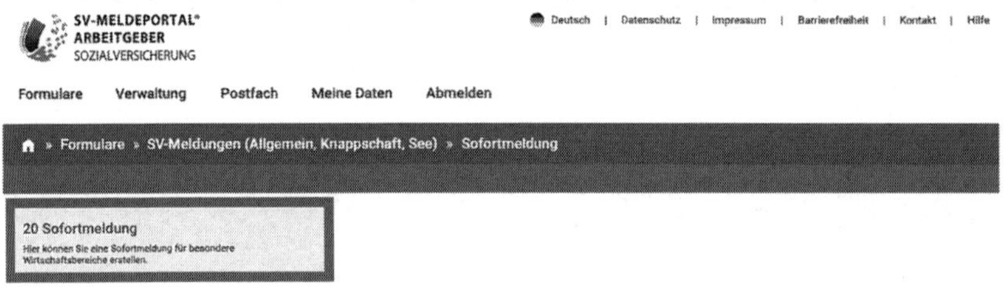

547 Von hier aus kann der neue Mitarbeiter, unter Angabe von nur wenigen Informationen, angelegt werden

- Familienname, Vorname
- Versicherungsnummer des Beschäftigten
- Betriebsnummer des Arbeitgebers
- Personengruppen-Schlüssel
- Tag der Beschäftigungsaufnahme

ABB 11: SV-Meldeportal Eingabemaske Mitarbeiterinformation

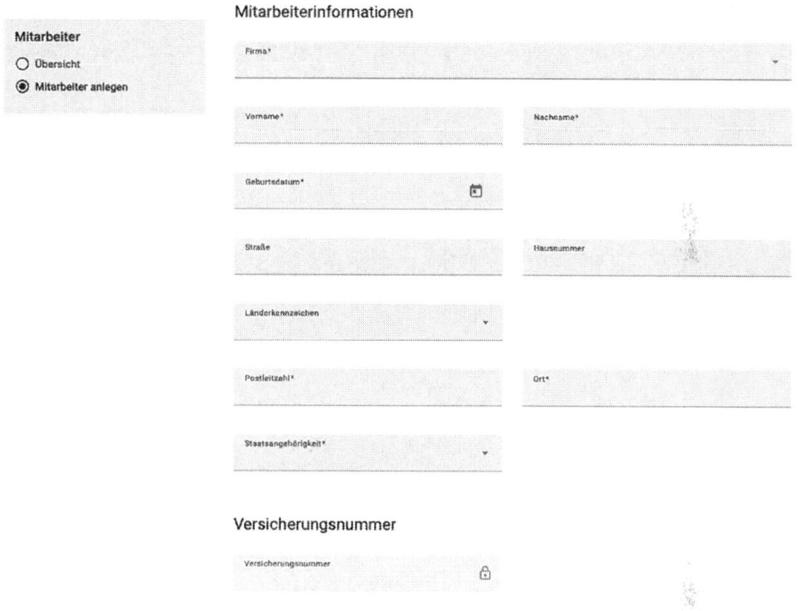

Nachdem der Mitarbeiter angelegt worden ist, gelangt man automatisch zum nächsten Formular, der eigentlichen „Sofortmeldung zur Sozialversicherung" mit dem vorbelegten Feld „Abgabegrund 20: Sofortmeldung". 548

ABB 12: SV-Meldeportal Arbeitgeber, Formular Sofortmeldung

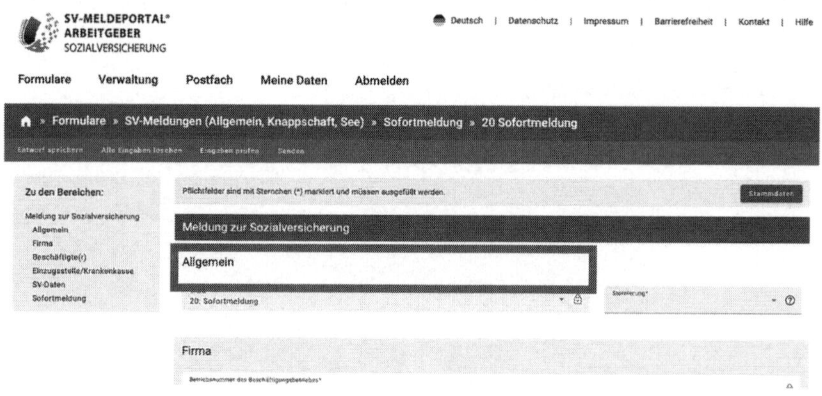

549 Über ein Drop-Down-Menü ist die Art der Beschäftigung auszuwählen. In der Regel werden hier die Personengruppen, beispielweise die Personengruppe 101, für „SV pflichtige Beschäftigte ohne besondere Merkmale“ oder die Personengruppe 109, für „geringfügig Beschäftigte“ ausgewählt:

ABB 13: SV-Meldeportal Arbeitgeber, Formular Sofortmeldung, Drop-Down-Menü

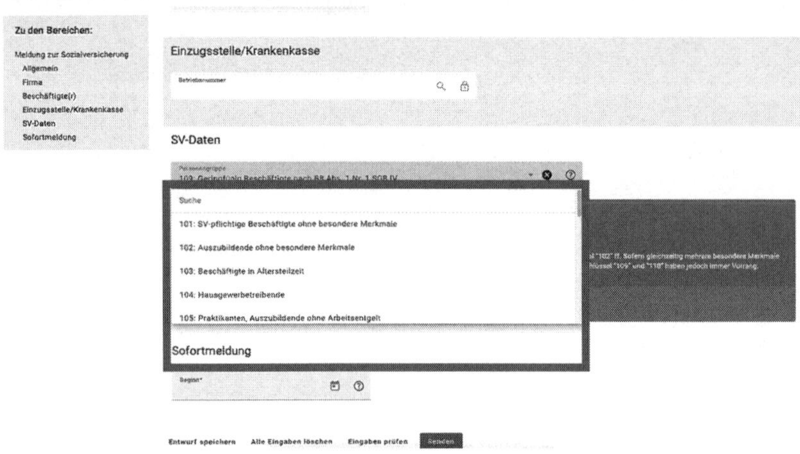

550 Wenn alle Angaben vollständig und richtig eingegeben worden sind, kann über den Menüpunkt „Senden“ die Meldung versendet werden. Hierüber erhält man über das System eine entsprechende Bestätigung, wovon ein Exemplar den Personalunterlagen beizufügen und ein Exemplar dem Arbeitnehmer auszuhändigen ist.

b) Anmeldung/Abmeldung

551 Über das gleiche Portal können auch die „Regel“-Meldungen zur Aufnahme oder dem Ende der Beschäftigung erstellt werden:

ABB 14: SV-Meldeportal Arbeitgeber, Formular Anmeldung, Beginn der Beschäftigung

ABB 15: SV-Meldeportal Arbeitgeber, Formular Anmeldung, Ende der Beschäftigung

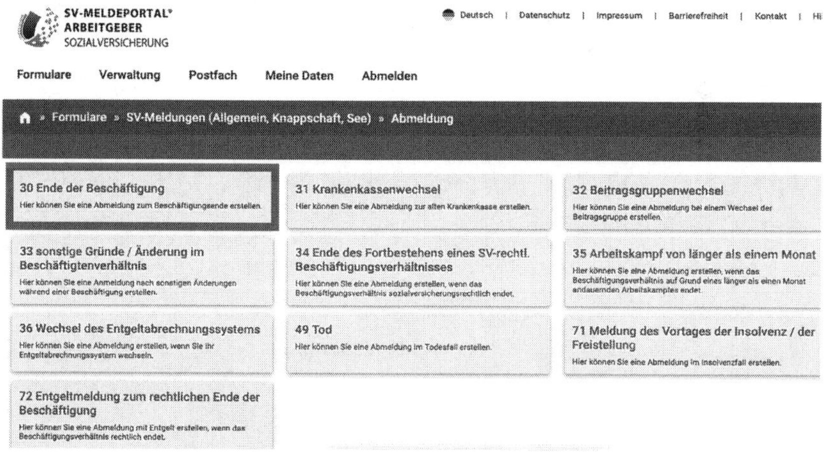

Sollten die Lohnabrechnungen über ein Lohn- oder ein Steuerbüro erfolgen, werden diese Schritte von dort aus erfolgen, es schadet jedoch nicht hierüber grundsätzlich informiert zu sein, so dass der Gastronom als Arbeitgeber im Bedarfsfall, diese Meldungen auch selbst erstellen kann. 552

HINWEIS:

Über die Formularseite können auch viele weitere Dienstleistungen abgewickelt werden. So lassen sich über den Menüpunkt „Anforderung von Arbeitsunfähigkeitsbescheinigungen" die mittlerweile verpflichtenden „elektronischen Arbeitsunfähigkeitsbescheinigungen" (eAU) abrufen. Über den Menüpunkt „Arbeits-/Nebeneinkommensbescheinigungen" können die für die Bundesagentur für Arbeit zur Berechnung von Ersatzleistungen notwendigen Formulare eingereicht werden. Hierzu besteht seit dem 1.1.2016 auch eine entsprechende Verpflichtung, normiert sind diese in den §§ 312 (Arbeitsbescheinigung) und 313 SGB III (Nebeneinkommensbescheinigung). Die Nichteinhaltung dieser Verpflichtung oder eine nicht richtig, nicht vollständig oder nicht rechtzeitig erstellte Bescheinigung stellt eine Ordnungswidrigkeit dar (§ 404 Abs. 2 Nr. 19 und Nr. 20 SGB III), die mit einer Geldbuße von bis zu 2.000€ (§ 404 Abs. 3 SGB III) geahndet werden kann. Zusätzlich ist der Arbeitgeber gegenüber der Bundesagentur für Arbeit zum Ersatz des daraus entstandenen Schadens verpflichtet (§ 321 SGB III).

553–560 (*Einstweilen frei*)

VI. Beschäftigungsarten mit Berechnungsbeispielen

1. Einführung

561 Jeder Arbeitnehmer erhält zum Ende des jeweiligen Lohnabrechnungszeitraums eine Lohnabrechnung, aus der der abgerechnete Zeitraum und die Zusammensetzung des Arbeitslohns bzw. das Arbeitsentgelt ersichtlich sind.

562 Grundlage dieser Lohnabrechnung für den Arbeitnehmer ist der Arbeitslohn. Zuerst wird der Bruttoarbeitslohn, einschließlich der steuerfreien und pauschal versteuerten Lohnbestandteile ermittelt, entweder nach vertraglicher Vereinbarung eines festen Lohns oder nach geleisteter Stundenzahl, multipliziert mit dem vereinbarten Stundenlohn.

563 Vom **steuerpflichtigen Bruttoarbeitslohn** werden Lohnsteuer und ggf. Solidaritätszuschlag und Kirchensteuer abgezogen.

564 Vom **sozialversicherungsrechtlichen Bruttoarbeitsentgelt** werden die Sozialversicherungsbeiträge abgezogen, in der Regel Krankenversicherung, Rentenversicherung, Arbeitslosenversicherung und Pflegeversicherung.

565 Übrig bleibt der Nettolohn des Arbeitnehmers. Dieser entspricht in der Regel dem Auszahlungsbetrag. Es kann aber noch weitere persönliche Be- oder Abzüge geben, z. B. in Form von Vorschüssen oder Pfändungen.

566 Anschließend ist für den Arbeitgeber noch der Arbeitgeberanteil zur Sozialversicherung zu ermitteln.

567 Am einfachsten lässt sich dies anhand von Praxisbeispielen erläutern, denn das Sozialversicherungsrecht kennt zwei verschiedene Arten der Beschäftigung: die sozialversicherungspflichtige Beschäftigung und die Beschäftigung im Rahmen eines Minijobs oder kurzfristigen Beschäftigung.

Per Definition liegt ein **sozialversicherungspflichtiges Beschäftigungsverhältnis** dann vor, wenn das Arbeitsentgelt regelmäßig 556,00€ im Monat überschreitet. 568

Bei einem Entgelt von regelmäßig über 2.000,01€ spricht man von einer sozialversicherungspflichtigen Beschäftigung ohne besondere Merkmale. 569

Bei einem Entgelt von 556,01€ bis 2.000,00€ spricht man von einer Beschäftigung im Übergangsbereich nach §20 Abs.2 SGBIV, dem sog. Midijob.[16] Im Übergangsbereich gelten Besonderheiten für die Ermittlung der beitragspflichtigen Einnahmen und der Verteilung der Beitragslast. Arbeitnehmende haben hierbei lediglich einen reduzierten Beitragsanteil zu zahlen. 570

2. Sozialversicherungspflichtige Beschäftigung ohne besondere Merkmale

571

Zeitraum:	2025		
Monatsbrutto:	3.000,00€		
Steuerklasse	I		
Weitere Merkmale	Kinderlos		
Krankenkasse	Barmer EK		
Arbeitsstelle in	NRW		
Gesamtbelastung Arbeitgeber			**3.712,05€**
Arbeitgeberanteil zur Sozialversicherung			
Krankenversicherung	7,300%	219,00€	
KV-Zusatzbeitrag	1,645%	49,35€	
Rentenversicherung	9,300%	279,00€	
Arbeitslosenversicherung	1,300%	39,00€	
Pflegeversicherung	1.800%	54,00€	
Umlage U1 (Arbeitsunfähigkeit)	1,900%	57,00€	
Umlage U2 (Mutterschutz)	0,340%	10,20€	
Umlage U3 (Insolvenzgeld)	0,150%	4,50€	

16 https://www.barmer.de/firmenkunden/tools-downloads/rechner/midijob-rechner-1138226.

Sozialversicherung Arbeitgeber			712,05 €
Bruttolohn			**3.000,00 €**
Lohnsteuer		298,25 €	
Solidaritätszuschlag		0,00 €	
9 % Kirchensteuer		26,84 €	
Steuern			325,09 €
Arbeitnehmeranteil zur Sozialversicherung			
Krankenversicherung	7,300 %	219,00 €	
KV-Zusatzbeitrag	1,645 %	49,35 €	
Rentenversicherung	9,300 %	279,00 €	
Arbeitslosenversicherung	1,300 %	39,00 €	
Pflegeversicherung	2,400 %	72,00 €	
Sozialversicherung Arbeitnehmer			658,35 €
Nettolohn			**2.016,56 €**

3. Sozialversicherungspflichtige Beschäftigung ohne besondere Merkmale im Übergangsbereich

572

Zeitraum:	2025		
Monatsbrutto:	1.000,00		
Steuerklasse	I		
Weitere Merkmale	Kinderlos		
Krankenkasse	Barmer EK		
Arbeitsstelle in	NRW		
Gesamtbelastung Arbeitgeber			**1.261,97 €**
Arbeitgeberanteil zur Sozialversicherung			
Krankenversicherung		82,47 €	
KV-Zusatzbeitrag		18,58 €	
Rentenversicherung		105,05 €	

Arbeitslosenversicherung		14,69€	
Pflegeversicherung		20,33€	
Umlage U1 (Arbeitsunfähigkeit)	1,900%	16,57€	
Umlage U2 (Mutterschutz)	0,340%	2,97€	
Umlage U3 (Insolvenzgeld)	0,150%	1,31€	
Sozialversicherung Arbeitgeber			261,97€
Bruttolohn			**1.000,00€**
Lohnsteuer		0,00€	
Solidaritätszuschlag		0,00€	
9% Kirchensteuer		0,00€	
Steuern			0,00€
Arbeitnehmeranteil zur Sozialversicherung			
Krankenversicherung		44,89€	
KV-Zusatzbeitrag		10,12€	
Rentenversicherung		57,19€	
Arbeitslosenversicherung		7,99€	
Pflegeversicherung		16,30€	
Sozialversicherung Arbeitnehmer			136,49€
Nettolohn			**863,51€**

Es gibt zwei Arten von Minijobs: 573

- den Mini-Job mit Verdienstgrenze (§ 8 Abs. 1 Nr. 1 SGB IV) und
- die kurzfristige Beschäftigung (§ 8 Abs. 1 Nr. 2 SGB IV).

Die beiden Beschäftigungsarten unterscheiden sich grundsätzlich dadurch, dass eine geringfügig entlohnte Beschäftigung regelmäßig und eine kurzfristige Beschäftigung nicht regelmäßig, sondern nur gelegentlich ausgeübt wird. 574

Eine **geringfügig entlohnte Beschäftigung** liegt nach § 8 Abs. 1 Nr. 1 SGB IV vor, wenn das Arbeitsentgelt (geregelt in § 14 SGB IV) regelmäßig im Monat die Geringfügigkeitsgrenze von aktuell 556,00€ nicht überschreitet. 575

Eine solche geringfügig entlohnte Beschäftigung ist für den Arbeitnehmer versicherungsfrei in der Arbeitslosen- und Kranken- und somit auch in der Pflege- 576 versicherung. In der Rentenversicherung besteht seit 1.1.2013 grundsätzlich Versicherungspflicht mit folgenden Besonderheiten:

- Arbeitnehmer, die ab dem 1.1.2013 eine geringfügig entlohnte Beschäftigung aufnehmen, haben die Möglichkeit, sich auf Antrag von der Rentenversicherungspflicht befreien zu lassen (§ 6 Abs. 1b SGB VI).

577 Der Arbeitgeber hat bei einer geringfügigen Beschäftigung folgende Pauschalabgaben zur Krankenversicherung in Höhe von 13 % und zur Rentenversicherung in Höhe von 15 % zu entrichten.

578 Auch Minijobs sind lohnsteuerpflichtig, hier kann allerdings zwischen individueller Versteuerung anhand der Lohnsteuerabzugsmerkmale und pauschaler Versteuerung gewählt werden. Die wohl am häufigsten vorkommende Methode ist die Pauschalversteuerung mit 2 % einheitlicher Pauschalsteuer gem. § 40a Abs. 2 EStG. Diese kann vom Arbeitgeber getragen oder auf den Arbeitnehmer abgewälzt werden. Anders als bei der individuellen Versteuerung kann die pauschale Lohnsteuer nicht im Rahmen der Einkommensteuerveranlagung angerechnet werden.

579 Die Geringfügigkeitsgrenze gilt einheitlich für die alten und neuen Bundesländer. Hierbei handelt es sich um einen Monatswert, der auch dann gilt, wenn die Beschäftigung nicht während des gesamten Kalendermonats besteht.[17]

4. Mini-Job ohne RV-Befreiung[18]

580

Gesamtbelastung Arbeitgeber			**663,85 €**
Arbeitgeberanteil zur Sozialversicherung			
Krankenversicherung	13,00 %	65,00 €	
Rentenversicherung	15,00 %	75,00 €	
Steuerpauschale	2,00 %	10,00 €	
Umlage U1 (Arbeitsunfähigkeit)	1,10 %	5,50 €	
Umlage U2 (Mutterschutz)	0,22 %	1,10 €	
Umlage U3 (Insolvenzgeld)	0,15 %	0,75 €	
an Minijob-Zentrale	31,47 %		157,35 €

17 Vgl. BSG, Urteil v. 5.12.2017 - B 12 R 10/15 R, NWB QAAAG-72017, USK 2017 S. 102.

18 https://www.barmer.de/firmenkunden/tools-downloads/rechner/minijob-rechner-1138224.

Unfallversicherung	1,30 %		6,50 €
Berechnung für Arbeitnehmer			500,00 €
Rentenversicherung	3,60 %	18,00 €	18,00 €
Nettolohn			**482,00 €**

Die Mindestbemessungsgrundlage für Beiträge der Rentenversicherung beträgt immer 175,00 €. Auch wenn der Arbeitnehmer weniger als 175 € verdient muss ein Beitrag von 15,0 % + 3,6 % = 18,6 % von 175,00 €, somit mindestens 6,30 €, vom Arbeitnehmer einbehalten und abgeführt werden. 581

5. Mini-Job mit RV-Befreiung

582

Gesamtbelastung Arbeitgeber			**663,85 €**
Arbeitgeberanteil zur Sozialversicherung			
Krankenversicherung	13,00 %	65,00 €	
Rentenversicherung	15,00 %	75,00 €	
Steuerpauschale	2,00 %	10,00 €	
Umlage U1 (Arbeitsunfähigkeit)	1,10 %	5,50 €	
Umlage U2 (Mutterschutz)	0,22 %	1,10 €	
Umlage U3 (Insolvenzgeld)	0,15 %	0,75 €	
an Minijob-Zentrale	31,47 %		157,35 €
Unfallversicherung	1,30 %		6,50 €
Berechnung für Arbeitnehmer			
Nettolohn			**500,00 €**

6. Kurzfristige Beschäftigung

583 Eine **kurzfristige Beschäftigung** liegt nach § 8 Abs. 1 Nr. 2 SGB IV vor, wenn die Beschäftigung innerhalb eines Kalenderjahres auf längstens drei Monate (=90 Kalendertage) oder 70 Arbeitstage nach ihrer Eigenart begrenzt oder im Voraus vertraglich begrenzt ist. Weitere Voraussetzung ist, dass die Beschäftigung nicht berufsmäßig ist. Berufsmäßig wird eine Beschäftigung immer dann ausgeübt, wenn sie nicht nur von „untergeordneter, wirtschaftlicher Bedeutung" für den Arbeitnehmer ist. Sie darf nicht allein für die Sicherung des Lebensunterhalts bzw. -standards bestimmt sein. Auf die Höhe des Verdienstes kommt es bei der kurzfristigen Beschäftigung nicht an.

584 Ob tatsächlich eine kurzfristige Beschäftigung vorliegt, muss in jedem Einzelfall überprüft werden. Eine Überprüfung kann anhand des folgenden Schaubilds erfolgen:[19]

585 Die kurzfristige Beschäftigung ist lohnsteuerrechtlich gesondert zu beurteilen. Es ist zu prüfen, ob der Arbeitnehmer mit der individuellen Versteuerung oder pauschal versteuert werden kann. Grundsätzlich ist die individuelle Versteuerung vorrangig, es ist aber auch die Pauschalversteuerung mit 25 % gem. § 40a Abs. 1 EStG möglich. Diese Pauschalversteuerung kann aber nur zur Anwendung kommen, wenn maximal 18 zusammenhängende Arbeitstage vorliegen und der Arbeitslohn maximal 150 € pro Arbeitstag beträgt oder die Beschäftigung zu einem unvorhersehbaren Zeitpunkt erforderlich wird. In jedem Fall darf nach § 40a Abs. 4 Nr. 1 EStG der Arbeitslohn durchschnittlich 19,00 € je Stunde nicht übersteigen.

19 Siehe https://www.minijob-zentrale.de/SharedDocs/Downloads/DE/Schaubilder/gewerblich/Pruefschema_kurzfristiger_Minijob.html.

Gesamtbelastung Arbeitgeber			**1.027,80€**
Arbeitgeberanteil zur Sozialversicherung			
Umlage U1 (Arbeitsunfähigkeit)	1,10%	11,10€	
Umlage U2 (Mutterschutz)	0,22%	2,20€	
Umlage U3 (Insolvenzgeld)	0,15%	1,50€	
an Minijob-Zentrale			14,80€
Unfallversicherung	1,30%		13,00€
Berechnung für Arbeitnehmer			1.000,00€
Pauschale Versteuerung	25,00%		250,00€
Berechnung für Arbeitnehmer			
Nettolohn			**750,00€**

7. Auszubildende

Auszubildende sind Arbeitnehmer im steuerrechtlichen und sozialversicherungsrechtlichen Sinn. Es gibt daher hier keine Besonderheiten zu beachten. Bei Lohnsteuerklasse I fällt bei einer monatlichen Ausbildungsvergütung bis circa 1.400,00€ keine Lohnsteuer an. 586

8. Studenten

Wird ein Student gegen ein Arbeitsentgelt von mehr als 556,00€ eingestellt und kommt eine kurzfristige Beschäftigung nicht in Betracht, spricht man von einem sog. Werkstudenten. Voraussetzung für eine Beschäftigung als Werkstudent ist, dass der Student während der Vorlesungszeit nicht mehr als 20 Stunden in der Woche arbeitet, denn der Schwerpunkt soll auf dem Studium, nicht auf der Beschäftigung liegen. 587

Wird die 20-Stunden-Grenze durch Beschäftigungszeiten am Wochenende, in den Abend- und Nachtstunden oder in der vorlesungsfreien Zeit (Semesterferien) überschritten, findet die 26-Wochen-Regelung Anwendung. Diese besagt, dass Werkstudenten, wenn sie im Laufe eines Zeitjahres maximal 26 Wochen (oder 182 Kalendertage) mehr als 20 Stunden pro Woche arbeiten, Werkstudenten bleiben, sofern dies am Wochenende, abends, nachts oder in der vorlesungsfreien Zeit erfolgt. 588

589 Werden diese Vorgaben eingehalten und legt der Student seine Immatrikulationsbescheinigung zu Beginn des jeweils aktuellen Semesters vor, so besteht für Studenten in der Kranken-, Pflege- und Arbeitslosenversicherung Beitragsfreiheit. Es müssen nur Beiträge zur Rentenversicherung abgeführt werden. Die Lohnsteuer richtet sich nach der individuellen Steuerklasse.

Zeitraum:	2025		
Monatsbrutto:	975,00€	(75 Std x 13,00€)	
Steuerklasse	I		
Weitere Merkmale	Kinderlos		
Krankenkasse	Barmer EK		
Arbeitsstelle in	NRW		
Gesamtbelastung Arbeitgeber			**1.098,73€**
Arbeitgeberanteil zur Sozialversicherung			
Krankenversicherung		0,00€	
KV-Zusatzbeitrag		0,00€	
Rentenversicherung	Midi Job	103,62€	
Arbeitslosenversicherung		0,00€	
Pflegeversicherung		0,00€	
Umlage U1 (Arbeitsunfähigkeit)	1,900%	16,26€	
Umlage U2 (Mutterschutz)	0,340%	3,34€	
Umlage U3 (Insolvenzgeld)	0,150%	0,51€	
Sozialversicherung Arbeitgeber			123,73€
Bruttolohn			**975,00€**
Lohnsteuer		0,00€	
Solidaritätszuschlag		0,00€	
9% Kirchensteuer		0,00€	
Steuern			0,00€

Arbeitnehmeranteil zur Sozialversicherung			
Krankenversicherung		0,00 €	
KV-Zusatzbeitrag		0,00 €	
Rentenversicherung	Midi Job	55,60 €	
Arbeitslosenversicherung		0,00 €	
Pflegeversicherung		0,00 €	
Sozialversicherung Arbeitnehmer			55,60 €
Nettolohn			**919,40 €**

9. Praktikanten

Ein Praktikum dient der Erlangung berufspraktischer Erfahrung. Es kann freiwillig durchgeführt werden oder verpflichtend vorgeschrieben sein. **Freiwillige** Praktika gelten in der Regel als befristete Arbeitsverhältnisse, **verpflichtende** Praktika sind Teil einer Ausbildung. 590

Viele Studien- oder Prüfungsordnungen der Hochschulen bzw. Fachhochschulen verlangen von den Studierenden verpflichtende Praktika. Dabei ist es für die versicherungsrechtliche Beurteilung wichtig, wann das Praktikum stattfindet. Denn für Praktika, die vor oder nach dem Studium ausgeübt werden, gelten andere Regelungen als für Zwischen-Praktika. Das folgende Schaubild gibt einen Überblick für die Beurteilung der sozialversicherungsrechtlichen Einordnung: 591

ABB 16: Beschäftigung von Studierenden

https://www.tk.de/resource/blob/2033352/0a9809b0d119ad48bdd717ccf37391b2/beratungsblatt-beschaeftigung-von-studierenden-und-praktikanten-data.pdf.

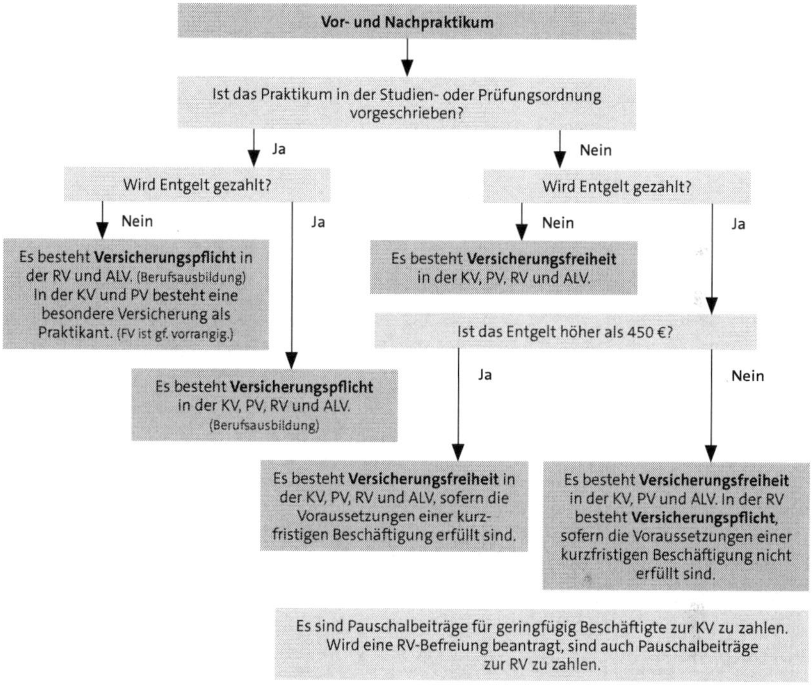

Sollte eine sozialversicherungsrechtliche Einordnung dennoch weiterhin unklar sein, so empfiehlt es sich Kontakt mit der Universität oder Fachhochschule bzw. der Krankenkasse aufzunehmen. 592

(*Einstweilen frei*) 593–600

VII. Muster-Personalbogen

601 Der Personalbogen und der zu erstellende Arbeitsvertrag dienen als schriftliche Basis für die vereinbarten wechselseitigen Leistungen. Um den Arbeitnehmer bei Beschäftigungsbeginn ordnungsgemäß anmelden zu können, muss der Arbeitgeber verschiedene Informationen und Dokumente erfragen. Hierzu gehören

- Namen,
- Anschrift,
- Geburtsdatum,
- Konfession,
- Beschäftigungsart,
- die steuerliche Identifikationsnummer,
- die Sozialversicherungsnummer und
- Informationen zur Krankenkasse.

601 Darüber kann es im Einzelfall wichtig sein, Informationen zu weiteren Beschäftigungsverhältnissen, zu verbleibendem Resturlaub eines Jahres oder zu einer Immatrikulation abzufragen. Sobald diese Informationen dann vollständig vorliegen, kann die notwendige Sofortmeldung erstellt und der Personalbogen kann an das Lohn- oder Steuerbüro weitergegeben werden, so dass von hier aus die Anmeldung und regelmäßigen Abrechnungen erfolgen können. Die Erstellung des schriftlichen Arbeitsvertrags ist mit Vorliegen dieser gesammelten Informationen unproblematisch möglich, in der Praxis hat sich der folgende Vorschlag eines Personalbogens bewährt. Zur besseren Kenntlichmachung sind die einzelnen Bearbeitungsblöcke markiert.

602 Auf Seite 1 werden die persönlichen Angaben sowie Eintrittskarten, die Art der Tätigkeit und die vereinbarte Arbeitszeit abgefragt. Ferner können hier Angaben zu einem Hauptjob, Studentenjob oder einer Ausbildung gemacht werden.

ABB 17: Personalbogen, S. 1

PERSONALBOGEN

Arbeitgeber:

Musterfirma
Musterstrasse
Musterstadt

Arbeitnehmer

1. Persönliche Angaben

Name	....
Geburtsname	....
Vorname	....
Geschlecht	☐ männlich ☐ weiblich ☐ divers
Geburtsdatum	....
Geburtsort/-land	....
Staatsangehörigkeit	....
Straße	....
PLZ/Wohnort	....
Familienstand	☐ ledig ☐ verheiratet
Telefon	....
E-Mail	....
Eintrittsdatum	....
Tätigkeit	....
Arbeitszeit	.... Stunden pro Woche / Monat

Aktueller Status

☐ ja	☐ nein	Hauptberuflich tätig als ....
☐ ja	☐ nein	Student/in (Bescheinigung im Original beifügen)
☐ ja	☐ nein	Arbeitslos gemeldet (bitte Agenturnummer beifügen)
☐ ja	☐ nein	Auszubildender in einem anderen Betrieb

Auszahlung

☐ bar
☐ unbar, Kontoverbindung
DE.... ....

Auf Seite 2 werden Angaben sowohl zur Sozialversicherungsnummer und der aktuellen Krankenversicherung als auch der lohnsteuerlichen Merkmale abgefragt. Unter Ziffer 4 wird dann die eigentliche Beschäftigungsart im Unternehmen festgelegt. Ziffer 4a meint eine sozialversicherungspflichtige Beschäftigung ohne besondere Merkmale, Ziffer 4b eine sozialversicherungsrechtliche Beschäftigung im Übergangsbereich (Gleitzone), Ziffer 4c eine kurzfristige Be- 603 schäftigung. Bei der Bearbeitung werden die für die Anmeldung relevanten Fragen abgeprüft.

ABB 18: Personalbogen, S. 2

2. Sozialversicherungsangaben

Sozialversicherungsnummer: I...I...I...I...I...I...I...I...I...I...I...I...I

Name der Krankenversicherung ....

Nummer der Krankenversicherung ....

☐ pflichtversichert

☐ familienversichert

☐ privat versichert als Beamter

3. Steuerliche Angaben

Steueridentifikationsnummer ....

Steuerklasse ....

Kinderzahl ....

Kinderfreibeträge ....

Konfession (rk, ev, sonstige) ....

Eingetragener Freibetrag jährlich EUR......................

monatlich EUR ....

4. Personengruppe

a)

☐ ja ☐ nein Es handelt sich um eine sozialversicherungspflichtige Beschäftigung, der Bruttoarbeitslohn liegt regelmäßig über 2.000,00 € monatlich.

falls ja, weiter bei Punkt 6

b)

☐ ja ☐ nein Es handelt sich um eine sozialversicherungspflichtige Beschäftigung, der Bruttoarbeitslohn liegt regelmäßig über 556,00 € und unter 2.000,00 € monatlich.

falls ja, weiter bei Punkt 6

c)

☐ ja ☐ nein Es handelt sich um eine kurzfristige Beschäftigung
Die Beschäftigung wird nicht berufsmäßig ausgeübt, ist somit von untergeordneter wirtschaftlicher Bedeutung;
Die Beschäftigung ist auf maximal drei Monate oder 70 Arbeitstage im Kalenderjahr beschränkt.

☐ ja ☐ nein untergeordnete wirtschaftlicher Bedeutung (>556 Euro)

☐ ja ☐ nein maximal 70 Arbeitstage

....
Unterschrift AN

Falls 2x ja, weiter bei Punkt 6

604 Ziffer 4d des Personalbogens regelt die Anmeldung im Rahmen einer geringfügigen Beschäftigung (Minijob). Hier geht es um die Abfrage, ob neben diesem geringfügigen Beschäftigungsverhältnis ein weiteres sozialversicherungs-

pflichtiges Beschäftigungsverhältnis vorliegt oder, ob noch weitere geringfügige Beschäftigungsverhältnisse vorliegen.

ABB 19: Personalbogen, S. 3, Ziffer 4

Nur auszufüllen bei Mini-Job.

d)

☐ ja ☐ nein Es handelt sich um ein geringfügiges Beschäftigungsverhältnis (Mini-Job).

☐ ja ☐ nein Es besteht neben dieser geringfügigen Beschäftigung **ein** SV-pflichtiges Beschäftigungsverhältnis mit einem monatlichen Lohn von mehr als 2.000,00 €

☐ ja ☐ nein Zum jetzigen Zeitpunkt besteht neben diesem geringfügigen Beschäftigungsverhältnis **kein** weiteres geringfügiges Beschäftigungsverhältnis (vgl. 7. dieses Personalbogens).

Falls nein aus Vorpunkt

☐ ja ☐ nein Es besteht neben dieser geringfügigen Beschäftigung noch ein geringfügiges Beschäftigungsverhältnis

Falls ja, ab dem 1.: ....

(Datum Beginn, regelmäßiger mtl. Lohn)

Falls ja aus Vorpunkt

☐ ja ☐ nein Bei Zusammenrechnung beider/aller Beschäftigungsverhältnisse verdiene ich mehr als 556,00 Euro. (Falls ja, Abrechnung auf LK 6).

Ziffer 5 betrifft die Versicherungspflicht in der gesetzlichen Rentenversicherung 605
für geringfügige Beschäftigungsverhältnisse. Auf Antrag des Arbeitnehmers ist eine Befreiung für die gesamte Dauer des Beschäftigungsverhältnisses möglich, andernfalls sind 3,6 % Eigenanteil vom Nettogehalt des Arbeitnehmers durch den Arbeitgeber einzubehalten und abzuführen.

ABB 20: Personalbogen, S. 3, 4 Ziffer 5

5.) Rentenversicherung

Geringfügig entlohnte Beschäftigungsverhältnisse, unterliegen der Versicherungspflicht in der gesetzlichen Rentenversicherung, d.h. es werden 3,6 % Eigenanteile vom Gehalt einbehalten

☐ ja ☐ nein Sollen Eigenleistungen zur gesetzlichen Rentenversicherung geleistet werden?

Falls ja ☐ In Höhe von 3,6 % des Arbeitsentgeltes, sofern das monatliche Arbeitsentgelt weniger als € 175,00 beträgt, in Höhe von mindestens 18,60 % von € 175,00 abzüglich 15 % Arbeitgeber-Anteil vom Arbeitslohn.

Falls nein: ☐ **Der antragspflichtige Verzicht auf die Beitragsfreiheit gilt für die gesamte Dauer dieses Beschäftigungsverhältnisses und kann nicht widerrufen werden.**

☐ ja ☐ nein Wird ein Antrag auf **Befreiung** von der Versicherungspflicht in der **Rentenversicherung** gestellt?

Falls ja ☐ Ich habe das Merkblatt über mögliche Folgen einer Befreiung von der Rentenversicherungspflicht von meinem Arbeitgeber **erhalten** und füge den Antrag auf Befreiung von der Rentenversicherungspflicht diesem Personalbogen bei.

....

Unterschrift AN

606 Ziffer 6 bezieht sich auf die betriebliche Altersvorsorge durch Entgeltumwandlung.

607 Ziffer 7 klärt die lohnsteuerrechtliche Einordnung. Grundsätzlich werden alle sozialversicherungspflichtigen Beschäftigungsverhältnisse auf Lohnsteuer abgerechnet. Bei sozialversicherungsfreien Beschäftigungsverhältnissen erfolgt die Pauschalversteuerung durch den Arbeitgeber zur Kostenlast des Arbeitgebers oder Arbeitnehmers.

608 Ziffer 8 informiert über den Mindestlohn und die gesetzlichen Aufzeichnungspflichten des § 7 MiLoG.

ABB 21: Personalbogen, S. 4

6.) Anspruch auf betriebliche Altersversorgung durch Entgeltumwandlung

Ich wurde über die von meinem Arbeitgeber angebotenen Vorsorgemöglichkeiten im Rahmen der betrieblichen Altersversorgung und die damit verbundenen Steuervorteile aufgeklärt.

☐ Dennoch erkläre ich hiermit, von den Möglichkeiten der betrieblichen Altersversorgung derzeit generell keinen Gebrauch machen zu wollen

☐ Ich erkläre hiermit, dass ich bereits von der Möglichkeit der betrieblichen Altersversorgung durch Entgeltumwandlung über den Durchführungsweg .... Gebrauch mache.

7.) Steuerliche Einordnung

☐ ja	☐ nein	Der Lohn soll nach § 40a EStG vom Arbeitgeber pauschal versteuert werden. Die Pauschsteuer von 2% (Minijob) trägt der Arbeitgeber wenn eine pauschale Entrichtung von Sozialabgaben möglich ist. (Minijob)
☐ ja	☐ nein	Der Lohn soll nach § 40a EStG vom Arbeitgeber mit 25% pauschal zu Lasten des Arbeitnehmers versteuert werden. (kurzfristige Beschäftigung)
☐ ja	☐ nein	Der Arbeitslohn soll auf Lohnsteuerkarte abgerechnet werden. (alle anderen, bei Fehlen der Steuer ID LK 6)

8.) Mindestlohn / Aufzeichnungspflichten

Das MiLoG regelt die Vorgaben für einen flächendeckenden Mindestlohn von aktuell mindestens 12,82 Euro brutto je Zeitstunde. In §17 des MiLog ist die sog. Aufzeichnungspflicht geregelt, wonach Arbeitgeber, der Arbeitnehmer(Innen) nach § 8 Absatz 1 des Vierten Buches Sozialgesetzbuch oder in den in § 2a des Schwarzarbeitsbekämpfungs-gesetzes genannten Wirtschaftsbereichen oder Wirtschaftszweigen beschäftigt, ist verpflichtet, Beginn, Ende und Dauer der täglichen Arbeitszeit dieser Arbeitnehmerinnen und Arbeitnehmer spätestens bis zum Ablauf des siebten auf den Tag der Arbeitsleistung folgenden Kalendertages aufzuzeichnen und diese Aufzeichnungen mindestens zwei Jahre beginnend ab dem für die Aufzeichnung maßgeblichen Zeitpunkt aufzubewahren.

Unter Ziffer 9 wird der vereinbarte Stunden- bzw. Monatslohn eingetragen und es gibt Hinweise zu den einzuhaltenden Ruhepausen. 609

Ziffer 10 fasst die relevanten Informationen zur Kündigung und Probezeit zusammen. 610

Ziffer 11 regelt noch allgemeine Hinweise zur Mitwirkungspflichten durch den Arbeitnehmer.

Unter dem Unterschriftenfeld für Arbeitgeber und Arbeitnehmer findet sich eine anzukreuzende Übersicht der beigefügten Unterlagen:

ABB 22: Personalbogen, S. 5

Für alle Arbeitnehmer
9. Vergütung / Arbeitszeit / Pause / Urlaub

☐ Bruttostundenlohn in Höhe von EUR ....

☐ Bruttomonatslohn in Höhe von EUR ....

Die Stundenzahl wird monatlich mitgeteilt, die Abrechnung erfolgt bei Stundenlohnvereinbarungen im Folgemonat, sonst zum Ende des Monats.

Bei einer Arbeitszeit von mehr als sechs Stunden bis zu neun Stunden ist die Arbeitszeit durch eine Ruhepause von mindestens 30 Minuten zu unterbrechen, bei einer Arbeitszeit von mehr als neun Stunden dauert die Ruhepause mindestens 45 Minuten. Der Arbeitnehmer ist für die Einhaltung dieser Pausenzeiten selbst verantwortlich.

Es gelten die ☐ gesetzlichen Urlaubsregelungen.
☐ Tariflichen Urlaubsregelungen

10. Kündigung / Probezeit

Für das unbefristete Anstellungsverhältnis gilt eine Probezeit von sechs Monaten als vereinbart. Innerhalb dieser Probezeit kann das Arbeitsverhältnis ohne Einhaltung einer Frist 14-täglich gekündigt werden. Außerhalb der Probezeit gelten die gesetzlichen Kündigungsfristen, wobei die Kündigung in jedem Fall schriftlich zu erfolgen hat. Nach arbeitgeberseitiger Kündigung hat der AN das Recht binnen drei Wochen Klage beim zuständigen Arbeitsgericht einzulegen.

11. Änderungen

Ich werde den Arbeitgeber unverzüglich informieren, sofern sich Änderungen zu den von mir hierbescheinigten Angaben ergeben. Insbesondere folgendes:
- Aufnahme oder Aufgabe der sozialversicherungspflichtigen Hauptbeschäftigung.
- Ende des privaten Krankenversicherungsverhältnisses.
- Änderungen in der postalischen Anschrift
  (für alle Zustellung gilt die aktuell hinterlegte Anschrift, auch wenn ich dort nicht mehr wohnen sollte und dem Arbeitgeber die neue Anschrift noch nicht mitgeteilt habe)

Ich wurde darüber belehrt, dass unrichtige Angaben in diesem Personalbogen ein Grund der fristlosen Kündigung darstellt. Sofern aufgrund von unrichtigen oder unterlassenen Angaben ein sozialversicherungsrechtlicher Anspruch oder ein Lohnsteueranspruch entsteht, bin ich ausdrücklich verpflichtet, die Nachforderungen der Sozialversicherungsträger und des Finanzamts zu übernehmen. Ich stelle den Arbeitgeber von Haftungsansprüchen frei.

Datum : ....

....	....
Arbeitgeber	Arbeitnehmer

☐ Kopie Personalausweis	☐ Kopie Krankenkassenkarten
☐ Kopie Studentenausweis	☐ Kopie Sozialversicherungsausweis
☐ Infoblatt Mitführungspflicht Papiere	☐ Antrag auf Befreiung RV-pflicht
☐ Sofortmeldung AN	☐ ....

611 Sollte unter 5 des Personalbogens der antragspflichtige Verzicht auf die Beitragsfreiheit zur gesetzlichen Rentenversicherung für eine geringfügige Beschäftigung (Minijob) gewählt werden, dann ist dieser dem Personalbogen beigefügten Antrag im oberen Teil durch den Arbeitnehmer und im unteren Teil durch den Arbeitgeber auszufüllen.

ABB 23: Personalbogen, Anlage Antrag auf Befreiung von der RV-Pflicht

Antrag auf Befreiung von der Rentenversicherungspflicht bei einer geringfügig entlohnten Beschäftigung nach § 6 Absatz 1b Sozialgesetzbuch Sechstes Buch (SGB VI)

Arbeitnehmer

Name: ....

Vorname: ....

RV Nummer: I....I....I....I....I....I....I....I....I....I....I....I....I

Hiermit beantrage ich die Befreiung von der Versicherungspflicht in der Rentenversicherung im Rahmen meiner geringfügig entlohnten Beschäftigung und verzichte damit auf den Erwerb von Pflichtbeitragszeiten. Ich habe die Hinweise auf dem „Merkblatt über die möglichen Folgen einer Befreiung von der Rentenversicherungspflicht" zur Kenntnis genommen und mir wurde das Merkblatt erläutert und ausgehändigt.

Mir ist bekannt, dass der Befreiungsantrag für alle von mir zeitgleich ausgeübten geringfügig entlohnten Beschäftigungen gilt und für die Dauer der Beschäftigung bindend ist; eine Rücknahem ist nicht möglich. Ich verpflichte mich, aller weiteren Arbeitgeber, bei denen ich eine geringfügig entlohnte Beschäftigung ausübe, über diesen Befreiungsantrag zu informieren.

....

Datum Unterschrift

Arbeitgeber

Musterfirma
Musterstraße
Musterstadt

Betriebsnummer 12345678

Der Befreiungsantrag ist am I....I....I....I....I....I....I....I....I bei mir eingegangen

Die Befreiung wirkt ab dem I....I....I....I....I....I....I....I....I.

....

Datum Unterschrift

Bei einem Antrag auf Befreiung von der Rentenversicherungspflicht muss der Arbeitnehmer über die möglichen Folgen unterrichtet werden. Dieses Merkblatt ist auf der Homepage der Minijob-Zentrale zu finden.[20] 612

(*Einstweilen frei*) 613–625

20 https://www.minijob-zentrale.de/SharedDocs/Downloads/DE/Formulare/gewerblich/Befreiungsantrag-fuer-Arbeitnehmer-im-Gewerbe.html.

Kapitel E: Verfahrensdokumentation (VD)

I. Einführung

626 Vielfach entsteht der Eindruck, man müsste eine Verfahrensdokumentation ausschließlich für die Finanzbehörden erstellen. Dem ist nicht so. Die Auseinandersetzung mit betrieblichen Prozessen ist fester Bestandteil der Betriebswirtschaft. Auch in der Gastronomie sollten bestehende Prozesse laufend überprüft und auch dokumentiert werden. Es erleichtert die Einarbeitung neuer Mitarbeiter, gleichzeitig können betriebliche Schwachstellen früher entdeckt werden.

627 Die im Internet angebotenen Muster-Verfahrensdokumentationen können als Vorlage genutzt werden.

Beispiele:

Musterverfahrensdokumentation zur Kassenführung des DFKA

Musterverfahrensdokumentation zur geordneten Belegablage des awv

etc.

628 Solche „Muster" bieten den Vorteil, dass schon eine Vielzahl von möglichen betrieblichen Prozessen dort enthalten sind. Die in dem Muster beschriebenen allgemeinen Ausführungen müssen dann nur individuell auf den eigenen Betrieb angepasst werden. Eine Verfahrensdokumentation lebt von ihrem Umgang damit. Aufgrund von aktuellen Entwicklungen, Änderungen und auch Neuerungen müssen betriebliche Prozesse laufend angepasst und überarbeitet werden. Es ist nicht ausreichend, einmal eine solche Musterverfahrensdokumentation nur auszufüllen und dann für lange Zeit zur Seite zu legen, sondern diese Verfahrensdokumentation muss auch „**gelebt**" und laufend aktualisiert werden.

Im Folgenden finden sich praxisorientierte Vorschläge dazu, welche Inhalte eine Verfahrensdokumentation haben könnte.

(*Einstweilen frei*) 629–634

II. VD im Rahmen der steuerlichen Prüfungen

Das Thema „Verfahrensdokumentation" spielt im Rahmen von steuerlichen Außenprüfungen §§ 193 ff. AO und Nachschauen eine immer größere Rolle, obwohl es dafür **keine gesetzliche Legaldefinition** gibt. 635

ABB 1: Wesentliche Grundsätze ordnungsmäßiger Buchführung

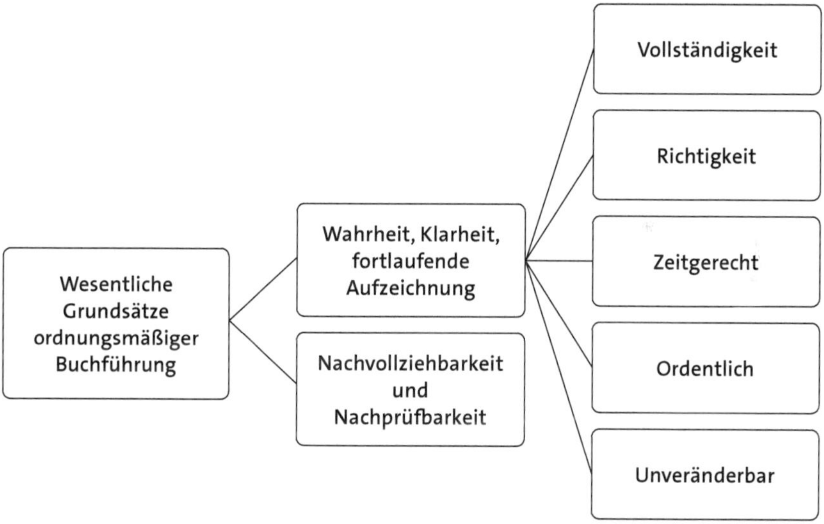

III. Herleitung der Pflicht zur Führung einer Verfahrensdokumentation bei bilanzierenden Steuerpflichtigen

Die Finanzbehörden leiten die Pflicht zur Erstellung einer Verfahrensdokumentation aus den Vorschriften des HGB (§ 239 Abs. 1 Satz 2 und Satz 3 HGB) und der AO (§ 145 Abs. 1 AO) her. 636

Beide vorgenannten gesetzlichen Normen fordern, dass die Buchführung so beschaffen sein muss, dass sie einem sachverständigen Dritten innerhalb an- 637 gemessener Zeit einen Überblick über die Geschäftsvorfälle und über die Lage des Unternehmens vermitteln kann. Darüber hinaus müssen sich Geschäftsvorfälle in ihrer Entstehung und Abwicklung verfolgen lassen.

638 Der so formulierte Grundsatz der Nachvollziehbarkeit und Nachprüfbarkeit,[1] bildet aus Sicht der Finanzverwaltung, die gesetzliche Grundlage für das Führen einer Verfahrensdokumentation bei Bilanzierenden.

IV. Herleitung der Pflicht zur Führung einer Verfahrensdokumentation bei Steuerpflichtigen, die ihren Gewinn durch Einnahmen-Überschuss-Rechnung ermitteln

639 Auch Steuerpflichtige, die ihren Gewinn durch Einnahmenüberschussrechnung gem. §4 Abs.3 EStG ermitteln, müssen ihre Aufzeichnungen so vornehmen, dass der Zweck den sie für die Besteuerung erfüllen sollen, erreicht wird.

PRAXISHINWEIS:

Zur Nachprüfbarkeit der Bücher und weiteren erforderlichen Aufzeichnungen ist eine aussagekräftige und vollständige Verfahrensdokumentation erforderlich, die sowohl die aktuellen als auch die historischen Verfahrensinhalte für die Dauer der Aufbewahrungsfrist nachweist, und den in der Praxis eingesetzten Versionen der jeweiligen DV-Systeme entspricht.

V. Die wesentlichen Bestandteile einer Verfahrensdokumentation

640 Den Grundsätzen zur ordnungsmäßigen Führung und Aufbewahrung von Büchern, Aufzeichnungen und Unterlagen in elektronischer Form sowie zum Datenzugriff (GoBD[2]) ist zu entnehmen, welche Bestandteile zu einer aussagekräftigen Verfahrensdokumentation aus Sicht der Finanzbehörden gehören:

1 Siehe auch BMF, Schreiben v. 28.11.2019 - IV A 4 - S 0316/19/10003 :001, BStBl 2019 I S.1269, Tz. 3.1, Rz. 30 ff., zuletzt geändert durch Schreiben v. 11.3.2024 - IV D 2 - S 0316/21/10001 :002, BStBl 2024 I S.374.

2 Siehe auch BMF, Schreiben v. 28.11.2019 - IV A 4 - S 0316/19/10003 :001, BStBl 2019 I S.1269, Tz. 10, Rz. 145 ff., zuletzt geändert durch Schreiben v. 11.3.2024 - IV D 2 - S0316/21/10001 :002, BStBl 2024 I S.374.

ABB 2: Wesentliche Bestandteile einer VD

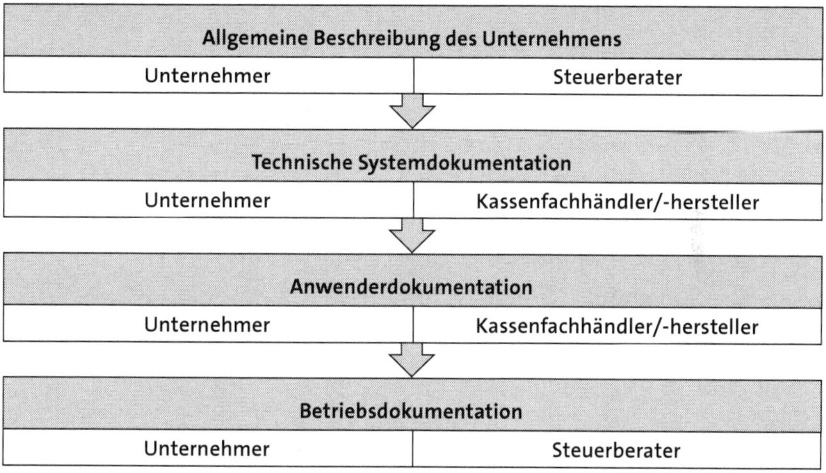

Die Abbildung 2 zeigt insbesondere auch, wer bei der Erstellung der jeweiligen Teile der Verfahrensdokumentation zusammenarbeiten sollte. 641

Die Verfahrensdokumentation sollte schriftlich vorliegen, entweder in Papierform oder elektronisch (z. B. als PDF-Dokument). Auch eine multimediale Darstellung der betrieblichen Prozesse, z. B. als Videodatei, ist zulässig, da die Form vom Gesetzgeber nicht normiert ist. Zu empfehlen ist in jedem Fall die digitalen Dokumente bspw. in einem Ordner in der Dateistruktur oder der Benutzeroberfläche („Desktop") des jeweiligen eAS (z. B. der PC-Kasse) zu sichern, so dass sie bei Bedarf auch „wiedergefunden" und vorgelegt werden können.

Für jedes Datenverarbeitungssystem (DV-System) muss nach den GoBDs eine eigene Verfahrensdokumentation erstellt werden. 642

BEISPIEL: Ein für gewerbliche Zwecke nutzbarer elektronischer Kaffeeautomat, wie er in der Gastronomie oder in größeren Firmen oftmals aufgestellt wird, zählt mit seinem Erfassungs- und Zählwerk auch zu den (Vor-)DV-Systemen. Als Warenautomat muss er zwar nicht mit einer TSE ausgerüstet werden, aber eine Verfahrensdokumentation sollte auch für diesen Kaffeeautomat vorliegen.

643 Im Folgenden gibt es zu den jeweiligen Bestandteilen wichtige Informationen, welche Inhalte die Finanzbehörden erwarten. In den Anlagen zu diesem Buch gibt es hierzu zwei Mandanten-Merkblätter:

- Checkliste für die Kassenführung mittels offener Ladenkasse (OLK) ab 2024[3] und
- Checkliste für die Kassenführung mittels elektronischer Aufzeichnungssysteme (eAS) für gastronomische Betriebe.[4]

1. Allgemeine Beschreibung des Unternehmens

a) Der gastronomische Betrieb

644 In diesem Teil der Verfahrensdokumentation wird der gastronomische Betrieb näher beschrieben.

645 Der steuerliche Berater kann bei der Zuordnung unterstützend tätig werden. Da die Finanzbehörden die Unternehmen in unterschiedliche Gewerbeklassen eingeteilt haben, sollte zunächst geprüft werden, ob der jeweilige Betrieb einer der folgenden Klassen untergeordnet werden kann:

Beherbergungsgewerbe

- Hotels, Gasthöfe und Pensionen mit Halb- und Vollpension
  - mit einem wirtschaftlichen Umsatz bis 500.000 €
  - mit einem wirtschaftlichen Umsatz über 500.000 €
- Hotels garni, Gasthöfe und Pensionen nur mit Frühstück
  - mit einem wirtschaftlichen Umsatz bis 200.000 €
  - mit einem wirtschaftlichen Umsatz über 200.000 €

Cafés

- mit einem Umsatz bis 250.000 €
- mit einem Umsatz über 250.000 €

3 Teutemacher, Checkliste für die Kassenführung mittels offener Ladenkasse (OLK) ab 2024, NWB JAAAF-88008.

4 Teutemacher, Checkliste für die Kassenführung mittels elektronischer Aufzeichnungssysteme (eAS) für gastronomische Betriebe ab 2024, NWB PAAAE-89435.

Eisdielen

Gaststätten

- Gast-, Speise- und Schankwirtschaften
- Pizzerien
- Restaurant mit asiatischem Speiseangebot

Imbissbetriebe

- Imbissstuben u.Ä.
  - mit einem Umsatz bis 100.000€
  - mit einem Umsatz über 100.000€
- Imbissbetrieb mit asiatischem Speiseangebot
  - mit einem Umsatz bis 100.000€
  - mit einem Umsatz über 100.000€
- Food-Truck

Sonstige getränkegeprägte Gastronomie

- Bar
- Diskothek/Tanzlokal

Franchise Gastronomie

646 Kann das Unternehmen keinem der o.g. Gewerbeklassen zugeordnet werden, sollte das Unternehmen genauestens beschrieben werden. Insbesondere die betrieblichen Besonderheiten sind von enormer Bedeutung, denn diese „Abweichungen von der Norm“ spielen bei Nachkalkulationen durch die Finanzbehörden eine wichtige Rolle.

Beispiele:

- Während der Corona-Pandemie wurde im Restaurant nur der Außer-Haus-Verkauf gegen Abholung betrieben.
- Ganzjährig geöffnete Gastwirtschaft mit einem nur saisonal betriebenen Biergarten.
- Ein Cafè in der Nähe eines in der Feriensaison stark frequentierten Campingplatzes, hat in der Nebensaison nur stark eingeschränkte Öffnungszeiten und eine ebenfalls stark eingeschränkte Speisekarte.

- Der Imbissbetrieb in direkter Nähe zu einem großen Schulzentrum bietet Schülern in der Mittagspause stets ein täglich wechselndes Gericht zu einem ermäßigten Preis an.
- Ein Eiscafè bietet in der „kalten Jahreszeit“ statt Eis, frisch gebackene Waffeln und Heißgetränke an.
- Aufgrund einer in direkter Nähe neu eröffnete Nachtbar, verzichtet die örtliche Großdiskothek auf den sonst in der Branche üblichen „Mindestverzehr“ und bietet in der „Happy Hour“ ausgewählte Drinks zum Sonderpreis an.
- Der Betreiber einer Behördenkantine ist vertraglich verpflichtet, täglich je ein Mittagsgericht und ein veganes Gericht zu einem festgelegten Sonderpreis anzubieten.
- Ein Gasthof vermietet seinen Saal auch für externe Veranstaltungen ohne Bewirtung.

b) Die rechtlichen Verhältnisse

647 Hier wird die Rechtsform des Unternehmens und wer das Unternehmen nach außen hin vertreten darf, erläutert:

Beispiele:

- Rechtsform:
  - Einzelunternehmer,
  - Personengesellschaft (vertreten durch einen, mehrere oder alle Gesellschafter),
  - Kapitalgesellschaft (vertreten durch einen oder mehrere Geschäftsführer bzw. Vorstände),
  - Verein (vertreten durch den Vorsitzenden oder Vorstand).

BEISPIELE: Der örtliche Sportverein bewirtschaftet bei eigenen Sportveranstaltungen das vereinseigene „Vereinsheim“.

Ein Heimatverein betreibt in der restaurierten Windmühle an Sonn- und Feiertagen ein „Mühlencafè“.

648 Das Thema „Betriebsstätten“ ist ein wesentlicher Bestandteil für die Mitteilungsverpflichtung nach § 146a Abs. 4 AO, da für jede Betriebsstätte, die dort vorhandenen elektronischen Aufzeichnungssysteme (eAS) mitgeteilt werden müssen (s. auch Kapitel C, Rz. 397).

Änderungen hinsichtlich der Gesellschaftsstrukturen müssen laufend in der Verfahrensdokumentation ergänzt bzw. geändert werden.

Teile der Unternehmensdaten wie z. B. Name der Firma/des Betriebes, Inhaber, Geschäftsführer, Anschrift etc. sind den Finanzbehörden in der Regel bekannt. Gleichwohl sollten diese Bestandteile der allgemeinen Beschreibung sein.

Auch die Aktivitäten in den sozialen Medien bleiben der Finanzverwaltung 649
nicht verborgen. Deshalb sollten auch Angaben dazu vorgenommen werden.

BEISPIEL: Das Unternehmen ist in folgenden sozialen Medien zu finden: X (vormals Twitter), Instagram, Tik Tok, YouTube, Snapchat, WhatsApp etc.

PRAXISHINWEIS:

In der Praxis häufen sich die Fälle, dass „Strohleute" eingesetzt werden, um den gastronomischen Betrieb fortführen zu können, wenn man selbst nicht mehr die Möglichkeit hat (z. B. wegen fehlender Kreditwürdigkeit, Schankerlaubnis oder wegen einer Gewerbeuntersagung). Faktisch führen diese Personen das Unternehmen aber weiter. An dieser Stelle soll darauf hingewiesen werden, dass der faktische Geschäftsführer auch verpflichtet ist, die steuerlichen Pflichten zu erfüllen (§ 35 AO).

c) Rechtliche Berater

Ohne rechtliche Beratung kann kein gastronomisches Unternehmen arbeiten, 650
da eine Vielzahl von gesetzlichen Regelungen eingehalten werden müssen. Neben Steuerrecht und Arbeitsrecht gibt es eine Vielzahl von Gesetzen und Vorschriften, die man als Unternehmer kaum alle kennen kann. Deshalb sollte der Unternehmer in der Verfahrensdokumentation die Personen aufnehmen, die für ihn (beratend) tätig sind.

Folgenden Informationen sollten mindestens aufgeführt werden: 651

- Name/Firma,
- Ansprechpartner, wenn in den Kanzleien mehrere Steuerberater oder Rechtsanwälte tätig sind,
- Telefon (Festnetz/Mobil; ggf. auch direkte Durchwahlen, sofern bekannt),
- E-Mail-Kontakt,
- Zuständigkeiten (hier nur beispielhafte Aufzählung):
  - Steuerberater:
    - Laufende Buchführung inkl. Kassenbuchführung,
    - Lohnbuchhaltung,
    - Jahresabschluss,

– Rechtsanwalt:
  - Arbeitsrecht,
  - Strafrecht,
  - Haftungsrecht.

652 Auch bei Veränderungen (z. B. Wechsel der Steuerberatungskanzlei oder Umfirmierung des Rechtsanwaltes aufgrund Aufnahme in eine Sozietät) sollten sowohl die neuen als auch die ehemaligen Ansprechpartner unter Angabe der jeweiligen Zeiträume, hier aufgeführt werden.

d) Die Besonderheiten des Unternehmens

653 In diesem Teil der Verfahrensdokumentation sollte dargestellt werden, was das Besondere an dem Unternehmen ist. Warum es nicht mit anderen Betrieben der Gastronomiebranche vergleichbar ist.

654 Wie der folgenden Abbildung entnommen werden kann, bestimmen der Beschaffungsmarkt (z.B. Einkäufe bei Lieferanten) und der Absatzmarkt (z.B. Gäste im Restaurant) das unternehmerische Handeln. Hinzu kommen Faktoren, die das Unternehmen nicht beeinflussen kann (z.B. Pandemien, Baustellen, allgemeine wirtschaftliche Lage etc.).

655 Alle Faktoren haben Einfluss auf Umsatz und Gewinn und sollten deshalb genauestens aufgezeichnet und dokumentiert werden.

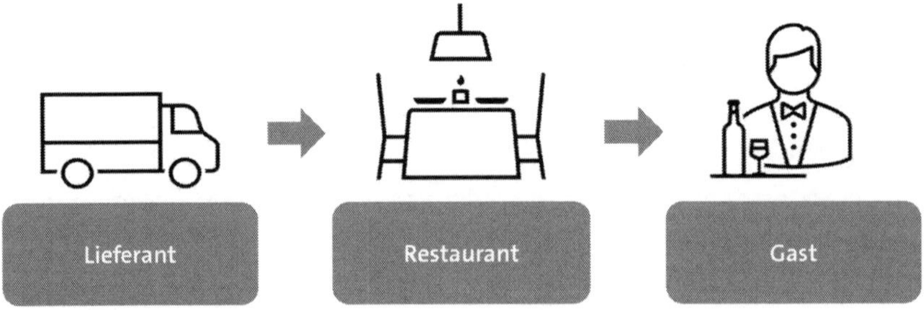

656 Zu folgenden Fragen sollten Antworten in der Verfahrensdokumentation enthalten sein:

Beschaffung

- Bei welchen Lieferanten wird einkauft?
- In welcher Qualität (z. B. Wein für Speisen, Wein für die Kunden)?

- Zu welchen Preisen? Werden Sonderverkäufe genutzt?
- Wann wird eingekauft (regelmäßig, unregelmäßig)?
- Personalbeschaffung? Personalessen und -getränke?
- Besondere Rezepte, die besonderen Einkauf erfordern?

Standort

- Anzahl der gastronomischen Betriebe vor Ort?
- Preispolitik der Betriebe vor Ort?
- Bauliche Hindernisse vor Ort (z. B. auch zeitlich begrenzte Baustellen, die Einfluss auf den Geschäftsbetrieb haben)?
- Sonstige Besonderheiten (z.B. längerer Stromausfall, Katastrophen etc.)?
- Öffnungszeiten (Änderungen sollten protokolliert werden, z.B. Schließungen wegen Instandhaltung, Krankheit, fehlendem Personal etc.)?
- Food-Court (s. Kapitel B, Rz. 139).

Absatz

- Gibt es Freigetränke für Stammgäste (sollten über das eAS aufgezeichnet werden)?
- Sonderveranstaltungen (z.B. Stadtfest, Kirmes etc.)?
- Saisonale Angebote?
- Warenrücknahmen wegen Kundenbeschwerden?
- Sonderverkäufe (z.B. Happy Hour, Mittagstisch, günstige Menüs wie z. B. Kinder-/Seniorenteller oder Schülermenüs etc.)?

2. Technische Systemdokumentation

Der technische Teil der Verfahrensdokumentation sollte zusammen mit den jeweiligen Systemaufstellern bzw. Administratoren erstellt werden. Auch der Kassenfachhändler kann mit Rat und Tat helfen. Viele Bestandteile der technischen Systemdokumentation (z.B. genaue Bezeichnung, Seriennummer(n), Software-Version, Handbuch, Beschreibung der Funktionen o.Ä.) lassen sich auch oftmals direkt aus dem System ablesen oder exportieren. 657

Zu Beginn sollte eine Aufstellung erfolgen, welche DV-Systeme im Unternehmen überhaupt im Einsatz sind. Denn in der Regel gibt es neben den eAS (elektronische und computergestützte Kassensysteme und Registrierkassen) noch weitere DV-Systeme. 658

Beispiel:

Eine einfache Liste könnte wie folgt aufgebaut sein:

- Art des DV-Systems,
- Bezeichnung/Hersteller,
- Gerätetyp (z. B. Kassensystem, EC-Gerät, Kartenlesegerät, Drucker etc.),
- Einsatzort,
- Seriennummer,
- Nutzungszeitraum (von... bis...).

PRAXISHINWEIS:

In einer solchen Liste könnte z. B. auch noch ergänzt werden, dass – sofern es sich um ein eAS „mit Kassenfunktion" und TSE handelt – die Mitteilungspflicht (am... durch ...) des § 146a Abs. 4 AO erfüllt wurde. Dieses betrifft dann auch spätere Änderungen, z. B. Standortwechsel oder Austausch.

659 Normalerweise beginnt die technische Systemdokumentation mit dem Customizing, d. h., mit der Erstprogrammierung des Systems für den Anwender. Darüber ist ein entsprechendes Dokument zu erstellen. Das bedeutet nicht, dass – wie vielfach behauptet – ein Ausdruck der Grundprogrammierung erfolgen muss, sondern es müssen systemseitige Aufzeichnungen (z. B. in einem nicht mehr änderbaren PDF-Dokument) erzeugt werden, aus dem sich die Einzelheiten hinsichtlich der ersten Einrichtung des Systems ergeben.

660 Kassenfachhändler, die dem DFKA oder der CKV AG angehören, erstellen in der Regel automatisch eine technische Systemdokumentation.

661 Folgende Punkte sollte eine solche technische Systemdokumentation enthalten:

- Einsatzbereiche des eAS,
- Datenübertragung in vor- bzw. nachgelagerte Systeme wie
  - Warenwirtschaftssysteme,
  - Bestellsysteme,
  - Arbeitszeiterfassungssysteme,
  - Kassenarchive
  - etc.

- Art des eAS,
- Angaben zur technischen Sicherheitseinrichtung (TSE),
  - Ausfallzeiten der TSE,
  - Tausch der TSE
  - etc.
- Datensicherung, Datenarchivierung,
  - Intern,
  - Extern,
- Kassenmonitoring,
- Aufbewahrungspflichtige Unterlagen.

Eine detaillierte Übersicht kann dem Mandanten-Merkblatt „Checkliste zur Kassenführung mittels eAS für gastronomische Betriebe" in der Anlage 2 entnommen werden. 662

3. Anwenderdokumentation und Betriebsdokumentation

In der Anwenderdokumentation sollten die Belegorganisation und die Einhaltung der sachlogischen Prozesse der DV-Systeme dargelegt werden. Wesentlicher Bestandteil dieser Abteilung in der Verfahrensdokumentation ist – sofern vorhanden – das interne Kontrollsystem (IKS). 663

Bedienungsanleitungen, Benutzerhandbücher oder (Erst-)Einrichtungsanleitungen werden vom Kassenhersteller zur Verfügung gestellt. Diese können anstatt in Papierform auch in Dateiform vorgehalten werden, wenn sie nicht schon digital im System für den Anwender hinterlegt sind (z. B. über die Hilfe-Funktion in der Benutzeroberfläche der Kassensoftware). 664

Zunächst sollte beschrieben werden, welche Form der Kassenführung gewählt wurde: 665

- Kassenführung mittels offener Ladenkasse,
- Kassenführung mittels elektronischer Aufzeichnungssysteme,
- Mischformen aus beiden vorgenannten Formen der Kassenführung.

666 Der Tagesablauf im gastronomischen Betrieb kann auch wie folgt dargestellt werden:

ABB 3: Tagesablauf in einem gastronomischen Betrieb

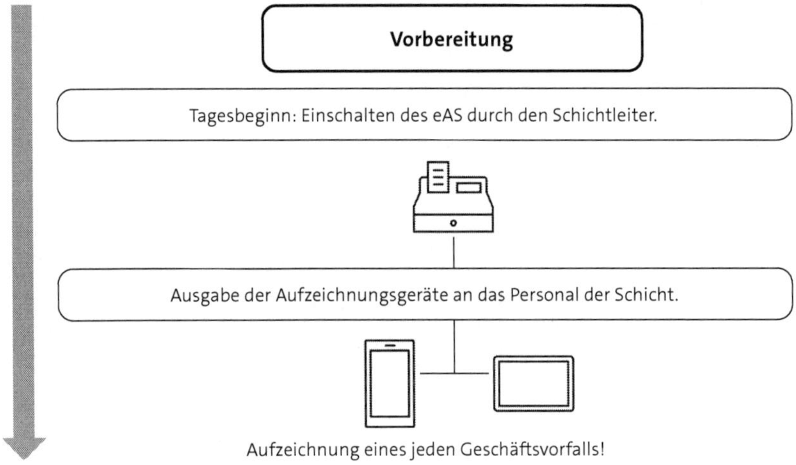

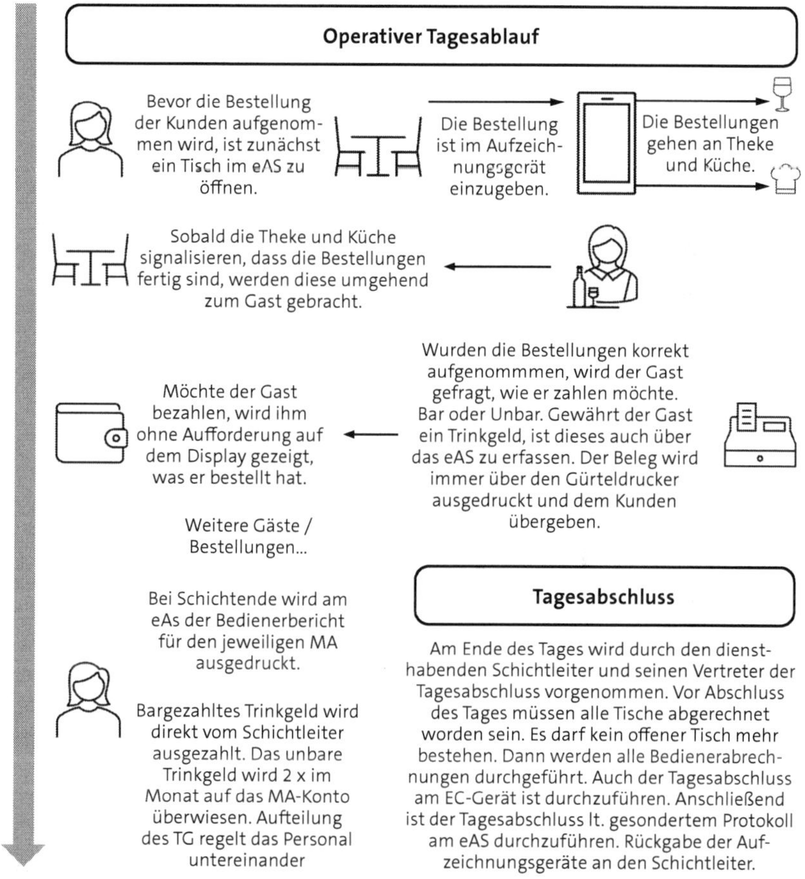
Operativer Tagesablauf
Bevor die Bestellung der Kunden aufgenommen wird, ist zunächst ein Tisch im eAS zu öffnen.
Die Bestellung ist im Aufzeichnungsgerät einzugeben.
Die Bestellungen gehen an Theke und Küche.
Sobald die Theke und Küche signalisieren, dass die Bestellungen fertig sind, werden diese umgehend zum Gast gebracht.
Wurden die Bestellungen korrekt aufgenommmen, wird der Gast gefragt, wie er zahlen möchte. Bar oder Unbar. Gewährt der Gast ein Trinkgeld, ist dieses auch über das eAS zu erfassen. Der Beleg wird immer über den Gürteldrucker ausgedruckt und dem Kunden übergeben.
Möchte der Gast bezahlen, wird ihm ohne Aufforderung auf dem Display gezeigt, was er bestellt hat.
Weitere Gäste / Bestellungen...
Bei Schichtende wird am eAs der Bedienerbericht für den jeweiligen MA ausgedruckt.
Bargezahltes Trinkgeld wird direkt vom Schichtleiter ausgezahlt. Das unbare Trinkgeld wird 2 x im Monat auf das MA-Konto überwiesen. Aufteilung des TG regelt das Personal untereinander
Tagesabschluss
Am Ende des Tages wird durch den diensthabenden Schichtleiter und seinen Vertreter der Tagesabschluss vorgenommen. Vor Abschluss des Tages müssen alle Tische abgerechnet worden sein. Es darf kein offener Tisch mehr bestehen. Dann werden alle Bedienerabrechnungen durchgeführt. Auch der Tagesabschluss am EC-Gerät ist durchzuführen. Anschließend ist der Tagesabschluss lt. gesondertem Protokoll am eAS durchzuführen. Rückgabe der Aufzeichnungsgeräte an den Schichtleiter.

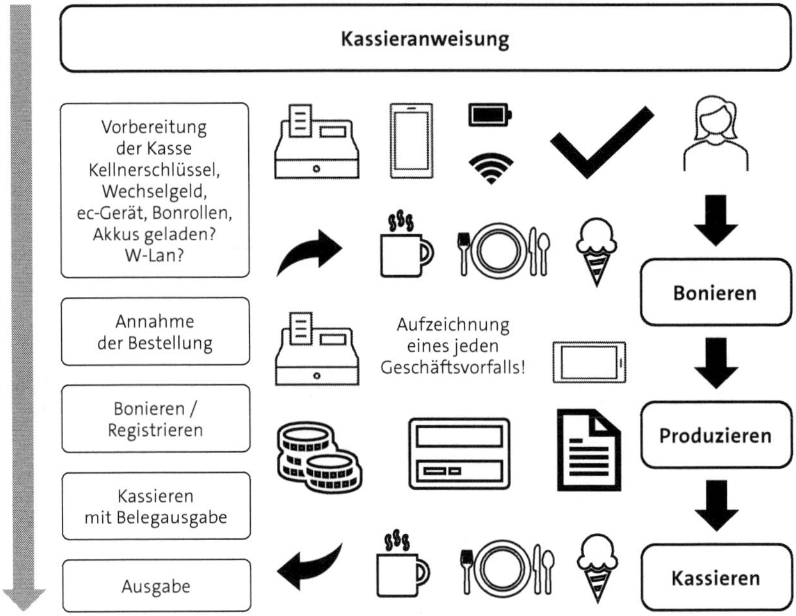

667 Ein wesentlicher Bestandteil einer Verfahrensdokumentation in einem gastronomischen Betrieb sind die Kassieranweisungen an die Mitarbeiter.

Beispiel:

Zum besseren Verständnis sei darauf hingewiesen, dass es sich im vorliegenden Fall um ein Restaurant handelt, bei dem im eAS ein sog. „Tischzwang" programmiert wurde, d.h., dass vor Aufnahme einer Bestellung immer erst ein Tisch neu zu eröffnen ist.

668 Solche Einweisungen und Kassieranordnungen sollten jährlich überprüft und ggf. angepasst oder erneuert werden. Denn wenn sich Änderungen beim eAS ergeben, müssen diese ebenfalls durch Unterweisungen den Mitarbeitern bekannt gemacht werden.

Ein Beispiel für eine ausformulierte Kassieranweisung kann bspw. der Muster-VD zur ordnungsgemäßen Kassenführung, 9.1 „Kassieranweisung" entnommen werden:[5]

- Vorbereitung der Kasse,
- Registrieren der Artikel,
- Regelungen für Zahlarten etc.,
- Entgegennahme Geld,
- Kassenöffnung/-schließung,
- Entnahmen, Retouren, Stornierungen,
- Abrechnung.

Auch diese Unterweisungen sind zu protokollieren. Die folgende Abbildung zeigt einen Musteraufbau: 669

5 https://dfka.net/muster-vdkasse/ zuletzt abgerufen am 25.4.2025 s. a. QR-Code in Rz. 627.

ABB 4: Muster für die Durchführung von Unterweisungen

xxx	Formular	Stand	F-001
	Unterweisungsnachweis	15.10.2025	
Thema		**Unterweisungsinhalte**	
Kassenschulung		Bedienung der Kasse Rechte an der Kasse Kassieranweisungen Bare/unbare Zahlungen Trinkgelder Rabattte Warenrücknahme Stornierung	
Standort:			

Datum	Unterweiser		Unterwiesener	
	Name	**Unterschrift**	**Name**	**Unterschrift**

Versionshistorie

Revision	Gültigkeitsdatum	Autor	Beschreibung
[1]	15.10.2025		F-001 Unterweisungsnachweis Kassenschulung

670 Im Rahmen aller Unterweisungen sollte darauf geachtet werden, dass die Geschäftsvorfälle entsprechend den gesetzlichen Pflichten, einzeln und richtig

aufgezeichnet werden. Dies bedeutet genaues Zuhören, richtige Erfassung der Bestellungen, korrekte Erfassung der Zahlungswege und die richtige Trennung der umsatzsteuerlichen Entgelte. Im Rahmen dieser Unterweisungen festgestellte noch nicht programmierte Funktionen, sollten unverzüglich vom Kassenfachhändler nachprogrammiert werden.

Warenrücknahmen und Rabatte sowie Freigetränke u.Ä. sollten wie alle anderen Geschäftsvorfälle und andere Vorgänge über das eAS aufgezeichnet werden. Dies gilt besonders auch für die Behandlung von Gutscheinen und Trinkgeldern. Hier könnten auch entsprechende Ergänzungen erfolgen, wie und wo z.B. der eingelöste Gutschein zu entwerten und abzulegen ist. 671

Nur durch entsprechende Kassieranweisungen kann gewährleistet werden, dass alle Mitarbeiter, die jeweiligen Geschäftsvorfälle immer gleich und nicht unterschiedlich nach Ermessen erfassen. 672

4. Dokumentation von Schwund, Parierverlusten etc.

a) Parierverluste

Die Fachbezeichnung für das Reinigen eines Fleischstücks ist „parieren", die dabei anfallenden Teile werden als „Parüren" bezeichnet. Der damit einhergehende Gewichtsverlust wird als „Parierverlust" bezeichnet. Bei einem entbeinten Rinderfilet beträgt er etwa 9%, bei einem entbeinten Roastbeef etwa 18%. In einigen Fällen kann der Parierverlust sogar bis zu 30% oder mehr erreichen. 673

Bei manchen Fleischsorten kommen noch Verluste durch Wasser hinzu, wie z. B. während der Dry-Age-Reifungsphase, die normalerweise zwischen drei und vier Wochen andauert. Hier verringert sich das Gewicht des Fleisches um etwa 10%. Dieser Gewichtsverlust ist hauptsächlich auf den Verlust von Feuchtigkeit in Form von Wasser zurückzuführen, das während der Reifung aus dem Inneren des Fleisches in die Umgebungsluft verdampft.[6] Allerdings ist dieser Verlust an Flüssigkeit keineswegs nachteilig; im Gegenteil. Das Verdampfen des Wassers aus dem Fleisch führt dazu, dass der Geschmack intensiver und das Aroma kräftiger werden. 674

PRAXISHINWEIS:

Die Abschnitte beim Fleischreinigen sind jedoch keineswegs Abfall. Das reine Fleisch kann für Gulasch, Hackfleisch oder Wurst verwendet werden, das Fett findet ebenfalls Verwendung in der Wurstproduktion, und aus Sehnen, Knochen und Häutchen können Brühen, Fonds oder Soßen hergestellt werden.

6 https://www.dry-aged-schrank.com, Abruf am 8.5.2025.

b) Garverluste

675 Beim Erhitzen von Fleisch oder Fisch verringert sich die im Rohstoff enthaltene Feuchtigkeit. Dadurch mindert sich zwangsläufig auch das Gewicht und das Volumen. Die Differenz bezeichnet man als **Garverlust**.

676 In einem Restaurant oder in einer Gastwirtschaft erhalten die Gäste in der Regel ein Tellergericht mit einem gegarten Fleisch- oder Fischanteil in Gramm (= Portion).

677 In der Praxis unterscheidet man verschiedene Garmethoden. Je nach Qualität der eingesetzten Rohware entstehen unterschiedliche Garverluste, deren Größe von verschiedenen Faktoren abhängig ist:

- Zustand und Beschaffenheit der Rohware,
- Qualität der Rohware,
- Oberfläche des Kochgutes,
- Zubereitungsart,
- Garmethode,
- Einhalten der korrekten und konstanten Kochtemperatur.

678 Je nach Zubereitung können folgende Richtwerte als Garverluste berücksichtigt werden:

PRAXISHINWEIS:

Bei den angegebenen Schätzungen handelt es sich um grobe Schätzungen. Empfehlenswert wäre, wenn die Garverlust eigenständig für den Betrieb ermittelt und als Grundlage in die Rezeptbücher als Teil der Verfahrensdokumentation aufgenommen werden.

Große Fleischstücke:[7]	
Bratenstücke saignagnt (Roastbeef)	15 – 20 %
Braten durchgegart	25 – 30 %
Geschmortes	30 – 35 %
Gesotten	35 – 40 %
Pochiert	10 – 15 %

7 Quelle: https://sckm.ch/de/region_aargau/downloads/doku_tabellen.pdf, zuletzt aufgerufen am 9.5.2025.

Fleischstücke:	
Sautiert	10 – 15 %
Grilliert	10 – 15 %
Gedünstet	15 – 20 %
Geschmort	15 – 20 %
Geflügel:	
Ente	30 – 40 %
Ganz	35 – 40 %
Poulet	15 – 20 %
Garverluste nach Fleischsorte:[8]	
Rindfleisch	20 – 25 %
Schweinefleisch	25 – 30 %
Hähnchenbrust	20 – 25 %
Putenbrust	15 – 20 %
Lammfleisch	20 – 25 %
Kalbfleisch	20 – 25 %
Wildfleisch	20 – 25 %
Rinderfilet	10 – 15 %
Rumpsteak	15 – 20 %
Entrecote	15 – 20 %
Hüftsteak	15 – 20 %
Schweinefilet	10 – 15 %
Schweinekotelett	15 – 20 %
Lammkotelett	15 – 20 %

c) Tournierverluste

Durch das Tournieren werden Gemüse- oder Obstprodukte hergestellt, die zur 679
Verzierung und Dekoration von verschiedenen Gerichten und teilweise auch von Getränken, wie Cocktails, verwendet werden. Dieses Vorgehen ist nur un-

8 Quelle: Bratverlust Fleisch | Tabelle (https://rezeptrechner-online.de), zuletzt abgerufen am 25.4.2025.

ter großem zeitlichem Aufwand möglich und man erhält zusätzlich eine beträchtliche Menge an Abfall.

d) Schäl-, Putz- und Entkern-Verluste

680 Die Differenz zwischen dem Gewicht der Lebensmittel im rohen Zustand und dem geschälten Zustand wird als „Schälverlust“ bezeichnet. Dieser wird häufig in Prozent angegeben.

681 Die prozentuale Angabe des Verlustes variiert je nach Lebensmittel und verwendetem Küchengerät. Ein Spargelschäler oder Kartoffelschäler führt in der Regel zu geringerem Schälverlust als beim manuellen Schälen mit einem Messer.

682 Dazu einige Beispiele.[9] Eine weiterführende Liste befindet sich unter „Anlagen“.

Rohstoffe	%
Gemüse	
Artischocken	50
Aubergine	15
Avocado	25
Blumenkohl	38
Bohnen, grün	6
Brokkoli	39
Chicorée	11
Chinakohl	21
Frühlingszwiebeln	10
Grünkohl	35
Gurke, geschält	25
Kartoffeln	20
Knoblauch	12
Kohlrabi	34
Kohlrübe	17
Kürbis	30
Lauch	42

9 Astrid Döring, Fachleiterin berufsbildende Schulen Hannover.

e) Schankverluste

Schankverluste können bei einer Nachkalkulation durch die steuerliche Betriebsprüfung von besonderer Bedeutung sein. Deshalb sollte man diesem Thema eine besondere Bedeutung beimessen. 683

Die Gründe für Schankverluste können sein: 684

- Flaschen- oder Glasbruch,
- Verschütten von Gläsern,
- Falsches zapfen (falsche Ausschanktemperatur, falscher CO2-Gehalt),
- Reinigungsverluste, Zapfanlagen sind regelmäßig zu reinigen (s. a. Rz. 26),
- Getränkediebstahl durch Personal und Kunden (um Getränkediebstähle durch Mitarbeiter zu verhindern, sollten die Schankanlagen mit der Kasse verbunden werden. Nur wenn das Getränk auch gebucht wird, erfolgt eine Freischaltung an der Zapfanlage),
- Personalbeköstigung,
- „Freigetränke" für (Stamm-)Gäste,
- „Freigetränke" für Marketing-Maßnahmen, z. B. 50 l Freibier, wenn Deutschland bei der WM 2026 Fußballweltmeister wird,
- Sonstige Aktionsverkäufe bei Stadtfesten, Schützenfesten etc.,
- Eigenverbrauch,
- Buchungsfehler in der Kasse,
- etc.

PRAXISHINWEIS:

Sämtliche vorgenannten Schankverluste sollten genau dokumentiert und für spätere steuerliche Außenprüfungen protokolliert werden. In der Verfahrensdokumentation sollte es einen gesonderten Punkt „Schankverluste" geben, an dem diese abgelegt werden.

Die Prüfer der Finanzbehörden erkennen ohne konkrete Nachweise oftmals nur Schankverluste von 3 % an.

5. Internes Kontrollsystem (IKS)

„Vertrauen ist gut, Kontrolle ist besser." So lautet eine Redewendung, die dem russischen Politiker Lenin zugeschrieben wird. Aber etwas Wahrheit liegt auch darin. Gerade im Gastronomiegewerbe, in dem immer noch viele Gäste mit Bargeld bezahlen, lauern auch Gefahren durch unehrliche Mitarbeiter, Familienangehörige oder auch durch unehrliche Kunden (Stichwort: „Zechpreller"). 685

Aus diesem Grunde ist ein internes Kontrollsystem (IKS) aus dem die dahingehenden Unterweisungen und Handlungsanweisungen hervorgehen, von hervorgehobener Bedeutung.

686 Hinzu kommt, dass Steuerpflichtige, die ein innerbetriebliches Kontrollsystem eingerichtet haben, das der Erfüllung der steuerlichen Aufzeichnungs- und Aufbewahrungspflichten dient, dieses ggf. als Indiz dafür nutzen können, dass im Rahmen von steuerstrafrechtlichen Ermittlungsverfahren, gegen das Vorliegen eines Vorsatzes oder der Leichtfertigkeit sprechen kann.[10]

687 Maßnahmen eines internen Kontrollsystems können sein:[11]

- Zugangs- und Zugangsberechtigungskonzepte,
- Funktionstrennungen,
- Erfassungskontrollen (Fehlerhinweise, Plausibilitätskontrollen),
- Abstimmungskontrollen bei der Dateneingabe,
- Verarbeitungskontrollen,
- Sicherheitsmaßnahmen gegen Manipulationen an Programmen, Daten und Dokumenten.

688 Beispiele für Kontrollmaßnahmen in gastronomischen Betrieben (Beispiele):

- Einrichtung von strukturierten Bedienergruppen
  - Chef/Inhaber mit Vollzugiff,
  - Restaurantleiter mit Vollzugriff oder eingeschränktem Zugriff,
  - Schichtleiter mit eingeschränktem Zugriff (u. a. mit Stornorechten),
  - Bediener mit eingeschränktem Zugriff (Aufnahme von Beststellungen, Abrechnung mit dem Gast und Sofortstorno),
  - Trainingsbediener.
- Einrichtung von Kontrollen (Vier-Augen-Prinzip).

689 In der nachfolgenden Tabelle[12] werden die Mitarbeiter bzw. Funktionsbezeichnung benannt, die jeweils zur Durchführung einzelner Verarbeitungs-

10 AEAO zu § 153 Tz. 2.6 und 2.7.

11 Siehe auch BMF, Schreiben v. 28.11.2019 - IV A 4 - S 0316/19/10003 :001, BStBl 2019 I S.1269, Tz. 3.1, Rz. 30 ff., zuletzt geändert durch Schreiben v. 11.3.2024 - IV D 2 - S 0316/21/10001 :002, BStBl 2024 I S.374.

12 DFKA, Musterverfahrensdokumentation, https://dfka.net/muster-vd-kasse//uploads/2019/04/VD-Kassenführung_Stand_April-2019.pdf, zuletzt aufgerufen am 25.4.2025.

schritte eingewiesen und zum Stichtag der Erstellung der Dokumentation autorisiert sind.

	Service-personal	Theken-leitung	Betriebs-leitung	Geschäfts-führung
Erfassung Geschäftsvorfälle	X	X	X	X
Eigenbelege erstellen	X	X	X	X
Zählprotokolle ausfüllen		X	X	X
Kontrolle Serviceabrech-nung		X	X	X
Tagesbericht ausfüllen			X	X
Belegprüfung			X	X
Tagesabrechnungskontrolle			X	X
Kassenführung aller Kassen			X	X
Elektronische Erfassung			X	X
Ausgangsrechnungen				X
Übergabe an nachgelagerte Systeme				X
Reporting				X

Die vorgenannten Kontrollen sollten laufend erfolgen. Auch die Einhaltung der erteilten Kassieranweisungen ist dabei zu überwachen.

(*Einstweilen frei*) 690–699

VI. Aufbewahrungspflichten

Die aufbewahrungspflichtigen Unterlagen und Daten (s. Tz. IX. des Mandanten-Merkblatts) zur Kassenführung mittels eAS können der Anlage entnommen werden. 700

Die Aufbewahrungsverpflichtung ergibt sich aus § 147 Abs. 1 Nr. 1 und Nr. 5 AO. Die handelsrechtliche und steuerrechtliche Aufbewahrungsfrist für Arbeitsanweisungen oder sonstige Organisationsunterlagen (d. h. auch die Verfahrensdokumentation) beträgt nach wie vor zehn Jahre. 701

HINWEIS:

Ab 2025 wurden die handels- und steuerrechtlichen Aufbewahrungsfristen für bestimmte Buchungsbelege von zehn auf acht Jahre verkürzt.[13] Das gilt aber nicht für alle aufbewahrungspflichtigen Unterlagen, wie z. B. Inventuren oder Bilanzen sowie Organisationsunterlagen. Vor der Vernichtung etwaiger betrieblicher Unterlagen und Daten sollten sich daher immer mit dem steuerlichen Berater abgestimmt werden. Bestimmte Unterlagen sind auch nach Ablauf von acht oder zehn Jahren nach anderen Rechtsvorschriften weiterhin aufbewahrungspflichtig. Eine Übersicht, welche Unterlagen und Daten wie lange aufzubewahren sind, z. B. im Zusammenhang mit der Kassenführung, eignet sich hervorragend als Bestandteil einer „**gelebten**" Verfahrensdokumentation.

702–709 (*Einstweilen frei*)

VII. Konsequenzen bei einer fehlenden oder unzureichenden Verfahrensdokumentation

710 Gesetzlich ist nicht geregelt, ob die Finanzbehörden bei einer fehlenden Verfahrensdokumentation eine Schätzungsbefugnis ableiten können. Konkret musste sich bis dato noch kein deutsches Finanzgericht mit der Thematik auseinandersetzen. Der BFH hat in seinem Urteil v. 25.3.2015[14] in seinen Leitsätzen formuliert, dass bei programmierbaren Kassensystemen, das Fehlen einer aufbewahrungspflichtigen Betriebsanleitung einen formellen Mangel darstellt, der für sich genommen, schon zu einer Hinzuschätzung dem Grunde nach berechtigt.

711 Ähnlich formuliert es auch das BMF, das feststellt, dass eine fehlende oder ungenügende Verfahrensdokumentation, die die Nachvollziehbarkeit und Nachprüfbarkeit nicht beeinträchtigt, zu keinem formellen Mangel mit sachlichem Gewicht führt, der zur Verwerfung der Buchführung führen kann.

712 Aus beiden Aussagen lässt sich feststellen, dass nur dann eine Schätzungsbefugnis besteht, wenn tatsächlich die Nachvollziehbarkeit und Nachprüfbarkeit nicht gegeben ist. Dies kann nur der Fall sein, wenn keine Grundaufzeichnungen (Kasseneinzeldaten) und auch keine anderen Aufzeichnungen vorliegen. Aber zu berücksichtigen sind immer die Gegebenheiten in den Einzelfällen.

13 Vgl. § 147 Abs. 1 Nr. 4 i. V. m. Abs. 3 Satz 1 AO sowie § 257 Abs. 1 Nr. 4 i. V. m. Abs. 4 HGB.
14 BFH, Urteil v. 25.3.2015 - X R 20/13, BStBl 2015 II S. 743, NWB GAAAE-96112.

HINWEIS:

Der BFH[15] hat in seinem Urteil vom 28.11.2023 nicht nur umfassende Grundsatzentscheidungen zur Schätzungsbefugnis bei „Altkassen"[16] getroffen, sondern sich erstmalig auch mit den – seitens der Finanzbehörden – eingeforderten Organisationsunterlagen befasst. Bei den Dokumentationsanforderungen ist eine Unterscheidung zwischen Firmware (Bedienungsanleitung) und Kasseneinstellungen (Protokolle) erforderlich:

- Die Erstprogrammierung ist eine dokumentations- und aufbewahrungspflichtige Organisationsunterlage i. S. des § 147 Abs. 1 Nr. 1 AO. Eine seitdem unveränderte Erstprogrammierung kann durch einen nachträglichen Speicherauszug (‚Dump') nachgewiesen werden.
- Die Firmware kann bei einer Registrierkasse des im Urteilsfalls verwendeten Typs durch den Nutzer der Kasse nicht verändert werden. Sie wird durch die Bedienungsanleitung dokumentiert, die im Streitfall vorgelegen hat. Das Protokoll über das Aufspielen einer neuen Firmware stellt einschließlich des Zeitpunkts, für sich genommen auch eine dokumentations- und aufbewahrungspflichtige Organisationsunterlage i. S. des § 147 Abs. 1 Nr. 1 AO dar.
- Die Einstellungen der Kasse können hingegen durch den Nutzer im laufenden Betrieb verändert werden und sind in diesem Zeitpunkt durch Erstellung entsprechender Protokolle über die vorgenommenen Einstellungen (in der Praxis der Finanzverwaltung und der Gerichte bisher als ‚Programmierprotokolle' bezeichnet) zu dokumentieren.

An den grundlegenden Grundsätzen dieses Urteils werden sich auch zukünftige richterliche Entscheidungen messen. Zu beachten ist jedoch stets, dass aktuell, im Gegensatz zu den „Altkassen", derzeit komplexe eAS im Einsatz sind, bei denen eine entsprechende Anwendungssoftware in einer gängigen Betriebssystemumgebung (z. B. Microsoft Windows oder Apple iOS) installiert und angewendet wird.

(*Einstweilen frei*) 713–725

15 BFH, Urteil v. 28.11.2023 - X R 3/22, BStBl 2024 II S. 329.

16 „Altkassen" sind solche Registrierkassen, die schon seit spätestens dem 1.1.2020 nicht mehr den gesetzlichen Voraussetzungen entsprechen und auch schon seit Jahren nicht mehr eingesetzt werden dürfen.

Kapitel F: Gängige Prüfungen

I. Übersicht über die gängigen Prüfungen

726 Die folgende Abbildung gibt einen Überblick über die gängigen Prüfungen der Finanzbehörden, der Rentenversicherung und dem Zoll.

ABB 1: Überblick über gängige Prüfungen

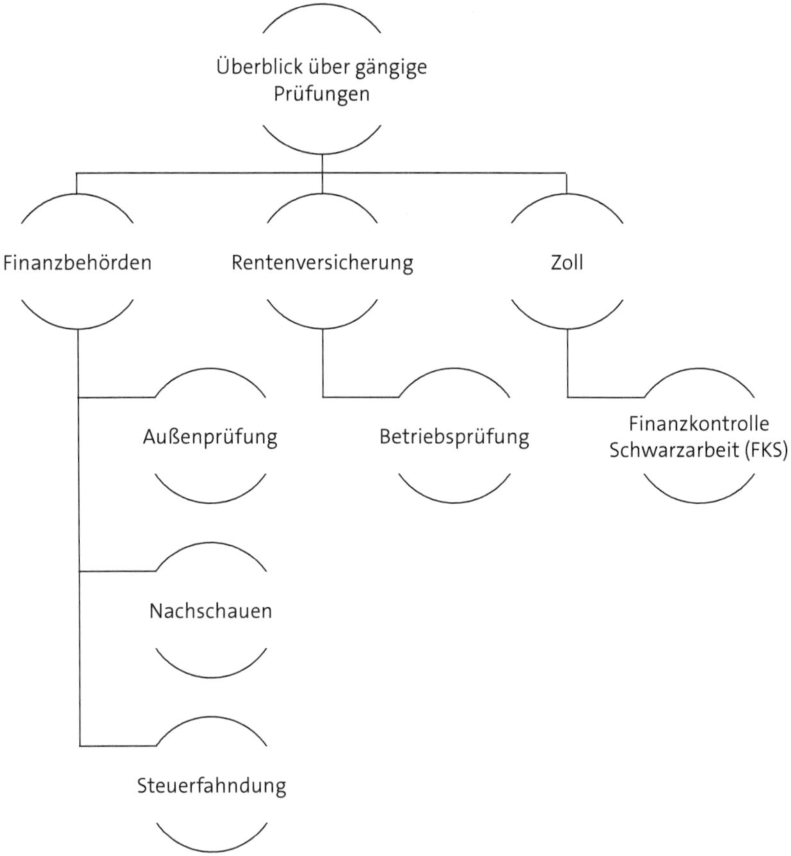

727 Im Folgenden sollen die wesentlichen Prüfungen näher erläutert werden. Insbesondere die Rechte und Pflichten der Unternehmer sollen dabei dargestellt werden.

II. Prüfungen der Finanzbehörden

1. Einführung

Gastronomische Betriebe – wie auch andere bargeldintensive Unternehmen – stehen unter besonderer Beobachtung der Finanzbehörden. Dies ist historisch bedingt, weil in der *„alten“* Kassenwelt, in der noch Tagesendsummenbons (Z-Bons) eine wichtige Rolle spielten, in einer Vielzahl von Betriebsprüfungen festgestellt wurde, dass Manipulationen der Einnahmen zum Tagesgeschäft gehörten. Damals wie heute gehörte die Nichterfassung von Geschäftsvorfällen zu den am häufigsten vorkommenden Einnahmeverkürzungen. Darüber hinaus kam es zur Unterdrückung von Trainingsbedienerumsätzen und Stornierungen auf dem Tagesendsummenbon (Z-Bon). Des Weiteren gab es Manipulationen mittels externer Tools (sog. Zapper) und direkt beim Customizing der Kasse, mit (vor)installierte *„Phantomware“*, mit denen Umsätze prozentual gemindert werden konnten. 728

In einer Vielzahl dieser Fälle kam es zu Hinzuschätzungen und Einleitungen von steuerstrafrechtlichen Ermittlungsverfahren. 729

Mit dem Gesetz zum Schutz vor Manipulationen an digitalen Grundaufzeichnungen[1] wurden die Maßnahmen zur Erschwerung von Manipulationen in der Praxis umgesetzt. Dazu gehören die gesetzlich normierte Einzelaufzeichnungspflicht, die Pflicht, das elektronische Aufzeichnungssystem (eAS) und die damit aufgezeichneten Geschäftsvorfälle und andere Vorgänge durch eine zertifizierte technische Sicherheitseinrichtung zu schützen, die Belegausgabepflicht und die Mitteilungspflicht nach § 146 Abs. 4 AO für alle eAS mit Kassenfunktion. 730

In diesem Kapitel soll veranschaulicht werden, wie die Prüfung eines Gastronomieunternehmens durch die Finanzverwaltung ablaufen könnte. 731

1 BGBl 2016 I S. 3152.

ABB 2: Prüfungsinstrumente der Finanzbehörden

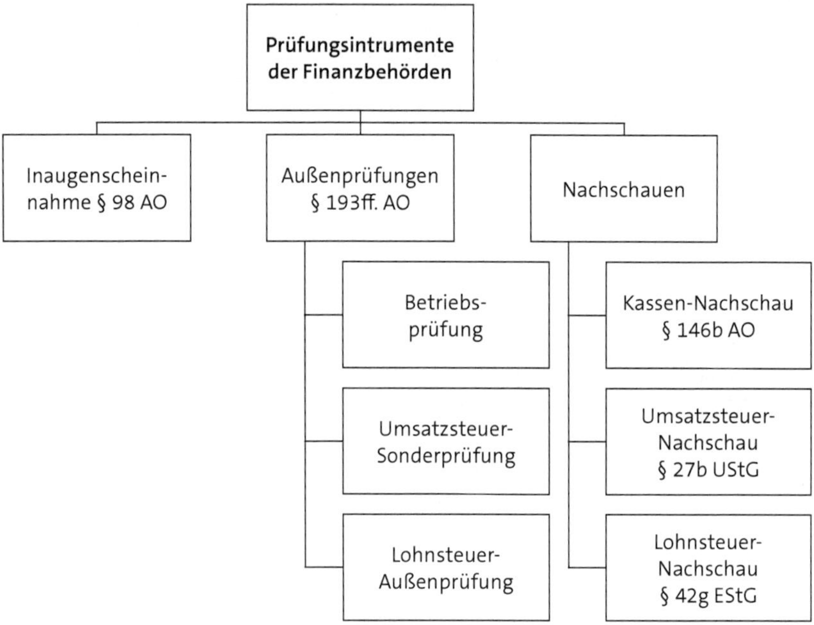

2. Prüfungsvorbereitung

732 Die Vorbereitung auf die Prüfung eines Gastronomiebetriebes beginnt an Amtsstelle. Zunächst werden die vorhandenen Akten, Kontrollmitteilungen und sonstigen Informationen (Bon Box[2], Internet, soziale Medien etc.) gesichtet. Des Weiteren wird überprüft, ob von den Unternehmen ein oder mehrere eAS im Rahmen der gesetzlichen Mitteilungsverpflichtung nach §146a Abs. 4 AO mitgeteilt wurden (siehe Rz. 391 ff., hier werden auch die aktuellen Übergangsfristen erläutert). Diesen übermittelten Daten kann entnommen werden:

- Einsatzort/e des/der eAS (Stichwort: Betriebsstätte),
- Art des/der verwendeten eAS,

2 Bon Box: Eine Vielzahl von Betriebsprüfungsstellen der Finanzbehörden nutzen eine sog. „Bon Box" zur Generierung von Kontrollmaterial. Immer dann, wenn Kollegen in einem Restaurant des Finanzamtsbezirks essen oder nur etwas trinken gehen, lassen sie sich einen Bon geben, der dann später im Rahmen von Nachschauen oder Außenprüfungen als Kontrollmaterial dient.

- Anzahl der verwendeten eAS,
- Seriennummer des eAS,
- Art der TSE (Seriennummer und Zertifizierungs-ID).

Auch die steuerlichen oder strafrechtlichen Berichte aus vorangegangenen Prüfungen dienen der Wissensbildung. Dabei ist von Bedeutung, ob den geprüften Unternehmen Auflagen auferlegt wurden oder nicht. Zur Überprüfung der Auflagen und der ordnungsgemäßen und richtigen Meldung der eAS/TSE wird im nächsten Schritt eine **Inaugenscheinnahme** durchgeführt.

3. Inaugenscheinnahme

Die Finanzbehörden sind gesetzlich dazu berechtigt (§ 98 AO) Inaugenscheinnahmen durchzuführen. In der Praxis verwendet man auch den Begriff des „Testkaufs" oder „Testessens". Ohne dass die Prüfer sich zu erkennen geben, schauen sie sich die Verhältnisse im zu prüfenden gastronomischen Unternehmen an. Dabei wird beobachtet: 733

- Wie viele Mitarbeiter/Mitarbeiterinnen sind im Einsatz?
- Wie werden die Geschäftsvorfälle aufgezeichnet?
- Wie wird das eAS – sofern eines im Einsatz ist – bedient?
- Wie wird die Zahlung des offenen Betrages abgewickelt?
- Halten sich die Mitarbeiter/Mitarbeiterinnen an die Belegausgabepflicht?
- Beinhaltet der Beleg sämtliche gesetzlichen Anforderungen (s. § 6 KassenSichV)?
- Werden bare und unbare Geschäftsvorfälle richtig aufgezeichnet?
- etc.

Sofern auf dem Beleg ein QR-Code ausgegeben wird, kann dieser mit der Prüfsoftware AmadeusVerify überprüft werden. Damit wird geprüft: 734

- sind die QR-Code-Felder valide,
- entsprechen die Daten dem DSFinV-K-Format,
- kann die Signatur validiert werden,
- ist das Zertifikat der TSE valide.

Durch die Angabe der Seriennummern des eAS und der verwendeten TSE kann direkt geprüft werden, ob es sich bei dem benutzten eAS auch um das der

Finanzverwaltung mitgeteilte System handelt oder nicht. Somit wird die Verwendung von sog. „Schattensystemen" deutlich erschwert.

735 Auch ohne QR-Code kann eine Belegprüfung durchgeführt werden. Dabei orientieren sich die Finanzbehörden an den gesetzlich geforderten Anforderungen an den Beleg (§ 6 KassenSichV). Danach müssen die folgenden Angaben auf dem Beleg stehen:

1. der vollständige Name und die vollständige Anschrift des leistenden Unternehmens,
2. das Datum der Belegausstellung und der Zeitpunkt des Vorgangsbeginns i.S.des § 2 Satz 2 Nr. 1 KassenSichV sowie der Zeitpunkt der Vorgangsbeendigung i.S.des § 2 Satz 2 Nr. 6 KassenSichV,
3. die Menge und die Art der gelieferten Gegenstände oder der Umfang und die Art der sonstigen Leistung,
4. die Transaktionsnummer i. S. des § 2 Satz 2 Nr. 2 KassenSichV,
5. das Entgelt und den darauf entfallenden Steuerbetrag für die Lieferung oder sonstige Leistung in einer Summe sowie den anzuwendenden Steuersatz oder im Fall einer Steuerbefreiung einen Hinweis darauf, dass für die Lieferung oder sonstige Leistung eine Steuerbefreiung gilt,
6. die Seriennummer des elektronischen Aufzeichnungssystems sowie die Seriennummer der zertifizierten technischen Sicherheitseinrichtung,
7. der Prüfwert i. S. des § 2 Satz 2 Nr. 7 KassenSichV und der fortlaufenden Signaturzähler, der vom Sicherheitsmodul festgelegt wird.

736 Diese Prüfung der Belegbestandteile können auch laufend selbst vorgenommen werden.

PRAXISHINWEIS:

Die vorgenannten Nrn. 1 bis 7 müssen für jedermann – ohne maschinelle Unterstützung – lesbar oder aus einem auf dem Beleg aufgedruckten QR-Code auslesbar sein.

Ab dem 1.1.2025 müssen vorgenannte Angaben – bei einer E-Rechnung i. S. des § 14 Abs.1 Satz 3 und 6 des UStG – in einem strukturierten Format der E-Rechnung beigefügt sein.

BEACHTE:

Der QR-Code und der strukturierte Teil der E-Rechnung (s.o.) müssen jeweils der digitalen Schnittstelle der Finanzverwaltung für Kassensysteme (DSFinV-K) entsprechen.[3]

3 § 6 KassenSichV.

Werden keine Auffälligkeiten festgestellt und werden ansonsten auch keinerlei Risiken festgestellt (z. B. Steuererklärungen und -anmeldungen werden pünktlich abgegeben und Steuernachzahlungen werden firstgerecht gezahlt), wird das Unternehmen ggf. erst einmal nicht geprüft. 737

Ergeben sich doch Feststellungen, die einer genaueren Nachprüfung bedürfen, kann entweder eine Kassen-Nachschau oder eine Umsatzsteuer-Nachschau durchgeführt werden. In beiden Fällen wäre die Kassenführung immer der Prüfungsschwerpunkt. 738

4. Kassen-Nachschau vs. Umsatzsteuer-Nachschau

Beide Formen der Nachschau zeichnen sich dadurch aus, dass sie vorher nicht angekündigt werden. Die Amtsträger der Finanzbehörden nutzen somit den Überraschungseffekt. 739

a) Umsatzsteuer-Nachschau

Eine Umsatzsteuer-Nachschau wird in der Regel bei neuen Firmen durchgeführt, die ihre ersten Umsatzsteuer-Voranmeldungen abgegeben haben. Ein weiterer Anwendungsfall wäre ein hoher Vorsteuerüberhang, d. h., die in einer Voranmeldung geltend gemachten Vorsteuersteuerbeträge übersteigen die Umsatzsteuerbeträge. Der Fokus der Prüfung liegt auf umsatzsteuerlichen Sachverhalten. Auch die Möglichkeit eines direkten, nur lesenden Datenzugriffs (§ 27b Abs. 2 UStG) besteht. Ein Z3-Zugriff (= Datenüberlassung), wie ihn § 147 Abs. 6 AO im Rahmen von Außenprüfungen vorsieht, ist nicht zulässig. Eine Datenüberlassung wäre nur zulässig, wenn von der Umsatzsteuer-Nachschau zu einer Umsatzsteuer-Sonderprüfung oder einer Betriebsprüfung (s. §§ 193 ff. AO) übergegangen wird. 740

Die Umsatzsteuer-Nachschau kann auch zur Feststellung genutzt werden, welches Kassensystem der Steuerpflichtige benutzt. 741

Sie ist auch dann noch möglich, wenn bereits eine Vermutung besteht, der Steuerpflichtige könnte Umsatzsteuern hinterzogen haben. Die Steuerhinterziehung darf aber noch nicht mit Sicherheit feststehen, denn dann beseht bereits ein strafrechtlicher Anfangsverdacht und die Umsatzsteuer-Nachschau darf nicht zur Umgehung der Rechte des Steuerpflichtgen in einem Strafverfahren benutzt werden.[4] 742

4 FG Hamburg, Urteil v. 11.4.2018 - 6 K 44/17, EFG 2018 S. 1146, NWB RAAAG-86281.

b) Kassen-Nachschau

743 Die Kassen-Nachschau ist dagegen ein besonderes Verfahren zur zeitnahen Prüfung der Ordnungsmäßigkeit der Kassenaufzeichnungen und der ordnungsmäßigen Übernahme der Kassenaufzeichnungen in die Buchführung.[5]

744 Sie ist wesentlicher Bestandteil des Gesetzes zum Schutz vor Manipulationen an digitalen Grundaufzeichnungen, um missbräuchliches Verhalten von Unternehmen frühzeitig zu erkennen.[6]

745 Seit dem 1.1.2018 können die Finanzbehörden auf diese Form der Prüfung zurückgreifen. Eine Kassen-Nachschau ist bei allen Formen der Kassenführung – auch bei der Kassenführung mittels offener Ladenkasse – zulässig. In den Jahren 2018 bis 2024 wurden aus Sicht des Bundesrechnungshofes (BRH) zu wenig Kassen-Nachschauen durchgeführt. In seiner abschließenden Mitteilung an das Bundesministerium der Finanzen über die Prüfung „Verfahren, Möglichkeiten und Wirksamkeit der Kassen-Nachschau nach § 146b AO" stellte er fest, dass das vom Gesetzgeber formulierte Ziel, jährlich 2,4 % aller Betriebe einer Kassen-Nachschau zu unterziehen, nicht erfüllt wurde. Deshalb ist seit dem Jahr 2025 und der gleichzeitigen digitalen Umsetzung der Mitteilungsverpflichtung nach § 146a Abs. 4 AO verstärkt mit Inaugenscheinnahme und Kassen-Nachschauen zu rechnen.

746 Bei der Kassen-Nachschau darf u. a. auf folgende eAS und Aufzeichnungen zugegriffen werden:

1. Elektronische und computergestützte Kassensysteme,
2. App-Kassensysteme,
3. Waagen mit Registrierkassenfunktion,
4. Geldspielgeräte (sofern sie vom Gastronomen betrieben werden),[7]
5. Warenautomaten (sofern sie vom Gastronomen betrieben werden).

747 Auch eine Überlassung der Daten aus den vorgenannten Systemen kann gefordert werden (§ 146b Abs. 2 AO). In den Fällen 1 bis 3 müssen die Daten ab dem 1.1.2020 im DSFinV-K-Format zur Verfügung gestellt werden und in den Fällen 4 und 5 im GoBD-Format.[8] Eine Kassenführung mittels offener Laden-

5 AEAO zu § 146b Tz. 1.
6 Teutemacher, PStR 2023 S. 155.
7 https://datenbank.nwb.de/Dokument/871836/.
8 Bei Geldspielgeräten, Waren- und Dienstleistungsautomaten handelt es sich nicht um eAS i. S. des § 146a AO i. V. m. § 1 Abs. 1 Satz 1 KassenSichV.

kasse ist bei vorgenannten eAS nicht zulässig, da es sich um technische Geräte handelt.

PRAXISHINWEIS:

Werden in einem gastronomischen Unternehmen eAS eingesetzt, sind diese zur Erfassung sämtlicher Geschäftsvorfälle und anderer Vorgänge zu nutzten. Dies hat zur Folge, dass das Kassenbuch mit Hilfe des eAS zu erstellen ist, denn folgende Geschäftsvorfälle und andere Vorgänge sind darüber zu erfassen. Im Rahmen der Kassen-Nachschau wird dies genau geprüft.

Geschäftsvorfälle:[9]	Andere Vorgänge:[10]
Eingangs- und Ausgangsumsätze,	Trainingsbuchungen,
Nachträgliche Stornierungen eines Umsatzes,	Sofort-Stornierungen eines unmittelbar zuvor erfassten Vorgangs,
Trinkgelder (Unternehmer),[11]	Belegabbrüche,
Gutscheine (Ausgabe, Einlösung),	Erstellte Angebote,
Privatentnahmen, Privateinlagen,	Nicht abgeschlossene Geschäftsvorfälle (Bestellungen).
Wechselgeld-Einlage,	
Lohnzahlungen aus der Kasse,	
Geldtransit.	

748 Wird eine Kassenführung mittels offener Ladenkasse eingesetzt, wird auch diese im Rahmen der Kassen-Nachschau genauestens geprüft. Dabei ist von Bedeutung, dass die Voraussetzungen auch vorliegen. Insbesondere sollte darauf geachtet werden, dass eine summarische, retrograde Ermittlung der Tageseinnahmen sowie manuelle Einzelaufzeichnungen ohne Einsatz technischer Hilfsmittel erfolgt sind.

749 Werden bei der Kassen-Nachschau den Amtsträgern der Finanzbehörden nicht die erbetenen Unterlagen übergeben oder werden Auffälligkeiten festgestellt,

9 AEAO zu § 146a Tz. 1.10.2.

10 AEAO zu § 146a Tz. 1.11.

11 BMF, Schreiben v. 3.3.2025 – IV D 1 – S 0062/00117/001/007, BStBl 2025 I S. 643; *Anm. der Autoren*: auch wenn die Anpassung des AEAO zu § 146a AO auf den ersten Blick eine Erleichterung für die Erfassung von AN-Trinkgeldern mit sich bringt, empfiehlt es sich auch weiterhin sämtliche Trinkgeldzahlungen, egal ob bar oder unbar, im eAS zu erfassen.

können diese begründen, dass zu einer Außenprüfung i.S.der §§ 193 ff. AO übergegangen wird (§ 146b Abs. 3 AO).[12]

PRAXISHINWEIS:

Liegt bereits der Verdacht einer (Steuer-)Straftat vor, darf nicht ohne eine entsprechende Belehrung der betroffenen Person, der nun als „Beschuldigter" andere Rechte zustehen (vgl. Rz. 897), von einer Kassen-Nachschau zu einer Außenprüfung übergegangen werden. In diesen Fällen sind zunächst die „BuStra (Bußgeld- und Strafsachenstelle)" und – sofern noch weitere Ermittlungen erforderlich sind – die „Steufa (Steuerfahndung)" zu informieren.[13]

5. Außenprüfungen i. S. der §§ 193 ff. AO

750 Wie der Abbildung 2 „Prüfungsinstrumente der Finanzbehörden" entnommen werden kann, gehören die Betriebsprüfung, die Umsatzsteuer-Sonderprüfung und die Lohnsteuer-Außenprüfung zu den Außenprüfungen i. S. der §§ 193 ff. AO.

751 Aus den vom BMF veröffentlichten Zahlen geht hervor, dass im Zeitraum 2023 insgesamt 8.409.661 Betriebe erfasst wurden. Bei lediglich 146.516 Betrieben wurde eine Außenprüfung durchgeführt.[14] Dies zeigt, dass zu wenige Betriebe geprüft werden. Man spricht auch von einem Vollzugsdefizit.

752 Außenprüfungen werden durch eine schriftliche oder elektronisch zu erteilende Prüfungsanordnung vorher angekündigt (§ 196 AO). Die Prüfungsanordnung muss folgende Bestandteile enthalten:

- Rechtsgrundlagen der Außenprüfung,
- die zu prüfenden Steuerarten, Steuervergütungen, Prämien, Zulagen,
- die zu prüfenden Besteuerungszeiträume,
- ggf. zu prüfende bestimmte Sachverhalte,
- Hinweise auf die wesentlichen Rechte und Pflichten des Steuerpflichtigen.

12 FG Hamburg, Urteil v. 30.8.2022 - 6 K 47/22, NWB AAAAJ-29909.

13 Teutemacher, PStR 2023 S.155.

14 https://www.bundesfinanzministerium.de/Monatsberichte/Ausgabe/2024/10/Inhalte/Kapitel-3-Analysen/3-2-steuerliche-betriebspruefung-der-laender-2023.html zuletzt aufgerufen am 29.10.2024.

Darüber hinaus können der Prüfungsanordnung noch entnommen werden: 753

- der Beginn und die Festlegung des Ortes der Außenprüfung,
- der Name des Prüfers, eines Betriebsprüfungshelfers und
- andere prüfungsleitende Bestimmungen (s. § 5 BpO 2000).

In der Regel werden bereits mit der Prüfungsanordnung Unterlagen und Daten angefordert. 754

Nach dem Risikomanagement werden Außenprüfungen durchgeführt, wenn u. a. folgende Gründe vorliegen: 755

- Im Rahmen einer Kassen-Nachschau wurden Auffälligkeiten festgestellt, die einer detaillierten Prüfung bedürfen,
- Bei der letzten Betriebsprüfung wurde bereits die Ordnungsmäßigkeit der Kassenführung festgestellt. In der Regel erfolgt dann eine Anschlussprüfung,
- Aussagefähiges Kontrollmaterial liegt vor,
- Es handelt sich um eine Anschlussprüfung in Folge eines vorhergehenden steuerstrafrechtlichen Ermittlungsverfahrens,
- Mangelndes TAX-Compliance bei Unternehmen (z. B. Steuererklärungen und -anmeldungen werden nicht oder verspätet abgegeben, Steuerschulden werden nicht bezahlt etc.).

Auf die Außenprüfungen bereitet man sich am besten mit seinem Steuerberater vor. Wichtige Verträge, die vorzulegen sind: Miet- und Pachtverträge (z. B. mit Brauereien), Gesellschaftsverträge mit Nachträgen, Ehegattenverträge, Darlehensverträge, (Geschäftsführer-)Anstellungsverträge, Kauf- und Leasingverträge (z. B. für die eAS), Pensions- und Tantiemezusagen, Provisionsverträge, Inventuren, etwaig vorhandene Verfahrensdokumentationen etc. 756

Der Prüfungsschwerpunkt im Rahmen von Außenprüfungen bei Gastronomiebetrieben ist immer die Kassenführung. Da die Kasseneinzeldaten über die DSFinV-K zur Verfügung gestellt werden müssen, können z. B. mit Hilfe der Prüfsoftware IDEA verschiedene vorprogrammierte Prüfungsschritte (= Makros) durchgeführt werden, die – im schlimmsten Fall – zur Verwerfung der Ordnungsmäßigkeit der Kassenbuchführung führen.[15] 757

---

15 Anmerkung: Je nach Bundesland wird weitere oder andere Prüfungssoftware eingesetzt, z. B. auch Tabellenkalkulationsprogramme und/oder Power BI.

758 Zur Erreichung einer Schätzungsbefugnis dem Grunde nach:

- Prüfung der Ordnungsmäßigkeit der Kassenführung,
- Überprüfung der umsatzsteuerrechtlichen Bemessungsgrundlage (§ 22 UStG, §§ 63 bis 68 UStDV),
- Wareneingang (§ 143 AO),
- Inventuren.

PRAXISHINWEIS:

Bei buchführungspflichtigen Gastronomen kommt den im Prüfungszeitraum durchgeführten Inventuren eine besondere Rolle zu.

Beispiele:

- In der Inventur werden auf einmal 6 Kisten Whisky ausgewiesen, die aber nicht im Wareneinkauf gebucht wurden.
- Ferner weist der Inventurbestand gegenüber dem Vorjahr eine deutliche Bestandsminderung bei bestimmten Spirituosen aus, deren unterjähriger Abverkauf sich nicht anhand der Kasseneinzeldaten nachvollziehen lässt.
- Aus Bequemlichkeit werden Inventurwerte einfach geschätzt.

HINWEIS:

Eine fehlende Inventur stellt für sich genommen einen materiellen Buchführungsmangel dar, wenn der in der Buchführung ausgewiesene lediglich geschätzte Betrag des Warenbestands nicht dem tatsächlichen Wert der vorhandenen Waren entspricht und dadurch zugleich der Jahresgewinn verfälscht wird.[16] Falsche Inventurwerte haben auch entscheidenden Einfluss auf etwaige Verprobungs- und Kalkulationsergebnisse im Rahmen von steuerlichen Außenprüfungen.

759 Zur Überprüfung der Vollständigkeit der vom Unternehmen aufgezeichneten Geschäftsvorfälle bedienen sich die Prüfer der Finanzbehörden verschiedener Prüfungsmethoden, die im Folgenden näher erläutert werden sollen.

6. Die Prüfungsmethoden der steuerlichen Außenprüfung

a) Einführung

760 Grundsätzlich gehen die Prüfer der Finanzbehörden davon aus, dass die Buchführung und die Aufzeichnungen des Steuerpflichtigen den steuergesetzlichen Anforderungen entsprechen. Diese gesetzliche Beweis- bzw. Vermutungsregelung enthält der § 158 Abs. 1 AO. Sie gilt nicht nur für bilanzierende Unternehmen, sondern auch bei Unternehmen, die ihren Gewinn durch Einnahmen-

16 Siehe auch BFH, Urteil v. 25.3.2015 - X R 20/13, BStBl 2015 II S. 743 sowie Niedersächsisches FG, Urteil v. 29.11.2011 - 13 K 7/08, NWB YAAAE-07365.

Überschussrechnung nach § 4 Abs. 3 EStG ermitteln. Der Unternehmer bzw. Geschäftsführer entscheidet als erster darüber, welche Geschäftsvorfälle und anderen Vorgänge steuerlich relevant sind und welche nicht. Anschließend überprüfen die Prüfer der Finanzbehörden dann diese Entscheidungen.

Da in vielen Betrieben der Gastronomiebranche elektronische Aufzeichnungssysteme zur Aufzeichnung von Geschäftsvorfällen und anderer Vorgänge eingesetzt werden, müssen eine Vielzahl von digitalen Daten auf eben diese Ordnungsmäßigkeit hin überprüft werden. 761

Damit diese Grundaufzeichnungen der Steuerpflichtigen verprobt und auf Plausibilität überprüft werden können, setzen die Prüfer verstärkt automationsgestützte quantitative Prüfungsmethoden ein. Darüber hinaus gibt es weitere Möglichkeiten der Überprüfung. 762

Im ersten Schritt dienen diese Prüfungsmethoden dem Erkennen von Prüfungsfeldern. Werden dabei Auffälligkeiten erkannt, müssen diese vom Stpfl. bzw. vom steuerlichen Berater des Unternehmens näher erläutert werden. Betriebliche Gründe können vielfach die Ursache für Ausschläge in den mathematischen Berechnungen bzw. visualisierten Daten sein. 763

Reichen diese Angaben jedoch nicht aus, um Auffälligkeiten zu erklären, liegt damit ein Grund vor, um die sachliche Richtigkeit und die Buchführung bzw. die Aufzeichnungen des Stpfl. zu beanstanden bzw. im schlimmsten Fall komplett zu verwerfen. 764

Ist die Finanzbehörde nicht in der Lage, die Besteuerungsgrundlagen zu ermitteln, ist sie zur Schätzung verpflichtet (§ 162 Abs. 1 Satz 1 AO). 765

Das BMF hat in seinem Schreiben vom 5.9.2023[17] die automationsgestützten quantitativen Prüfungsmethoden und die Schätzungsmethoden in der steuerlichen Außenprüfung erläutert:

17 BMF, Schreiben v. 5.9.2023 - IV D 3 - S 1445/20/10007 :006, BStBl 2023 I S.1594.

ABB 3: Prüfungsmethoden der Finanzbehörde

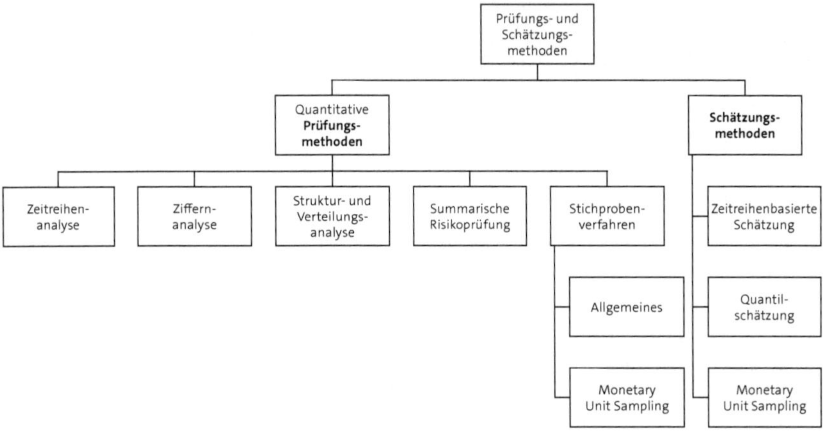

766 Im Folgenden sollen die einzelnen Möglichkeiten der Verprobung näher erläutert werden.

b) Zeitreihenanalyse (Zeitreihenvergleich)

767 Die Zeitreihenanalyse ist grundsätzlich eine mathematisch-statistische Verprobungsmethode, die dem Bereich der Strukturanalyse zuzurechnen ist.[18] Das BMF beschreibt sie als eine quantitative Prüfungsmethode, die dazu dient, historische Entwicklungen und Zusammenhänge von betriebswirtschaftlichen Kennzahlen darzustellen (Verprobung).[19]

768 Die dafür notwendigen Daten werden den elektronischen Aufzeichnungssystemen (z. B. DSFinV-K-Export) und/oder der Buchführung entnommen.

769 Anschließend werden die Daten in einem Diagramm periodenweise entlang einer Zeitachse (z. B. wöchentlich, monatlich) aufgetragen.

BEISPIEL: Für jede Woche eines Kalenderjahres bzw. eines Veranlagungszeitraums, wird sowohl der wöchentliche Wareneinsatz als auch der Betrag der wöchentlichen Einnahmen ermittelt. Aus dem Vergleich dieser beiden Größen ergibt sich für jede Woche ein Rohgewinnaufschlagsatz. Daraus lässt sich dann der höchste Rohgewinn-

18 Zur grundlegenden Nutzung von Strukturanalysen in der Außenprüfung unter besonderem Blickwinkel des Zeitreihenvergleichs, s. Huber, Steuerliche Betriebsprüfung, StBp 2002 S. 199, 233, 258, 293; Wähnert, NWB 2012 S. 2774.

19 BMF, Schreiben v. 5.9.2023 - IV D 3 - S 1445/20/10007 :006, BStBl 2023 I S. 1594.

aufschlagsatz ermitteln, der sich für einen beliebigen Zeitraum des Kalenderjahres ergibt. Im Rahmen von etwaigen Schätzungen nach der Zeitreihenanalyse übernehmen Prüfer diese für den gesamten Zeitraum.

Vorteile der Zeitreihenanalyse als Verprobungsmethode: 770

- Visualisierung der Daten in einem Diagramm,
- Ausreißer, Schwankungen und Trends können schneller identifiziert werden,
- Durch den Vergleich verschiedener Datenreihen lassen sich erwartete Abhängigkeiten (Korrelation) besser vergleichen,
- Die Kombination aus Diagrammen und Tabellen gibt ein aussagekräftiges Gesamtbild des Unternehmens wieder, denn Abweichungen von den erwarteten Werten werden als Differenzen und Zeitversätze sichtbar gemacht.

Der BFH hat mit seinem Urteil vom 25.3.2015[20] die Anforderungen an den Zeitreihenvergleich als Schätzungsmethode klar vorgegeben. 771

Eine wesentliche Voraussetzung für die Durchführung eines Zeitreihenvergleichs ist, so der BFH, dass im zu prüfenden Unternehmen das Verhältnis zwischen dem Wareneinsatz und den Erlösen im Prüfungszeitraum weitgehend konstant ist. Es darf nicht zu Änderungen in der Betriebsstruktur gekommen sein, die – nicht anderweitig behebbar – wesentliche Unsicherheiten bei der Aufstellung und Interpretation des Zahlenwerks mit sich bringen.[21] 772

Fehlt es an einer weitgehenden Konstanz, haben die Ergebnisse eines Zeitreihenvergleichs regelmäßig keine hinreichende Aussagekraft[22] und die Prüfer müssen sich auf andere Verprobungs- und Schätzungsmethoden beziehen. Daher ist es auch umso wichtiger, dass betriebliche Besonderheiten (z. B. geänderte Öffnungszeiten, besondere Ereignisse wie durch einen Stromausfall oder Fehlkalkulation entsorgte Warenbestände u. v. m.) dokumentiert werden, in einer Verfahrensdokumentation enthalten sind und im Falle von Rückfragen im Rahmen von Nachschauen oder Außenprüfungen vorgelegt werden können. 773

20 BFH, Urteil v. 25.3.2015 - X R 20/13, BStBl 2015 II S. 743, NWB GAAAE-96112.

21 BFH, Urteil v. 25.3.2015 - X R 20/13, BStBl 2015 II S. 743, 1. Leitsatz.

22 BFH, Urteil v. 25.3.2015 - X R 20/13, BStBl 2015 II S. 743, Rz. 56.

774 Solche Zeitreihenanalysen lassen sich mit verschiedenen Variablen durchführen:

- Warenverkäufe mit den Wareneinkäufen (Standardmodell),
- Warenverkäufe mit Verpackungsmaterial (z. B. bei Pizzerien mit überwiegendem Außer-Haus-Verkauf),
- Warenerlöse mit Löhnen/Aushilfslöhnen (z. B. in Restaurants),
- Mengenabgleiche, d. h. Vergleich der eingekauften Menge mit der verkauften Menge nach kg,
- etc.

c) Ziffernanalyse

775 Die Ziffernanalyse gehört mit zu den häufigsten Verprobungen im Rahmen von Betriebsprüfungen bei Gastronomiebetrieben. Dabei werden die Grundaufzeichnungen (Kasseneinzeldaten) nach Ziffernhäufigkeit untersucht. Wer seine Umsätze frei erfindet, z. B. bei der Kassenführung mittels offener Ladenkasse, verwendet bestimmte Zahlen häufiger als andere.

BEISPIEL: Auszug aus einem Kassenbuch (beispielhafte Darstellung):

...

22.10.2024: 2.458,30 €

23.10.2024: 1.995,20 €

24.10.2024: 2.666,40 €

25.10.2024: 1.523,70 €

26.10.2024: 3.125,10 €

27.10.2024: 2.526,80 €

28.10.2024: 1.745,90 €

29.10.2024: 1.546,20 €

30.10.2024: 1.852,10 €

31.10.2024: 3.877,70 €

1.11.2024: 1.846,70 €

...

Die in diesem Kassenbuch eingetragenen Zahlen bzw. Ziffern oder Ziffernkombinationen lassen sich einmal von vorn betrachten, d. h. Erst-, Zweit-, Drittziffer etc. oder – insbesondere bei Geldbeträgen – von hinten, d. h. Ein-EURO-Stelle, Zehn-EURO-Stelle etc.

776 Bei der Verprobung kommt es auf die Häufigkeiten der einzelnen Ziffern an. Je größer die Datenmenge, desto genauer das Ergebnis.

HINWEIS:

Im Wirtschaftsleben entstandene Zahlen unterliegen dem Zufall (z.B. Anzahl der Kunden und die Kombination aus den Bestellungen in der Gastronomie). Dieser Zufall ist „berechenbar", also auch die erwartete Verteilung von Ziffern. Greift hier der Faktor „Mensch" z.B. bei Manipulationen der Tageseinahmen ein, wird aus dem berechenbaren „geordneten" Zufall „Chaos".

aa) „Benford-Gesetz" oder „Newcomb-Benford's-Law"

Das „Benford-Gesetz" ist im Ergebnis eine Gesetzmäßigkeit in der Verteilung der führenden Ziffern von Zahlen in empirischen Datensätzen, wenn die zugrunde liegenden Werte bzw. Daten eine ausreichende Varianz aufweisen. 777

Die Auftretenswahrscheinlichkeit einer Ziffer ist umso höher, je kleiner ihr Wert ist und je weiter links sie sich in der Zahl befindet. 778

Die Ziffer „1" kommt häufiger vor als die Ziffer „9". Je weiter rechts sich eine Ziffer in einer mehrstelligen Zahl befindet, desto mehr nähert sich die Auftretenswahrscheinlichkeit der Gleichverteilung an. 779

Durch die Überprüfung der ausgewerteten Ziffernverteilungen wird versucht Manipulationen aufzudecken. Diese fallen auf, wenn einzelne Ziffern zu selten oder zu häufig vorkommen. Um ein genaues Ergebnis zu erreichen ist es notwendig, einen großen Datenbestand zu untersuchen. 780

Im Rahmen von Betriebsprüfungen werden die Ergebnisse der Ziffernanalyse grafisch dargestellt. 781

Strafrechtlich reicht eine Ziffernanalyse allein nicht aus für einen Anfangsverdacht. Deshalb werden Prüfer weitere Prüfungsschritte vornehmen, die den Verdacht erhärten. 782

bb) Chi-Quadrat-Test oder x^2-Test

Diese Ziffernanalyse zielt auf des Menschen Lieblingszahl ab. Erfinden sie Zahlen, ergibt sich daher i. d. R. eine unnatürliche Häufung der verwendeten Ziffern bzw. Zahlen. Der Chi-Quadrat-Test an sich ist keine Schätzungsmethode. Vielmehr dient er ausschließlich dem Vergleich einer beobachteten, tatsächlich vorhandenen (sog. Empirischen) Verteilung, mit einer erwarteten Verteilung. 783

Mittels Chi-Quadrat Grundformel: Chi-Quadrat-Verteilung = (X^2= ((O-E)^2 / E) – (beobachtete Häufigkeit-erwartete Häufigkeit)^2/erwartete Häufigkeit) kann dann z.B. die Verteilung von Ziffern (Gleichverteilung oder Verteilung nach

Benford, s. Rz. 777), aber auch vieles anderes, untersucht werden. Diese Form der Untersuchung ist in vielen wissenschaftlichen Bereichen anerkannt.

Weicht die Beobachtung bspw. extrem von der zugrunde gelegten Erwartung ab, gilt es zunächst betriebliche Ursachen zu prüfen (z. B. „Einheitspreise" etc.).

BEISPIEL: In der Fußgängerzone steht ein mobiler Bratwurststand, der nur Bratwürste zu einem Preis von 2 € verkauft. Ein durchgeführter Chi-Quadrat-Test in Bezug auf die Verteilung der einzelnen Ziffern 0 bis 9 bei den Tageseinnahmen muss auffällig sein, da bei dieser Preisgestaltung ungerade Ziffern eigentlich gar nicht vorkommen können.

In der Vergangenheit haben sich Finanzgerichte bereits mit Zuschätzungsbefugnissen aufgrund auffälliger Chi-Quadrat-Testergebnisse befasst. Bei der Summarischen Risikoprüfung (SRP, Hinweis auf Rz. 835) findet der Chi-Quadrat-Test als Übereinstimmungsprüfung u. a. in einigen Analysen auch Anwendung.[23] Ferner ist eine Chi-Quadrat-Verprobung in vielen Prüfsoftwares (z. B. IDEA, DATEV etc.) enthalten.

PRAXISHINWEIS:

Die Ziffernanalysen werden am häufigsten bei der Kassenführung mittels offener Ladenkasse genutzt, um eventuelle Manipulationen zu erkennen.

d) Innerbetriebliche Verprobung durch Nachkalkulation

784 In seinem Urteil v. 25.3.2015[24] stellt der BFH klar, dass mit dieser Form der Verprobung, die sachliche Richtigkeit der Buchführung und der Aufzeichnungen (§ 158 Abs. 1 AO) in ausreichendem Umfang beanstandet werden kann. Wird ein innerer Betriebsvergleich korrekt angewandt, sind weitere Verprobungsmethoden nicht mehr erforderlich.

785 Dabei wird zunächst der gesamte Wareneinkauf ermittelt. Prüfer gehen dabei oftmals so vor, dass sie sich aus den Unterlagen bzw. Daten, die im Rahmen der Prüfung vorgelegt werden, die maßgeblichen Lieferanten heraussuchen. Diese werden dann angeschrieben, mit der Bitte, die Lieferungen für den Prüfungszeitraum im GoBD-Format zu überlassen. Insbesondere bei Getränken lassen sich so schnell die Rohgewinnaufschläge und Rohgewinnaufschlagsätze ermitteln. Gleichzeitig kann aus den in den Kassendaten enthaltenen Artikelübersichten genau ermittelt werden, wie viele Artikel wann verkauft wurden. Somit lassen sich die Soll-Zahlen schnell mit den Ist-Zahlen vergleichen.

23 Ausführlich auch im SRP-Handbuch (13. Aufl.) beschrieben (S. 136 f.), https://www.schleswig-holstein.de/mm/downloads/FM/handbuch_srp_auflage_13.pdf.

24 BFH, Urteil v. 25.3.2015 - X R 20/13, BStBl 2015 II S. 743, NWB GAAAE-96112.

Wesentliche Ausgangsgrößen sind 786

- der erzielbare Umsatz, der wie folgt berechnet werden kann:

  Wirtschaftlicher Wareneinsatz + Rohgewinnaufschlag = Wirtschaftlicher Umsatz

  und

- der Rohgewinnaufschlagsatz, der sich wie folgt berechnen lässt:

  Rohgewinn x 100/Wareneinsatz = Rohgewinnaufschlagsatz[25]

In der Gastronomie werden in der Regel eAS genutzt, die die Geschäftsvorfälle einzeln, vollständig, richtig, zeitgerecht und geordnet aufzeichnen. Gleichzeitig werden die Daten über die TSE abgesichert. Damit liegen ausreichende Aufzeichnungen vor, die für einen inneren Betriebsvergleich benötigt werden. 787

Auch ein Unternehmen bzw. Steuerberater kann sich die Daten zunutze machen, um eine Vergleichsrechnung, z. B. mit Excel, durchzuführen.

Beispiel:

Folgende Parameter werden aus den Grundaufzeichnungen benötigt:

- Artikelnummer,
- Artikelbezeichnung,
- Umsatz,
- Verkaufspreis brutto lt. Karte,
- Verkaufspreis netto lt. Karte,
- Anzahl in Stück (= Umsatz/VK-Brutto),
- WES pro Stück (lt. Einkaufslisten),
- WES gesamt (= WES pro Stück x Anzahl in Stück),
- Rohgewinn absolut,
- Rohgewinn in %.

25 Zur Erläuterung s. a. Rz. 802 f.

Beispiel:

Eine solche Excelübersicht könnte wie folgt aussehen.

Artikelbezeichnung lt. Kasse	Umsatz	VKP (brutto) lt. Karte	VKP (netto) lt. Karte	Anzahl in Stück	WES absolut lt. Gutachten
WES Summe Anz. x WES	WES in % lt. Gutachten (WES/VKnetto)	Rohgewinn absolut	Rohgewinn in % vor Gewichtung	Anzahl der verkauften Einheiten	Rohgewinn nach Gewichtung

e) Ausbeutekalkulation

788 Die Ausbeutekalkulation ist ein in der Praxis beliebtes Mittel zur Verprobung und späteren Hinzuschätzung von Gastronomieeinnahmen. Hier werden die relevanten Vergleichsdaten aus den innerbetrieblichen Verhältnissen gewonnen.

PRAXISBEISPIEL:

Anhand der Wareneinkäufe von einzelnen Getränken wird – unter Berücksichtigung von Bestandveränderungen, Verlusten oder Eigenverbrauch – anhand der im Unternehmen üblichen Abgabepreise für ein oder mehrere Prüfungsjahre ein erwarteter Umsatz errechnet.

Diese so ermittelten Umsatzerwartungen können mit den Daten aus dem eAS abgeglichen werden. Nicht selten führt diese Berechnung zu Abweichungen zu den tatsächlichen Zahlen. Die Ursache hierfür liegt zumeist in unvollständigen Aufzeichnungen zu Abgabegrößen, unentgeltlicher Warenabgabe oder unzureichender Verlustdokumentation, wie das folgende Beispiel zeigt:

Ausbeutekalkulation				
		Ausschank/Fass		
	Verlust in %	bei 0,3l + 0,5l	bei 0,33l + 0,5l	VK brutto
Bier 1	5,00 %	158,33 Gl.	156,75 Gl.	3,00 €
Bier 2	5,00 %	158,33 Gl.	156,75 Gl.	2,50 €
Weizen	5,00 %	95,00 Gl.	95,00 Gl.	4,00 €
KALKULATION AUS SICHT DER FINANZVERWALTUNG		GASTRONOMIE/BERATER		
Bier 1, (3,00 € - Glas 0,3l)	142.497,00 €	Bier 1, (3,00 € - Glas 0,33l)	141.075,00 €	
Bier 2 (2,50 € - Glas 0,3l)	98.958,33 €	Bier 2 (2,50 € - Glas 0,33l)	97.968,75 €	
Weizen (4,00 € - Glas 0,5l)	95.000,00 €	Weizen (4,00 € - Glas 0,5l)	95.000,00 €	

KALKULATION AUS SICHT DER FINANZ-VERWALTUNG		GASTRONOMIE/BERATER		
Gesamtumsatz, kalkuliert	336.455,33 €	Gesamtumsatz, kalkuliert	334.043,75 €	
Gesamtumsatz, netto	**282.735,57 €**	**Gesamtumsatz, netto**	**280.709,03 €**	
Wareneinkauf	67.625,00 €	Wareneinkauf	67.625,00 €	
Umsatz lt. Kasse	298.450,50 €	Umsatz lt. Kasse	298.450,50 €	
Umsatz lt. Kasse, netto	250.798,74 €	Umsatz lt. Kasse, netto	250.798,74 €	
Differenz	**31.936,83 €**	**Differenz**	**29.910,29 €**	
./. Eigenverbrauch 1%	2.827,36 €	./. Eigenverbrauch 2,5 %	7.017,73 €	laut Dokumentation
./. Freigetränke 2%	5.654,71 €	./. Freigetränke 2%	14.035,45 €	laut Dokumentation
		./. Reinigung[26]	247,50 €	laut Dokumentation
		./. Anzapfen	2.071,35 €	
		./. Verschütten, Bruch	6.538,27 €	
Hinzuschätzung Umsatz	**23.454,77 €**	**Hinzuschätzung Umsatz**	**0,00 €**	
hierauf USt.	4.456,41 €	hierauf USt.	0,00 €	
hierauf ESt. + GewSt. 35 %	8.209,17 €	hierauf ESt. + GewSt. 35 %	0,00 €	
NACHZAHLUNG/JAHR	**12.665,57 €**	**NACHZAHLUNG/ JAHR**	**0,00 €**	

26 Für die Verlustberechnung der Reinigung von Schläuchen:
Volumen Schlauch = $(1/2 \times D\ \text{innen})^2$
x π x Länge
ID 6,7mm
V = (1/2 x 6,7)2 x 3,14159 x 10m
V = 0,35256l/10m
ID 10mm
V = (1/2 x 10)2 x 3,14159 x 10m
V = 0,7854l/10m.

789 Liegen keine Einzeldaten vor, so z. B. bei der OLK, kann der erwartete Umsatz aus der Summe der Getränkeumsätze unter Ansatz eines Anteils der Getränkeumsätze am Gesamtumsatz (sog. „30/70 Methode"; der tatsächliche Getränkeanteil kann sich z. B. auch aus der Buchhaltung z. B. 7 % /19 % Erlöse ergeben) ein Gesamtumsatz kalkuliert. Die 30/70-Methode beruht dabei auf dem Gedanken, dass in einem Speiserestaurant das Verhältnis zwischen Getränken und verzehrten Speisen nur geringen Schwankungen unterliegt, da die Gäste typischerweise im Durchschnitt zu jeder Speise eine bestimmte Menge an Getränken kaufen.[27]

790 Durch diese Methode, die primär bei älteren Kassensysteme (und/oder der OLK) ohne Einzelaufzeichnung, zur Anwendung kommt, kann naturgemäß nur ein grober Umsatzwert errechnet werden. Aber steht eine solche (unverhältnismäßig hohe) Kalkulation bei einer Prüfung im Raum, muss diese auch mit Sachargumenten widerlegt werden.

791 Für eine solche Gegenkalkulation bietet sich insbesondere die Deckungsbeitragsrechnung an, da über diese – im besten Fall – alle betrieblichen Besonderheiten (Bruch/Schwund/etc) abgebildet werden können (s. a Kapitel B, Rz. 217).

7. Die einfachsten Methoden zur Überprüfung der Kassenführung

792 Die beiden folgenden Methoden dienen der Überprüfung der materiellen Richtigkeit einer Kassenführung.

a) Der Kassensturz

793 Ein wichtiges Kriterium für die Ordnungsmäßigkeit der Kassenführung ist die **Kassensturzfähigkeit**. Darunter versteht man, dass die Kassenaufzeichnungen so beschaffen sein müssen, dass es einem sachverständigen Dritten (§ 238 Abs. 1 Satz 2 HGB und § 145 Abs. 1 Satz 1 AO, sowie § 145 Abs. 2 AO) in angemessener Zeit möglich ist, einen Abgleich des Kassen-Sollbestandes mit dem Kassen-Istbestand (= Kassensturz) durchzuführen und das z. B. im Rahmen einer Kassen-Nachschau.[28]

794 Der „Kassensturz" ist somit eine schnelle und einfache Methode, die Ordnungsmäßigkeit der Kassenführung zu überprüfen, d. h. der Vergleich des Ist-Bestandes in der Kasse, mit dem Soll-Bestand in der Buchführung.

27 Siehe Beyer „Aktuelles zur Schätzung mit BMF-Richtsatzsammlung und Ausbeutekalkulation mit 30/70-Methode, NWB 2019 S. 3479.

28 Krullmann/Teutemacher, Handbuch zur Kassenführung, 4. Aufl., Herne 2023, Tz I. 3.4.

Können beide Werte nicht verglichen werden, weil die Aufzeichnungen es nicht zulassen, fehlt es an der Kassensturzfähigkeit und die Kassenbuchführung enthält einen schwerwiegenden Mangel, der zu einer Zuschätzung berechtigt.[29] 795

b) Die Kassenfehlbetragsrechnung

Bei der Kassenfehlbetragsrechnung wird wie folgt vorgegangen: 796

Anfangsbestand

+ Chronologisch Einnahmen und Privateinlagen

./. Chronologisch Ausgaben und Privatentnahmen

= evtl. Kassenfehlbetrag

Sind die Ausgaben und Entnahmen höher als der Tagesanfangsbestand zzgl. Einnahmen und Einlagen, liegt ein **Kassenfehlbetrag** vor. 797

Werden im Prüfungszeitraum vermehrt Kassenfehlbeträge festgestellt, führt dieses zum Verlust der Ordnungsmäßigkeit der Kassenführung und somit zu einer Schätzungsbefugnis dem Grunde nach. 798

PRAXISHINWEIS:

Auch im Rahmen einer laufenden Außenprüfung (= Prüfungszeitpunkt) darf ein Kassensturz durchgeführt werden, dessen Ergebnis auch auf den Prüfungszeitraum angewendet werden darf.

8. Lückenanalyse

Aus den eAS der Gastronomie müssen seit dem 1.1.2020 im Rahmen von Außenprüfungen die Daten im DSFinV-K-Format (bis dahin GoBD-Export) zur Verfügung gestellt werden. Die Vollständigkeit des Datenbestandes kann dabei anhand eines eindeutigen Kriteriums (z. B. der Transaktionsnummer oder dem Signaturzähler) überprüft werden. 799

9. Analyse der Öffnungszeiten

Die Öffnungszeiten von gastronomischen Betrieben stehen in der Regel im Internet. Anhand der Einzeltransaktionen, die zeitlich festgehalten werden, lässt sich feststellen, ob außerhalb der Öffnungszeiten Artikel verkauft wurden. Auffälligkeiten sind dann vom Unternehmer aufzuklären. 800

29 BFH, Urteil v. 31.7.1969 - IV R 57/67, BStBl 1970 II S. 125.

10. Die Richtsatzsammlung des BMF

a) Allgemeines

801 Zu den aktuell gültigen Richtsätzen, z. B. für Gast-, Speise- und Schankwirtschaften, siehe die Seiten des BMF in Internet (s. QR-Code). Die Richtsätze werden empirisch durch die Finanzbehörden erhoben und jährlich aktualisiert im Oktober veröffentlicht.

802 Eine Verprobung nach Richtsätzen ist ein **äußerer Betriebsvergleich**. Dabei wird der geprüfte gastronomische Betrieb mit anderen Betrieben der gleichen Branche verglichen.

803 Die Finanzbehörde nutzt für diesen Vergleich im Rahmen von Veranlagungen und Betriebsprüfungen die eigene **Richtsatzsammlung,**[30] die auf einem Vergleich der steuerlichen Ergebnisse anderer Betriebe der Branche beruht.

804 Diese ist ein Hilfsmittel, um Betriebe hinsichtlich verschiedener Wirtschaftskennzahlen (Wirtschaftlicher Umsatz, Rohgewinn, Halbreingewinn, Reingewinn) zu verproben.

805 Dabei werden die gastronomischen Betriebe in folgende Gruppen eingeteilt:

- Cafés,
- Eisdielen,
- Gaststätten,
  - Speise- und Schankwirtschaften,
  - Pizzerien,
  - Restaurants mit asiatischem Speiseangebot,
- Imbissbetriebe,
  - Schnellimbiss,
  - Asia-Imbiss,
  - Döner-Imbiss
  - etc.

30 Die Ausgabe findet sich unter: https://www.bundesfinanzministerium.de/Content/DE/Downloads/BMF_Schreiben/Weitere_Steuerthemen/Betriebspruefung/Richtsatzsammlung/2024-09-17-download-richtsatzsammlung-2023.pdf?__blob=publicationFile&v=2.

Beispiel: 806

ABB 4: Auszug aus der Richtsatzsammlung 2023 für Gaststätten

Bezeichnung der Gewerbeklassen in alphabetischer Reihenfolge	Gewerbekennzahl lt. Verzeichnis der Wirtschaftszweige	Rohgewinnaufschlag auf den Wareneinsatz bzw. Waren- und Materialeinsatz (Umrechn. Rohgew. I der Sp. 4)	Rohgewinn I	Rohgewinn II	Halbreingewinn	Reingewinn	Bemerkungen
			(vgl. Nr. 5 der Vorbemerkungen)				
			in v. H. des wirtsch. Umsatzes				
1	2	3	4	5	6	7	8
Cafés Wirtsch. Umsatz	56104.0						
A bis 250.000 €		186 – 525 **285**	65 - 84 **74**		33 - 61 **48**	8 - 42 **24**	
B über 250.000 €		223 – 426 **300**	69 - 81 **75**		35 - 66 **53**	7 - 30 **18**	
Gast-, Speise- und Schankwirtschaften	56101.0 56301.0	178 - 400 **257**	64 - 80 **72**		29 - 61 **47**	8 - 39 **22**	
Pizzerien	56106.0	213 - 400 **285**	68 - 80 **74**		34 - 66 **49**	9 - 42 **24**	Überwiegend Pizzagerichte und Teigwaren im Warenangebot
Restaurants mit asiatischem Speiseangebot	56107.0	186 - 456 **270**	65 - 82 **73**		35 - 65 **51**	11 - 42 **25**	

Die **„fett“** gedruckten Werte stellen jeweils die Mittelwerte dar.

Die Rohgewinnaufschlagsätze lt. RSS betragen für Pizzerien lt. Richtsatzsammlung 2023:

Unterer RGA: 213 %

mittlerer RGA: 285 %

oberer RGA: 400 %

Der RGA wird wie folgt ermittelt:

(1) Ermittlung Rohgewinn Umsatzerlöse – Wareneinsatz

(2) Ermittlung Rohgewinnsatz Rohgewinn / (Erlöse aus Warenverkäufen – Rabatte (=Sollumsatz))

(3) Ermittlung Rohgewinnaufschlagsatz (Handelsspanne) (Rohgewinn x 100) / Wareneinsatz

(4) Umrechnungen Rohgewinnsatz zu Rohgewinnaufschlagsatz (RG/100 – RG) x 100 = Rohgewinnaufschlagsatz

(5) Rohgewinnsatz = (RGAS/100 + RGAS) x 100

807 Sollten sich bei Betrieben keine weiteren Auffälligkeiten ergeben und sich die Richtsätze in der Nähe des Mittelwertes bewegen, so ist die Chance einer Betriebsprüfung äußerst gering.

Ein Abweichen vom Mittelwert kann jedoch durch besondere betriebliche oder persönliche Verhältnisse begründet sein, die nicht durch Entnormalisierungen erfassbar oder ansonsten betragsmäßig feststellbar sind.

PRAXISHINWEIS:

Die Richtsätze stellen auf die Verhältnisse eines Normalbetriebes ab. Dabei handelt es sich um ein Einzelunternehmen, in dem ein Betriebsinhaber ohne Entlohnung mitarbeitet.

Wenn der Betriebsinhaber nicht dauernd mitarbeitet oder bei einer Kapitalgesellschaft (z. B. GmbH oder UG (haftungsbeschränkt)) der Gesellschafter-Geschäftsführer entgeltlich tätig ist, sind die Lohnaufwendungen entsprechend zu kürzen. Arbeitet bei einer Kapitalgesellschaft mehr als ein Gesellschafter unentgeltlich mit, müssten die Lohnaufwendungen entsprechend erhöht werden.

b) Pauschbeträge für unentgeltliche Wertabgaben (Sachentnahmen)

808 Ein wesentlicher Bestandteil und für die Praxis der Gastronomie von besonderer Bedeutung ist die Tabelle der Pauschbeträge für unentgeltliche Wertabgaben.

809 Sie basieren auf Erfahrungswerten und bieten dem Gastronomen die Möglichkeit, die Warenentnahmen monatlich pauschal zu verbuchen. Die Einzelaufzeichnung einer Vielzahl von Entnahmen für Getränke, Lebensmittel oder zubereitete Speisen für den privaten Bedarf, wird dadurch überflüssig. Diese Werte können ebenfalls den Richtsatzsammlungen entnommen werden.

c) Kritik an der Richtsatzsammlung

810 Wenn die Buchführung und die sonstigen Aufzeichnungen entgegen dem § 158 Abs. 1 AO nicht der Besteuerung zugrunde gelegt werden können, ist die Finanzbehörde berechtigt zu schätzen (s. §§ 158 Abs. 2 Nr. 1 i. V. m. § 162 Abs. 2 AO).

811 Zu diesem Zweck kann sie auch die Richtsatzsammlung nutzen, wenn andere Verprobungs- und/oder Schätzungsmethoden nicht genutzt werden können.

812 Aktuell stehen die Richtsätze – wie erwähnt – im Kreuzfeuer der Gerichte und der Autoren diverser Fachzeitschriften.

In der Literatur sowie auch vom BFH wird insbesondere moniert: 813

- Es ist nicht erkennbar, welche Einzeldaten mit welchem Gewicht in die Ermittlung der Richtsätze der jeweiligen Gewerbeklasse einfließen, wie die Repräsentativität der Daten sichergestellt wird, und ob es Einzeldaten gibt, die von vornherein ausgeschlossen werden.
- Aus den Richtwerten ist nicht entnehmbar, wie die regional zum Teil erheblich divergierenden fixen Betriebskosten (insbesondere Raum- und Personalkosten, die in Großstädten höher sind als auf dem Land) der Festlegung bundeseinheitlicher Richtsätze entgegenstehen.
- Warum werden die Ergebnisse von Außenprüfungen bei sog. Verlustbetrieben nicht berücksichtigt, obwohl auch solche Betriebe grundsätzlich einen positiven Rohgewinnaufschlagsatz ausweisen?
- Des Weiteren wird die Frage diskutiert, ob Rechtsbehelfe, die erfolgreich gegen die Feststellungen einer Außenprüfung eingelegt werden, auch bei der Ermittlung der Richtsätze berücksichtigt werden.
- Auch ist nicht ersichtlich, ob und wie Ergebnisse von Prüfungen im Rahmen von steuerstrafrechtlichen Ermittlungsverfahren bei der Berechnung der Richtwerte berücksichtig werden.

Außerdem wird in der Richtsatzsammlung nicht darauf hingewiesen, aus welchen Kalenderjahren bzw. Wirtschaftsjahren die erhobenen Daten stammen. 814
Bei einer Schätzung für einen Prüfungszeitraum sollten diese aber die Daten berücksichtigen, die aus den jeweiligen Jahren stammen. Daher ist die Kenntnis des Herkunftsjahres, entgegen der Auffassung des BMF, von entscheidender Bedeutung und sollte in der entsprechenden Richtsatzsammlung dokumentiert werden.

Auch ist nicht erkennbar, wie die Umsatzgrenzen in den Berufsgruppen (Ge- 815
werbeklassen) ermittelt worden sind, zumal es nicht für jede Branche eine eigene Gewerbeklasse mit eigenen Richtsätzen gibt. Z. B. sucht man die Branche „Diskothek" in der Richtsatzsammlung vergeblich.[31] Ein weiteres Problem in der Praxis stellt die Visualisierung der Richtsätze für den Gastronomen dar. Wie können die Richtsatzschätzungen so dargestellt werden, dass auch Nicht-Fachleute diese verstehen?

31 Vgl hierzu FG Hamburg, Urteil v. 13.10.2020 - 2 K 218/18, NWB GAAAI-05645.

816 Eine weitere – bundesweite und brancheninterne – Vergleichsmöglichkeit ist der DEHOGA-Zahlenspiegel.[32] Hier finden sich Vergleichswerte wie Umsatzentwicklung, Beschäftigungsentwicklung etc. Damit besteht die Möglichkeit, das eigene Unternehmen mit anderen Unternehmen der Hotel- und Gaststättenbranche zu vergleichen, Trends zu erkennen und sich und die eigene Entwicklung im Markt einordnen zu können.

11. Die Prüfsoftware der Finanzbehörden im Einsatz

a) Allgemeines

817 Um Massendaten, also auch Kasseneinzeldaten, einfach und schnell neben etwaigen Analysemöglichkeiten innerhalb des eAS mit Kassenfunktion analysieren und verproben zu können, gibt es unterschiedlichste Software-Produkte. Das reicht von gängigen Tabellenkalkulations-Softwares (z. B. Microsoft Excel, Apple Numbers oder der Freeware Open Office des Anbieters Apache) über Business Intelligence Tools (z. B. Microsoft Power BI) bis hin zu umfangreichen Datenanalysetools (z. B. IDEA von Caseware International Inc.). Je nach Bundesland wird solche Software auch von der Finanzverwaltung im Rahmen von Datenzugriffen bei Nachschauen und Außenprüfungen genutzt, aber auch Steuerberater und Wirtschaftsprüfer nutzen diese. In der Gastronomie selbst können solche Produkt-Lösungen für Zwecke der Analyse, Controlling, Statistik, (Nach-)Kalkulation sowie Auswertung und Überwachung genutzt werden.

818 Allen vorgenannten Anwendungen eint, dass die Daten des eAS zunächst einmal für die Software lesbar sein müssen. Entweder kann direkt auf die originären Datentabellen des Datenbankmanagementsystems (DBMS) des eAS zugegriffen werden oder die Daten müssen erst in ein nutzbares Datenformat aus dem eAS exportiert werden, z. B. in Standardformaten wie HTML-, csv- oder txt-Dateien. Hier kommt es auf die vorhanden Exportfunktionen und Exportmöglichkeiten des eAS an. Oftmals sind im eAS zusätzlich verschiedene, speziell für diese Zwecke angepasste Schnittstellen für einen einfachen und automatisierten Datenaustausch mit anderer Software oder Drittanbietern (z. B. für Finanzbuchhaltung-Softwares, Lieferdienste, Onlineshops etc.) integriert.

819 Sollen der Finanzverwaltung im Rahmen des Datenzugriffs bei Nachschauen (vgl. § 146b Abs. 2 Satz 2 AO) oder Außenprüfungen (vgl. § 147 Abs. 6 AO) Kasseneinzeldaten überlassen werden, so sind oftmals mindestens zwei Ex-

32 https://www.dehoga-bundesverband.de/fileadmin/Startseite/04_Zahlen___Fakten/DEHOGA-Zahlenspiegel_4._Quartal_2024.pdf.

portschritte notwendig.[33] Die Kasseneinzeldaten des eAS sind über die einheitlich digitale Schnittstelle nach dem Format der DSFinV-K zur Verfügung zu stellen. Darüber hinaus sind die auf der Speichereinheit der TSE vercryptet gespeicherten Protokolldaten, u. a. zu den abgesicherten Geschäftsvorfällen und sonstigen Vorgängen, in eine sog. TAR-Datei zu exportieren.

Durch diese Vorgaben ist gewährleistet, dass die Daten für die Finanzverwaltung einheitlich lesbar und somit auswertbar sind, unabhängig des beim Steuerpflichtigen eingesetzten eAS. Andere Daten zu steuerlich aufzeichnungs- und aufbewahrungspflichtigen Vorgängen sind nach den Vorgaben der GoBD[34] zu exportieren und vorzulegen.[35] Aber auch die für die Finanzverwaltung vorgesehenen Exporte können oftmals selbst mit gängiger Standard-Software eingesehen und für eigene Analyse-Zwecke genutzt werden. 820

b) AmadeusVerify

Mittels der frei verkäuflichen Prüfsoftware AmadeusVerify der Firma Gastro-MIS[36] GmbH können beispielsweise Einzelbelege mit entsprechendem QR-Code oder exportierte Kassen-Einzeldaten nach DSFinV-K bzw. TAR-Dateien, nicht nur auf Vollständigkeit und Echtheit geprüft werden. Auch die Gültigkeit der Zertifizierung einer TSE zum Zeitpunkt der Erfassung eines Geschäftsvorfalls kann noch nachträglich geprüft werden.[37] 821

PRAXISHINWEIS:

Die Prüfsoftware AmadeusVerify gibt es für eine Belegprüfung auch als App für das Smartphone. Darüber hinaus gibt es weitere Prüf-Apps, z. B. „fiskalcheck" von der Firma fiskaly oder der „DF QR-Code Checker" von der Firma Deutsche Fiskal.

Um Daten überhaupt automatisiert prüfen zu können, müssen die Daten den formalen Vorgaben der DSFinV-K entsprechen. Mittels der Prüfsoftware können daher die eigenen Kasseneinzeldaten bzw. der eigene ausgabepflichtige Beleg mit den in einem QR-Code codierten TSE-Angaben einer „Formatprüfung" unterzogen und etwaige „Format-Fehler" in Zusammenarbeit mit dem Kassenaufsteller abgestellt werden. 822

33 Siehe auch AEAO zu § 146a, Rz. 1.13.

34 BMF, Schreiben v. 28.11.2019 - IV A 4 - S 0316/19/10003 :001, BStBl 2019 I S. 1269, Rz. 167.

35 Siehe auch Krullmann/Teutemacher, BBP 2022 S. 7.

36 https://tse.gastro-mis.de/tse/produkt/amadeusverify.

37 Ausführlich: Teutemacher/Krullmann, Handbuch zur Kassenführung, 4. Aufl. Herne 2023.

c) IDEA

823 Eine Software zur Datenanalyse, insbesondere auch für große Datenbestände, ist IDEA („Interactive Data Extraction an Analysis" – Caseware International, ehemals Audicon[38]). Sie ist weltweit frei verkäuflich und wurde in der Vergangenheit bis heute auch von den Prüfungsdiensten der Finanzverwaltung und Zoll eingesetzt. Wichtige Funktionen für die Analyse umfangreicher Datenbestände sind hier z. B. das Filtern und Extrahieren, Verbinden und Anhängen, Summierungen, (Feld)Statistiken, Schichtungen, Lückenanalysen, Mehrfachbelegungen oder auch Benford´s Law. Darüber hinaus stehen Tools zur Visualisierung von Daten zur Verfügung. Mittels einer Pivot-Tabelle (ähnliche Funktionen gibt es beispielsweise auch im Tabellenkalkulationsprogramm Microsoft Excel) können Massen-Daten in „speziellen" Tabellen zusammengefasst und damit besser analysiert werden.

824 Anders als z. B. ein einfaches Tabellenkalkulationsprogramm verarbeitet IDEA eingelesene Daten revisionssicher. Einzelne Prüfungsschritte werden automatisiert dokumentiert.

825 Die Verwaltung nutzt in IDEA auch zusätzlich integrierte interne Makros für z. B. das Einlesen von Buchführungs- oder Kasseneinzeldaten und entsprechende Datenaufbereitungs- und Analysezwecke. So können mittels entsprechendem Makro die Kasseneinzeldaten beispielsweise wie folgt untersucht werden:

- Abgleich Kasseneinzeldaten mit dem Buchungskonto Kasse aus der FiBu,
- Summenermittlung, z. B. der Tageseinnahmen nach Wochentagen, Wochen, Monate, Quartale und Jahre; aber auch Summen nach angewandten Umsatzsteuersätzen, Tischen oder Mitarbeiter,
- Schichtung der Umsätze nach einzelnen Artikeln, Warengruppen oder Umsatzzeiten,
- Lückenanalyse (fehlende Tage, hier ggf. Abgleich mit Ruhe- oder Feiertagen, aber auch auf fehlende Transaktions- und/oder Signaturnummern),
- Abgleich DSFinV-K Daten mit den Protokollen aus der TAR-Archivdatei,
- u. v. m.

826 Für die Finanzverwaltung sind für eine einfache und unkomplizierte Handhabe eines Datenimports „einheitliche" Datenstrukturen wichtig, da gerade der Datenimport aus der Vielzahl an unterschiedlichen Systemen oftmals sehr zeitaufwendig ist. Für Kassensysteme i. S. des § 146a AO gibt es nunmehr die Vor-

38 Seit September 2022 ist die Firma Audicon Teil von Caseware International; ab Mai 2023 tritt die Firma ausschließlich unter der Firmierung Caseware auf.

gaben der DSFinV-K; für EU-Taxameter und Wegstreckenzähler die DSFinV-TW. Nach dem im Dezember 2022 neu eingeführten § 147b AO besteht nunmehr eine Verordnungsermächtigung des BMF zur Vereinheitlichung von digitalen Schnittstellen, das könnte zukünftig z. B. die im Rahmen von Außenprüfungen angeforderten Buchführungsdaten[39] oder Daten sonstiger steuerlich aufzeichnungspflichtiger Vorgänge betreffen.

d) Visualisierung

„Ein Bild sagt mehr als 1.000 Worte". So lassen sich Massendaten für das 827
geübte Auge schnell und einfach, z. B. auf Auffälligkeiten bzw. Ausreißer, Muster oder Entwicklungen untersuchen. In vielen Softwares (von Tabellenkalkulationsprogrammen bis hin zu speziellen Analysetools) sind daher Funktionalitäten zur Visualisierung enthalten.

ABB 5: Beispiel Zeitreihenanalyse

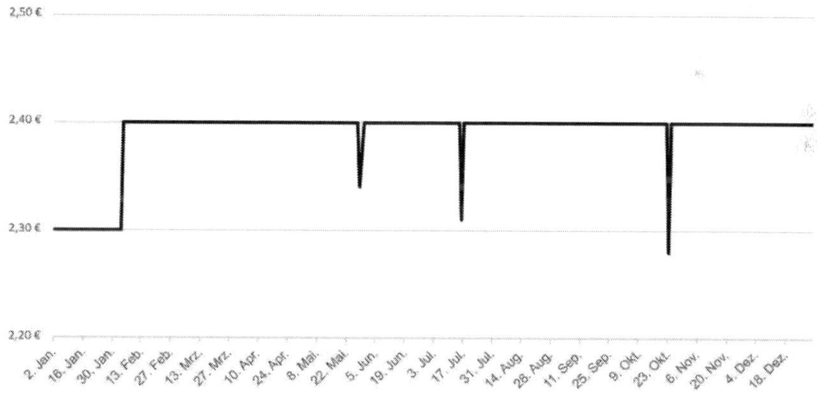

Erläuterungen zu dem vorgenannten Beispiel:

Analyse der Kasseneinzeldaten, hier des durchschnittlichen Tages-Verkaufs- 828
preises eines Festpreisartikels mittels einer Zeitreihe. Neben einer tatsächlichen Preiserhöhung zu Beginn des Jahres stellt sich die Frage, warum dieser Artikel zu drei Zeitpunkten offenbar vergünstigt verkauft wurde (Sonderaktionen, Rabatte, ggf. unautorisierte Rabattierungen durch Mitarbeiter o. Ä.)?

39 Zum Beispiel als digitale Schnittstelle der Finanzverwaltung für Buchführungsdaten (DSFinV-B). Derzeit liegen schon erste Entwürfe einer Buchführungsdatenschnittstellenverordnung (DSFinVBV-E) vor.

829 Eine effektive Methode der Visualisierung sind z. B. die sog. **Zeitreihenanalysen** (Zeitreihenvergleich – ZRV).[40] Hier gibt es vielfältigste Methoden der Darstellungen. Zur Beurteilung einer erwarteten Abhängigkeit zweier Datenreihen mit stark abweichenden Werten (z. B. Wareneinsatz und Umsatz, Aushilfslöhne und Umsatz oder Verpackungen und Außerhausumsatz) gibt es verschiedene Möglichkeiten, um die Vergleichbarkeit der Datenreihen zu verbessern, z. B. durch größenanpassende **Doppelskalierungen**.[41] Auch können verschiedene Diagrammarten in einer visuellen Darstellung zusammen genutzt werden.

ABB 6: Beispiel einer Zeitreihenanalyse mit Doppelskalierung

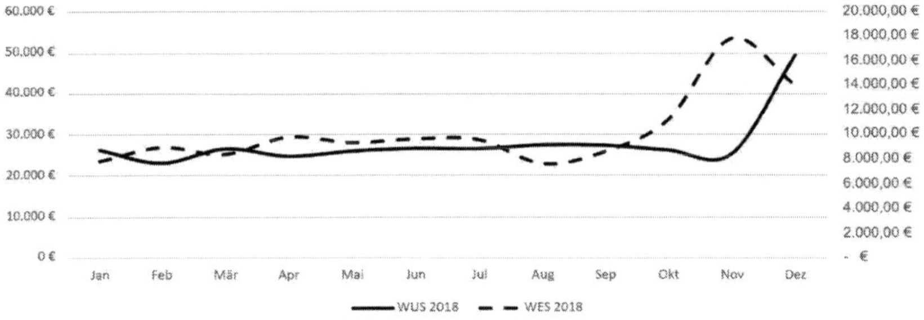

Erläuterungen zu dem vorgenannten Beispiel:

830 Im November wurde deutlich mehr eingekauft (gestrichelte Linie), obwohl der Umsatz (durchgezogene Linie) sogar leicht gesunken ist. Handelt es sich hierbei ggf. schon um einen Vorratskauf für das Weihnachtsgeschäft im Dezember?

PRAXISHINWEIS:

Eine solche oder andere Zeitreihenanalyse ist z. B. auch mit einfachen Bordmitteln, z. B. mittels des Tabellenkalkulationsprogramms Microsoft Excel möglich. Auf markierte Daten einer strukturierten Tabelle (z. B. bestehend aus drei Spalten „Datum“, „Umsatz“ und „Wareneinsatz“ samt entsprechender Werte) können direkt über das Menü-Band der Microsoft Excel-Anwendung verschiedene Diagramme angewendet werden (z. B. ein 2D-Liniendiagramm, s. vorheriges Beispiel). Mittels Rechtsklick auf eine der so erstellten Datenkurven im Diagramm kann mittels des erscheinenden Kontextmenüs „Datenreihe formatieren“, diese Datenreihe in Microsoft Excel von Primär- auf Sekundärachse für eine Doppelskalierung umgestellt werden.

831 Neben der reinen Analyse (Verpobung) von betrieblichen Daten und Kennzahlen kann ein ZRV darüber hinaus auch als Methode zur Schätzung der Besteue-

40 Ausführlich auch Wähnert, BBK 2013 S. 420.

41 BMF, Schreiben v. 5.9.2023 - IV D 3 - S 1445/20/10007:006, BStBl 2023 I S. 1594, Rz. 8.

rungsgrundlagen durch die Finanzverwaltung angewandt werden. Über das Ob und unter welchen Voraussetzungen eine Schätzung mittels ZRV überhaupt erfolgen darf, hat der BFH 2015 in dem sog. Zeitreihenurteil dargelegt.[42]

Bei **Struktur- und Verteilungsanalysen** werden z. B. die Kassenumsätze eines Zeitraumes nach Klassen sortiert („Schichtung") und ausgezählt. Nach den Ausführungen des BMF[43] kann mittels dieser Methode die aufgetretene Verteilung mit der erwarteten Verteilung mit dem Ziel verglichen werden, etwaige Unregelmäßigkeiten zu entdecken. Solche Unregelmäßigkeiten können auf (Daten-) Fehler oder gar Manipulationen hinweisen. 832

ABB 7: Beispiel einer Schichtung der Tageserlöse eines Gastronomiebetriebes

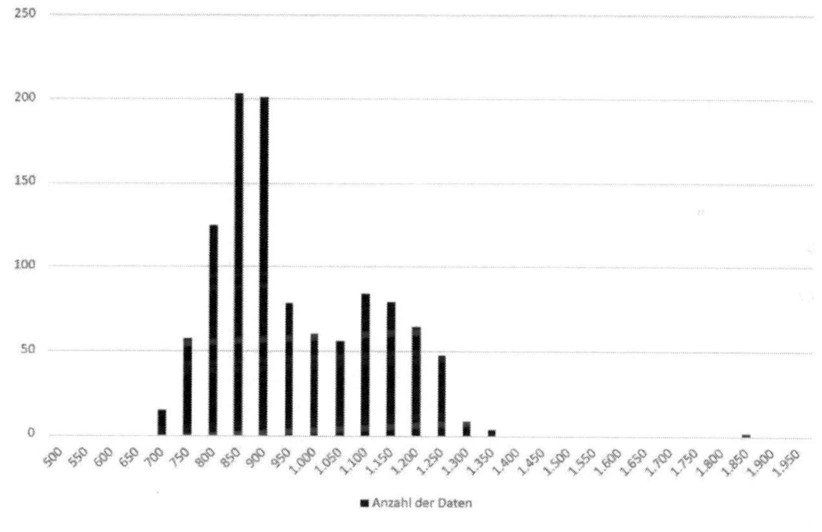

Erläuterungen zu dem vorgenannten Beispiel:

Die Wochentags-Erlöse (hier: Montag bis Donnerstag) dieses Betriebes ohne Ruhetag liegen im Regelfall im Bereich zwischen 750€ und 950€, während die Wochenenderlöse (hier: Freitag bis Sonntag) im Bereich zwischen 1.000€ und 1.300€ liegen. Da die Anzahl der Werktage hier im ausgewählten Zeitraum auch höher als die Anzahl der Wochenendtage ist, ergibt sich diese „Wellenform". 833

42 BFH, Urteil v. 25.3.2015 - X R 20/13, BStBl 2015 II S. 743.

43 BMF, Schreiben v. 5.9.2023 - IV D 3 - S 1445/20/10007:006, BStBl 2023 I S. 1594.

834 Ein Blick sollte hier auf den Datensatz mit Tageseinnahmen in der Klasse bis 1.850€ geworfen werden, an diesem Tag wurde ein ungewöhnlich hoher Umsatz erzielt. Grund könnte hier entweder ein Datenfehler (z.B. aus Versehen wurden zwei verschiedene Tageserlöse mit demselben Datum erfasst) sein oder es handelt sich um eine belegbare betriebliche Besonderheit, z.B. Restaurantbetrieb und zusätzlicher Verkaufsstand auf dem örtlichen Straßenfest o. Ä.

e) Summarische Risikoprüfung

835 Die Summarische Risikoprüfung (SRP) ist ein Verprobungswerkzeug der Finanzverwaltung, welches nicht käuflich zu erwerben ist. Es handelt sich hierbei um zwei Microsoft Excel-Vorlagen, in denen nicht nur die erklärten baren Tageseinnahmen sowie der Wareneingang und Umsatz eines Gastronomiebetriebes verprobt werden kann. Die verschiedenen Analysen erfolgen dabei insbesondere durch visuelle Darstellungen. Einzelne Berechnungs- und Bearbeitungsschritte sind jedoch in dem öffentlich zugänglichen Handbuch[44] nachzulesen und können auch selbst mit Hilfe der gängigen Tabellenkalkulationsprogramme nachvollzogen werden.

836 Das BMF beschreibt die SRP als „ein System von quantitativen Prüfungsmethoden, das verschiedene einzelne quantitative Prüfungsmethoden in systematischen Prüfungen miteinander verknüpft und technisch durch IT-gestützte Vorlagen unterstützt. Die SRP konzentriert sich besonders auf die Methodenbereiche der Zeitreihenanalysen, der Ziffernanalyse und der Struktur- und Verteilungsanalyse, die in diversen Varianten und Ausführungen zu einem mehrperspektivischen Prüfungskonzept zusammengeführt werden."

Mittels zweier Excel-Vorlagen werden die mit Hilfe der hier integrierten Analysen untersuchten Daten insbesondere auch visuell dargestellt.

837 Die SRP hat ihre Stärke in der systematischen Verprobung vom „Groben" bis ins „Detail", so dass mit ihr ggf. sogar Einzelsachverhalte aus Massendaten herausgefiltert werden. Das funktioniert allerdings nur, wenn sich der Prüfer dabei intensiv mit den betriebsspezifischen Besonderheiten des konkret zu prüfenden Betriebes auseinandersetzt. Ungeprüfte Daten in Vorlagen zu kopieren und eine Auswertung auf Knopfdruck zu erhalten, ist „technisch" machbar, wird aber im Gros der Fälle zu falschen Ergebnissen führen.

44 https://www.schleswig-holstein.de/mm/downloads/FM/handbuch_srp_auflage_13.pdf.

Beispiele: 838

- Für Analysezwecke macht es einen Unterschied, ob ein Gastronomiebetrieb ein Wochenendgeschäft hat und ob diese Tage die Hauptumsatztage sind. Davon abzugrenzen sind solche Gastronomiebetriebe, deren Hauptumsatz z. B. in der Woche und/oder nur im Mittagsgeschäft erzielt werden.
- Ein Restaurant mit gehobener (Sterne-)Küche verfügt nur über eine begrenzte Anzahl an Tischen, die weit im Voraus ausgebucht und nur einmal pro Geschäftstag belegt sind und ganze Menüs zum Festpreis abgerechnet werden.
- Saisonale Besonderheiten (z. B. Gasthof mit zusätzlichem Biergarten im Sommer und/oder ausschließlicher Saalbetrieb zu den Karnevalstagen, ganzjährig geöffnete Eisdiele mit überwiegendem Umsatz von Heißgetränken und Backwaren im Winter oder Restaurant im Innenstadtbereich mit zusätzlichen Verkaufsständen auf dem Weihnachtsmarkt) sind bei betriebsinternen Analysen zu beachten.

Nur mit einer genauen Kenntnis über den zu prüfenden Betrieb und der Gewissheit richtige Daten zu analysieren, können vom Prüfer Prüfungsschwerpunkte gefunden oder andere Bereiche im Rahmen einer gewichtenden Arbeitsweise als eher „risikoarm" klassifiziert werden. Oftmals wird der Steuerpflichtige oder der Steuerberater erst gar nicht mitbekommen, dass Teile oder das gesamte Verprobungsnetz der SRP vom Betriebsprüfer genutzt wurden. 839

Die SRP hat aber auch eine „andere", oft negativ belastete Verwendung. Neben einem reinen Analyse- und Verprobungstool wird das Wort SRP oftmals mit einem „Schätzungshammer" assoziiert. Ausgehend von der reinen Analyse und Verprobung können etwaige mittels der SRP und weiteren, mit anderen Prüfungsmethoden festgestellte Auffälligkeiten und Prüfungsfeststellungen auch zur Begründung einer Schätzungsnotwendigkeit (§ 158 AO i. V. m. § 162 AO) herangezogen werden.[45] Bei der Auswahl der Schätzungsmethode kann dann, neben anderen Schätzungsmethoden, in Einzelfällen die sog. Quantilsschätzung angewandt werden. Für die Durchführung einer solchen Schätzung wird dabei oftmals auf die SRP-Vorlage zurückgegriffen, da hier im Zweifel schon Daten eingepflegt und überarbeitet (z. B. bei Sachverhalts-Einwendungen des Steuerpflichtigen oder bei Falsch- und Doppelerfassungen) wurden und durch die SRP-Vorlage auch die Möglichkeit zur Durchführung einer Quantilsschätzung gegeben ist. 840

45 Kritische Anmerkungen zur Summarischen Risikoprüfung der Finanzämter, vgl. Beyer, NWB 2019 S. 931.

HINWEIS ZUR QUANTILSSCHÄTZUNG:[46]

Hier werden die monatlichen Werte für den Rohgewinnaufschlagssatz (in begründeten Einzelfällen auch der monatliche Wareneinsatz[47]) als Grundlage verwendet. Diese monatlichen Werte werden dem Rang nach sortiert. Das BMF führt dazu aus: „Zur verallgemeinerbaren Einschränkung der Ausgangsgrößen auf „Normalwerte" werden die Rang-Wert-Verhältnisse der Normalverteilungen als typisches zufälliges Streuverhalten herangezogen. Der Schätzungsansatz wird mit dem 80%-Quantil in dem eingeengten Schätzungsrahmen der internen Normalwerte „16%- bis 84%-Quantil" an der oberen Grenze angesetzt."

841–845 (*Einstweilen frei*)

III. Prüfungen der Rentenversicherung

1. Einführung

846 Wie die Finanzbehörden prüfen auch die Rentenversicherungsträger im Rahmen von Betriebsprüfungen, ob die Unternehmen als Arbeitgeber ihren Meldepflichten und sonstigen Pflichten nachkommen.[48]

847 Rechtsgrundlage für das Beitragsrecht ist das Sozialgesetzbuch (SGB) IV.

848 Die Prüfungen werden im Interesse der Sozialversicherungsträger und der Versicherten (Arbeitnehmer) durchgeführt, denn das sozialversicherungsrechtliche Beitragsrecht dient der Finanzierung der Versicherungsleistungen aus der Arbeitsförderung, der Krankenversicherung, der Rentenversicherung, der Unfallversicherung und der Pflegeversicherung.

849 In den letzten Jahren prüfte die deutsche Rentenversicherung im Durchschnitt ca. 800.000 Betriebe. Bei rund einem Viertel der Prüfungen wurden Nachzahlungen an Gesamtsozialversicherungsbeiträgen, Umlagen und Säumniszuschlägen in Höhe von rund 700 Mio.€ erhoben. Die Nachforderung zur Künstlersozialabgabe betrug rund 20 Mio.€. Das Ergebnis, aus rund 3.500 Prüfungen aus Anlass der Schwarzarbeit und illegalen Beschäftigung, betrug rund 550 Mio.€.[49]

46 BMF, Schreiben v. 5.9.2023 - IV D 3 - S 1445/20/10007:006, BStBl 2023 I S. 1594.

47 Zum Beispiel im Falle einer Doppelverkürzung, d. h. Umsatz und auch Wareneinsatz wurden verkürzt.

48 https://www.deutsche-rentenversicherung.de/DRV/DE/Experten/Arbeitgeber-und-Steuerberater/arbeitgeber-und steuerberater_node.html.

49 https://www.deutsche-rentenversicherung.de/DRV/DE/Experten/Arbeitgeber-und-Steuerberater/summa-summarum/Publikationen-e-Paper-und-Broschueren/publikationen_e_paper_broschueren.html.

Rechtsgrundlage der Prüfung der Rentenversicherungsträger ist § 28p Abs. 1 SBG IV. Im Rahmen der Entgeltabrechnung bezieht sich die Prüfung auf die Abrechnungsergebnisse und Entgeltunterlagen wie z. B. 850

- Stundenzettel,
- Entgeltabrechnungen,
- Reisekostenabrechnungen,
- Beitragsabrechnungen,
- die entsprechenden Nachweise,
- die Meldungen und
- sonstigen versicherungs-, beitrags- und melderechtlich relevanten Unterlagen aus dem Bereich des Rechnungswesens,

sowie die Bescheide und Prüferberichte der Finanzbehörden.

Die Träger der Rentenversicherung prüfen (mindestens) alle vier Jahre die Betriebe. Außerhalb dieses wiederkehrenden Prüfungsintervalls werden Prüfungen aufgrund von Ergebnismitteilungen der Hauptzollämter oder andere Ermittlungsbehörden vorgenommen. 851

Ferner sind sog. **ad-hoc Prüfungen** möglich, wenn die Einzugsstelle dies für erforderlich hält. 852

Beispiele:

- bei Eröffnung eines Insolvenzverfahrens,
- bei Vermutung einer Beitragshinterziehung,
- bei illegaler Beschäftigung.

Weitaus unbekannter ist, dass Arbeitgeber von sich aus eine Prüfung außerhalb des Standardturnuns verlangen können, beispielsweise bei der Einstellung eines Betriebs oder bei rechtlichen Unklarheiten, um aus dieser dann durchzuführenden Prüfung, Rechtsklarheit zu schaffen. 853

Die Träger der Rentenversicherung prüfen bei den Arbeitgebern stichprobenartig, ob diese ihre Meldepflicht und ihre sonstigen Pflichten nach dem Sozialgesetzbuch, die in Zusammenhang mit dem Gesamtsozialversicherungsbeitrag stehen, ordnungsgemäß erfüllen. 854

2. Prüfungsstelle

855 Die Zuständigkeit für die zu prüfende Stelle ergibt sich aus der Betriebsnummer.

856 Endet die Betriebsnummer auf eine der Endziffern „0 bis 4", so wird durch die deutsche **Rentenversicherung Bund** geprüft. Betriebe mit den Endziffern „5 bis 9" werden durch die **Regionalträger** geprüft. Die örtliche Zuständigkeit richtet sich dabei nach dem Sitz der Lohn- und Gehaltsabrechnungsstellen.

3. Prüfungsablauf

857 PRAXISHINWEIS:

Die Betriebsprüfung umfasst u. a. folgende Punkte:

- Zutreffende Beurteilung des Beschäftigungsverhältnisses hinsichtlich einer Versicherungspflicht bzw. Versicherungsfreiheit.
- Zutreffende Beurteilung der für die Beitragsberechnung relevanten Entgeltsbestandteile.
- Zutreffende zeitliche Zuordnung der Entgelte und Berechnung der Beiträge.
- Zutreffende und vollständige Erfüllung der Meldepflicht, Sofortmeldung (Abgabegrund 20) und Regelmeldung (Abgabegrund 50).

Der Arbeitsgeber ist zur Führung von diesen Entgeltsunterlagen verpflichtet (§ 28f Abs. 1 Satz 1 SGB IV i. V. m. § 8 BVV).

858 Der Ablauf der Betriebsprüfung ist in §§ 7 ff. BVV[50] konkretisiert.

859 Die Prüfung wird grundsätzlich **vorher angekündigt**, in der Regel mit einer Ankündigungsfrist von einem Monat. Da die Prüfungsankündigung schlichtes Verwaltungshandeln und somit keinen Verwaltungsakt darstellt, kann die Prüfungsankündigung auch fernmündlich erfolgen.

860 Die Prüfung erfolgt dann nach Wahl in den Geschäftsräumen des zu prüfenden Unternehmens oder in den Räumen des Rentenversicherungsträgers,[51] es sei denn, die Prüfung ist in Räumen des Arbeitgebers zwingend erforderlich.

861 Werden Löhne und Gehälter extern, z. B. über einen Steuerberater oder eine vergleichbare Einrichtung abgerechnet und übernehmen diese auch die Sozialversicherungsmeldungen, findet die Betriebsprüfung dort statt. Voraussetzung ist, dass der Arbeitgeber hiermit einverstanden ist.

50 https://www.gesetze-im-internet.de/beitrvv/__7.html.

51 § 98 Abs. 1 Satz 3 SGB X.

Die Träger der Rentenversicherung sind gehalten, den betriebliche Ablauf bei einer Prüfung nicht unzumutbar zu beinträchtigen. 862

Die **Prüfungsdauer** hängt im Wesentlichen von der Größe des Betriebes ab, bei kleineren Unternehmen dauern Prüfung in der Regel ein bis zwei Tage, bei größeren Betrieben entsprechend länger. 863

4. Vorbereitung auf die Prüfung der Rentenversicherung

Wie bei jeder externen Prüfung durch Behörden in der Gastronomie stellt sich die Frage, wie soll man sich auf eine solche vorbereiten? 864

Grundsätzlich gilt auch für die sozialversicherungsrechtliche Betriebsprüfung, dass **sich ein sachverständiger Dritter innerhalb angemessener Zeit einen Überblick über die Lohn- und Gehaltsabrechnungen verschaffen können muss.** 865

Dabei ist nicht nur **Vollständigkeit,** sondern eben auch **Übersichtlichkeit** und **Nachvollziehbarkeit** gefragt. 866

In § 10 BVV ist **vorgeschrieben**, dass die Angaben **vollständig, richtig, in zeitlicher Folge und geordnet** dokumentiert sein müssen. 867

PRAXISHINWEIS:

Findet die Prüfung in den Geschäftsräumen des Arbeitgebers statt, muss für die Prüfung ein entsprechender Arbeitsplatz für den Prüfer zur Verfügung gestellt werden. Darüber hinaus muss der Arbeitsgeber bzw. sein Bevollmächtigter Auskunft über alle für die Abrechnung relevanten Tatsachen geben und alle Unterlagen vorlegen, die für die Sozialversicherung relevant sind.

Beispiel: Aufzeichnungen über genommene Urlaubstage

Die Prüfung kann aber auch genutzt werden, um mit dem Prüfer offene Fragen zum Versicherungs-, Beitrags- und Melderecht zu besprechen, um somit Probleme für die Zukunft zu vermeiden.

Die Praxis zeigt, dass die Prüfer während der Prüfung gerne mit Rat und Tat zur Seite stehen, denn neben der Kontrolle setzen die Prüfungsdienste auch auf Beratung und Aufklärung.

Auf ihrer Internetseite veröffentlicht die deutsche Rentenversicherung laufend Tipps und Hinweise für die Lohn- und Gehaltsabrechnung sowie für die korrekte Berechnung und das Abführen der Beträge.[52]

52 https://www.deutsche-rentenversicherung.de/DRV/DE/Experten/Arbeitgeber-und-Steuerberater/arbeitgeber-und-steuerberater_node.html.

5. Mitwirkungspflichten

868 Während der sozialversicherungsrechtlichen Prüfung ist der Arbeitgeber verpflichtet, die Prüfung zu dulden. Allgemeine Mitwirkungspflichten bestehen ferner gem. § 98 Abs. 1 SGB X. Eine Konkretisierung findet sich in § 28p Abs. 5, 6 SGB IV, wonach Arbeitgeber und Steuerberater verpflichtet sind, angemessene Prüfhilfe zu leisten.

869 Für die Betriebsprüfung sollten folgende Unterlagen auf jeden Fall bereitgestellt werden können:

- Lohn und Gehaltskonten aller Mitarbeiter, einschließlich Aushilfen,
- Beitragsabrechnung und Beitragsnachweise,
- Unterlagen, die Auskünfte über das Arbeitsentgelt und eventuelle Sonderzuwendungen geben, wie z. B. Tarifverträge, Betriebsvereinbarungen, Arbeits- und Ausbildungsverträge,
- Alle Unterlagen über eine Versicherungsfreiheit bzw. Befreiung von der Versicherungspflicht, so insbesondere
  - Schul- und Immatrikulationsbescheinigungen,
  - Erklärungen von geringfügig und kurzfristig Beschäftigten über eventuelle weitere Beschäftigungsverhältnisse,
  - Erklärung von geringfügig Beschäftigten über die Befreiung von der Rentenversicherung,
- Gesellschaftsverträge und Anstellungsverträge, auch die der Geschäftsführer von Kapitalgesellschaften,
- Berichte über Lohnsteueraußenprüfungen und ggf. Lohnsteuerhaftungsbescheide für den betreffenden Prüfzeitraum,
- Mitteilung über die Ergebnisse der Prüfung der Sozialversicherungsträger in den letzten vier Jahren,
- Sachkonten aus der Finanzbuchhaltung (§ 11 Abs. 2 BVV).

PRAXISHINWEIS:

Die gängige Beratungspraxis zeigt, dass insbesondere die Erklärung von geringfügig Beschäftigten über die Befreiung von der Rentenversicherung nahezu immer Prüfungsgegenstand ist.

In der laufenden Lohnbuchhaltung kommt es immer wieder zu Rückfragen der Minijob-Zentrale zur Klärung von mehreren gleichzeitigen Beschäftigungsverhältnissen.

Für die tägliche Arbeit bedeutet dies, dass eine genaue und vollständige Dokumentation der Personalunterlagen vorliegen muss, so dass an dieser Stelle, auf die im Kapitel „Lohn" beschriebenen Formulare hingewiesen wird.

6. Ende der Prüfung

Sollten dann trotz sorgfältiger Vorbereitung während der laufenden Prüfung Dokumentationen und Unterlagen fehlen, können diese innerhalb einer vom Prüfer festgesetzten Frist nachgereicht werden. Geschieht dies allerdings nicht, kann dies zu Nachforderung von Beiträgen führen. 870

Das Prüfungsergebnis ist dem Arbeitgeber innerhalb von zwei Monaten nach Abschluss der Prüfung schriftlich mitzuteilen, und zwar vor Erlass des sich aus der Prüfung ergeben Verwaltungsaktes. In der Regel erfolgt eine formelle Anhörung.[53] Der Prüfbericht ist vom Arbeitgeber bis zur nächsten Prüfung aufzubewahren. 871

PRAXISHINWEISE:

Wenn sich aus Prüfungsfeststellungen Nachzahlungen ergeben, kann der Arbeitgeber regelmäßig keinen Regress bei seinen Beschäftigten nehmen. Denn der Anspruch des Arbeitgebers gegen seinen Beschäftigten, aus den von ihnen zu tragenden Teilen des Gesamtsozialversicherungsbeitrags, kann grundsätzlich nur bei den nächsten drei Lohn- oder Gehaltszahlungen geltend gemacht werden.[54] Ausnahmen bestehen nur dann, wenn der Beschäftigte seinen Pflichten, zur Vorlage, der zur Durchführung des Meldeverfahrens erforderlichen Angaben vorsätzlich oder grobfahrlässig nicht nachkommt.[55]

Nach Abschluss der Prüfung werden im Rahmen eines Beitragsbescheids nachgeforderte Gesamtsozialversicherungsbeiträge und gegebenenfalls Säumniszuschläge[56] festgesetzt und dem Arbeitgeber mitgeteilt. Im Beitragsbescheid ist die Versicherungspflicht für jeden einzelnen Beschäftigten personenbezogen festzustellen. 872

Werden Aufzeichnungen nicht ordnungsgemäß geführt und kann deshalb ohne unverhältnismäßig großen Aufwand die Bemessungsgrundlage nicht ermittelt werden, kann der Träger der Rentenversicherung gem. § 28f Abs. 2 SGB IV den Beitrag von der Summe der vom Arbeitgeber gezahlten Arbeitsentgelte geltend machen (Summenbeitragsbescheid) oder er kann die Höhe der Arbeitsentgelte schätzen.[57] 873

„Ansprüche auf Beiträge verjähren in vier Jahren nach Ablauf des Kalenderjahres, in dem sie fällig geworden sind. Ansprüche auf vorsätzlich vorenthaltene Beiträge verjähren 30 Jahre nach Ablauf des Kalenderjahres, in dem sie fällig 874

53 § 24 SGB X.
54 § 28g Satz 1 und 3 SGB IV.
55 § 280 Abs. 1 SGB IX.
56 Rechtsgrundlage § 24 Abs. 1 und 2 SGB IV.
57 § 28f Abs. 2 Satz 3 SGB IV.

geworden sind", so der Wortlaut der gesetzlichen Regelung.[58] War der Arbeitgeber bei Fälligkeit gutgläubig, und ist er vor Ablauf der kurzen Verjährungsfrist bösgläubig geworden, z. B. durch die Erkenntnisse aus einer Lohnsteuer-Außenprüfung, gilt die lange Verjährungsfrist von 30 Jahren nach Ablauf des Kalenderjahres, in dem sie fällig geworden sind. Der Arbeitgeber bleibt verpflichtet, unterlassene Meldungen nachzuholen, unrichtige Meldungen zu berichtigen und Beitragszahlungen nachzuholen[59]. Somit ist für die Geltung der kurzen Verjährungsfrist von vier Jahren entscheidend, dass der Arbeitgeber bis zum Ablauf dieser Frist gutgläubig bleibt.[60]

875 Für die Praxis kommt der in § 14 Abs. 2 Satz 2 SGB IV geregelten **Nettolohnfiktion** besondere Bedeutung zu. *„Sind bei illegalen Beschäftigungsverhältnissen, Steuern und Beiträge Sozialversicherung und Arbeitsforderung nicht gezahlt worden, gilt ein Nettoarbeitsentgelt als vereinbart."* Für die Anwendung der Nettolohnfiktion ist allerdings mindestens bedingter Vorsatz erforderlich, grobe Fahrlässigkeit genügt für die Hochrechnung nicht.[61] Die Nettolohnfiktion findet keine Anwendung bei schlichten Berechnungsfehlern oder bloßen versicherungs- und beitragsrechtlichen Fehlbeurteilungen.

876 Ist nach Überprüfung des Beitragsbescheides des Trägers der Rentenversicherung eine Unrichtigkeit festgestellt worden, kann gegen diesen Bescheid Widerspruch eingelegt werden.[62] Der Widerspruch ist binnen eines Monats, nachdem der Verwaltungsakt bekannt gegeben worden ist, schriftlich, in elektronischer Form oder zur Niederschrift bei der Stelle einzureichen, die den Verwaltungsakt erlassen hat.[63]

PRAXISHINWEISE:

- Das Widerspruchsverfahren ist kostenfrei (§ 64 Abs.1 Satz 1 SGB X).
- Im Widerspruchsverfahren besteht ein Recht auf Akteneinsicht (§ 84a SGG); diese erfolgt durch Übersendung der Akte.
- Bei einer Beitragsnachforderung hat der Widerspruch keine aufschiebende Wirkung (§ 86a Abs. 2 Nr. 1 SGG).
- Es kann beim Träger der Rentenversicherung ein Antrag auf Aussetzung der Vollziehung gestellt werden, der allerdings nur Aussicht auf Erfolg hat, wenn ernstliche Zweifel an der Rechtsmäßigkeit des angegriffenen Verwaltungsakts bestehen, oder wenn die Vollziehung eine unbillige Härte zufolge hätte (§ 86a Abs. 3 Satz 2 SGG).

58 § 25 Abs. 1 SGB IV.
59 BSG, Urteil v. 3.3.2002 - B 12 KR 14/99, NWB GAAAG-79683.
60 BSG v. 26.1.2005 - B 12 KK 3/04 R.
61 BSG, Urteil v. 9.11.2011 - B 12 R 18/09 R, NWB ZAAAE-04067.
62 § 83 SGG.
63 § 84 Abs 1 Satz 1, 2 SGG.

- Es kann beim Träger der Rentenversicherung ein Antrag auf Stundung gestellt werden, der aber nur gewährt werden darf, wenn die sofortige Einziehung mit erheblichen Härten verbunden wäre und der Anspruch durch die Stundung nicht gefährdet wird (§ 76 Abs. 2 Satz 1 Nr. 1 SGB IV).
- Es kann beim Träger der Rentenversicherung auch insgesamt ein Erlass beantragt werden, wenn die Einziehung der Ansprüche nach Lage des Einzelfalls unbillig wäre. Unter den gleichen Voraussetzungen können bereits entrichtete Beiträge erstattet oder angerechnet werden (§ 76 Abs. 2 Satz 1 Nr. 3 SGB IV).

7. Beiträge zur Künstlersozialkasse[64]

Zusätzlich werden auch die Abgaben zur Künstlersozialversicherung überprüft.[65] Die deutsche Rentenversicherung stellt die Abgabepflicht gegenüber dem Arbeitgeber fest und erlässt den entsprechenden Verwaltungsakt. Die Einzugsstelle bleibt allerdings die Künstlersozialkasse. In der Praxis zeigt sich, dass die Prüfungstiefe durchaus unterschiedlich ist. Die Bandbreite der Überprüfung reicht von der bloßen Feststellung der Abgabepflicht bis zu einer vertieften Belegprüfung. Auch hier ist eine ordnungsgemäße und nachvollziehbare Dokumentation unerlässlich, damit eine Überprüfung der Bemessungsgrundlage möglich ist.[66] 877

Die deutsche Rentenversicherung bietet auf ihrer Internetseite (s. QR-Code) eine Vielzahl von Informationen zu dieser Form der Betriebsprüfung bei Arbeitgebern.

(*Einstweilen frei*) 878–885

IV. Prüfungen des Zolls

Der Zoll, hier insbesondere die Finanzkontrolle Schwarzarbeit (FKS), bekämpft illegale Beschäftigung, Schwarzarbeit sowie Mindestlohnverstöße u.a. in der Gastronomie. Dabei geht es auch um die Verhinderung des Sozialleistungsbetrugs (§ 266a StGB). Allein im Jahr 2023 wurden bei zahlreichen Arbeitgeber- 886

64 Siehe auch Kapitel G.

65 § 28p Abs. 1a SGB IV.

66 Siehe auch Kapitel E.

prüfung im Gaststätten- und Beherbergungsgewerbe 10.357 Straftaten und 12.589 Ordnungswidrigkeiten aufgedeckt.[67]

887 Im Einzelnen prüft die FKS z. B. nach den Vorgaben des Gesetzes zur Bekämpfung der Schwarzarbeit und illegalen Beschäftigung (Schwarzarbeitsbekämpfungsgesetz – SchwarzArbG)[68] insbesondere, ob

- die sich aus Dienst- und Werkleistungen ergebenden sozialversicherungsrechtlichen Meldepflichten des Arbeitsgebers erfüllt werden oder wurden (Viertes Buch Sozialgesetzbuch, SGB IV),
- aufgrund einer Dienst- oder Werkleistung Sozialleistungen nach dem Zweiten oder Dritten Sozialgesetzbuch (SGB II, SGB III) zu Unrecht bezogen werden und wurden,
- die Angaben des Arbeitgebers, die für die Sozialleistung nach dem SGB II oder SGB III erheblich sind, zutreffend bescheinigt wurden,
- Ausländische Arbeitnehmerinnen und Arbeitnehmer nicht ohne den erforderlichen Aufenthaltstitel bzw. die erforderliche Arbeitsgenehmigung beschäftigt oder beauftragt werden oder wurden,
- Arbeitsnehmerinnen und Arbeitnehmer nicht ohne erforderliche Erlaubnis ver- oder entliehen werden oder wurden und ob weitere Bestimmungen zur Arbeitnehmerüberlassung eingehalten wurden,
- die Arbeitsbedingungen nach dem Mindestlohngesetz (MiLoG), dem Arbeitnehmer-Entsendegesetz (AEntG) oder nach dem Arbeitnehmerüberlassungsgesetz (AÜG) eingehalten werden oder wurden,
- Arbeitnehmerinnen und Arbeitnehmer zu ausbeuterischen Arbeitsbedingungen beschäftigt werden oder wurden,
- Anhaltspunkte dafür bestehen, dass Steuerpflichtige, den sich aus den Dienst- oder Werkleistungen ergebenden steuerlichen Pflichten nicht nachgekommen sind.

In der Praxis arbeiten häufig FKS und Finanzbehörden eng zusammen (Hinweis auf § 31a Abs. 1 Nr. 1 Buchst. a AO und auch § 14 Abs. 2 SchwarzArbG).

In der Gastronomie werden Kontrollen der FKS durchaus auch gemeinsam mit einer Kassen-Nachschau (§ 146b AO) durch die für das Unternehmen zuständige Finanzbehörde durchgeführt.

67 https://www.bundesfinanzminsterium.de/Web/DE/Themen/Zoll/zoll.html, zuletzt aufgerufen am 25.4.2025.

68 § 2 Abs. 1 Satz 1 SchwarzArbG.

BEACHTE:

Werden vom Arbeitgeber Sozialversicherungsbeiträge und Lohnsteuern nicht in richtiger Höhe entrichtet, handelt es sich ggf. um Straftaten (§ 266a StGB und § 370 AO).

Neben Feststellungen zu hinterzogenen Lohnsteuern kommen ggf. auch weitere Steuerhinterziehungstatbestände zum Tragen, wenn „Schwarzlöhne" mit nicht versteuerten Betriebseinnahmen gezahlt wurden (Einkommen- bzw. Körperschaft-, Umsatz- ggf. Gewerbesteuerverkürzungen).

Oftmals werden diese Verfahren dann gemeinsam von der jeweils zuständigen Staatsanwaltschaft geführt bzw. die BuStra der Finanzbehörde gibt das Verfahren dann an die Staatsanwaltschaft ab.

Kontrollen der FKS erfolgen nicht nur unangekündigt, sondern auch oftmals 888
mit zahlreichen Einsatzkräften in „Uniform, Stiefel und Bewaffnung". Dieses erfolgt nicht, um den Unternehmer zu ärgern, sondern aus Vorschriften zur Eigensicherung. Die Beamten der FKS unterliegen einer besonderen Gefährdungslage bei Ausübung ihrer Amtsaufgaben, z. B. von der Vernehmung Beschuldigter, über die Vollstreckung von Durchsuchungsbeschlüssen und Haftbefehlen bis zu Festnahmen sowie Vermögensabschöpfungen. Zur Eigensicherung als „Waffenträger" muss daher auch immer eine gewisse Anzahl an Einsatzkräften eingeplant werden.[69]

Neben der FKS gibt es noch die Zollfahndung (Zollfahndungsdienst, ZFD). Sie 889
leistet die Ermittlungsarbeit zur Verfolgung von Straftaten und Ordnungswidrigkeiten im Zuständigkeitsbereich der Zollverwaltung mit Ausnahme der Bekämpfung der Schwarzarbeit (vgl. §§ 4, 5 ZFdG). In Deutschland gibt es acht Zollfahndungsämter. In der Praxis kommt es z. B. auch zu Durchsuchungen der Zollfahndung in sog. Shisha-Bars bei dem Verdacht des Verkaufs von illegalen oder nicht versteuerten Tabakwaren.

(*Einstweilen frei*) 890–895

69 Weiterführende Informationen unter https://www.zoll.de/DE/Fachthemen/Arbeit/Bekaempfung-der-Schwarzarbeit-und-illegalen-Beschaeftigung/Aufgaben-und-Befugnisse/aufgaben-und-befugnise_node.html#vt-sprg-4; zuletzt aufgerufen am 25.4.2025.

V. Steuerfahndung

1. Die Doppelfunktionalität der Finanzbehörden

896 ABB 8: Doppelfunktionalität der Finanzbehörden

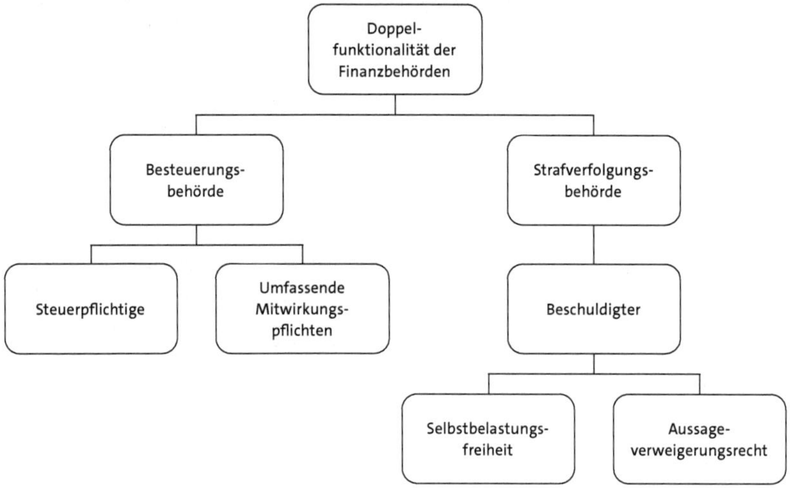

897 Diese Doppelfunktionalität zwingt die Finanzbehörden dazu, dem Steuerpflichtigen, also jedem Betreiber eines gastronomischen Betriebes, frühzeitig anzuzeigen, in welchem Verfahren (Besteuerungs- oder Steuerstrafverfahren) er sich befindet.[70]

2. Aufbau der Steuerstrafbehörden

898 In einigen Bundesländern (z. B. Niedersachsen, Berlin, Hamburg) gibt es spezielle „Finanzämter für Fahndung und Strafsachen". In anderen Bundesländern (z. B. Baden-Württemberg, Bayern) sind die Buß- und Strafsachenstellen („BuStra") Sachgebiete in den jeweiligen Finanzämtern.

899 In NRW gibt es seit dem 1.1.2024 eine neue „Superbehörde" zur Bekämpfung schwerer Formen von Steuerkriminalität, das Landesamt zur Bekämpfung der Finanzkriminalität NRW (LBF NRW)".[71] Das LBF NRW ersetzt die bisherigen Finanzämter für Steuerstrafsachen und Steuerfahndung. Neben der Bekämpfung

70 Teutemacher, PStR 2023 S. 155.

71 Landesamt zur Bekämpfung der Finanzkriminalität Nordrhein-Westfalen | Finanzverwaltung NRW.

schwerer Finanzkriminalität und Geldwäsche bilden die Aufgabenbereiche der Task Force, des IT-Kompetenzzentrums und der Umsatzsteuerbetrugsbekämpfung die wesentlichen Schwerpunktthemen des neuen Landesamts.

Im Folgenden soll kurz die Aufgabenstellungen und Zusammenarbeit der Bußgeld- und Strafsachenstelle sowie der Steuerfahndung erläutert werden

a) Bußgeld- und Strafsachenstelle (BuStra)

In Steuerstrafverfahren nimmt die BuStra die Aufgaben der Staatsanwaltschaft als Ermittlungsbehörde wahr (§ 399 Abs. 1 AO). Zu ihren Aufgaben gehören (hier nur beispielhafte Aufzählung): 900

- Entgegennahme von Anzeigen (§ 158 StPO),
- die Verfahrenseinleitung in den Fällen, für die die BuStra zuständig ist (§ 386 Abs. 2 AO; §§ 152, 160 StPO)
- etc.

Die BuStra hat das Recht, Ermittlungen jeder Art selbst vorzunehmen oder von Behörden und Beamten durchführen zu lassen. Sie kann von allen öffentlichen Behörden Auskunft verlangen und Beschuldigte, Zeugen und Sachverständige zur Vernehmung laden. 901

Zu ihren Rechten gehört auch die Beantragung auf Erlass von Durchsuchungs- und Beschlagnahmebeschlüssen oder bei „Gefahr im Verzug“ Zwangsmaßnahmen, z. B. Beschlagnahmen (§ 98 Abs. 1, § 111e Abs. 1 Satz 2 StPO) oder Durchsuchungen (§ 105 StPO) anzuordnen. 902

b) Steuerfahndung (Steufa)

Zur Erforschung von Straftaten hat die Steufa dieselben Rechte wie die Behörden und Beamten des Polizeidienstes nach den Vorschriften der Strafprozessordnung (§ 404 Satz 1 AO), insbesondere das Recht des ersten Zugriffs (§ 163 Abs. 1 StPO), der vorläufigen Festnahme (§ 127 Abs. 2 StPO), der Vernehmung von Beschuldigten, die Anhörung von Zeugen, sowie der Durchführung von Durchsuchungen, Beschlagnahme und Telekommunikationsüberwachungen. 903

Aufgaben der Steuerfahndung nach § 208 AO			
Abs. 1 Satz 1 Nr. 1 Erforschung von Steuerstraftaten und Steuerordnungswidrigkeiten	**Abs. 1 Satz 1 Nr. 2** Ermittlung der Besteuerungsgrundlagen	**Abs. 1 Satz 1 Nr. 3** Ermittlung unbekannter Steuerfälle	**Abs. 2 Nr. 2** Steuerliche Ermittlungen auf Ersuchen des FA

PRAXISHINWEIS:

Die Beamten der Steufa unterliegen als Ermittlungspersonen der Staatsanwaltschaft in von der BuStra geleiteten Strafverfahren bei der Aufklärung steuerlicher Straftaten deren Weisungen.

3. Besteuerungsverfahren vs. Strafverfahren

904 Da das Besteuerungs- und das Strafverfahren zwei selbständig nebeneinander laufende Verfahren sind und die Ermittlungen zumeist zeitgleich durchgeführt werden, kann es zu Berührungspunkten beider Verfahren kommen.

905 Hierbei sind die Rechte und Pflichten der Steuerpflichtigen und der Finanzverwaltung in den jeweils für das Verfahren geltenden Vorschriften geregelt (§ 393 Abs. 1 Satz 1 AO). Beide Verfahren sind grundsätzlich in ihrer Wertigkeit gleichrangig.

906 In beiden Verfahren sind objektive und subjektive Tatbestände zu ermitteln. Diese Ermittlungen dienen im Besteuerungsverfahren dem Ziel, die materiellrechtlich zutreffende Steuer zu ermitteln und unter Berücksichtigung der Berichtigungs-/Verjährungsvorschriften der AO festzusetzen.

907 Im Strafverfahren sind diese Ermittlungen notwendig zur Feststellung der objektiven Steuerverkürzung und der persönlichen Schuld des Beschuldigten.

908 Wichtigstes Element in beiden Verfahren ist die **Rechtsstellung des Beschuldigten**. Nach § 136 StPO haben Beschuldigte im Strafverfahren das Recht, die Aussage zu verweigern („Nemo-tenetur-Grundsatz"). Hierüber sind sie zu belehren.

BEACHTE:

Ist gegen den Stpfl. wegen der Abgabe unrichtiger Steuererklärungen ein Steuerstrafverfahren anhängig, rechtfertigt das in § 393 Abs. 1 Satz 2 und 3 AO normierte Zwangsmittelverbot („nemo tenetur se ipsum accusare") für nachfolgende Besteuerungszeiträume weder die Nichtabgabe zutreffender noch die Abgabe unrichtiger Steuererklärungen.[72]

72 BGH, Beschluss v. 10.1.2002 - 5 StR 452/01, NWB JAAAC-07337; im Anschluss an BGH, Beschluss v. 26.4.2001 - 5 StR 587/00, BGHSt 47 S. 8, NWB KAAAC-07529.

Im deutschen Strafrecht ist demnach niemand verpflichtet gegen sich selbst auszusagen. Ein derartiges Aussageverweigerungsrecht sieht die Abgabenordnung für das Besteuerungsverfahren hingegen nicht vor. 909

In diesem Verfahren sind Steuerpflichtige, auch wenn sie strafrechtlich zu Beschuldigten geworden sind, weiterhin zur Mitwirkung verpflichtet (§§ 90, 93ff., 200 AO). 910

Dieser Konflikt wird durch § 393 Abs. 1 Satz 2 AO entschärft. 911

Hiernach sind **Zwangsmittel (§ 328 AO)** gegen Steuerpflichtige unzulässig, wenn diese gezwungen würden, sich selbst wegen einer Steuerstraftat oder Steuerordnungswidrigkeit zu belasten. Zwangsmittel gegen Beschuldigte sind demnach spätestens nach Einleitung eines Straf- bzw. Bußgeldverfahrens unzulässig. 912

Der Wegfall des Einsatzes von Zwangsmitteln ist die einzige Änderung, die für die Finanzbehörde im Besteuerungsverfahren nach Einleitung eines strafrechtlichen Ermittlungsverfahrens (bzw. bei einem drohenden Verfahren) entsteht. Alle anderen Möglichkeiten der Abgabenordnung, die Ermittlungen in einem Besteuerungsverfahren voranzutreiben bzw. ein solches Verfahren abzuschließen, bleiben unberührt. 913

Dies bedeutet, dass Besteuerungsgrundlagen auch dann nach § 162 AO zu schätzen sind, wenn gegen den Stpfl. ein steuerstrafrechtliches Ermittlungsverfahren eingeleitet worden ist.[73] 914

Die Schätzung von Besteuerungsgrundlagen gem. § 162 AO stellt keine der Beweiserhebung zugängliche Tatsache, sondern eine Schlussfolgerung dar.[74] 915

Ziel einer Schätzung ist es, dem wahren Sachverhalt möglichst nahe zu kommen. Die gewonnenen Schätzungsergebnisse müssen hierbei schlüssig, wirtschaftlich möglich und vernünftig sein.[75] Hierbei sind Übermaßschätzungen (Schätzungen, die willkürlich den vorgenannten Grundsätzen nicht entsprechen) zu vermeiden, da sie zumindest zur Rechtswidrigkeit der Steuerbescheide führen bzw. als indirektes Zwangsmittel ausgelegt werden könnten. Unschärfen in der Schätzung hingegen müssen Stpfl. gegen sich gelten lassen, da sie die Veranlassung zur Schätzung gesetzt haben. 916

---

73 BFH, Beschluss v. 19.9.2001 - XI B 6/01, BStBl 2002 II S. 4, NWB QAAAA-89088.

74 BFH, Beschlüsse v. 18.11.1998 - X B 78/98, NWB TAAAA-62823; v. 30.9.1998 - X B 28, 29/98, NWB CAAAA-62256.

75 BFH, Urteil v. 18.12.1984 - VIII R 195/82, BStBl 1986 II S. 226, NWB PAAAB-03132.

917 Im Ergebnis dürfen Beschuldigte einer Steuerstraftat in Schätzungsfällen nicht gegenüber anderen Steuerpflichtigen bevorzugt und bessergestellt werden.

918 Im Strafverfahren ist es nicht Aufgabe der Steuerfahndung, eine Schätzung durchzuführen, sondern den Sachverhalt weitestgehend richtig aufzuklären. Die Schätzung selbst obliegt im Rahmen der Hauptverhandlung dem Tatrichter.

919 Ziel einer solchen Schätzung im Rahmen der Hauptverhandlung ist es,

„aus den vorhandenen Anhaltspunkten in einem Akt des Schlussfolgerns und der Subsumtion diejenigen Tatsachen zu ermitteln, von deren Richtigkeit der Tatrichter überzeugt ist.[76]*“*

920–922 (*Einstweilen frei*)

4. Doppelfunktionalität des Außenprüfers

923 Die in den Prüfungsdiensten tätigen Beamten haben grundsätzlich nur das Recht, die steuerlichen Sachverhalte zu ermitteln. Sie haben aber auch die Möglichkeit, ein Steuerstrafverfahren einzuleiten, wenn ein konkreter Anfangsverdacht vorliegt, denn das Legalitätsprinzip gilt auch für die Prüfungsdienste (§§ 386, 399 AO; §§ 152, 158 160, 163 StPO).

PRAXISHINWEIS:

Außenprüfern steht eine strafrechtliche Notkompetenz zu, so dass auch sie zur Durchführung strafrechtlicher Maßnahmen (Durchsuchung, Beschlagnahme und sonstige Maßnahmen nach den für Ermittlungspersonen der Staatsanwaltschaft geltenden Vorschriften der StPO) befugt sind (§ 402 Abs. 1 und Abs. 2 AO, § 387 Abs. 2 AO, § 399 Abs. 2 AO).

924 Auch Steuerfahnder haben eine Doppelfunktion, weil sie einmal steuerstrafrechtlich (§ 208 Abs. 1 Satz 1 Nr. 1 AO) und einmal steuerlich (§ 208 Abs. 1 Satz 1 Nr. 2, 3 AO) unterwegs sind.

925–927 (*Einstweilen frei*)

5. Zusammenarbeit Außenprüfung und Steuerfahndung

928 Die Grundfrage lautet immer:

Wann müssen die Betriebsprüfer der Finanzverwaltung im Außendienst Kontakt zur Bußgeld- und Strafsachenstelle aufnehmen?

76 BGH, Beschluss v. 6.4.2016 - 1 StR 523/15, NWB MAAAF-75306.

Der § 10 Abs. 1 Satz 1 BPO konkretisiert den in den §§ 386 AO, 152 Abs. 2, 160, 163 StPO verankerten allgemeinen Grundsatz des Legalitätsprinzips. Sobald der Verdacht einer Steuerstraftat aufkommt, **müssen** die Betriebsprüfer Kontakt aufnehmen. 929

Der Begriff des „**Anfangsverdachts**" ist ein unbestimmter Rechtsbegriff. Er liegt in der Regel vor, wenn die Kenntnis von Tatsachen vorliegt, aus denen nach kriminalistischer Erfahrung auf eine Steuerstraftat geschlossen werden kann. 930

Nicht ausreichend für einen Anfangsverdacht sind: 931

- unverbürgte Gerüchte,
- bloße Vermutungen,
- statistische Häufigkeiten oder
- alleinige kriminalistische Hypothesen.

Die alleinige Möglichkeit einer Steuerhinterziehung begründet noch keinen Anfangsverdacht.

Es müssen schon objektive Tatsachen vorliegen, aus denen eine Steuerverkürzung ersichtlich ist. Oftmals reichen auch „starke" Indizien. Für ein konkretes Fehlverhalten des Steuerpflichtigen müssen entsprechende Anhaltspunkte vorliegen. 932

Liegen zureichende Anhaltspunkte vor, **muss** die BuStra (als „Staatsanwaltschaft der Finanzbehörden") wegen aller verfolgbaren Steuerstraftaten ein Steuerstrafverfahren einleiten (§ 152 Abs. 2 StPO). 933

Nach den allgemeinen Regelungen ist das der Fall, wenn nach kriminalistischer Erfahrung, die Möglichkeit besteht, dass eine verfolgbare (Steuer-)Straftat vorliegt.[77] 934

PRAXISHINWEIS:

Gerade bei der Frage des Anfangsverdachts gibt es einen großen subjektiven Beurteilungsspielraum. Fragt man zehn Vertreter der BuStra und Steufa, kann man zu einem Sachverhalt einige unterschiedliche Meinungen hören.

Die äußeren Grenzen des Beurteilungsspielraums sind:

- reine Willkür, Verfolgung Unschuldiger (§ 344 StGB) und
- bewusstes Ignorieren des Anfangsverdachts (§ 358a StGB).

Beispiel:

Betriebsprüfer verhält sich wegen des guten „Prüfungsklimas" bewusst gutgläubig.

77 BGH, Urteil v. 21.4.1988 - III ZR 255/86, juris.

Die Annahme eines Anfangsverdachts ist dann nicht mehr vertretbar, wenn

- nach Würdigung der Belange einer funktionstüchtigen Strafrechtspflege die Ermittlungen nicht mehr verständlich oder vertretbar wären,
- konkrete Anhaltspunkte ersichtlich sind, dass die Einschätzung nicht mit der eines sachkundigen und pflichtgemäß handelnden Strafverfolgungsbeamten in Einklang zu bringen ist,[78]
- sich nicht an den Vorgaben der Rechtsprechung und Rechtswissenschaft orientiert wird.

935–940 (*Einstweilen frei*)

78 BVerfG, Urteil v. 20.2.2001 - 2 BvR 1444/00, NWB MAAAB-86639.

Kapitel G: Verwertungsgesellschaften

I. Definition

Verwertungsgesellschaften sind Organisationen, die im Namen ihrer Mitglieder die Urheberrechte, also die Rechte des Schöpfers eines Werkes, vertreten. Denn Künstlern und Produzenten ist es in der Regel nicht möglich, die Rechte der sog. Zweitverwertung alleine wahrzunehmen. Unter Zweitverwertung versteht man beispielsweise die öffentliche Wiedergabe von Musikstücken. 941

Die Verwertungsgesellschaften sammeln Vergütungen für Werknutzungen ein und schütten diese nach vorgegebenen Verteilungsschlüsseln an die Berechtigten aus. 942

Gesetzliche Grundlage der Verwertungsgesellschaften in Deutschland ist das Verwertungsgesellschaftsgesetz, abgekürzt VGG.[1] Eine Verwertungsgesellschaft ist demnach eine Organisation, die gesetzlich oder auf Grundlage einer vertraglichen Vereinbarung berechtigt ist und deren ausschließlicher oder hauptsächlicher Zweck es ist, für Rechnung mehrerer Rechtsinhaber, Urheberrechte oder verwandte Schutzrechte zu deren kollektiven Nutzen wahrzunehmen, gleichviel, ob in eigenem oder in fremdem Namen (§ 2 Abs. 1 VGG). 943

Die Verwertungsgesellschaften unterstehen in Deutschland der Aufsicht des Deutschen Patent- und Markenamts, kurz DPMA (§ 75 Abs. 1 VGG), wobei Verwertungsgesellschaft nur eine Gesellschaft sein kann, die im Besitz einer Erlaubnis nach § 77 VGG ist. 944

In Deutschland existieren aktuell 13 Gesellschaften, die über eine solche Erlaubnis verfügen,[2] die bekannteste hierbei ist sicherlich die Gesellschaft für musikalische Aufführungs- und mechanische Vervielfältigungsrechte (kurz GEMA), mit Sitz in Berlin. In der Gesellschaft haben sich Komponisten und Textdichter als Urheber von Musikwerken sowie Musikverleger zusammengeschlossen. 945

PRAXISHINWEIS:

Das Urheberrecht entsteht, wenn eine persönliche, geistige Schöpfung, das sog. „Werk“ geschaffen wird. Der Begriff „Werk“ ist dabei vielseitig und geht mit dem technischen Wandel der Zeit einher, denn so sind auch Videosequenzen für Animationen auf Bildschirmen oder Leinwänden oder Computerprogramme für Lichtvisualisierungen zur Untermalung von musikalischen Darbietungen, schon grundsätzlich schutzfähig. Das Recht am eigenen Werk entsteht hierbei schon mit der Schöpfung (Urheberpersönlichkeitsrecht) und nicht erst mit der Veröffentlichung (Verwertungsrecht).

---

1 https://www.gesetze-im-internet.de/vgg/, abgerufen am 15.5.2025.

2 https://www.dpma.de/docs/dpma/liste_verwertungsgesellschaften.pdf, zuletzt abgerufen am 15.5.2025.

II. Nutzung von Musik in der Öffentlichkeit

1. Die GEMA für Musiknutzer

946 Die GEMA vertritt als Treuhänderin die Urheberrechte ihrer Mitglieder, wie Sänger, Komponisten, Texter oder Musikverleger. Wer Musik öffentlich wiedergeben, aufführen oder vervielfältigen möchte, muss sich daher diese Wiedergabe lizensieren lassen, da hier in den allermeisten Fällen urheberrechtlich geschützte Werke und Leistungen genutzt werden.

947 Die GEMA unterscheidet zwischen Aufführung von Livemusik, Wiedergabe von Tonträgern und Bildtonträgern, der Musiknutzung im Internet, und der Herstellung von Audio CDs, Hörbüchern und Musikfilmvideos oder Multimedia.

948 Die für die Gastronomie relevanten Tarife finden sich im Bereich „Wiedergabe von Tonträgern und Bild".

949 Tonträger, hier z.B. Tarife für Bowlingbahnen, Erotiklokale, Hintergrundmusik mit Tonträgern, Musikkneipen, Clubs, Diskotheken oder auch Musik in Sanitäreinrichtungen.

2. Musik in der Öffentlichkeit nutzen

950 Die GEMA unterscheidet bei der Lizenzierung zwischen

- einzelnen Veranstaltungen und
- dauerhafter Musiknutzung.

951 Veranstaltungen können sein:

- Konzerte,
- Theateraufführungen,
- Feste,
- Party/Feier/Tanz/Bälle, Disco und vieles mehr.

952 Über den Preisrechner und Tariffinder der GEMA[3] lassen sich schnell und einfach die richtigen Tarife finden und abschließen.

953 Die für die Gastronomie wichtigsten Tarife für die sowohl einzelne als auch dauerhafte Nutzung sind die Tarife:

- **M-U** für Unterhaltungs- und Tanzmusik mit Tonträgerwiedergabe.
- **R** für die Wiedergabe von Radio.

---

3 https://www.gema.de/portal/app/tarifrechner/tariffinder/veranstaltung, zuletzt abgerufen am 15.5.2025.

- **FS** für die Wiedergabe von Fernsehsendungen, Kleinbild bis 42 Zoll bzw. Bild ab einer Diagonalen größer als 42 Zoll.
- **M-V** für Unterhaltung- und Tanzmusik mit Tonträgerwiedergabe mit Veranstaltungscharakter, wie z. B. Karnevalssitzungen, Zeltveranstaltungen oder Events vor geladenen Gästen.
- **U-V** Für Unterhaltungs- und Tanzmusik mit Musikern.
- **M-CD** für Unterhaltungsmusik in Kneipen, Clubs, Diskotheken und ähnlichen Betrieben.
- **VR-Ö** für Vervielfältigungen (sog. DJ-Tarif).

Eine Übersicht aller aktuellen Tarife und Tarifblätter ist unter folgendem Link zu finden: Hier finden sich auch alle Informationen zur Umstellung der Berechnungsgrundlage auf Nettowerte seit dem 1.1.2023.

Auszugsweise Beispiele für Tarife 954

Vergütungssätze für regelmäßige Tonträgerwiedergabe ohne Veranstaltungscharakter und ohne Tanz in Gaststätten, Eisdielen und gleichartigen Betrieben (M-U III)

Größe des Veranstaltungsraums	jährlich	vierteljährlich	monatlich
mit Tonträgern			
bis 100 qm	237,20 €	65,23 €	23,72 €
bis 200 qm	474,30 €	130,43 €	47,43 €
bis 300 qm	711,40 €	195,64 €	71,14 €
je weitere 200 qm bis 700 qm	118,40 €	32,56 €	11,84 €
je weitere 300 qm größer 700 qm	118,40 €	32,56 €	11,84 €
mit Musikautomaten (je Gerät)	237,20 €	65,23 €	23,72 €

Vergütungssätze für Hörfunksendungen und Ladenfunk in Gaststätten, Eisdielen und gleichartigen Betrieben (R II.2.1)

Größe des Veranstaltungsraums	**jährlich**	**vierteljährlich**	**monatlich**
bis 100 qm	237,20 €	65,23 €	23,72 €
bis 200 qm	474,30 €	130,43 €	47,43 €
bis 300 qm	711,40 €	195,64 €	71,14 €
je weitere 200 qm bis 700 qm	118,40 €	32,56 €	11,84 €
je weitere 300 qm größer 700 qm	118,40 €	32,56 €	11,84 €

Unterhaltungsmusik mit Tonträgern in Musikkneipen, Clubs und ähnlichen Betrieben mit Veranstaltungscharakter und mit Tanz (M-CD)

	Monatliche Vergütung bei **einem** wöchentlichen Öffnungstag			
Größe des Veranstaltungsraums	Mindestvergütung oder bis zu 1,69 € Netto-Eintrittsgeld	bis zu 3,37 € Netto-Eintrittsgeld	bis zu 5,05 € Netto-Eintrittsgeld	je weitere 1,69 € Netto-Eintritts-geld
bis 100 qm	105,99 €	164,17 €	222,35 €	58,18 €
bis 200 qm	211,98 €	328,37 €	444,70 €	116,36 €
bis 300 qm	317,97 €	492,51 €	667,05 €	174,54 €
je weitere 100 qm	105,99 €	164,17 €	222,35 €	58,18 €

	Monatliche Vergütung bei **einem** wöchentlichen Öffnungstag			
Größe des Veranstaltungsraums	Mindestvergütung oder bis zu 1,69 € Netto-Eintrittsgeld	bis zu 3,37 € Netto-Eintrittsgeld	bis zu 5,05 € Netto-Eintrittsgeld	je weitere 1,69 € Netto-Eintritts-geld
bis 100 qm	148,38 €	229,82 €	311,26 €	81,44 €
bis 200 qm	296,76 €	459,64 €	622,52 €	162,88 €
bis 300 qm	445,14 €	689,46 €	933,78 €	244,32 €
je weitere 100 qm	148,38 €	229,82 €	311,26 €	81,44 €

955 Bei einigen Verträgen, so dem Vertrag M-CD, gewährt die GEMA bei Abschluss eines Pauschalvertrages mit jährlicher Vorauszahlung Nachlässe.

Und den Mitgliedern von Organisationen, hier dem Deutschen Hotel- und Gaststättenverband, mit denen die GEMA einen Gesamtvertrag für den jeweils gültigen Tarif geschlossen hat, wird ein Nachlass entsprechend den gesamtvertraglichen Vereinbarungen eingeräumt. 956

Weiterführende Informationen hierzu finden sich auf den jeweiligen Seiten der Landesverbände des DEHOGA. 957

PRAXISHINWEIS

Kontrollkostenzuschlag

Bei einigen Rechnungen findet sich die Rechnungsposition „100% KK". Hierbei handelt es sich um einen Kontrollkostenzuschlag, der Bestandteil des Schadensersatzanspruchs wegen unerlaubter Nutzung von Urheberrechten, gemäß § 97 Abs. 1 UrhG in Verbindung mit den §§ 823 ff. BGB, ist.

Laut ständiger höchstrichterlicher Rechtsprechung beträgt eben dieser Kontrollzuschlag 100% der normalen Tarifvergütung.

(*Einstweilen frei*) 958–965

III. Die Künstlersozialkasse

Der Künstlersozialbericht aus dem Jahre 1975 stellte damals fest, dass der soziale Schutz von freiberuflichen Kulturschaffenden lückenhaft ist. Sie sind häufig nicht hinreichend krankenversichert und haben oftmals keine ausreichende Altersvorsorge aufbauen können. 966

Die Folge: Auch bekannte kreative Köpfe können im Alter durch Krankheit oder bei Erwerbsunfähigkeit in finanzielle Not geraten. 967

Mitte 1981 verabschiedet daraufhin der Bundestag das „Gesetz über die Sozialversicherung der selbständigen Künstler und Publizisten". 968

Das Künstlersozialversicherungsgesetz (KSVG) gilt seit Januar 1983. Seither können sich selbständige Künstler und Autoren über die Künstlersozialkasse pflichtversichern lassen. Das gilt sowohl für die Kranken- und Pflegeversicherung als auch für die Rentenversicherung. 969

Der große Vorteil für Künstler und Publizisten ist dabei, dass sie wie Arbeitnehmer behandelt werden und dementsprechend auch nur den **Arbeitnehmeranteil** der Versicherungen zahlen müssen. Die Bemessungsgrundlage für die Beiträge ist in der Regel das Vorjahreseinkommen, da Honorare meist nicht regelmäßig fließen und nur geschätzt werden können. 970

Der **Arbeitgeberanteil** setzt sich aus einem staatlichen Bundeszuschuss und einer **Verwerterabgabe** zusammen. Die Verwerterabgabe ist ein Pflichtbeitrag, 971 den jene Unternehmen an die Künstlersozialkasse zahlen müssen, die freie Künstler und Publizisten beauftragen und deren Produkte weiterverwerten. Dazu gehören z.B. Verlage, Film- und Musikproduktionen, Museen, Galerien und Sender.

972 Für die Durchführung der Versicherungsleistungen ist allerdings nicht die Künstlersozialkasse selbst zuständig: Künstler und Publizisten überweisen zwar ihre Beiträge an die Behörde, doch sie können ihre Kranken- und Pflegekasse frei wählen – wie alle anderen gesetzlich Versicherten auch. Bei Krankheit, der Beantragung einer Reha-Maßnahme oder einer Rente wenden sich KSK-Mitglieder direkt an die jeweilige Versicherung.

973 Wer aufgenommen werden möchte, muss einen Antrag stellen. Für eine Genehmigung gelten bestimmte Voraussetzungen. **Künstler** ist, wer Musik, darstellende oder bildende Kunst schafft, ausübt oder lehrt. Publizist ist, wer als Schriftsteller, Journalist oder in ähnlicher Weise tätig ist.

974 Der Betroffene muss selbständig erwerbstätig sein – „und zwar nicht nur vorübergehend". Zudem müssten seine Honorare „gewisse Mindestverdienstgrenzen" erreichen.

975 Die Träger der Rentenversicherung sind verpflichtet, anlässlich einer Arbeitgeberprüfung **alle Arbeitgeber mindestens alle vier Jahre** zusätzlich auch dahingehend zu prüfen, ob und gegebenenfalls in welcher Höhe eine Abgabepflicht nach dem KSVG vorliegt.

976 Hiervon betroffen sind alle, die bei der KSK als Abgabepflichtige nach § 24 KSVG erfasst sind oder mehr als 19 Beschäftigte haben.

977 Bei Arbeitgebern mit weniger als 20 Beschäftigen sollen pro Jahr mindestens 40 % der Arbeitgeberprüfungen mit der Prüfung einer etwaigen Abgabepflicht nach dem KSVG verbunden werden. Die übrigen 60 % dieser Klein- und Kleinstarbeitgeber sind anlässlich der Arbeitgeberprüfung schriftlich über die Künstlersozialabgabe zu informieren.

978 Der Arbeitgeber muss in diesen Fällen bestätigen, dass er die Information erhalten hat und abgabepflichtige Sachverhalte melden wird. Gibt er diese Bestätigung nicht ab, muss der Rentenversicherungsträger eine Künstlersozialabgabeprüfung vornehmen.

979 Seit dem 1.1.2015 kann die KSK zudem zusätzlich selbst prüfen, ob Arbeitgeber ihre Meldepflichten nach dem KSVG ordnungsgemäß erfüllen und die Künstlersozialabgabe rechtzeitig und vollständig entrichten.

In der Gastronomie stellt sich oft die Frage, ob der Unternehmer selbst abgabepflichtig ist oder nicht. Allgemein lässt sich sagen, dass nach § 24 Abs. 1 KSVG alle Unternehmer und Unternehmen, die durch ihre Organisation, besondere Branchenkenntnisse oder spezielles Knowhow den Absatz künstlerischer oder publizistischer Leistung am Markt fördern oder ermöglichen, grundsätzlich zum Kreis der künstlersozialabgabepflichtigen Unternehmen gehören. Zusätzlich sind nach § 24 Abs. 2 Satz 1 Nr. 1 KSVG auch alle Unternehmen abgabepflichtig, die Werbung für ihr eigenes Unternehmen machen. 980

Zu den künstlerisch publizistischen Tätigkeiten, die vom KSVG umfasst werden, gehören beispielsweise Alleinunterhalter, Büttenredner, Comedians, Discjockeys, Entertainer, Fotografen, Grafiker, Illustratoren, Kabarettisten, Licht-Designer, Medien-Designer, Terminus-Fachleute, Reporter, Sänger, Schauspieler, Tänzer, Unterhaltungskünstler oder Werbedesigner. 981

Eine nicht abschließende und im Einzelfall zu prüfende Übersicht ist in der Informationsschrift Nr. 6 zur Künstlersozialabgabe zu finden.[4] 982

PRAXISHINWEIS:

Die Abgabe und Meldepflicht für Unternehmer und Unternehmen bei Eigenwerbung besteht seit dem 1.1.2015 nur, wenn die Entgelte einen bestimmten jährlichen Grenzbetrag überschreiten. Für die Jahre bis einschließlich 2024 liegt der Grenzbetrag bei 450€, im Jahr 2025 bei 700€ und für die Jahre ab 2026 bei 1.000€. Andernfalls ist eine unaufgeforderte Meldung an die KSK nicht erforderlich. Wird der Unternehmer oder das Unternehmen jedoch von der Künstlersozialkasse aufgefordert, eine Entgeltmeldung abzugeben, müssen auch Entgelte unterhalb des jeweiligen Grenzbetrags angegeben werden. In diesen Fällen wird jedoch keine Künstlersozialabgabe berechnet beziehungsweise erhoben.

Um die Höhe der zu zahlenden Künstlersozialabgabe zu berechnen, sind alle in einem Kalenderjahr an selbständige Künstler und Publizisten gezahlten Nettoentgelte heranzuziehen (§ 25 KSVG). Entgelt im Sinne des KSVG ist alles, was der Unternehmer aufwenden muss, um das künstlerische/publizistische Werk oder die Leistung zu erhalten oder zu nutzen. Zum Entgelt gehören grundsätzlich auch alle Auslagen und Nebenkosten, die dem Künstler vergütet werden. 983

In der Praxis stellt sich oft die Frage, ob die Abgabe auch für Zahlungen an Personen erhoben wird, die zwar selbständig künstlerisch oder publizistisch tätig sind, aber nicht nach dem KSVG versichert sind. Nach dem KSVG ist Künstler oder Publizist auch, wer die künstlerische oder publizistische Tätigkeit 984

4 https://www.kuenstlersozialkasse.de/fileadmin/Dokumente/Mediencenter_Unternehmer_Verwerter/Informationsschriften/Info_06_-_Kuenstlerische_publizistische_Taetigkeiten_und_Abgabesaetze.pdf (abgerufen am 15.5.2025).

nur nebenberuflich oder nicht berufsmäßig ausübt, oder wer seinen ständigen Aufenthaltsort im Ausland hat oder im Ausland tätig ist. Somit sind Abgaben für alle künstlerisch oder publizistisch tätigen Personen zu leisten, solange diese nicht als KG, OHG oder Kapitalgesellschaft tätig ist.

985 Hieraus folgend hat es sich bewährt schon in der laufenden Buchhaltung eine mögliche KSK Abgabepflicht zu überprüfen und durch entsprechende Kenntlichmachung im Text oder Buchung auf eigenes Konto zu dokumentieren.

Beispiel:

- Summe Klasse 4
  - 5200 Produktionskosten,
  - 5201 Verpflegung freies Drehteam,
  - 5202 Motivmiete/Drehgenehmigung,
  - 5203 Requisitenverbrauch,
  - 5204 Reisekosten freies Drehteam,
  - 5900 Fremdleistungen KSK,
  - 5901 Fremdleistungen.

986 Die gesetzlichen Bestimmungen, wie den Zahlungs- und Meldepflichten nachzukommen ist, lassen sich wie folgt zusammenfassen:

987 Bei erstmaliger Anmeldung den „Anmelde- und Erhebungsbogen zur Prüfung der Abgabepflicht und Höhe der Abgabe nach dem KSVG“ ausfüllen und einreichen.[5]

5 https://www.kuenstlersozialkasse.de/fileadmin/Dokumente/Mediencenter_Unternehmer_Verwerter/Anmeldeunterlagen_und_Meldebogen/Paket_Anmelde-_und_Erhebungsbogen_Infoschrift.pdf.

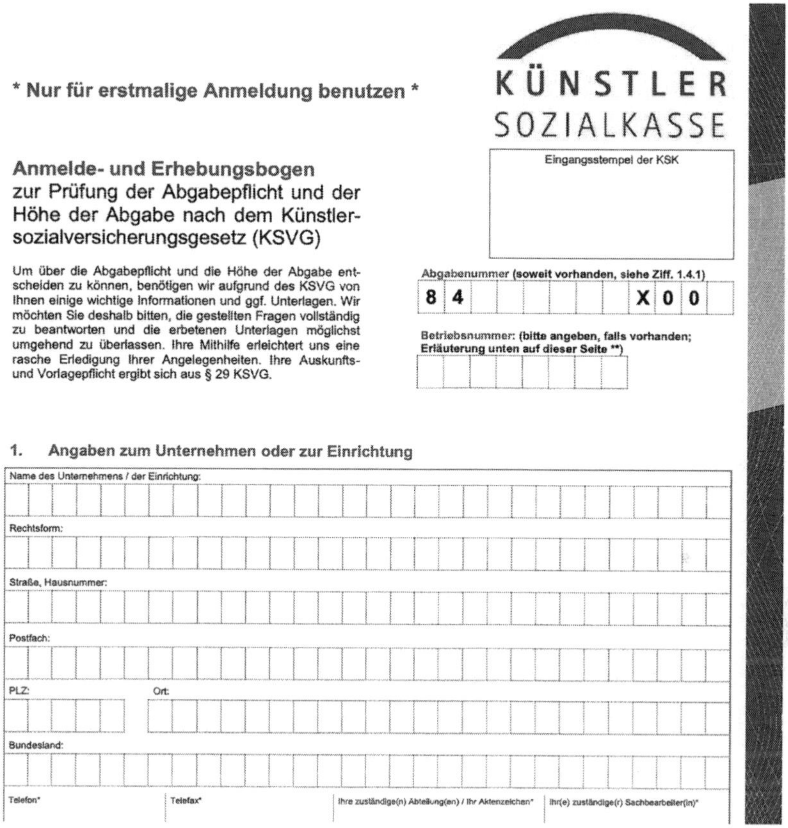

KÜNSTLER SOZIALKASSE

* Nur für erstmalige Anmeldung benutzen *

Eingangsstempel der KSK

Anmelde- und Erhebungsbogen
zur Prüfung der Abgabepflicht und der Höhe der Abgabe nach dem Künstlersozialversicherungsgesetz (KSVG)

Um über die Abgabepflicht und die Höhe der Abgabe entscheiden zu können, benötigen wir aufgrund des KSVG von Ihnen einige wichtige Informationen und ggf. Unterlagen. Wir möchten Sie deshalb bitten, die gestellten Fragen vollständig zu beantworten und die erbetenen Unterlagen möglichst umgehend zu überlassen. Ihre Mithilfe erleichtert uns eine rasche Erledigung Ihrer Angelegenheiten. Ihre Auskunfts- und Vorlagepflicht ergibt sich aus § 29 KSVG.

Abgabenummer **(soweit vorhanden, siehe Ziff. 1.4.1)**

8 4 X 0 0

Betriebsnummer: **(bitte angeben, falls vorhanden; Erläuterung unten auf dieser Seite **)**

1. Angaben zum Unternehmen oder zur Einrichtung

Name des Unternehmens / der Einrichtung:

Rechtsform:

Straße, Hausnummer:

Postfach:

PLZ: Ort:

Bundesland:

Telefon* Telefax* Ihre zuständige(n) Abteilung(en) / Ihr Aktenzeichen* Ihr(e) zuständige(r) Sachbearbeiter(in)*

Unter Angabe der erteilten Abgabenummer ist der Künstlersozialkasse bis zum 31.3. des Folgejahres online mitzuteilen, wie hoch im vergangenen Kalenderjahr die Umsätze mit selbständigen Künstlern und Publizisten gewesen sind. 988

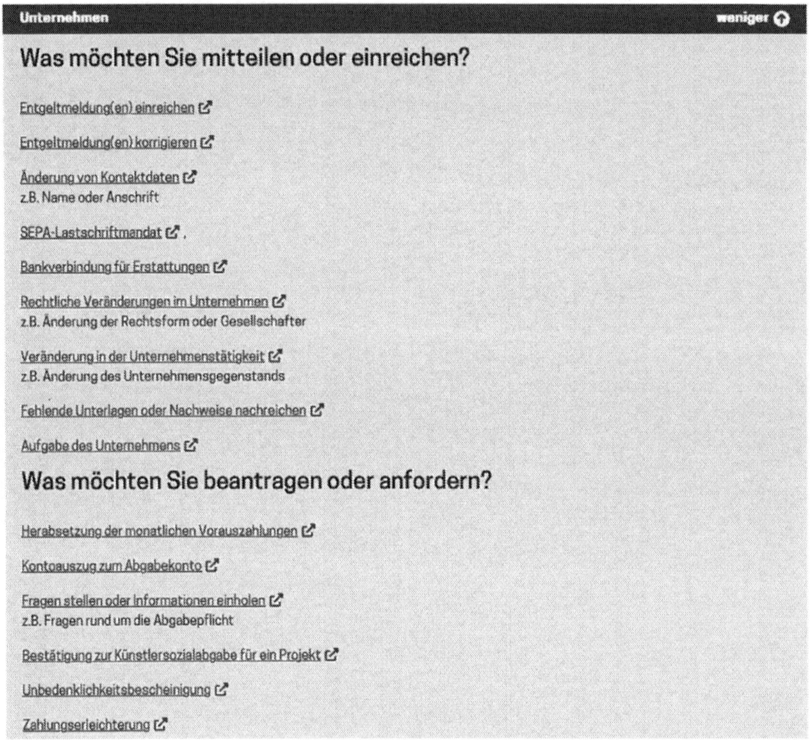

Unternehmen
weniger
Was möchten Sie mitteilen oder einreichen?
Entgeltmeldung(en) einreichen
Entgeltmeldung(en) korrigieren
Änderung von Kontaktdaten
z.B. Name oder Anschrift
SEPA-Lastschriftmandat
Bankverbindung für Erstattungen
Rechtliche Veränderungen im Unternehmen
z.B. Änderung der Rechtsform oder Gesellschafter
Veränderung in der Unternehmenstätigkeit
z.B. Änderung des Unternehmensgegenstands
Fehlende Unterlagen oder Nachweise nachreichen
Aufgabe des Unternehmens
Was möchten Sie beantragen oder anfordern?
Herabsetzung der monatlichen Vorauszahlungen
Kontoauszug zum Abgabekonto
Fragen stellen oder Informationen einholen
z.B. Fragen rund um die Abgabepflicht
Bestätigung zur Künstlersozialabgabe für ein Projekt
Unbedenklichkeitsbescheinigung
Zahlungserleichterung

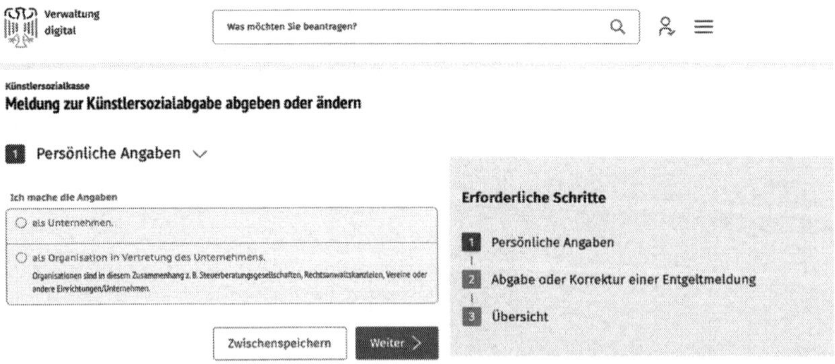

Verwaltung digital
Was möchten Sie beantragen?
Künstlersozialkasse
Meldung zur Künstlersozialabgabe abgeben oder ändern
1 Persönliche Angaben
Ich mache die Angaben
als Unternehmen.
als Organisation in Vertretung des Unternehmens.
Organisationen sind in diesem Zusammenhang z. B. Steuerberatungsgesellschaften, Rechtsanwaltskanzleien, Vereine oder andere Einrichtungen/Unternehmen.
Zwischenspeichern
Weiter
Erforderliche Schritte
1 Persönliche Angaben
2 Abgabe oder Korrektur einer Entgeltmeldung
3 Übersicht

Die Summe der im letzten Kalenderjahr für künstlerische und publizistische Werke oder Leistungen an selbständig Tätige gezahlten Entgelte beträgt:

Entgeltsumme 2024 (in Euro ohne Cent)

Bitte angeben

Bei Änderungen der Kontaktdaten des Unternehmens bitten wir um Mitteilung. (Optional)

☐ Der Name des Unternehmens hat sich geändert.

☐ Die Anschrift des Unternehmens hat sich geändert.

Wie geht es weiter?

Sobald die Künstlersozialkasse Ihr Anliegen bearbeitet hat, erhalten Sie eine Nachricht.

Der abgabepflichtige Unternehmer oder das abgabepflichtige Unternehmen hat für das laufende Kalenderjahr eine monatliche Vorauszahlung zu leisten, die von der KSK auf Basis der Vorjahreswerte mitgeteilt wird. 989

BEISPIEL: EIN ABGABEPFLICHTIGER UNTERNEHMER HAT FÜR DAS JAHR 2022 EINE ENTGELTSSUMME VON 60.000 € GEMELDET.

Monatliche Vorauszahlungen: 60.000 €/12 Monate = 5.000 € x 5 % = **250 €**

Nach der endgültigen Abrechnung, nach Ablauf des Kalenderjahres, sind Überzahlung und Fehlbeträge auszugleichen.

Die Beitragssätze (hier der letzten vier Jahre) belaufen sich auf:

2022: 4,2 %

2023: 5,0 %

2024: 5,0 %

2025: 5,0 %

Unternehmer, die ihrer Meldepflicht nicht rechtzeitig nachkommen, werden von der KSK nach § 27 Abs. 1 Satz 3 KSVG geschätzt. Die Schätzung kann nur durch die Abgabe einer konkreten Entgeltmeldung berichtigt werden. Die Verletzung der gesetzlichen Melde- und Aufzeichnungspflichten ist im Übrigen eine Ordnungswidrigkeit. Diese kann mit einem Bußgeld geahndet werden, welches bei Rechtskraft zur Eintragung in das Gewerbezentralregister (vgl. § 153a Abs. 1 GewO) gemeldet wird.

Eine möglicherweise erneute Zuverlässigkeitsprüfung zur Erlangung einer ordnungsbehördlichen gaststättenrechtlichen Erlaubnis kann noch Jahre später zu Problemen führen.

990 Die KSK kann die Überwachung i.S.von § 35 KSVG in Form einer schriftlichen oder elektronischen Prüfung oder in Form einer Außenprüfung durchführen.[6]

991 Zu den Mitwirkungspflichten des Unternehmers gehört die Bereitstellung von angeforderten Unterlagen. Hiermit sind Aufzeichnungen (§ 28 KSVG) und Meldungen (§ 27 KSVG) über die an selbständige Künstler und Publizisten gezahlten Entgelte gemeint.

Im Einzelfall sind

- Vertragsunterlagen,
- Notizen über mündliche Vertragsabsprachen,
- sämtliche Abrechnungsunterlagen,
- sowie alle zum Rechnungswesen gehörenden Geschäftsbücher und sonstigen Unterlagen

vorzulegen.

PRAXISTIPP:

Seit Kurzem ist die KSK auch über Online-Formulare im Bundesportal zu erreichen.

Hierüber können Entgeltmeldungen eingereicht und korrigiert werden, Kontaktdaten geändert oder auch SEPA-Lastschrift-Mandate hinterlegt werden. Auch Anträge zur Herabsetzung der monatlichen Vorauszahlung oder für Zahlungserleichterungen können online gestellt werden.[7]

6 https://www.gesetze-im-internet.de/ksvg/__35.html.

7 https://verwaltung.bund.de/leistungsverzeichnis/DE/leistung/99107033011009/herausgeber/LeiKa-102775751/region/000000000000.

Anlagen

Checkliste zur Kassenführung mittels elektronischer Aufzeichnungssysteme (eAS) für gastronomische Betriebe

Stand: August 2024

Inhalt

I. Vorbemerkung

Diese Checkliste dient der Umsetzung der maßgebenden Anforderungen, die durch das Gesetz zum Schutz vor Manipulationen an digitalen Grundaufzeichnungen[1] (einfach den QR-Code scannen) in der Abgabenordnung (AO) normiert wurden.

Insbesondere bei den in dieser Checkliste maßgeblichen eAS mit Kassenfunktion sind folgende Punkte besonders zu beachten:

- Einzelaufzeichnungspflicht (§§ 146 Abs. 1 Satz 1, 146a Abs. 1 Satz 1 AO),
- Schutz durch eine vom BSI[2] zertifizierte technische Sicherheitseinrichtung (§ 146a Abs. 1 Satz 2 AO),
- Belegausgabepflicht (§ 146a Abs. 2 AO),
- Mitteilungsverpflichtung (§ 146a Abs. 4 AO).

Die Checkliste eignet sich auch dazu, Ihnen beim Aufbau einer Verfahrensdokumentation zu helfen.

II. Einführung

1. Definition

Eine Legaldefinition des Begriffs „elektronisches Aufzeichnungssystem" ist dem Gesetz nicht zu entnehmen. Im AEAO zu § 146 findet sich folgende Definition:[3]

> „Ein elektronisches Aufzeichnungssystem ist die zur elektronischen Datenverarbeitung eingesetzte Hardware und Software, die elektronische Aufzeichnungen zur Dokumentation von Geschäftsvorfällen und somit Grundaufzeichnungen erstellt."

2. Arten von eAS

eAS gehören auch zu den DV-Systemen laut GoBD, siehe BMF-Schreiben vom 28.11.2019[4], zuletzt geändert durch BMF-Schreiben vom 11.3.2024[5] (siehe QR-Code)[6].

Wie die folgende Abb. zeigt, lassen sich die eAS grob in **zwei Arten** unterscheiden. Zum einen sind es

- eAS mit Kassenfunktion i. S. des § 146a Abs. 1 Satz 1 i. V. mit § 1 Abs. 1 Satz 1 KassenSichV,
- eAS ohne Kassenfunktion i. S. des § 1 Abs. 1 Satz 2 KassenSichV.

[1] Gesetz zum Schutz vor Manipulationen an digitalen Grundaufzeichnungen vom 22.12.2016, BStBl 2017 I S. 21, aufrufbar unter https://go.nwb.de/j6ysh (zuletzt aufgerufen am 27.8.2024).
[2] BSI = Bundesamt für Sicherheit in der Informationstechnik.
[3] AEAO zu § 146, Nr. 2.1.4.
[4] BMF, Schreiben v. 28.11.2019 - IV A 4 - S 0316/19/10003 :001, BStBl 2019 I S. 1269 NWB TAAAH-23416.
[5] BMF, Schreiben v. 11.3.2024 - IV D 2 - S 0316/21/10001 :002, BStBl 2024 I S. 374 NWB TAAAJ-63376.
[6] Alternativ aufrufbar unter https://go.nwb.de/u7urz (zuletzt aufgerufen am 27.8.2024).

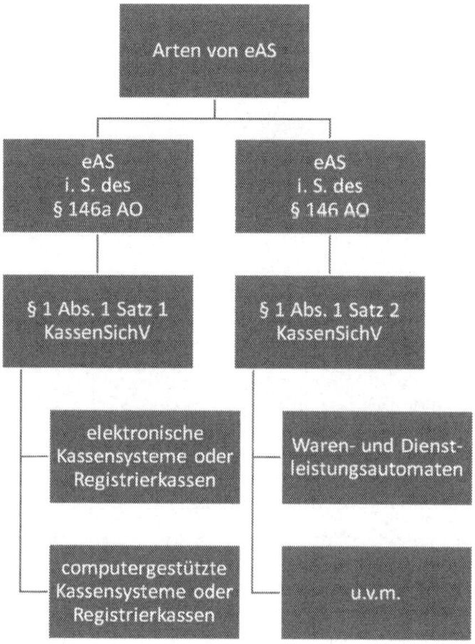

Abb.: Arten von eAS

Hinweis: Diese Checkliste bezieht sich auf elektronische Aufzeichnungssysteme **mit Kassenfunktion.**

In der Gastronomie werden in der Regel ausschließlich eAS mit Kassenfunktion eingesetzt. Eine Kassenfunktion haben eAS dann, wenn sie der Erfassung und Abwicklung von zumindest teilweise baren Zahlungsvorgängen dienen können.

Steuerberater argumentieren oftmals, dass – bspw. – ein Warenwirtschaftssystem (WWS) kein Kassenmodul und deshalb keine Kassenfunktion habe. Es kommt nicht darauf an, dass ein Kassenmodul vorhanden ist, sondern ausschließlich darauf, ob man mit dem jeweiligen eAS Barumsätze abwickeln kann oder nicht.

Rechtsstand: August 2024

III. Beschreibung des gastronomischen Betriebes

1.	**Kurzbeschreibung des gastronomischen Betriebes**		
1.1	➢ Restaurant		
	○ mit Tischbedienung (Tischzwang im eAS)	☐ ja	☐ nein
	▪ es werden mobile eAS eingesetzt	☐ ja	☐ nein
	▪ es werden keine mobilen eAS eingesetzt	☐ ja	☐ nein
	○ ohne Tischbedienung	☐ ja	☐ nein
1.2	➢ Café		
	○ mit Tischbedienung (Tischzwang im eAS)	☐ ja	☐ nein
	▪ es werden mobile eAS eingesetzt	☐ ja	☐ nein
	▪ es werden keine mobilen eAS eingesetzt	☐ ja	☐ nein
	○ ohne Tischbedienung	☐ ja	☐ nein
1.3	➢ Imbissbetrieb		
	○ mit Tischbedienung (Tischzwang im eAS)	☐ ja	☐ nein
	▪ es werden mobile eAS eingesetzt	☐ ja	☐ nein
	▪ es werden keine mobilen eAS eingesetzt	☐ ja	☐ nein
	○ ohne Tischbedienung	☐ ja	☐ nein
1.4	➢ Kneipe/Schankwirtschaft	☐ ja	☐ nein
1.5	➢ Diskothek oder Tanzlokal	☐ ja	☐ nein
1.6	➢ Bar	☐ ja	☐ nein
1.7	➢ Sonstige getränkegeprägte Gastronomie	☐ ja	☐ nein
1.8	➢ Food-Truck bzw. sonstige Verkaufsfahrzeuge (bitte hier näher erläutern) ______________________________	☐ ja	☐ nein
1.9	➢ Sind weitere Filialen/Betriebsstätten vorhanden? **Hinweis:** Sind weitere Filialen/Betriebsstätten vorhanden, müssen weitere Checklisten für diese erstellt werden (= Bestandteile einer Verfahrensdokumentation).	☐ ja	☐ nein
2.	**Rechtliche Struktur**		
2.1	Rechtsform		
	➢ Einzelunternehmen	☐	
	➢ Personen(handels)gesellschaft (BGB-Gesellschaft, OHG, KG)	☐	
	➢ Kapitalgesellschaft (GmbH, UG (haftungsbeschränkt))	☐	
2.2	Inhaber/Geschäftsführer Name: ________________ Vorname: ________________ Anschrift: ________________ Telefon: ________________ Sitz der Unternehmensleitung: ________		

IV. Einsatzbereiche des eAS

1.	**Wo und wie wird das unter Abschnitt V näher beschriebene eAS im Unternehmen genutzt?**		
1.1	Das eAS wird immer am selben Ort eingesetzt. Ort und Anschrift werden auch auf dem Bon/Beleg ausgegeben. **Hinweis:** Ein Muster-Bon sollte hier eingeklebt werden.	☐ ja ☐ ja	☐ nein ☐ nein
1.2	Das eAS ist **ganzjährig** im Einsatz.	☐ ja	☐ nein
1.3	Das eAS wird nur **saisonal** genutzt. **Hinweis:** Die genauen Einsatzzeiträume sind zu protokollieren.	☐ ja	☐ nein
1.4	Das eAS wird **nur für Veranstaltungen** genutzt. **Hinweis:** Die genauen Einsatzzeiträume sind zu protokollieren.	☐ ja	☐ nein
1.5	Es handelt sich um ein **Trainings-** und/oder **Schulungs-eAS**. **Hinweis:** Die genauen Einsatzzeiträume sind zu protokollieren.	☐ ja	☐ nein
1.6	Das beschriebene eAS wurde ➢ gemietet (genaue Angabe des Vermieters), ➢ geleast (genaue Angabe des Leasinggebers), ➢ geliehen (genaue Angabe des Verleihers).	 ☐ ja ☐ ja ☐ ja	 ☐ nein ☐ nein ☐ nein
2.	**Weitere Informationen (ggf. gesondertes Blatt verwenden)**		
3.	**Datenübertragung in vor- bzw. nachgelagerte Systeme** **Hinweis:** Die hier vorgenommenen Eintragungen sind für die Schnittstellenprüfungen der Finanzbehörde von Bedeutung. Sollten Sie keine vor- bzw. nachgelagerten Systeme einsetzen, sind hier keine Eintragungen vorzunehmen.		
3.1	Vorgelagerte Systeme ➢ Warenwirtschaftssysteme, ➢ Bestellsysteme, ➢ Sonstige Branchenlösungen.	 ☐ ja ☐ ja ☐ ja	 ☐ nein ☐ nein ☐ nein
3.2	Nachgelagerte Systeme ➢ Warenwirtschaftssysteme, Name: __________ ➢ Personaleinsatzplanungssysteme, Name: __________ ➢ Arbeitszeiterfassungssysteme, Name: __________ ➢ Buchhaltungsprogramme, Name: __________ ➢ Kassenarchive Online, Name: __________ ➢ Sonstige Branchenlösungen. Name: __________	 ☐ ja ☐ ja ☐ ja ☐ ja ☐ ja ☐ ja	 ☐ nein ☐ nein ☐ nein ☐ nein ☐ nein ☐ nein

3.3	Art der Datenübertragung Eine genaue Schnittstellenbeschreibung liegt vor. **Hinweis:** Hier ist eine genaue Darstellung (auf gesondertem Blatt) erforderlich, wie die Daten zwischen den vor- und nachgelagerten Systemen und dem eAS erfolgt. Der Kassenfachhändler bzw. Systemadministrator ist Ihnen sicherlich dabei behilflich.	☐ ja	☐ nein
3.4	Wie oft erfolgt der Datenaustausch? ➢ täglich, ➢ wöchentlich, ➢ monatlich, ➢ jährlich.	 ☐ ja ☐ ja ☐ ja ☐ ja	 ☐ nein ☐ nein ☐ nein ☐ nein

V. Art des eAS

1.	**Zunächst sollte in Zusammenarbeit mit dem Kassenfachhändler geprüft werden, welche Form von eAS im Betrieb bzw. in den Betriebsstätten genutzt werden.**		
1.1	➢ Proprietäres eAS (kein PC-basierendes System)  Beispiele: ○ POS-Systeme, ○ Selbstbedienungs-POS, ○ Mobile POS.	 ☐ ja ☐ ja ☐ ja	 ☐ nein ☐ nein ☐ nein
1.2	➢ PC-basierendes System  Beispiele: ○ App-Systeme auf Tablets oder Handys.	☐ ja	☐ nein
1.3	Kassenfachhändler, der das eAS installiert hat: Name: __________ Anschrift: __________ Ansprechpartner: __________ Telefonnummer: __________ Mobilnummer: __________ Hotline-Nummer: __________ E-Mail: __________		
1.4	Vom Kassenhersteller bzw. Kassenfachhändler zur Verfügung gestellte Bestandteile der Verfahrensdokumentation: ➢ Bedienerhandbuch/User-Manual, ➢ Systemhandbuch (genaue Informationen über Systemaufbau, Datenbanktabellen, Datenbankprozeduren etc.)	 ☐ ja ☐ ja	 ☐ nein ☐ nein

2.	**Detaillierte Angaben zum eAS** **Hinweis:** Die Angaben, die Sie an dieser Stelle vornehmen, sind auch von Bedeutung für die Mitteilungspflicht (§ 146a Abs. 4 AO). Sollte der Platz an dieser Stelle nicht ausreichen, sind weitere Eingaben auf einem gesonderten Blatt zu erstellen.		
2.1	Standort / Betriebsstätte: Bezeichnung der Betriebsstätte: __________ Straße, Hausnummer, -zusatz: __________ Postleitzahl, Ort: __________ **Hinweis:** Die Angaben können Sie auch dem Belegausdruck oder der DSFinV-K entnehmen: Datei: „Stamm_Orte" (location.csv) – Feld „LOC_NAME".		
2.1	Anzahl der eAS, die dieser Betriebsstätte zugeordnet sind: **Hinweis:** Für jedes eAS sind die Angaben zu machen.		
2.2	Hersteller bzw. Software des eAS: __________ **Hinweis:** Der Herstellername befindet sich in der Regel direkt auf dem Kassensystem, dem Schild mit der Seriennummer oder auf der Rechnung des Kassenfachhändlers oder im User-Manual des Kassensystems. Bei Tablet-/App-Kassen-Systeme soll hier der Name des Herstellers der Kassensoftware angegeben werden. Die Angaben können Sie auch der DSFinV-K entnehmen: • Datei „Stamm_Kassen" (cashregister.csv) – Feld „KASSE_BRAND" oder • Datei „Stamm_Terminals" (slaves.csv) – Feld „Terminal_Brand". **Beachte:** Bei Tablet-/App-Kassen-Systemen ist mit „Software des eAS" nicht das Betriebssystem, z. B. Windows, Android oder MACOS, gemeint.		
2.3	Typ oder Modell: __________ **Hinweis:** Auch der Name des Modells befindet sich direkt auf dem Kassensystem oder dem Schild mit der Seriennummer. Auch ein Blick auf die Rechnung des Kassenfachhändlers oder in die Kassenanleitung hilft bei der Eintragung. Auch hier lassen sich die Daten in der DSFinV-K finden: • Datei „Stamm_Kassen (cashregister.csv) – Feld „KASSE_Modell" oder • Datei „Stamm_Terminals (slaves.csv) – Feld „Terminal_Modell".		
2.4	Software-Version des eAS: __________ **Hinweis:** Anzugeben ist die handelsübliche Bezeichnung der Software-Version, die auch der Finanzbehörde gemeldet werden muss. Diese können Sie den Einstellungen der Software entnehmen oder auch der Rechnung des Aufstellers. Denken Sie daran, dass Sie zukünftige Updates vornehmen lassen, damit das eAS immer den gesetzlichen Anforderungen entspricht. Dies gilt insbesondere auch für die jeweils aktuelle Version der DSFinV-K. **Beachte:** Ändert sich die genutzte Software durch ein Update, muss dies der Finanzbehörde mitgeteilt werden. Die aktuelle Software-Version können Sie auch der DSFinV-K entnehmen: • Datei „Stamm_Kassen (cashregister.csv) – Feld „KASSEN_SW_Version" oder • Datei „Stamm_Terminals (slaves.csv) – Feld „Terminal_SW_Version".		
2.5	Wird die Software upgedatet, so sind die folgenden Fragen zu prüfen.		
2.5.1	Wurden alle Softwareupdates des Herstellers immer durchgeführt?	☐ ja	☐ nein
2.5.2	Gibt es eine Liste über die durchgeführten Änderungen? **Hinweis:** In dieser Liste sollten die Versions- bzw. Release-Nummern fortlaufend dokumentiert werden.	☐ ja	☐ nein

2.5.2	Ist die vorgenannte Liste auch Bestandteil der betrieblichen Verfahrensdokumentation?	☐ ja	☐ nein
2.6	Seriennummer des eAS: ____________________________ **Hinweis:** Die Seriennummer Ihres eAS finden Sie – in der Regel – auf der Unter- oder Rückseite des Gerätes. Darüber hinaus auch in der Rechnung, dem Bon den Sie ausgeben müssen (siehe § 6 Nr. 6 KassenSichV) oder in den Softwareeinstellungen. **Beachte:** Wenn Sie eine Tablet- oder App-Kassensoftware nutzen, müssen Sie die vom Hersteller der Software vergebene Seriennummer für die Kassensoftware angegeben und nicht die Seriennummer Ihres Handys oder Tablets, das Sie nutzen. In der DSFinV-K finden Sie die Seriennummer unter: • Datei „Stamm_Kassen" (cashregister.csv) – Feld „KASSE_SERIENNR" oder • Datei „Stamm_Terminals" (slaves.csv) – Feld „Terminal_SERIENNR".		
2.7	Datum der Anschaffung des eAS (Format: TT.MM.JJJJ) **Hinweis:** Werden Hardware und Kassensoftware separat erworben, ist hier das Datum einzutragen, an dem die Software auf der Hardware installiert wurde und damit ein vollständiges eAS entstanden ist.		
2.8	Datum der Inbetriebnahme des eAS (Format: TT.MM.JJJJ) **Hinweis:** Hier ist der Tag einzutragen, an dem das eAS in der zugeordneten Betriebsstätte in Betrieb genommen wurde.		
2.9	Datum der Außerbetriebnahme des eAS (Format: TT.MM.JJJJ)		
2.10	Grund der Außerbetriebnahme des eAS:		
	➢ Verkauf,	☐ ja	☐ nein
	➢ Verschrottung,	☐ ja	☐ nein
	➢ Zerstörung,	☐ ja	☐ nein
	➢ Diebstahl,	☐ ja	☐ nein
	➢ Verschenkung,	☐ ja	☐ nein
	➢ Sonstiges: ________________	☐ ja	☐ nein
2.11	Nutzungsumfang des eAS **Hinweis:** Wird das eAS nicht ganzjährig genutzt, müssen Sie die Nutzungszeiträume genau festhalten:	von	bis
2.12	Internes Druckwerk	☐ ja	☐ nein
2.13	Externes Druckwert	☐ ja	☐ nein
2.14	Anzahl der Bondrucker		
2.15	Anzahl der Rechnungsdrucker		
2.16	Anzahl der angeschlossenen Bildschirme (z. B. Theke, Küche)		

2.17	Bedienerschloss-Typ		
	➢ Standard		☐
	➢ Magnetisch		☐
	➢ Dallas		☐
	➢ Sonstige		☐
	➢ Ohne		☐
2.18	Anzahl der Bedienerschlüssel		
3.	**Mobile Kassenlösungen** Einem eAS können mehrere Eingabegeräte zugeordnet sein. In der DSFinV-K zielt der Begriff „Terminals" nur auf die sogenannten *„Slave-Kassen"* ab, die ihren Tagesabschluss über eine andere (Master-)Kasse erzeugen. **Hinweis:** Für die Finanzbehörden ist es in der Praxis oft nicht möglich, zwischen „dummen" Eingabegeräten oder mobilen (echten) Kassen zu unterscheiden. Deshalb sollten hier genauere Angaben gemacht werden.		
3.1	Wird eine mobile Kassenlösung eingesetzt?	☐ ja	☐ nein
3.2	Mobile Anwendung – Kassen App		
	➢ Bezeichnung ____________________		
	➢ Betriebssystem		
	○ Herstellereigenes Betriebssystem ☐		
	○ OS-Version ☐		
	○ ANDROID-Version ☐		
	○ Sonstiges: ____________________		
3.3	Nutzung der Kassen-App im Unternehmen:		
	○ Jahreslizenz ☐		
	○ Monatslizenz ☐		
	○ Zeitpunkt der Beginn der Nutzung ______		
	○ Anzahl der Monate – Jahre der Nutzung ______		
3.4	Angaben zu der Hardware (Geräte), auf denen die Kassen-App genutzt wird:		
	○ Hardware (Geräte) gehören dem Betrieb ☐		
	○ Hardware (Geräte) wurden vom Kassenfachhändler geleast/gemietet/geliehen ☐		
	Hinweis: Das für Sie zutreffende bitte unterstreichen.		
3.5	Sonstige Angaben zur Kassen-App		

4.	**Prüfung der Belegausgabe** **Hinweis:** Als Gastronom sind Sie verpflichtet, jedem Kunden einen Beleg zu geben. Deshalb sollten Sie prüfen, ob der Beleg den gesetzlichen Vorgaben entspricht.		
4.1	Wurden die Mitarbeiter über die Belegausgabepflicht informiert?	☐ ja	☐ nein
4.2	Die folgenden Informationen müssen gesetzlich auf dem Beleg angegeben werden. Überprüfen Sie Ihre eigenen Belege, ob alle Bestandteile enthalten sind:		
	1. Der vollständige Name und die vollständige Anschrift Ihres Unternehmens (= Name des Restaurants etc.),		☐ ja
	2. Datum der Belegausstellung und Zeitpunkt des Vorgangsbeginns (= Beginn des Geschäftsvorfalls, z. B., wenn die Bestellung aufgenommen wird) und des Vorgangsendes (= Ende des Geschäftsvorfalls, wenn dem Gast die Rechnung gebracht wird),		☐ ja
	3. die Menge und die Art der gelieferten Gegenstände (= Getränke, Speisen etc.); sollten auch Dienstleistungen erbracht werden, so sind diese ebenfalls auf dem Beleg mit anzugeben,		☐ ja
	4. die von der zertifizierten technischen Sicherheitseinrichtung vergebene Transaktionsnummer,		☐ ja
	5. das Entgelt und der darauf entfallende Steuerbetrag (getrennt nach Steuersätzen, 7 % und 19 %), **Hinweis:** Es ist wichtig, dass Sie die Zahlungsarten (bar, unbar) genau auf dem Beleg ausweisen, da Sie sonst gegen die gesetzliche Pflicht zur Einzelaufzeichnung verstoßen, was im schlimmsten Fall mit einem Bußgeld geahndet werden kann.		☐ ja
	6. die Seriennummer des eAS **und** die Seriennummer des Sicherheitsmoduls,		☐ ja
	7. der Prüfwert **und** der fortlaufende Signaturzähler.		☐ ja

VI. Angaben zur technischen Sicherheitseinrichtung

1.	**An dieser Stelle sollten Sie detaillierte Angaben zur zertifizierten technischen Sicherheitseinrichtung machen, die Sie nutzen.** **Hinweis:** Die wesentlichen Inhalte können aus der Datei „Stamm_TSE" der DSFinV-K entnommen werden.		
1.1	Art bzw. Bauform der TSE ➢ Hardware TSE ○ SD-Karte ○ USB-Stick/USB-Token ➢ Cloud-TSE	☐ ja ☐ ja ☐ ja	☐ nein ☐ nein ☐ nein
1.2	Hersteller der TSE (Stand: 30.7.2024):		
	➢ EPSON USB TSE Version 1.1.1 Zertifikat-Nr. BSI-K-TR-**0626-2024** gültig bis 7.7.2031	☐ ja	☐ nein
	➢ D-Trust-Web-Dienst für TSE Version 3.1 Zertifikat-Nr. BSI-K-TR-**0524-2024** gültig bis 25.2.2032	☐ ja	☐ nein
	➢ D-Trust-Web-Dienst für TSE Version 3.0 Zertifikat-Nr. BSI-K-TR-**0474-2021** gültig bis 9.12.2029	☐ ja	☐ nein
	➢ Swissbit AG USB TSE Version 1.1.1/1.1.0 Zertifikat-Nr. BSI-K-TR-**0563-2023** gültig bis 4.6.2031	☐ ja	☐ nein
	➢ cryptovision TSEv2 Zertifikat-Nr. BSI-K-TR-**0482-2023** gültig bis 14.5.2031	☐ ja	☐ nein
	➢ DF Deutsche Fiskal GmbH Version 1.0 Zertifikat Nr. BSI-K-TR-**0526-2022** gültig bis 9.12.2029	☐ ja	☐ nein
	➢ DF Deutsche Fiskal GmbH Version 4.0 Zertifikat Nr. BSI-K-TR-**0525-2022** gültig bis 9.12.2029	☐ ja	☐ nein
	➢ Fiskaly sign Cloud-TSE Version 1.0.6 – 1.3.0 Zertifikat Nr. BSI-K-TR-**0490-2021** gültig bis 9.12.2029	☐ ja	☐ nein
	Eine immer aktuelle Liste der zertifizierten technischen Sicherheitseinrichtungen finden Sie im Internet unter: BSI, Fiskalisierung, Technische Sicherheitseinrichtungen für elektronische Aufzeichnungssysteme, abrufbar unter https://go.nwb.de/nb8fu (zuletzt abgerufen am 28.8.2024). **Hinweis für das Mitteilungsverfahren:** Wie man der o. g. Zertifikats-Nr. entnehmen kann, ist der Aufbau immer gleich BSI-K-TR-NNNN-YYYY. Beim Mitteilungsverfahren müssen nur die vier Zahlen der Nummerierung „NNNN", das Minuszeichen und die vier Zahlen der Jahreszahl „YYYY" eingegeben werden (siehe Fettdruck).		

1.3	Seriennummer der TSE **Hinweis:** Die Seriennummer der TSE entspricht dem Hashwert des im Zertifikat enthaltenen Schlüssels, siehe auch BSI, Technische Richtlinie BSI TR-03153, Technische Sicherheitseinrichtung für elektronische Aufzeichnungssysteme, Version 1.1.1, abrufbar unter https://go.nwb.de/e18yl (zuletzt abgerufen am 28.8.2024). _______________		
1.4	Datum der Installation der TSE (Format: TT.MM.JJJJ)		
1.5	Datum der Inbetriebnahme/Aktivierung der TSE (Format: TT.MM.JJJJ) **Anmerkung:** Hierbei handelt es sich um das Datum, an dem die TSE mit dem jeweiligen elektronischen Aufzeichnungssystem in Betrieb genommen wurde.		
1.6	Ablaufdatum der TSE (siehe auch VI.1.2) (Format: TT.MM.JJJJ)		
2.	**Ausfall der TSE** **Hinweis:** Gelegentlich kann es vorkommen, dass die TSE ausfällt. Sie dürfen das eAS weiterhin betreiben. Dies darf jedoch kein Dauerzustand sein. Dabei sollten Sie wie folgt vorgehen.		
2.1	➢ Datum des Ausfalls: ___________ ➢ Uhrzeit des Ausfalls: ___________ **Hinweis:** Es ist für zukünftige steuerliche Betriebsprüfungen von enormer Bedeutung, dass Sie genau dokumentieren können, wann die TSE ausgefallen ist.		
2.2	Unverzügliche Beauftragung des Kassenfachhändlers: ➢ Anruf des Kassenfachhändlers am _______ um____ Uhr. ➢ E-Mail an den Kassenfachhändler am _____ um____ Uhr. **Hinweis:** Als Gastronom sind Sie verpflichtet, die Ausfallursache zu beheben, Maßnahmen zu deren Beseitigung zu ergreifen und dadurch sicherzustellen, dass die gesetzlichen Anforderungen schnellstmöglich wieder eingehalten werden.		
2.3	Werden die Ausfallzeiten durch das eAS automatisch dokumentiert? **Hinweis:** Sprechen Sie mit Ihrem Kassenfachhändler und lassen Sie sich eine Bestätigung geben.	☐ ja	☐ nein
2.4	Kann das eAS ohne funktionierende TSE weiterbetrieben werden? **Hinweis:** Sie sollten in Zusammenarbeit mit dem Kassenfachhändler darauf hinwirken, dass beim Ausfall der TSE das eAS weiter betrieben werden kann.	☐ ja	☐ nein
2.5	Wenn Sie Tz. 2.4 mit „ja“ beantwortet haben: Ist der Ausfall der TSE auf dem Beleg erkennbar? Beispiel: Durch das Fehlen einer eindeutigen Transaktionsnummer oder einer anderen sichtbaren Kennzeichnung. **Hinweis:** Sie sollten einen „Musterbeleg“ ausdrucken, der dies nachweist und mit zur Verfahrensdokumentation nehmen.	☐ ja	☐ nein

VII. Kassendatensicherung und Kassendatenmonitoring

1.	Das Thema „**Datensicherung**" gehört zu den wichtigsten Aufgaben des Gastronomen. Die Kasseneinzeldaten stellen Grundaufzeichnungen dar, die jederzeit den Prüfern der Finanzbehörden zur Verfügung gestellt werden müssen, und zwar seit dem 1.1.2020 über die Digitale Schnittstelle der Finanzverwaltung für Kassensysteme, kurz: **DSFinV-K.** Können die Daten nicht über die DSFinV-K zur Verfügung gestellt werden, ist die Finanzbehörde berechtigt, zu schätzen (siehe § 158 Abs. 2 Nr. 2 i. V. mit § 162 Abs. 2 Satz 2 AO).		
1.1	Werden die Kasseneinzeldaten revisionssicher archiviert?	☐ ja	☐ nein
1.2	Werden die TAR-Verzeichnisse der zTSE revisionssicher archiviert? **Hinweis:** Bei den TAR-Verzeichnissen handelt es sich um eine gezippte bzw. komprimierte Sammlung der zTSE-Daten nach DSFinV-K.	☐ ja	☐ nein
1.3	Für den Datenexport aus den TAR-Verzeichnissen sind entsprechende Exportanleitungen der Hersteller der eAS erforderlich. Liegen diese Exportanweisungen vor? In der Regel sind die TAR-Verzeichnisse durch eine PIN oder PUK geschützt. Tragen Sie bitte hier ➢ den PIN ein __________ ➢ den PUK ein __________	☐ ja	☐ nein
1.4	Liegen Datenexporte nach DSFinV-K vor? **Hinweis:** Die DSFinV-K wird laufend aktualisiert. Bitte achten Sie darauf, dass Sie die Updates auch immer zeitnah durchführen. In der Regel informiert Sie die Kassenfachhändler über Neuigkeiten.	☐ ja	☐ nein
1.5	Für den Datenexport über die DSFinV-K sind entsprechende Export-anleitungen der Hersteller der eAS erforderlich. Liegen diese Exportanweisungen vor? In der Regel sind die Exporte durch eine PIN oder PUK geschützt. Tragen Sie bitte hier ➢ den PIN ein __________ ➢ den PUK ein __________	☐ ja	☐ nein
1.6	Wenn Sie Frage 1.1 bis 1.5 mit „ja" beantwortet haben, geben Sie bitte auch an, wo die Daten gespeichert werden: • in einem betriebseigenen Archiv • in einem externen Archiv ➢ Name des Anbieters: __________ ➢ Ansprechpartner: __________ ➢ Anschrift: __________ ➢ Telefonnummer: __________ ➢ Mobilnummer: __________ ➢ E-Mail: __________	☐ ja ☐ ja	☐ nein ☐ nein
2.	**Kassenmonitoring** Wenn der Prüfer der Finanzbehörde kommt, ist es zu spät. Schon im Vorfeld, am besten laufend, sollten Sie die von Ihnen gespeicherten Daten auf Ordnungsmäßigkeit überprüfen. Dies können Sie selbst mit Hilfe externer Tools, z. B. AmadeusVerify (dieses Programm wird auch von den Finanzbehörden genutzt) oder fiscalcheck. Am einfachsten wird eine Überprüfung, wenn Sie auf Ihren Bon den QR-Code mit den Fiskaldaten aufdrucken lassen.		
2.1	Wie häufig überprüfen Sie selbst die Ordnungsmäßigkeit der Daten? ➢ täglich, ➢ wöchentlich, ➢ vierteljährlich, ➢ jährlich, ➢ gar nicht.	☐ ja ☐ ja ☐ ja ☐ ja ☐ ja	☐ nein ☐ nein ☐ nein ☐ nein ☐ nein

2.2	Bei der Überprüfung sollten Sie darauf achten, dass die im folgenden genannten Geschäftsvorfälle auch von den Mitarbeitern über das eAS erfasst werden:		
	➢ Eingangs- und Ausgangsumsätze,	☐ ja	☐ nein
	➢ Nachträgliche Stornierung eines Umsatzes,	☐ ja	☐ nein
	➢ Trinkgelder (Arbeitnehmer),	☐ ja	☐ nein
	➢ Trinkgelder (Unternehmer),	☐ ja	☐ nein
	➢ Gutscheine (Ausgabe, Einlösung),	☐ ja	☐ nein
	➢ Privatentnahme, Privateinlage,	☐ ja	☐ nein
	➢ Lohnzahlungen aus der Kasse,	☐ ja	☐ nein
	➢ Geldtransit,	☐ ja	☐ nein
	➢ Trainingsbuchungen,	☐ ja	☐ nein
	➢ Sofortstornierung eines unmittelbar zuvor erfassten Vorgangs,	☐ ja	☐ nein
	➢ Belegabbrüche,	☐ ja	☐ nein
	➢ erstellte Angebote,	☐ ja	☐ nein
	➢ nicht abgeschlossene Geschäftsvorfälle (z. B. Bestellungen).	☐ ja	☐ nein

VIII. Internes Kontrollsystem

1.	**„Vertrauen ist gut, Kontrolle ist besser!". Diese Redewendung ist auch auf die Gastronomie anzuwenden, wo in der Regel mit sehr viel Fremdpersonal gearbeitet wird.** **Hinweis:** Im eAS sollten daher alle berechtigten Bediener in sogenannte Bedienergruppen strukturiert angelegt werden. Diese Gliederung stellt die Grundlage der Bedienerberechtigungen dar.		
1.1	Welche strukturierten Bedienergruppen wurden angelegt?		
	➢ Technik/Service mit Vollzugriff,	☐ ja	☐ nein
	➢ Chef mit Vollzugriff,	☐ ja	☐ nein
	➢ Restaurantleiter mit Vollzugriff,	☐ ja	☐ nein
	➢ Restaurantleiter mit eingeschränktem Zugriff,	☐ ja	☐ nein
	➢ Kellner mit Vollzugriff,	☐ ja	☐ nein
	➢ Kellner mit eingeschränktem Zugriff,	☐ ja	☐ nein
	➢ Training,	☐ ja	☐ nein
	➢ Betriebsprüfung mit lesendem Vollzugriff,	☐ ja	☐ nein
	➢ Sonstige: Bezeichnung: Beschreibung:	☐ ja	☐ nein
	Hinweis: Sämtliche Eingaben der o. g. Personen sind auch im Fiskaljournal zu dokumentieren, entweder als Geschäftsvorfall oder als sonstiger Vorgang. Eine Liste der Bediener und deren Rechte lässt sich auch aus dem eAS exportieren.		
1.2	Wurden die o. g. Bedienergruppen darin geschult, wie sie mit dem eAS umzugehen haben, d. h. welche Geschäftsvorfälle und sonstigen Vorgänge aufzuzeichnen sind?	☐ ja	☐ nein
1.3	Wurden entsprechende Einweisungsprotokolle erstellt, die von den Bedienern auch alle unterschrieben wurden?	☐ ja	☐ nein
1.4	Wie häufig überprüfen Sie selbst die Aufzeichnungen der Mitarbeiter?		
	➢ täglich,	☐ ja	☐ nein
	➢ wöchentlich,	☐ ja	☐ nein
	➢ vierteljährlich,	☐ ja	☐ nein
	➢ jährlich,	☐ ja	☐ nein
	➢ gar nicht.	☐ ja	☐ nein
1.5	Wenn Sie nicht selbst die Aufzeichnungen überwachen, wer ist für die Überprüfung zuständig? ➢ Name, Vorname: ____________________ ➢ Funktion im Betrieb: ____________________		
1.6	Gibt es eine aussagefähige Verfahrensdokumentation zum internen Kontrollsystem?	☐ ja	☐ nein

IX. Aufbewahrungspflichtige Unterlagen und Daten

1.	**Organisationsunterlagen** Die im Folgenden näher beschriebenen Unterlagen liegen vor/nicht vor (in alphabetischer Reihenfolge):		
	➢ Änderungslisten	□ ja	□ nein
	➢ Arbeitsanweisungen	□ ja	□ nein
	➢ Aufgabenbeschreibungen	□ ja	□ nein
	➢ Bedienungsanleitung/Benutzerhandbuch	□ ja	□ nein
	➢ Einrichtungsprotokolle (Grundprogrammierung/Customizing).	□ ja	□ nein
	➢ Fehlerprotokolle	□ ja	□ nein
	➢ Freigabeprotokolle	□ ja	□ nein
	➢ Handbücher (sonstige)	□ ja	□ nein
	➢ Liste über die Ausfallzeiten der TSE	□ ja	□ nein
	➢ Programmbeschreibungen/Programmrichtlinien	□ ja	□ nein
	➢ Programmieranleitung	□ ja	□ nein
	➢ Programmierrichtlinien	□ ja	□ nein
	➢ Testprotokolle	□ ja	□ nein
	➢ Umwandlungs-/Konvertierungslisten	□ ja	□ nein
	Hinweis zur Programmieranleitung: In der Regel dürfen Vertreter/Händler der eAS die Programmieranleitung nicht an den Endkunden weitergeben, da diese urheberrechtlich durch den Systemhersteller geschützt ist. Werden sie im Rahmen von Betriebsprüfungen oder Kassen-Nachschauen angefordert, sollten Sie den Prüfer an den Hersteller verweisen. Dort können dann die gestellten Fragen beantwortet und entsprechende Unterlagen vorgelegt werden.		
2.	**Sonstige Organisationsunterlagen**		
	➢ Arbeitsanweisungen über die Verarbeitung steuerlich relevanter Geschäftsvorfälle.	□ ja	□ nein
	➢ Arbeitsanweisungen über den Datenaustausch mit anderen externen DV-Systemen.	□ ja	□ nein
	➢ Arbeitsanweisungen über die Archivierung.	□ ja	□ nein
	➢ Organisationspläne über die Verantwortung für die Erfassung.	□ ja	□ nein
3.	**Einzeldaten** Die Einzeldaten werden erfasst und revisionssicher archiviert mittels:		
	➢ Interner/externer Festplatte	□ ja	□ nein
	➢ SD-Karte	□ ja	□ nein
	➢ CF-Karte	□ ja	□ nein
	➢ externes Kassenarchiv	□ ja	□ nein
	➢ sonstigem Speichermedium	□ ja	□ nein
	➢ Einzeldaten werden täglich mittels Back-Office-Software (Kassenkommunikationssoftware) aus den Einzelkassen abgerufen und gespeichert: Name der Software: ____________ Hersteller: ____________	□ ja	□ nein

	➢ Serverlösung/Serversystem (genaue Beschreibung in einer Anlage)	□ ja	□ nein
	➢ Einzelplatz-PC	□ ja	□ nein

X. Datensicherung und Datenarchivierung

1.	Werden Datensicherungen erstellt?	□ ja	□ nein
	➢ täglich **Anmerkung:** Das sollte der Regelfall sein.	□ ja	□ nein
	➢ wöchentlich	□ ja	□ nein
	➢ jährlich	□ ja	□ nein
2.	Die Daten werden im produktiven Verfahren vorgehalten?	□ ja	□ nein
3.	Die Daten werden		
	➢ vollständig gesichert?	□ ja	□ nein
	➢ teilweise gesichert?	□ ja	□ nein
4.	Auch die Dokumente werden im produktiven System vorgehalten?	□ ja	□ nein
5.	Die Dokumente werden		
	➢ vollständig gesichert/archiviert?	□ ja	□ nein
	➢ teilweise gesichert/archiviert?	□ ja	□ nein
	Hinweis: Die gesicherten Dokumente müssen vor Veränderungen geschützt werden. Mögliche nachträgliche Änderungen eröffnen der Finanzverwaltung eine Hinzuschätzungsmöglichkeit in der Betriebsprüfung.		
6.	Ist sichergestellt, dass während des gesetzlichen Aufbewahrungszeitraums von zehn Jahren sämtliche Daten digital und unveränderbar vorgelegt werden können?	□ ja	□ nein
	➢ Stammdaten mit sämtlichen Änderungen	□ ja	□ nein
	➢ Journaldaten (Datenerfassungsprotokoll/Skript)	□ ja	□ nein
	➢ Berichtsabfragen	□ ja	□ nein
	➢ **Jeder einzelne Geschäftsvorfall**	□ ja	□ nein

Checkliste zur Kassenführung mittels offener Ladenkasse (OLK) ab 2024

Stand: Juli 2024

Inhalt

I. Einführung

Aktuell gibt es zwar Stimmen – u. a. vom Bundesrechnungshof –, die eine Pflicht zur Nutzung von elektronischen Aufzeichnungssystemen (eAS) mit integrierter, vom Bundesamt für Sicherheit in der Informationstechnik (BSI) zertifizierten technischen Sicherheitseinrichtung (zTSE) fordern, aber weiterhin ist die Kassenführung mittels offener Ladenkasse zulässig.

Es besteht keine gesetzliche Pflicht zur Verwendung eines eAS!

Mit seiner abschließenden Mitteilung an das Bundesministerium für Finanzen über die Prüfung „Verfahren, Möglichkeiten und Wirksamkeit der Kassen-Nachschau nach § 146b AO" fordert der BRH die Finanzbehörden der Länder auf, das Kontrollmittel der Kassen-Nachschau endlich einmal häufiger zu nutzen. Die Anforderungen an eAS sind in den letzten Jahren durch das Kassengesetz immer anspruchsvoller geworden, während die Kassenführung mittels offener Ladenkasse keine zusätzlichen Sicherheitsanforderungen erfüllen muss. Eine Vielzahl von Unternehmen wechselte von der Kassenführung mittels eAS zur offenen Ladenkasse.

Deshalb steht diese Form der Kassenführung im Fokus der Finanzbehörden.

In den Jahren 2024 und 2025 wird es verstärkt zu Kassen-Nachschauen kommen. Dabei stehen die Steuerpflichtigen, die in ihren Unternehmen eine Kassenführung mittels OLK führen, besonders im Blickpunkt der Prüfer der Finanzbehörden.

Aus diesem Grunde sollten Sie mithilfe dieser Checkliste noch einmal prüfen, ob Sie alle gesetzlichen Anforderungen erfüllen.

II. Die OLK bringt keine Vorteile!

Aus Kreisen der steuerberatenden Berufe ist vielfach zu hören, dass die Kassenführung mittels offener Ladenkasse einige Vorteile bieten würde, wie z. B. die geringen Anschaffungskosten oder eine hohe Mobilität, da ohne Stromanschluss nutzbar.

Dagegen spricht, dass eine ordnungsmäßige Kassenführung mittels OLK mit hohem Aufwand verbunden ist, weil auch hier die (Einzel-)Aufzeichnung eines jeden einzelnen Geschäftsvorfalls – und zwar händisch – erforderlich ist.

Darüber hinaus gibt es weitere Nachteile, die hier nur auszugsweise aufgezählt werden.

Diese sind:

- Die oftmals als „einfach" beschriebene Einnahmeermittlung mittels retrograd aufgebautem Kassenbericht (näheres siehe Abschnitt IV.2.1), erweist sich in der Praxis oftmals als großes Problem.
- Betriebswirtschaftlich sinnvolle Auswertungen und Mitarbeiterkontrollen können nicht erstellt werden.
- Erstellung einer umfassenden Verfahrensdokumentation, wie die OLK in der Praxis tatsächlich geführt wird.
- Im Zuge der ständig steigenden Anzahl von Kassen-Nachschauen werden verstärkt Prüfungen bei Unternehmen durchgeführt werden, die eine OLK nutzen.

III. Der Grundsatz der Einzelaufzeichnungspflicht

Auch bei der Kassenführung mittels OLK gilt grundsätzlich die Einzelaufzeichnungspflicht. Aus § 146 Abs. 1 Satz 1 AO ergibt sich, dass die Buchungen und die sonst erforderlichen Aufzeichnungen einzeln, vollständig, richtig, zeitgerecht und geordnet vorzunehmen sind. Ohne dass im Gesetz erläutert wird, was genau die Einzelaufzeichnungspflicht bedeutet.

Die Einzelheiten regelt daher der AEAO zu § 146.[1]

Des Weiteren ergibt sich der Grundsatz der Einzelaufzeichnungspflicht auch aus § 22 Abs. 1 Nr. 1 UStG. Diese Vorschrift gilt nicht nur für bilanzierende Unternehmer, sondern auch für diejenigen, die ihren Gewinn durch Einnahmenüberschussrechnung nach § 4 Abs. 3 EStG ermitteln.

Die Detailtiefe der Einzelaufzeichnungen ergibt sich aus § 14 Abs. 4 UStG. In dieser Vorschrift finden sich die Mindestangaben, die in einer Rechnung (Ausnahme: Kleinbetragsrechnungen i. S. des § 33 UStDV) enthalten sein müssen:

Einfach den QR-Code mit dem Handy scannen und der Gesetzeswortlaut des § 14 UStG wird Ihnen angezeigt.

---

[1] BMF, Schreiben v. 19.6.2018 - IV A 4 - S 0316/13/10005: 053, BStBl 2018 I S. 706 NWB KAAAG-87345.

Bei einem Blick in Nr. 2.1.3 des AEAO zu § 146 stellt man fest, dass die Grundaufzeichnungen (= Einzelaufzeichnungen) so beschaffen sein müssen, dass sie jederzeit in ihre Einzelpositionen aufgegliedert werden können. Um das zu gewährleisten, müssen zeitnah, d. h. möglichst unmittelbar zu der Entstehung des jeweiligen Geschäftsvorfalls folgende Informationen (händisch) aufgezeichnet werden:

- der verkaufte, eindeutig bezeichnete Artikel,
- der endgültige Einzelverkaufspreis,
- der dazugehörige Umsatzsteuersatz und Umsatzsteuerbetrag,
- vereinbarte Preisminderungen,
- die Zahlungsart,
- das Datum,
- der Zeitpunkt des Umsatzes und
- die verkaufte Menge bzw. Anzahl.

Zu jedem Grundsatz gibt es auch immer eine Ausnahme.

Bei dem Verkauf von Waren an eine Vielzahl von nicht bekannten Personen gegen Barzahlung gilt aus Zumutbarkeitsgründen die Einzelaufzeichnungspflicht nicht (siehe Abschnitt IV).

IV. Führung einer OLK

1. Definition

Eine Legaldefinition der Kassenführung mittels OLK findet sich in keinem Steuergesetz.

Daher wird der Begriff im AEAO zu § 146 AO erläutert.[2]

Einfach den QR-Code mit dem Handy scannen und der Wortlaut des AEAO zu § 146 wird Ihnen angezeigt.

Danach gilt als OLK eine summarische, retrograde Ermittlung der Tageseinnahmen sowie manuelle Einzelaufzeichnungen **ohne Einsatz technischer Hilfsmittel.**

Praxishinweis: Wer ein Kartenterminal nutzt, z. B. für EC-, Kredit-, Debitkarten oder für Apple- und GooglePay, nutzt aus Sicht der Finanzbehörden ein technisches Hilfsmittel. Damit ist eine Kassenführung mittels OLK nicht mehr möglich.

In diesen Fällen ist die Anschaffung einer „All-in-One"-Kasse zu empfehlen. Aktuell werden solche Geräte bei fast allen Kassenherstellern angeboten. Es handelt sich hierbei um ein eAS mit integriertem Bondrucker und Karten-Lesegerät.

Beispiel: Mobiles POSSUM5 All-in-One[3] Kassensystem

Wer in der Praxis noch eine alte mechanische Registrierkasse nutzt, führt die Kasse ebenfalls mittels OLK.

Zur Aufbewahrung des Bargeldes können sämtliche Behältnisse genutzt werden, z. B. Schubladen in der Ladentheke, herkömmliche Geldkassetten oder sonstige Aufbewahrungsutensilien wie Kartons oder Schachteln.

2. Arten der OLK

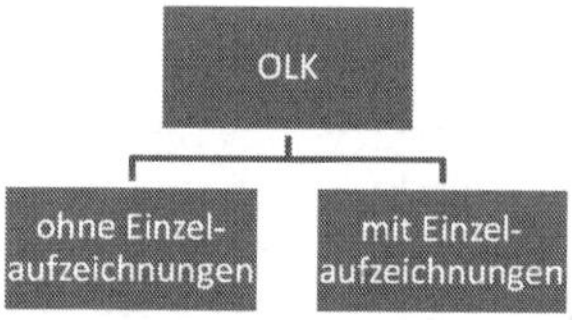

Abb. 1: Arten der offenen Ladenkasse

Beachte: Es besteht die **gesetzliche Verpflichtung**, Kasseneinnahmen und Kassenausgaben täglich festzuhalten (§ 146 Abs. 1 Satz 2 AO).

Praxishinweis: Nach einem Urteil des BFH vom 31.7.1974[4] können Kasseneinnahmen und Kassenausgaben ausnahmsweise erst am nächsten Geschäftstag aufgezeichnet werden, wenn zwingende geschäftliche Gründe einer Aufzeichnung noch am gleichen Tag entgegenstehen und aus den Aufzeichnungen und Unterlagen sicher entnommen werden kann, wie sich der sollmäßige Kassenbestand entwickelt hat.

---

[2] BMF, Schreiben v. 12.1.2022 - IV A 3 - S 0062/21/010007 :001, BStBl 2022 I S. 82 NWB MAAAI-03044; AEAO zu § 146, Nr. 2.2.1.
[3] Heimpel, abrufbar unter https://go.nwb.de/x05if (zuletzt abgerufen am 29.7.2024).
[4] BFH, Urteil v. 31.7.1974 - I R 216/72, BStBl 1975 II S. 96 NWB UAAAB-00171.

MANDANTEN-MERKBLATT

2.1 OLK ohne Einzelaufzeichnungen

Die folgenden Ausführungen gelten sowohl für Bilanzierende Unternehmen als auch für Unternehmen, die den Gewinn zulässigerweise durch Einnahmenüberschussrechnung ermitteln.

Grundsätzlich besteht die Pflicht, dass die Kassenaufzeichnungen und Buchungen einzeln, vollständig, richtig, zeitgerecht und geordnet vorzunehmen sind (§ 146 Abs. 1 Satz 1 AO).

Von diesem Grundsatz der Einzelaufzeichnungspflicht darf abgewichen werden, wenn

- ✓ **Waren,**
- ✓ an eine **Vielzahl von nicht bekannten Personen**[5] (= Kunden),
- ✓ gegen **Barzahlung**

verkauft werden und Einzelaufzeichnungen unzumutbar wären (s. § 146 Abs. 1 Satz 3 AO).

Praxishinweis: Nach dem Gesetz darf die vorgenannte Ausnahmeregelung nur von Unternehmern angewandt werden, die „Waren" bar verkaufen.

Bei der Erbringung von **Dienstleistungen** wäre somit die Ausnahmeregelung nicht anwendbar.

Aber:

Die vorgenannten Zumutbarkeitsüberlegungen dürfen grundsätzlich auch auf Dienstleistungen übertragen werden, wenn folgende Voraussetzungen erfüllt werden:

- ✓ Dienstleistungen müssen an eine **Vielzahl von nicht bekannten Personen** gegen **Barzahlung**[6] erbracht werden.
- ✓ Der **Geschäftsbetrieb** ist auf eine **Vielzahl von Kundenkontakten** ausgerichtet.
- ✓ Der **Kundenkontakt** des Dienstleisters und seiner Angestellten **beschränkt** sich **auf die Bestellung** und den **kurzen Bezahlvorgang.**
- ✓ Es werden tatsächlich auch **keine Einzelaufzeichnungen** geführt![7]

Wenn Sie zulässigerweise – wie zuvor beschrieben – auf Einzelaufzeichnungen verzichten, dann müssen Sie zwingend die Bareinnahmen anhand eines retrograd aufgebauten Kassenberichtes nachweisen.

Bei einem **retrograd aufgebauten Kassenbericht** wird stets vom gezählten Kassenendbestand des jeweiligen Geschäftstages ausgegangen. Von diesem Kassenendbestand werden der Kassenendbestand bei Geschäftsschluss des Vortages sowie die durch Eigenbeleg zu belegenden Bareinlagen abgezogen. Ausgaben und durch Eigenbeleg nachzuweisende Barentnahmen sind hinzuzurechnen.

Da viele Unternehmer beim Ausfüllen Schwierigkeiten haben, sollten Sie den Mustervordruck (siehe Abschnitt XII) verwenden. Dieser führt Sie in elf Schritten zum richtigen Ergebnis.

(1) Schritt: Ermitteln Sie die Summe der Scheine (I.).
(2) Schritt: Ermitteln Sie die Summe der Münzen (II.).
(3) Schritt: Die Summe der Scheine (I.) und der Münzen (II.) zusammenrechnen.
Beachte: Es ist zwingend erforderlich, dass der gesamt geschäftliche Bargeldbestand einschließlich Wechselgeld, Hartgeld täglich gezählt wird. Die Aufbewahrungsorte des Geldes (z. B. Handkassen der Kellner, Wechselgeld, Portokasse) spielen dabei keine Rolle.
(4) Schritt: Die zu (3) ermittelte Summe tragen Sie dann in das freie Feld neben „Kassenbestand bei Geschäftsschluss" ein.
(5) Schritt: Die Barausgaben (1. bis 4.) eintragen, die Belege anheften und die Summe ermitteln.
(6) Schritt: Den Kassenbestand des Vortages eintragen.
(7) Schritt: Den Kasseneingang ermitteln [(4) + (5) + (6)].
(8) Schritt: Sonstige Einnahmen und Privateinlagen eintragen.
(9) Schritt: Bareinnahmen ermitteln [(7) und (8)].
(10) Schritt: Gegenprobe.
(11) Schritt: Unterschriften.

Beachte: Sämtliche Bareinnahmen, Barausgaben, Entnahmen und Einlagen (einschließlich Herkunftsnachweise) sind durch Belege (ggf. Eigenbelege) nachzuweisen.

[5] Voraussetzung ist, dass die Identität der Käufer für die Geschäftsvorfälle regelmäßig nicht von Bedeutung ist. Unschädlich ist, wenn der Verkäufer aufgrund außerbetrieblicher Gründe tatsächlich viele seiner Kunden namentlich kennt (AEAO zu § 146, Nr. 2.2.5).

[6] **Barzahlung:** Der Gesetzeswortlaut des § 146 Abs. 1 Satz 3 AO spricht ausdrücklich von „Barzahlung". Ermöglichen Sie für Ihre Kunden die Möglichkeit der Zahlung per Karte (= unbar), müssen Sie zwingend zur Kassenführung mittels OLK und Einzelaufzeichnungen übergehen. Einzeln aufzuzeichnen sind dann **alle** baren und unbaren Geschäftsvorfälle.

[7] AEAO zu § 146, Nr. 2.2.6.

MANDANTEN-MERKBLATT

Praxishinweis: Der hier vorgestellte Musterkassenbericht beinhaltet auch ein **Zählprotokoll.** Diese müssen zwar nicht zwingend geführt werden, erleichtern jedoch den Nachweis des tatsächlichen Auszählens und die Eintragungen im Kassenbericht.

Der für die tägliche Bestandsaufnahme notwendige Kassenbericht kann auch nicht durch ein Kassenbuch ersetzt werden, wenn in diesem in einer gesonderten Spalte „Bestände" ausgewiesen werden, weil das Kassenbuch nicht die rechnerische Ermittlung der Tageseinnahmen dokumentiert, sondern lediglich die rechnerische Entwicklung der Kassenbestände.

Wenn Sie in Ihrem Unternehmen Umsätze zu unterschiedlichen Steuersätzen, z. B. 7 % und 19 %, tätigen, müssen Sie bei der Kassenführung mittels OLK ohne Einzelaufzeichnungen Folgendes beachten:

Aus Ihren Aufzeichnungen muss sich entnehmen lassen, wie sich die Entgelte auf die einzelnen Steuersätze verteilen (siehe auch § 22 UStG).

Einem Unternehmer, dem wegen der Art und des Umfangs seines Geschäftes eine Trennung der Entgelte und Teilentgelte bzw. der Bemessungsgrundlage nach Steuersätzen nicht zuzumuten ist, kann das Finanzamt auf Antrag Erleichterungen gewähren.

Sie sollten einen Antrag auf erleichterte Trennung der Entgelte (§ 63 Abs. 4 Satz 1 UStDV) stellen. Fragen Sie Ihren Steuerberater. Die Anwendung des Verfahrens kann auch auf einen in der Gliederung des Unternehmens gesondert geführten Betrieb beschränkt werden (§ 63 Abs. 4 Satz 4 UStDV).

Einfach den QR-Code mit dem Handy scannen und der Wortlaut des § 63 UStDV wird Ihnen angezeigt.

2.2 OLK mit Einzelaufzeichnungen

2.2.1 Bilanzierer

Bilanzierende (z. B. Kaufleute nach HGB, aber auch, wenn Sie freiwillig Bücher führen) Unternehmen mit Bargeschäften sind verpflichtet,

- ✓ ein Kassenbuch / eine Kassenbestandsrechnung
  - als Loseblattsammlung oder
  - als gebundenes Buch oder
  - in elektronischer Form (z. B. DATEV-Kassenbuch, Lexware-Kassenbuch) [siehe dazu auch Abschnitt VI]
- ✓ in Form aneinandergereihter Kassenberichte

zu führen.[8]

In diesem sind sämtliche Geschäftsvorfälle handschriftlich festzuhalten. Die ausgegebenen Rechnungen (= Aufzeichnungsbelege) sind fortlaufend zu nummerieren. Auf die Anforderungen an den Inhalt einer Rechnung siehe § 14 Abs. 4 UStG (siehe dazu auch Abschnitt III).

Die (Durch-)Nummerierung kann handschriftlich oder mittels Paginierstempel erfolgen. Auch die Nutzung von Quittungsbelegen mit vorgedruckten Nummern ist zulässig.

Praxishinweis: Auch bei der Kassenführung mittels offener Ladenkasse mit Einzelaufzeichnungen sind Geschäftsvorfälle mit unterschiedlichen Steuersätzen (z. B. 7 % und 19 %) gesondert aufzuzeichnen.

Die GoB[9] verlangen von Ihnen als Unternehmer, dass die Aufzeichnung jedes einzelnen Geschäftsvorfalls unmittelbar nach seinem Abschluss geschieht und in einem Umfang, der einem sachverständigen Dritten in angemessener Zeit eine lückenlose Überprüfung seiner Grundlagen, seines Inhalts, seiner Entstehung und Abwicklung und seiner Bedeutung für den Betrieb ermöglicht.

Das bedeutet, dass Sie grundsätzlich nicht nur die Aufzeichnung der in Geld bestehenden Gegenleistung, sondern auch den Inhalt des Geschäfts und den Namen des Vertragspartners aufzeichnen müssen.

Den unterschiedlichen Aufbau zwischen Kassenbuch/Kassenbestandsrechnung und retrograd aufgebautem Kassenbericht können Sie der folgenden Abbildung entnehmen:

[8] AEAO zu §146, Nr. 1.4.

[9] GoB = Grundsätze ordnungsmäßiger Buchführung.

Fragen an den Steuerberater | Notizen

MANDANTEN-MERKBLATT

Berechnungsaufbau Kassenbuch

Kassenendbestand des Vortages

\+ Bareinnahmen (Tageslosung)

\+ Privateinlagen

\+ sonstige Einnahmen (z. B. Geldtransit)

./. Wareneinkäufe/Nebenkosten

./. Geschäftsausgaben

./. Privatentnahmen

./. sonstige Ausgaben (z. B. Geldtransit)

= **Kassenbestand bei Geschäftsschluss**

Berechnungsaufbau Kassenbericht

Kassenbestand bei Geschäftsschluss

\+ Wareneinkäufe/Nebenkosten

\+ Geschäftsausgaben

\+ Privatentnahmen

\+ sonstige Ausgaben (z. B. Geldtransit)

= Kasseneingang

./. Kassenbestand des Vortages

./. Privateinlagen

./. sonstige Einnahmen (z. B. Geldtransit)

= **Bareinnahmen**

Abb. 2: Berechnungsaufbau Kassenbuch

Wenn Sie als bilanzierender Unternehmer fortlaufend nummerierte (retrograde) Kassenberichte nutzen, stellen diese auch das Kassenbuch dar. Da aber in den Kassenberichten die Bareinnahmen nur in einer Summe aufgeführt werden, müssen Sie zusätzlich die Ursprungsbelege (z. B. Rechnungen, Quittungen) zum Nachweis aufbewahren.

Wesentliche Bestandteile einer OLK mit Einzelaufzeichnungen sind:

- ✓ Händische Aufzeichnungen oder Vordrucke (z. B. Quittungen) fortlaufend nummeriert.
- ✓ Erfassung der baren Betriebseinnahmen
  - o im Kassenbuch oder
  - o in der Kassenbestandsrechnung oder
  - o im Kassenbericht
- ✓ Erfassung der sonstigen baren Vorgänge
  - o Privatentnahmen und Privateinlagen jeweils mit Eigenbeleg
  - o Betriebsausgaben mit (Nachweis-)Beleg
  - o Geldtransit

Für die vorgenannten Aufzeichnungen ist es erforderlich, dass sie geordnet abgelegt werden (Stichwort: geordnete Belegablage). Die Nachweise können auch eingescannt werden, wenn eine aussagefähige Verfahrensdokumentation zum ersetzenden Scannen vorhanden ist. Sonst geordnete Belegablage in Ordnern. Eine lose Zettelwirtschaft ist nicht zulässig, weil sich dann ein sachverständiger Dritter nicht in angemessener Zeit einen Überblick über die baren Geschäftsvorfälle machen kann.

2.2.2 OLK bei der Einnahmenüberschussrechnung (§ 4 Abs. 3 EStG)

Auch diese Unternehmen sind **verpflichtet, Einzelaufzeichnungen** zu führen.

Wenn Sie Ihren Gewinn nach § 4 Abs. 3 EStG ermitteln, sind Sie nicht verpflichtet, ein Kassenbuch zu führen. Nach § 146 Abs. 5 Satz 1 Halbsatz 2 AO müssen Sie die Aufzeichnungen, die allein nach den Steuergesetzen (hier: § 22 UStG) vorzunehmen sind, lediglich so führen, dass sie dem konkreten Besteuerungszweck genügen. Sie können auch in der geordneten Ablage von Belegen bestehen.[10]

Aber: Die Höhe der Bareinnahmen und Barausgaben ist durch geordnete und vollständige Belege nachzuweisen, z. B. auch durch eine handschriftliche Liste. Unschlüssige, widersprüchliche oder lückenhafte Aufzeichnungen führen zu einer Schätzungsbefugnis („dem Grunde nach").

[10] § 146 Abs. 5 Satz 1 AO; BFH, Beschluss v. 16.2.2006 - X B 57/05 NWB KAAAB-80831.

Fragen an den Steuerberater I Notizen

MANDANTEN-MERKBLATT

V. Auf die folgenden Sachverhalte sollten sie bei der OLK besonders achten

1. Kassensturzfähigkeit

Nach dem Gesetz (§ 146 Abs. 1 Satz 2 AO) müssen Kasseneinnahmen und Kassenausgaben täglich festgehalten werden. Gleichzeitig müssen die Kassenaufzeichnungen so beschaffen sein, dass ein sachverständiger Dritter jederzeit in der Lage ist, den Soll-Bestand mit dem Ist-Bestand der Geschäftskasse zu vergleichen[11] (= Kassensturzfähigkeit). Dieser Abgleich muss jederzeit möglich sein, d. h. zu Beginn des Geschäftstages, im Laufe des Geschäftstages und am Ende des Geschäftstages. Im Rahmen einer nicht angekündigten Kassen-Nachschau wird auch immer ein Kassensturz durchgeführt.

Sie sollten darauf achten, dass Sie täglich die Kasse führen!

2. Kassendifferenzen

Kassendifferenzen sind menschlich und dürfen durchaus vorkommen. Sie entstehen oftmals durch falsche Wechselgeldrückgaben, fehlende Belege über Barausgaben, fehlende Eigenbelege über Entnahmen und Einlagen, Rechenfehler etc.

Deshalb ist von Bedeutung, dass Sie auch täglich ihren Kassenbestand genauestens zählen.

Bei Kassendifferenzen ist durch Korrekturbuchungen dafür zu sorgen, dass der tatsächliche Ist-Bestand schnellstmöglich wieder mit dem Soll-Bestand laut Buchführung übereinstimmt.

3. Zählprotokolle

An dieser Stelle noch ein paar Hinweise zu den Zählprotokollen. Nach dem Gesetz besteht keine Verpflichtung, ein solches zu erstellen. Die Praxis zeigt aber, dass damit im Rahmen von Betriebsprüfungen nachgewiesen werden kann, dass die Kasse auch tatsächlich gezählt wurde. Sie sollten sich angewöhnen, ein Zählprotokoll zu erstellen. Sobald Sie in Ihrem Unternehmen Fremdpersonal einsetzen, sollte bei der täglichen Zählung des Bargeldbestandes immer das **„Vier-Augen-Prinzip"** beachtet werden und das Zählprotokoll sollte von beiden „Zählenden" unterschrieben werden.

4. Bargeldverluste durch Diebstahl

Im Rahmen von Betriebsprüfungen werden oftmals Bargeldverluste durch Diebstahl geltend gemacht. Deren Berücksichtigung als Betriebsausgabe wird von den Finanzbehörden nur dann anerkannt, wenn folgende Nachweise erbracht werden können:

- Nachweis darüber, dass das Bargeld zum Betriebsvermögen des Unternehmens gehörte, z. B. ordnungsgemäß geführte Kassenberichte.
- Stellen Sie eine Strafanzeige gegen den Täter. Notfalls auch gegen „Unbekannt". Bewahren Sie die Anzeigedurchschrift der Polizei als Nachweis auf.
- Ist der Täter ein Mitarbeiter, so sollten Sie eine Abmahnung oder Kündigung aussprechen.
- Machen Sie gegen den Täter Regressansprüche geltend.

> **Praxishinweis:** Bilanzierende Unternehmen müssen die Regressansprüche in der Bilanz ausweisen. Dies gilt auch als Nachweis.

5. Aufbewahrung von Ursprungsaufzeichnungen

Ergänzende Unterlagen wie z. B.

- ✓ Strichlisten, Bierdeckel mit Ursprungsaufzeichnungen,
- ✓ Aufzeichnungen über
  - o Eigenverbrauch oder Personalbeköstigung,
  - o Bruch, Schwund, Verderb,
  - o Diebstahl,
  - o Gratisabgaben,
  - o etc.
- ✓ Aufzeichnungen über Verkaufsbehinderungen wie z. B. während der Corona-Pandemie, Baustellen vor der Tür, etc.

sollten Sie ebenfalls aufbewahren, weil diese im Rahmen einer Kassen-Nachschau oder Betriebsprüfung durchaus von Interesse sein könnten.

6. Besondere Aufzeichnungspflichten nach dem Geldwäschegesetz

Bei Beträgen über 10.000 € sind die besonderen Aufzeichnungspflichten nach dem Geldwäschegesetz (GwG) zu erfüllen, die auch bei der Ausnahme von der Einzelaufzeichnungspflicht (siehe Abschnitt IV.2.1) zu beachten sind.

VI. Nutzung von elektronischen Kassenbüchern

Vielfach nutzen Unternehmer im Rahmen der Kassenführung mittels offener Ladenkasse auch elektronische Kassenbücher, z. B. von DATEV oder Lexware. Diese dürfen Sie ausschließlich nur nutzen, um die Tages- oder Abschluss-Werte zu dokumentieren (Bargeldbestand, bare [Tages-]Betriebseinnahmen, bare [Tages-]Betriebsausgaben, bare [Tages-]Entnahmen und bare [Tages-]Einlagen).

---

[11] BFH, Urteil v. 20.9.1989 - X R 39/87, BStBl 1990 II S. 109 NWB FAAAA-93071; AEAO zu § 146, Nr. 3.4.

Fragen an den Steuerberater | Notizen

MANDANTEN-MERKBLATT

Dienen diese elektronischen Kassenbücher auch der elektronischen Aufzeichnung zwecks Dokumentation von Warenverkäufen und erbrachten Dienstleistungen und deren Abrechnung, so hat dieses elektronische Kassenbuch Kassenfunktion und fällt somit in den Anwendungsbereich des § 146a AO. Denn dann ist es ein elektronisches Aufzeichnungssystem und muss mit einer zertifizierten technischen Sicherheitseinrichtung ausgerüstet werden.[12]

VII. Nebeneinander von OLK und elektronischen Aufzeichnungssystemen (eAS)

Werden in einem Unternehmen ein oder mehrere eAS[13] (i. S. des § 146a Abs. 1 Satz 1 AO i. V. mit § 1 Abs. 1 Satz 1 KassenSichV) verwendet, müssen diese grundsätzlich zur Aufzeichnung sämtlicher Erlöse verwendet werden.

Nur wenn für einen räumlich **oder** organisatorisch eindeutig abgrenzbaren Bereich aus technischen Gründen **oder** aus Zumutbarkeitserwägungen eine Erfassung über das vorhandene elektronische Aufzeichnungssystem nicht möglich ist, wird es von den Finanzbehörden nicht beanstandet, wenn zur Erfassung dieser Geschäftsvorfälle eine offene Ladenkasse verwendet wird.[14]

Beispiele:

a) *Ein Restaurantbetreib verkauft im Rahmen des örtlichen Stadtfestes auch Getränke über einen Bierstand außerhalb seines Restaurants.*
Die Nutzung einer OLK am Bierstand wäre zulässig.

b) *In einem Eiscafé wird der Im-Haus-Verkauf über ein eAS erfasst. Die Eis-Theke für den Außer-Haus-Verkauf ist zwar räumlich integriert, aber aus technischen und auch aus organisatorischen Gründen ist die Nutzung des eAS dort nicht möglich.*
In diesem Fall könnte eine OLK zulässig sein (Einzelfallprüfung).

VIII. OLK bei Ausfall des eAS

Wird in einem Unternehmen zur Erfassung von aufzeichnungspflichtigen Geschäftsvorfällen ein eAS genutzt und fällt dieses aus (z. B. durch technischen Defekt oder bei Stromausfall), ist während dieser Zeit eine händisch geführte OLK zulässig.[15]

Beachte: Die Ausfallzeit des eAS ist zu dokumentieren und durch Nachweise zu belegen (z. B. Rechnung über Reparaturleistung).

Sollte in Ihrem Unternehmen das eAS ausfallen, sollten Sie Folgendes beachten, wenn keine Ersatzaufzeichnungssystem vorhanden ist:

(1) Beginn des Kassenausfalls genauestens dokumentieren.
(2) Kassenhändler informieren und um kurzfristige Behebung des Schadens bitten.
(3) Bargeldbestand zählen, da dieser für die OLK von Bedeutung ist.
(4) Ermittlung der Einnahmen mithilfe des (Muster-) Kassenberichtes.

IX. OLK und Nutzung eines eAS als „Taschenrechner“

Im Rahmen von Kassen-Nachschauen wurde mehrfach folgender Sachverhalt festgestellt:

In einem Unternehmen der Bargeldbranche mit einer Kassenführung mittels OLK wird zusätzlich ein eAS älterer Bauart (sogenannte Z-Bon-Kasse) als „Taschenrechner“ genutzt.

Steuerberater vertreten die Auffassung, dass dies eine zulässige Form der Kassenführung sei und berufen sich auf ein Urteil des FG Köln vom 4.8.2022.[16]

Dabei wird vergessen, dass das eAS ein Aufzeichnungssystem i. S. des § 146a AO darstellt und seit dem 1.1.2020 sämtliche Geschäftsvorfälle über dieses eAS zu erfassen sind. Zusätzlich müssen das eAS und die damit aufgezeichneten Geschäftsvorfälle durch eine zertifizierte technische Sicherheitseinrichtung geschützt werden.

X. Verfahrensdokumentation

1. Allgemeines

Eine Verfahrensdokumentation spielt auch bei der Kassenführung mittels OLK sowie der damit verbundenen sonstigen handels- und/oder steuerrechtlichen Aufzeichnungs- und Aufbewahrungspflichten eine wesentliche Rolle.

Die Folgen fehlender Ordnungsmäßigkeit können weitreichend sein, insbesondere Zuschätzungen von Betriebsein-

[12] BMF, FAQ zur Kassenführung, abrufbar unter https://go.nwb.de/m7la9 (zuletzt abgerufen am 29.7.2024).
[13] Es handelt sich hierbei um elektronische oder computergestützte Kassensysteme oder Registrierkassen.
[14] AEAO zu § 146, Nr. 2.2.3.
[15] AEAO zu § 146, Nr. 2.1.6.
[16] FG Köln, Urteil v. 4.8.2022 - 3 K 2129/20 NWB CAAAJ-30574.

MANDANTEN-MERKBLATT

nahmen oder Gewinnen, bis hin zu Zwangsmitteln, Bußgeldern und ggf. kommt es sogar zur Einleitung von steuerstrafrechtlichen Ermittlungsverfahren.

In der Verfahrensdokumentation wird der technisch und organisatorisch gewollte Prozess dargestellt. Sie beinhaltet folgende Bereiche:

(1) Allgemeine Beschreibung,
(2) Anwenderdokumentation,
(3) technische Systemdokumentation,
(4) Betriebsdokumentation.

Auch bei der Kassenführung mittels offener Ladenkasse sollte – wie bei der Nutzung von eAS zur Kassenführung – eine Verfahrensdokumentation erstellt werden. In dieser sollte genau beschrieben sein, wie Sie die OLK in der Praxis führen. Diese sollte mindestens folgende Informationen enthalten:

- Wie wird jeder einzelne Geschäftsvorfall aufgezeichnet und dokumentiert?
- Wer ist berechtigt, die Geschäftsvorfälle im Kassenbuch oder Kassenbericht oder auf anderen Einzelnachweisen zu erfassen und zu dokumentieren?
- Wie wird kontrolliert, dass jeder Geschäftsvorfall erfasst wurde (internes Kontrollsystem, siehe auch Abschnitt X.2)?
- Überprüfung der Vollständigkeit anhand von eindeutigen, fortlaufenden Nummernkreisen.
- Wer nimmt abends den Tagesabschluss vor (inklusive Beschreibung des Ablaufs)?
- Wie werden Betriebseinnahmen, Betriebsausgaben, Privatentnahmen, Privateinlagen, Bankeinzahlungen, etc. erfasst und nachgewiesen, z. B. Eigenbelege für Privatentnahmen und Privateinlagen?

2. Internes Kontrollsystem (IKS)

Gerade bei Betrieben mit einer Kassenführung mittels OLK ist ein internes Kontrollsystem von existenzieller Bedeutung.

Unter einem IKS versteht man alle technischen und organisatorischen Maßnahmen, die in Abhängigkeit zu den jeweils in dem Unternehmen gegebenen Umständen einzurichten sind. Maßgebliche Ziele eines IKS können sein:

- ✓ Schutz vor Diebstahl,
- ✓ Schutz vor Falschgeldannahme,
- ✓ Schutz vor Trickbetrügern,
- ✓ Einhaltung der (steuer-)gesetzlichen Aufzeichnungs- und Aufbewahrungspflichten.

Um diese Ziele zu erreichen, müssen entsprechende betriebliche Maßnahmen ergriffen werden (beispielhafte Aufzählung):

- ❖ Vier-Augen-Prinzip beim Zählen des Bargeldbestandes.
- ❖ Schriftliche Dokumentation der Prozessschritte:
  - Wie sind Einnahmen aufzuzeichnen?
  - Wer ist berechtigt, die OLK zu führen?
  - Wer kontrolliert die Prozesse?
- ❖ Kontrolle der innerbetrieblichen Prozesse:
  - Kontrolle der Kassiervorgänge,
  - Kontrolle der Eintragungen ins Kassenbuch/in die Kassenbestandsrechnung/ in den Kassenbericht.
- ❖ Kontrolle der nachgelagerten buchhalterischen Erfassung der Sachverhalte im Kassenbuch/ in der Kassenbestandsrechnung/im Kassenbericht.

Führen die vorgenannten Kontrollen zu auffälligen Ergebnissen, insbesondere zu Abweichungen von dem beschriebenen und tatsächlich durchgeführten Verfahren, sollten die laufenden Prozesse angehalten und dem Unternehmer umgehend Mitteilung erstattet werden.

XI. Typische Mängel in der betrieblichen Praxis

Im Rahmen von Betriebsprüfungen und Kassen-Nachschauen der Finanzbehörden werden in der Praxis häufig die folgenden Mängel vorgefunden, die vermieden werden sollten:

- retrograd aufgebaute Kassenberichte, in denen die Kassenbestände nicht ausgewiesen werden;
- hohe rechnerische Kassenbestände zur Vermeidung von Kassenfehlbeträgen;
- keine Trennung von baren und unbaren Einnahmen;
- einheitliches Schriftbild, weil die Kassenberichte nachträglich erstellt wurden;
- glatte Eurobeträge, die darauf hindeuten, dass der Kassenbestand bei Geschäftsschluss nicht durch tatsächliche Auszählung ermittelt wurde;
- Privatentnahmen und Privateinlagen werden nicht laufend im Kassenbuch bzw. Kassenbericht eingetragen, sondern nur am Ende des Monats und dafür liegen keine (Eigen-)Belege vor;
- es werden erst gar keine Kassenberichte geführt;
- nicht zeitgerechte, d. h. tägliche Erstellung des Kassenberichts;
- tägliche Kassensturzfähigkeit ist nicht gegeben,
- im gesamten Prüfungszeitraum gibt es keinerlei Kassendifferenzen, was vermuten lässt, dass die Kassenberichte/-bücher nachgeschrieben wurden.

Fragen an den Steuerberater | Notizen

MANDANTEN-MERKBLATT

XII. Muster-Kassenbericht mit retrogradem Aufbau

Zählprotokoll			
Scheine	**Anzahl**	**Summe in EURO**	**Kontrolle**
500,00 €			
200,00 €			
100,00 €			
50,00 €			
20,00 €			
10,00 €			
5,00 €			
I. Summe der Schein (1.)			
Münzen	**Anzahl**	**Summe in EURO**	**Kontrolle**
2,00 €			
1,00 €			
0,50 €			
0,20 €			
0,10 €			
0,05 €			
0,02 €			
0,01 €			
II. Summe der Münzen (2.)			
I. + II. Summe Gesamt (3.)			
Unterschriften (11.)			
1. Person			
2. Person			

Kassenbericht	**lfd. Nr.**		**Datum**		**Buchungs-vermerk**
Kassenbestand bei Geschäftsschluss (lt. beigefügtem Zählprotokoll) (4.)					
Ausgaben im Laufe des Tages:	Vorsteuerbetrag %-Satz	Vorsteuerbetrag MwSt-betrag	Netto-betrag		
1. Wareneinkäufe und Warennebenkosten					
2. Geschäftsausgaben					
3. Privatentnahmen (Eigenbeleg beifügen)					
4. Sonstige Ausgaben (z.B. Bareinzahlungen bei der Bank)				Summe MwSt-Betrag + Netto-Betrag	
(5.) **Summe:** (Kassenbestand bei Geschäftsschluss + Summe (MwSt-Betrag + Netto-Betrag))					
abzüglich Kassenbestand des Vortages (6.)					
= Kasseneingang (7.)					
abzüglich sonstige Einnahmen (8.)					
abzüglich (Bar-)Einlagen (Eigenbeleg beifügen) (8.)					
= Bareinnahmen (Tageslosung) (9.)					

Gegenprobe	**(10.)**		**Kontrolle**
	Kassenbstand zu Beginn des Tages		
+	Einlage Barmittel von der Bank		
./.	Barausgaben 1. + 2. + 4.		
+	Bareinnahmen		
./.	Privatentnahme 3.		
	rechnerischer Istbestand		
	tatsächlicher Istbestand aus Zählprotokoll (I. + II. Summe Gesamt)		
	Differenz		

Abb. 3: Muster-Kassenbericht mit retrogradem Aufbau

Fragen an den Steuerberater I Notizen

MANDANTEN-MERKBLATT

Beispiel für einen ausgefüllten Muster-Kassenbericht:

Zählprotokoll			
Scheine	**Anzahl**	**Summe in EURO**	**Kontrolle**
500,00 €		0,00 €	
200,00 €	1	200,00 €	
100,00 €	4	400,00 €	
50,00 €	13	650,00 €	
20,00 €	26	520,00 €	
10,00 €	31	310,00 €	
5,00 €	25	125,00 €	
I. Summe der Schein (1.)		2.205,00 €	
Münzen	**Anzahl**	**Summe in EURO**	**Kontrolle**
2,00 €	46	92,00 €	
1,00 €	36	36,00 €	
0,50 €	18	9,00 €	
0,20 €	14	2,80 €	
0,10 €	44	4,40 €	
0,05 €	79	3,95 €	
0,02 €	56	1,12 €	
0,01 €	41	0,41 €	
II. Summe der Münzen (2.)		149,68 €	
I. + II. Summe Gesamt (3.)		**2.354,68 €**	
Unterschriften (11.)			
1. Person			
2. Person			

Kassenbericht	**lfd. Nr.**	**780**	**Datum**	**11.07.2024**		**Buchungsvermerk**
Kassenbestand bei Geschäftsschluss (lt. beigefügtem Zählprotokoll) **(4.)**					2.354,68 €	
Ausgaben im Laufe des Tages:		Vorsteuerbetrag %-Satz	MwSt-betrag	Netto-betrag		
1. Wareneinkäufe und Warennebenkosten		19	95,00 €	500,00 €		
2. Geschäftsausgaben		7	0,35 €	5,00 €		
3. Privatentnahmen (Eigenbeleg beifügen)				250,00 €		
4. Sonstige Ausgaben (z.B. Bareinzahlungen bei der Bank)					Summe MwSt-Betrag + Netto-Betrag	
			95,35 €	755,00 €	850,35 €	
(5.) **Summe:** (Kassenbestand bei Geschäftsschluss + Summe (MwSt-Betrag + Netto-Betrag))					3.205,03	
abzüglich Kassenbestand des Vortages (6.)					1.645,19	
= Kasseneingang (7.)					1.559,84	
abzüglich sonstige Einnahmen (8.)						
abzüglich (Bar-)Einlagen (Eigenbeleg beifügen) (8.)					150,00	
= Bareinnahmen (Tageslosung) (9.)					**1.409,84**	

Gegenprobe	**(10.)**		**Kontrolle**
	Kassenbstand zu Beginn des Tages	1.645,19 €	
+	Einlage Barmittel von der Bank	150,00 €	
./.	Barausgaben 1. + 2. + 4.	600,35 €	
+	Bareinnahmen	1.409,84 €	
./.	Privatentnahme 3.	250,00 €	
	rechnerischer Istbestand	**2.354,68 €**	
	tatsächlicher Istbestand aus Zählprotokoll (I. + II. Summe Gesamt)	2.354,68 €	
	Differenz		

Abb. 4: Ausgefüllter Muster-Kassenbericht mit retrogradem Aufbau

Fragen an den Steuerberater | Notizen

MANDANTEN-MERKBLATT

XIII. Zusammenfassende Übersicht

	Offene Ladenkasse	
	mit Einzelaufzeichnungen	**ohne** Einzelaufzeichnungen
Bilanzierende Unternehmen	Kassenführung mittels **retrograd** aufgebautem Kassenbericht ✓ Kassenbuch oder ✓ Kassenbestandsrechnung, ✓ (retrograder) Kassenbericht müssen geführt werden.	Kassenführung mittels **retrograd** aufgebautem Kassenbericht.
Einnahmeüberschussrechnung	Geordnete, vollständige Aufzeichnungen und/oder Belege. Freiwillig auch möglich: ✓ Kassenbuch, ✓ Kassenbestandsrechnung, ✓ (retrograder) Kassenbericht.	Kassenführung mittels **retrograd** aufgebautem Kassenbericht.

Beachte:

- Zu jedem Geschäftsvorfall ist die Zahlungsart festzuhalten.
- Rundungen und Schätzungen sind unzulässig.
- Im Kassenbuch/in der Kassenbestandsrechnung/in dem Kassenbericht dürfen **nur Barumsätze** erfasst werden.
- **Unbare Zahlungen** sind gesondert abzubilden.

Praxishinweis: Warenautomaten sind elektronische Aufzeichnungssysteme. Eine Kassenführung mittels offener Ladenkasse ist nicht zulässig, da ein technisches Hilfsmittel genutzt wird. In diesen Fällen müssen die Einzeldaten aufgezeichnet und aufbewahrt werden. Der Einbau einer zertifizierten technischen Sicherheitseinrichtung (zTSE) ist jedoch nicht erforderlich (siehe § 1 Abs. 1 Satz 2 Nr. 4 KassenSichV).

Fragen an den Steuerberater I Notizen

MANDANTEN-MERKBLATT

XIV. Checkliste zur offenen Ladenkasse

Die folgende Checkliste dient zur Vorbereitung auf eine unangemeldete Kassen-Nachschau. Auf diese Fragen sollten Sie eine Antwort haben.

1. Allgemeine Fragen zur Kassenführung mittels OLK

Die folgenden Fragen zur Art der Kassenführung mittels OLK sollten immer vorab ausgefüllt werden.

	Ja	Nein
• Welche Person/en führt/führen die OLK? o Inhaber o Geschäftsführer o Mitarbeiter (hier: namentlich aufführen) ____________________	 ☐ ☐ ☐	 ☐ ☐ ☐
• Welche Person/en macht/machen täglich den Kassenabschluss und zählt/zählen den Bargeldbestand? o Inhaber o Geschäftsführer o Mitarbeiter (hier: namentlich aufführen) ____________________	 ☐ ☐ ☐	 ☐ ☐ ☐
• Über die Art der Kassenführung im Unternehmen liegt eine aussagekräftige Verfahrensdokumentation vor?	☐	☐
• Wie oft wird die Kassensturzfähigkeit geprüft? o täglich o wöchentlich o monatlich	 ☐ ☐ ☐	 ☐ ☐ ☐
• Wie hoch ist der täglich Wechselgeldbestand?	EUR	
• Wie dokumentieren Sie Kassendifferenzen? [Bitte hier kurz erläutern.]		
• Wie dokumentieren Sie unbare Geschäftsvorfälle, die nicht im Kassenbuch aufgezeichnet werden dürfen? [Bitte hier kurz erläutern.]		
• Wie dokumentieren Sie Auffälligkeiten in den Kassenaufzeichnungen (z. B. Kassendifferenzen)? [Bitte hier kurz erläutern.]		

Abb. 5: Allgemeine Fragen zur Kassenführung mittels OLK

Fragen an den Steuerberater | Notizen

MANDANTEN-MERKBLATT

2. Fragen zur Einzelaufzeichnungspflicht

Die folgenden Fragen dienen der Prüfung, ob Sie die **Ausnahmeregelung** des § 146 Abs. 1 Satz 3 AO in Anspruch nehmen können:

2.1 Unternehmen, die überwiegend Waren verkaufen

	Ja	Nein
• Sie verkaufen Waren? **Hinweis:** Der Begriff „Waren" orientiert sich an der handelsrechtlichen Auslegung im § 266 Abs. 2 B.I.1-3 HGB, § 275 Abs. 2 Nr. 5a HGB.	☐	☐
• An eine Vielzahl unbekannter Personen?	☐	☐
• Ausschließlich gegen Barzahlung? **Hinweis:** Wenn Sie für unbare Zahlungen ein EC-Terminal nutzen, ist die offene Ladenkasse nicht mehr möglich.	☐	☐
• Sie verwenden kein elektronisches Aufzeichnungssystem?	☐	☐

Abb. 6: Prüfung Ausnahmeregelung für Unternehmen, die überwiegend Waren verkaufen

Wenn Sie **alle vier Fragen mit „Ja"** beantworten können, liegen bei Ihnen die Voraussetzungen für die Inanspruchnahme der Ausnahmeregelung vor. Sie sind dann aber verpflichtet, täglich am Schluss des Geschäftstages den Kassenbestand zu ermitteln und einen retrograd aufgebauten Kassenbericht auszufüllen (siehe Muster-Kassenbericht in Abschnitt XII).

2.2 Unternehmen, die überwiegend Dienstleistungen erbringen

	Ja	Nein
• Ihr Geschäftsbetrieb ist auf eine Vielzahl von Kundenkontakten ausgelegt?	☐	☐
• Sie erbringen Dienstleistungen an eine Vielzahl unbekannter Personen?	☐	☐
• Ausschließlich gegen Barzahlung? **Hinweis:** Wenn Sie für unbare Zahlungen ein EC-Terminal nutzen, ist die offene Ladenkasse nicht mehr möglich.	☐	☐
• Ihr Kundenkontakt bzw. der Ihrer Angestellten ist auf die Bestellung und sofortige Bezahlung ausgerichtet?	☐	☐
• Sie verwenden kein elektronisches Aufzeichnungssystem?	☐	☐

Abb. 7: Prüfung Ausnahmeregelung für Unternehmen, die überwiegend Dienstleistungen erbringen

Wenn Sie **alle fünf Fragen mit „Ja"** beantworten können, liegen bei Ihnen die Voraussetzungen für die Inanspruchnahme der Ausnahmeregelung vor. Sie sind dann aber verpflichtet, täglich am Schluss des Geschäftstages den Kassenbestand zu ermitteln und einen retrograd aufgebauten Kassenbericht auszufüllen (siehe Muster-Kassenbericht in Abschnitt XII).

Beachte: Wenn Sie bei den Fragen zu 1. und zu 2. nicht alle Fragen mit „Ja" beantworten können, sind Sie verpflichtet, eine Kassenführung mittels offener Ladenkasse **und** Einzelaufzeichnungen zu führen.

Fragen an den Steuerberater I Notizen

MANDANTEN-MERKBLATT

3. Checkliste zur Kassenführung mittels OLK für Unternehmen, die nicht verpflichtet sind, Einzelaufzeichnungen zu führen

Art der Gewinnermittlung ist ohne Bedeutung, d. h. die in dieser Checkliste aufgeführten Fragen sollten alle mit „Ja" beantwortet werden.

	Ja	Nein
• Sie führen täglich einen retrograd aufgebauten Kassenbericht? [siehe Mustervordruck in diesem Merkblatt]	☐	☐
• Der Bargeldbestand (= Tagesendbestand) wird täglich ausgezählt?	☐	☐
• Die Kassenberichte sind fortlaufend durchnummeriert?	☐	☐
• Die Kassenberichte sind alle unterschrieben?	☐	☐
• Für die im Kassenbericht ausgewiesenen Betriebsausgaben liegen auch sämtliche Belege vor? **Hinweis:** Auch für „bar" gezahlte Löhne müssen vom Arbeitnehmer unterzeichnete Nachweise vorgelegt werden.	☐	☐
• Für Bargeldeinzahlungen bei der Bank liegen entsprechende Nachweise vor? [Stichwort: Geldtransit]	☐	☐
• Für die im Kassenbericht ausgewiesenen Privatentnahmen liegen Eigenbelege vor?	☐	☐
• Für die im Kassenbericht ausgewiesenen Privateinlagen liegen Eigenbelege vor?	☐	☐
• Für Bargeldabhebungen bei der Bank, die anschließend in die Kasse eingelegt wurden, liegen Belege vor? [Stichwort: Geldtransit]	☐	☐

Abb. 8: Checkliste zur Kassenführung mittels OLK für Unternehmen, die nicht verpflichtet sind, Einzelaufzeichnungen zu führen

Fragen an den Steuerberater | Notizen

MANDANTEN-MERKBLATT

4. Checkliste zur offenen Ladenkasse mit Einzelaufzeichnungen für Bilanzierer

Siehe auch Ausführungen zur OLK mit Einzelaufzeichnungen in diesem Merkblatt (Abschnitt IV.2.2).

Diese Checkliste ist für Unternehmer gedacht, die eine OLK mit Einzelaufzeichnungen führen müssen.

	Ja	Nein
• Ich/wir führen		
○ ein handschriftliches Kassenbuch		
▪ als Loseblattsammlung	☐	☐
▪ als gebundenes Buch	☐	☐
▪ in Form aneinandergereihter Kassenberichte	☐	☐
○ eine handschriftliche Kassenbestandsrechnung		
▪ als Loseblattsammlung	☐	☐
▪ als gebundenes Buch	☐	☐
○ ein Kassenbuch in elektronischer Form, und zwar Name der Software: ______________	☐	☐
• Jeder einzelne Geschäftsvorfall wird im vorgenannten Kassenbuch/in der Kassenbestandsrechnung aufgezeichnet.	☐	☐
• Die einzelnen Geschäftsvorfälle werden durch eigene Belege, z. B. Quittungen, aufgezeichnet. In den Kassenbüchern, Kassenbestandsrechnungen oder Kassenberichten werden nur Summen eingetragen, die sich aber aus den Einzelbelegen nachvollziehen lassen können.	☐	☐

Rechtsstand: Juli 2024

Fragen an den Steuerberater I Notizen

Wichtige Urteile des BFH zur Gastronomie vom 1.1.2015 bis 28.2.2025

BFH v. 20.2.2025 - X R 27/24, NWB YAAAJ-85827

Anhängiges Verfahren:[1]

Ist bei bestehenden Zweifeln im Hinblick auf den Programmierzustand und das Vorhandensein von Manipulationsspuren an der Registrierkasse vom Finanzgericht ein Sachverständigengutachten einzuholen?
Rechtfertigen fehlende Programmierprotokolle für die verwendete Kasse eine Schätzung dem Grunde nach?
Ergibt sich aus einer angeblichen Abweichung von der Richtsatzsammlung eine Schätzungsbefugnis?

BFH, Beschluss v. 24.1.2025 - IX B 99/24, NWB PAAAJ-85198

Leitsatz

1. NV: Für eine Klage gegen ein Finanzgericht auf (vollständige) Auskunft nach Art. 15 der Datenschutz-Grundverordnung ist der Finanzrechtsweg gemäß § 33 Abs. 1 Nr. 4 der Finanzgerichtsordnung i. V. m. § 32i Abs. 2 Satz 1 der Abgabenordnung nicht eröffnet. (Rz. 8)

2. NV: Es handelt sich um eine öffentlich-rechtliche Streitigkeit nicht verfassungsrechtlicher Art, für die gemäß § 40 Abs. 1 der Verwaltungsgerichtsordnung der Rechtsweg zu den Verwaltungsgerichten eröffnet ist. (Rz. 13)

Orientierungssatz

1. NV: Um beschwerdefähig i. S. d. § 128 Abs. 1 FGO zu sein, muss eine Entscheidung des Finanzgerichts, die nicht Urteil oder Gerichtsbescheid ist, im Rahmen der rechtsprechenden Tätigkeit ergangen sein. Entscheidungen der Justizverwaltung bzw. der Gerichtsverwaltung fallen nicht hierunter. (Rz. 5) Die Erteilung beziehungsweise die Verweigerung der Auskunft nach Art. 15 der VO (EU) 2016/679 (DSGVO) durch ein Gericht stellt keine Rechtsprechungstätigkeit dar. (Rz. 6)

NV: § 17a Abs. 2 und 4 GVG wird den Anforderungen des unionsrechtlichen Äquivalenz- und Effektivitätsgrundsatzes gerecht. (Rz. 16) Einer Vorlage an den EuGH nach Art. 267 Abs. 3 AEUV bedarf es nicht. (Rz. 17)

---

1 Bei Redaktionsschluss noch nicht entschieden.

BFH, Urteil v. 14.1.2025 - IX R 25/22, NWB KAAAJ-86698

Leitsatz

1. Der Verantwortliche kann dem Auskunftsanspruch nach Art. 15 der Datenschutz-Grundverordnung nicht entgegenhalten, dass die Auskunft einen unverhältnismäßigen Aufwand erfordern würde. (Rz. 27) (Rz. 31) (Rz. 34) (Rz. 35) (Rz. 36)

2. Ein Auskunftsbegehren gilt nicht bereits als exzessiv, wenn die betroffene Person Auskunft zu ihren personenbezogenen Daten begehrt, ohne dieses Begehren in sachlicher beziehungsweise zeitlicher Hinsicht zu beschränken. (Rz. 45) (Rz. 47) (Rz. 48)

3. Ein Auskunftsanspruch ist grundsätzlich dann erfüllt, wenn die Angaben nach dem erklärten Willen des Auskunftsschuldners die Auskunft im geschuldeten Gesamtumfang darstellen. (Rz. 53) (Rz. 54) (Rz. 55)

Orientierungssatz

(Zum LS 1) Einem Auskunftsanspruch nach Art. 15 DSGVO (EUV 2016/679) – hier: das Begehren wurde gegenüber dem Finanzamt geltend gemacht – stehen im Hinblick auf einen „unverhältnismäßigen Aufwand" für den Auskunftsverpflichteten folgende Vorschriften aus dem nationalen Recht nicht entgegen: § 32c Abs. 1 Nr. 3 AO (Rz. 37), § 32c Abs. 3 AO (Rz. 39) oder § 275 Abs. 2 BGB beziehungsweise der dort zum Ausdruck kommende Rechtsgedanke. (Rz. 40)

(Zu LS 2) Im Vergleich zum Begehren auf Zurverfügungstellung einer Kopie der personenbezogenen Daten gem. Art. 15 DSGVO erweist sich die Möglichkeit zur Akteneinsicht (hier: welche seitens des Finanzamts angeboten worden war) als ein Aliud; die Möglichkeit der Akteneinsicht kann damit keinen Exzess des Antrags begründen. (Rz. 46)

(Zu LS 3) Eine Vollständigkeitserklärung führt nicht zum Erlöschen des Auskunftsbegehrens, wenn Zweifel an der Vollständigkeitserklärung erwachsen. Dies ist der Fall, wenn Grund zu der Annahme besteht, dass die Auskunft nicht mit der erforderlichen Sorgfalt erteilt wurde. (Rz. 53)

(Zu LS 3) Mit der Gewährung einer Akteneinsicht kann der Auskunftsanspruch nach Art. 15 DSGVO nicht erfüllt werden. Dabei handelt es sich um ein Aliud. (Rz. 56)

Einer Vorlage an den EuGH nach Art. 267 Abs. 3 AEUV bedarf es im vorliegenden Verfahren nicht. (Rz. 59)

Ein Anspruch auf Schadensersatz ist nicht als Minus im Auskunftsbegehren nach Art. 15 DSGVO enthalten. Vielmehr ist ein Antrag auf Schadensersatz ein Aliud zum Begehren einer Auskunft nach Art. 15 DSGVO (hier: Schadensersatz kann nicht erstmalig im Revisionsverfahren geltend gemacht werden). (Rz. 14)

BFH v. 20.12.2024 - X R 14/24, NWB AAAAJ-82076

Anhängiges Verfahren:[2]

Ist die amtliche Richtsatzsammlung des Bundesfinanzministeriums eine geeignete Grundlage für Schätzungen?
Kann die Richtsatzsammlung für Gastronomiebetriebe auch auf Imbisswagen angewendet werden, die in ländlichen Gebieten aufgestellt werden?

BFH, Beschluss v. 17.4.2024 - X B 61/23, NWB NAAAJ-68248

Leitsatz

NV: Ein ordnungsgemäß gestellter Beweisantrag darf nur unberücksichtigt bleiben, wenn das Beweismittel für die zu treffende Entscheidung unerheblich, das Beweismittel unerreichbar beziehungsweise unzulässig oder absolut untauglich ist oder wenn die in Frage stehende Tatsache zugunsten des Beweisführenden als wahr unterstellt werden kann.
NV: Will das Finanzgericht eine Hinzuschätzung sowohl dem Grunde als auch der Höhe nach zentral auf seine Überzeugung stützen, ein Restaurantbetreiber habe unter einer zweiten Kundennummer Wareneinkäufe getätigt, die er nicht in seinen Aufzeichnungen erfasst habe, wird es einem Beweisantrag auf Beiziehung der entsprechenden Rechnungen und Lieferscheine in der Regel nachkommen müssen. (Rz. 14)
NV: Wird der gesamte entscheidungserhebliche Sachverhalt im Tatbestand eines finanzgerichtlichen Urteils lediglich im Konjunktiv wiedergegeben, sind die Anforderungen des § 105 Abs. 3 der Finanzgerichtsordnung in der Regel nicht erfüllt. (Rz. 21)

Orientierungssatz

NV: Zu Leitsatz 3: Die Beteiligten und das Rechtsmittelgericht müssen dem tatrichterlichen Urteil entnehmen können, von welchen Tatsachen das FG bei

2 Bei Redaktionsschluss noch nicht entschieden.

seiner Überzeugungsbildung ausgegangen ist (vgl. BFH-Rechtsprechung). Dazu gehört im Tatbestand eine Trennung der streitigen von den unstreitigen Tatsachen, ferner in den Entscheidungsgründen gegebenenfalls eine Begründung dafür, warum streitiges Vorbringen der Entscheidung (nicht) zugrunde gelegt wird. (Rz. 21)

BFH, Urteil v. 28.11.2023 - X R 3/22, BStBl 2024 II S. 329

Leitsätze

1. Zur Begründung einer Schätzungsbefugnis dem Grunde und der Höhe nach darf der Tatrichter sich nicht mit der bloßen Benennung formeller oder materieller Mängel begnügen, sondern muss diese auch nach dem Maß ihrer Bedeutung für den konkreten Einzelfall gewichten. (Rz. 36)

2. Eine Vollschätzung unter vollständiger Verwerfung der Gewinnermittlung des Steuerpflichtigen ist nur zulässig, wenn die festgestellten Mängel gravierend sind. (Rz. 77) (Rz. 88)

3. Die Verwendung eines objektiv manipulierbaren Kassensystems stellt grundsätzlich einen formellen Mangel von hohem Gewicht dar, da in einem solchen Fall systembedingt keine Gewähr für die Vollständigkeit der Einnahmenaufzeichnungen gegeben ist. (Rz. 42)

4. Das Gewicht dieses Mangels kann sich in Anwendung des Verhältnismäßigkeits- und Vertrauensschutzgrundsatzes im Einzelfall auf ein geringeres Maß reduzieren. Das gilt insbesondere dann, wenn das Kassensystem zur Zeit seiner Nutzung verbreitet und allgemein akzeptiert war und eine tatsächliche Manipulation unwahrscheinlich ist. (Rz. 45) (Rz. 49)

5. Der in der Verwendung einer solchen objektiv manipulierbaren elektronischen Registrierkasse einfacher Bauart liegende formelle Mangel begründet keine Schätzungsbefugnis, wenn der Steuerpflichtige in überobligatorischer Weise sonstige Aufzeichnungen führt, die eine hinreichende Gewähr für die Vollständigkeit der Einnahmenerfassung bieten. (Rz. 52)

6. Bei elektronischen Registrierkassen einfacher Bauart werden Funktionen und Stand der festen Programmierung (Firmware) durch die Bedienungsanleitung dokumentiert. Änderungen von Einstellungen der Kasse sind vom Steuerpflichtigen im Zeitpunkt der Vornahme der Änderungen durch Anfertigung entsprechender Protokolle über die vorgenommenen Einstellungen zu dokumentieren (Präzisierung des Senatsurteils vom 25.3.2015 - X R 20/13, BFHE 249 S. 390, BStBl 2015 II S. 743, Rz. 26 ff.). (Rz. 60)

7. Übergibt ein Kunde für eine Leistung des Steuerpflichtigen einen Rabattgutschein, auf den nach den Gutscheinbedingungen ein Dritter eine Zahlung an den Steuerpflichtigen leisten soll, fließt dem Steuerpflichtigen bei Gewinnermittlung durch Einnahmen-Überschuss-Rechnung eine Einnahme nicht bereits mit Übergabe des Gutscheins, sondern erst in dem Zeitpunkt zu, in dem der Dritte die Zahlung an den Steuerpflichtigen leistet. (Rz. 70)

BFH, Beschluss v. 18.10.2023 - XI B 41/23 (AdV), NWB GAAAJ-54213

Leitsatz

NV: Es ist ernstlich zweifelhaft, ob entgeltliche Umsätze aus dem Betrieb einer WC-Anlage, die an zahlende Besucher eines Museums ausgeführt werden, umsatzsteuerpflichtig oder als Nebenleistung zum steuerfreien Museumsumsatz der anerkannten Einrichtung steuerbefreit sind. (Rz. 12) (Rz. 21)
NV: Es ist nicht ernstlich zweifelhaft, dass Umsätze aus dem Betrieb eines Parkplatzes keine Nebenleistungen zum steuerfreien Museumsumsatz sind. (Rz. 12) (Rz. 18)

Orientierungssatz

NV zu LS 1: Der Umstand, dass andere Personen eine Leistung als einzige (und damit selbständige) Leistung beziehen, schließt es nicht aus, dass dieselbe Leistung bei anderen Personen eine Nebenleistung zu einer von ihnen in Anspruch genommenen Hauptleistung ist (hier: Nutzung der WC-Anlage durch Personen, die die steuerfreie Hauptleistung „Museumsbesuch" nicht in Anspruch genommen haben). (Rz. 22) (Rz. 24)

BFH, Urteil v. 12.10.2023 - III R 39/21, BStBl 2024 II S. 67

Leitsatz

1. Eine Hinzurechnung von Mieten für Standflächen eines im Reisegewerbe tätigen Imbissbetriebs nach § 8 Nr. 1 Buchst. e des Gewerbesteuergesetzes ist wegen der Voraussetzungslosigkeit der Eigentumsfiktion unabhängig davon möglich, ob es im Reisegewerbe Vergleichsbetriebe gibt, die mit in ihrem Eigentum stehenden Verkaufsflächen arbeiten. (Rz. 16) (Rz. 23)
2. Auch eine regelmäßig nur für kurze Zeit erfolgende Anmietung von unterschiedlichen Standflächen bewirkt deren Zuordnung zum (fiktiven) Anlagevermögen, wenn sich die wiederholte kurzfristige Anmietung ähnlicher Standflächen als Surrogat einer langfristigen Nutzung solcher Standflächen darstellt. (Rz. 20) (Rz. 23)

3. Eine Umqualifizierung von Mieten für Standflächen in Herstellungskosten der angebotenen Produkte scheidet aus, wenn die Aufwendungen bei einer Gesamtbetrachtung unter das Einbeziehungsverbot für Vertriebskosten fallen (§ 255 Abs. 2 Satz 4 HGB). (Rz. 28) (Rz. 29) (Rz. 31)

Orientierungssatz

(Zu LS 1 und LS 2) Nach den gem. § 118 Abs. 2 FGO bindenden Feststellungen des Finanzgerichts war der im Reisegewerbe tätige Imbissbetrieb auf die ständige Verfügbarkeit der angemieteten Standflächen angewiesen (hier: Aufstellen der Verkaufsstände, dortiges Zubereiten, Anbieten und Verkauf der Speisen). (Rz. 18) (Rz. 24)
Der Streitfall, der einen im Reisegewerbe tätigen Imbissbetrieb betrifft, welcher seine – als solche austauschbaren (Rz. 20) – Standflächen anmietet, unterscheidet sich von der dem Urteil des FG Düsseldorf v. 29.1.2019 - 10 K 2717/17 G, Zerl (EFG 2019 S. 544) zugrundeliegenden Sachverhaltskonstellation, bei der es um einen Produktionsbetrieb ging, welcher nur alle drei Jahre an einer bestimmten Fachmesse für seine Produkte teilnahm, ebenso, wie er sich von der Sachverhaltskonstellation im BFH-Urteil v. 25.7.2019 - III R 22/16 unterscheidet: Dort stellte die kurzfristige Anmietung von Hotelzimmern durch einen Reiseveranstalter kein Surrogat für eine langfristige Nutzung eines solchen Hotelzimmers dar. (Rz. 21) (Rz. 22)

BFH, Beschluss v. 14.12.2022 - X R 19/21, NWB OAAAJ-34737

Leitsatz

Das BMF wird aufgefordert, dem Revisionsverfahren beizutreten, um zu der Frage Stellung zu nehmen, ob und – wenn ja – unter welchen Voraussetzungen ein äußerer Betriebsvergleich in Gestalt einer Schätzung anhand der Richtsätze der amtlichen Richtsatzsammlung des BMF zulässig ist. (Rz. 19) (Rz. 20)

Orientierungssatz

Ungeachtet höchstrichterlicher Rechtsprechungsgrundsätze zur Richtsatzschätzung als grundsätzlich „anerkannte Schätzungsmethode", hat sich der BFH bislang in keiner Entscheidung näher damit auseinandergesetzt, auf welchen Grundlagen und Parametern die Richtsätze des BMF beruhen, wie sie zustande kommen und welche Auswirkungen sich hieraus auf die Tauglichkeit eines äußeren Betriebsvergleichs anhand der Richtsatzsammlung ergeben. (Rz. 26) (Rz. 28) (Rz. 30)

BFH, Beschluss v. 29.11.2022 - VIII B 141/21, NWB SAAAJ-29741

Leitsatz

NV: Die Übermittlung eines finanzgerichtlichen Urteils als elektronisches Dokument an das besondere elektronische Anwaltspostfach und der Übermittlungszeitpunkt sind nach der im Jahr 2021 geltenden Rechtslage nachgewiesen, wenn der Prozessbevollmächtigte unmittelbar nach dem Erhalt der Nachricht ein von ihm qualifiziert signiertes elektronisches Empfangsbekenntnis an das FG übermittelt und anschließend den erforderlichen Gegenbeweis nicht führen kann, dass die Übermittlung entgegen den Angaben im elektronischen Empfangsbekenntnis fehlgeschlagen sei. (Rz. 4) (Rz. 6)

Orientierungssatz

NV: Die (hier vom Finanzamt herangezogene und vom FG bestätigte) Richtsatzschätzung ist eine anerkannte Schätzungsmethode; das dadurch gewonnene Schätzungsergebnis ist nicht durch die Anwendung einer weiteren Schätzungsmethode zu überprüfen oder zu untermauern. (Rz. 18)

BFH, Urteil v. 16.12.2021 - IV R 1/18, NWB AAAAI-04354

Leitsatz

NV: Es ist Sache des FG als Tatsacheninstanz, zu entscheiden, welcher Schätzungsmethode es sich bedienen will, wenn diese geeignet ist, ein vernünftiges und der Wirklichkeit entsprechendes Ergebnis zu erzielen. (Rz. 49)
NV: Um es der Revisionsinstanz – beschränkt auf die Überprüfung von Rechtsfehlern – zu ermöglichen, die Schätzung nachzuvollziehen, hat das FG darzulegen, dass und wie es seine Überzeugung in rechtlich zulässiger und einwandfreier Weise gewonnen hat. (Rz. 48)

Orientierungssatz

NV: Überblick über die Maßstäbe, die für eine Schätzung der Höhe nach gelten (vgl. BFH-Rechtsprechung). (Rz. 46)
NV: Zu Leitsatz 1: Die Wahlfreiheit des FG bei der Auswahl zwischen mehreren in Betracht kommenden Schätzungsmethoden ist allerdings nach den für die Ausübung pflichtgemäßen Ermessens geltenden Grundsätzen eingeschränkt; dabei sind auch Verhältnismäßigkeitserwägungen zu beachten (vgl. BFH-Rechtsprechung). Kommt eine bestimmte Schätzungsmethode dem ermessensleitenden Ziel, die Besteuerungsgrundlagen durch Wahrscheinlichkeitsüberlegungen so zu bestimmen, dass sie der Wirklichkeit möglichst nahekommen, voraussicht-

lich näher als eine andere Schätzungsmethode, ist die erstgenannte Schätzungsmethode unter Ermessensgesichtspunkten vorzugswürdig. (Rz. 50)
NV: Auch im Betrieb des Steuerpflichtigen aufgefundene Belege, bei denen mit hinreichender Wahrscheinlichkeit von einer realitätsgerechten Wiedergabe der Geschäftsvorfälle ausgegangen werden kann, sind als Anknüpfungspunkt für eine Schätzung geeignet. Die Schätzungsmethode des internen Betriebsvergleichs muss allerdings auch unter den Umständen des Einzelfalls gewährleisten, dass bei der Schätzung ein vernünftiges und der Wirklichkeit entsprechendes Ergebnis erzielt wird. (Rz. 55)
NV: Wählt das FG als Schätzungsmethode den internen Betriebsvergleich, so entbindet die Verletzung der Mitwirkungspflicht durch den Steuerpflichtigen das FG nicht davon, besonders zu prüfen und nachvollziehbar zu begründen, dass bzw. inwieweit die aus – als nicht manipuliert angesehenen – Belegen entnommenen Kassen-Tagesendsummen als repräsentativ für den gesamten maßgeblichen Zeitabschnitt übernommen werden können. (Rz. 60)
NV: Sollen bei einem Gastronomiebetrieb, der einen Innenbereich mit 50 Sitzplätzen und einen nur im Sommer geöffneten Außenbereich aufweist, aus zwei aus dem August 2012 datierenden Belegen (sog. Z-Bons) Schlüsse auf die wirtschaftlichen Verhältnisse in den Jahren 2000 bis 2010 gezogen werden, dann muss das FG der Frage nachgehen, inwieweit die Tagesendsummen an zwei Tagen im August des Jahres 2012 als repräsentativ für alle Monate eines Jahres angesehen werden können; es muss zudem begründen, warum diese Werte repräsentativ für bis zu zwölf Jahre zurückliegende Zeiträume sind. (Rz. 58) (Rz. 59)
NV: Wählt das FG bei einem Gastronomiebetrieb die höchsten Rohgewinnaufschlagsätze der Richtsatzsammlung, muss es näher erläutern, welche betrieblichen Verhältnisse bei dem Steuerpflichtigen dies rechtfertigen. Die Einordnung des Gastronomiebetriebs an der obersten Grenze bedarf einer besonderen Begründung. (Rz. 60)
Parallelentscheidung (betreffend Gewerbesteuermessbeträge 2000 bis 2010 und Umsatzsteuer 2000 bis 2010): BFH-Urteil v. 16.12.2021 - IV R 2/18.

BFH, Urteil v. 16.12.2021 - IV R 2/18, NWB KAAAI-04355

Leitsatz

NV: Es ist Sache des FG als Tatsacheninstanz, zu entscheiden, welcher Schätzungsmethode es sich bedienen will, wenn diese geeignet ist, ein vernünftiges und der Wirklichkeit entsprechendes Ergebnis zu erzielen. (Rz. 38)
NV: Um es der Revisionsinstanz – beschränkt auf die Überprüfung von Rechtsfehlern – zu ermöglichen, die Schätzung nachzuvollziehen, hat das FG darzule-

gen, dass und wie es seine Überzeugung in rechtlich zulässiger und einwandfreier Weise gewonnen hat. (Rz. 37)

Orientierungssatz

NV: Überblick über die Maßstäbe, die für eine Schätzung der Höhe nach gelten (vgl. BFH-Rechtsprechung).
NV: Zu Leitsatz 1: Die Wahlfreiheit des FG bei der Auswahl zwischen mehreren in Betracht kommenden Schätzungsmethoden ist allerdings nach den für die Ausübung pflichtgemäßen Ermessens geltenden Grundsätzen eingeschränkt; dabei sind auch Verhältnismäßigkeitserwägungen zu beachten (vgl. BFH-Rechtsprechung). Kommt eine bestimmte Schätzungsmethode dem ermessensleitenden Ziel, die Besteuerungsgrundlagen durch Wahrscheinlichkeitsüberlegungen so zu bestimmen, dass sie der Wirklichkeit möglichst nahekommen, voraussichtlich näher als eine andere Schätzungsmethode, ist die erstgenannte Schätzungsmethode unter Ermessensgesichtspunkten vorzugswürdig. (Rz. 39)

NV: Auch im Betrieb des Steuerpflichtigen aufgefundene Belege, bei denen mit hinreichender Wahrscheinlichkeit von einer realitätsgerechten Wiedergabe der Geschäftsvorfälle ausgegangen werden kann, sind grundsätzlich als Anknüpfungspunkt für eine Schätzung geeignet. (Rz. 42) Die Schätzungsmethode des internen Betriebsvergleichs muss allerdings auch unter den Umständen des Einzelfalls gewährleisten, dass bei der Schätzung ein vernünftiges und der Wirklichkeit entsprechendes Ergebnis erzielt wird. (Rz. 44)
NV: Wählt das FG als Schätzungsmethode den internen Betriebsvergleich, so entbindet die Verletzung der Mitwirkungspflicht durch den Steuerpflichtigen das FG nicht davon, besonders zu prüfen und nachvollziehbar zu begründen, dass bzw. inwieweit die aus – als nicht manipuliert angesehenen – Belegen entnommenen Kassen-Tagesendsummen als repräsentativ für den gesamten maßgeblichen Zeitabschnitt übernommen werden können. (Rz.48)
NV: Sollen bei einem Gastronomiebetrieb, der einen Innenbereich mit 50 Sitzplätzen und einen nur im Sommer geöffneten Außenbereich aufweist, aus zwei aus dem August 2012 datierenden Belegen (sog. Z-Bons) Schlüsse auf die wirtschaftlichen Verhältnisse in den Jahren 2000 bis 2010 gezogen werden, dann muss das FG der Frage nachgehen, inwieweit die Tagesendsummen an zwei Tagen im August des Jahres 2012 als repräsentativ für alle Monate eines Jahres angesehen werden können; es muss zudem begründen, warum diese Werte repräsentativ für bis zu zwölf Jahre zurückliegende Zeiträume sind. (Rz. 47) (Rz. 48)
NV: Wählt das FG bei einem Gastronomiebetrieb die höchsten Rohgewinnaufschlagsätze der Richtsatzsammlung, muss es näher erläutern, welche betrieb-

lichen Verhältnisse bei dem Steuerpflichtigen dies rechtfertigen. Die Einordnung des Gastronomiebetriebs an der obersten Grenze bedarf einer besonderen Begründung. (Rz. 49)

BFH, Urteil v. 16.9.2021 - IV R 34/18, BStBl 2022 II S. 101

Leitsatz

Im Jahr 2015 bestand hinsichtlich der Erfassung von Bareinnahmen bei den Einkünften aus Gewerbebetrieb auch bei sog. bargeldintensiven Betrieben mit offener Ladenkasse kein dem Gesetzgeber zuzurechnendes strukturelles Vollzugsdefizit. (Rz. 44)

Orientierungssatz

Zum Leitsatz: Die Gleichheit im Belastungserfolg wurde im Jahr 2015 durch die rechtliche Gestaltung des Erhebungsverfahrens nicht prinzipiell verfehlt. Vielmehr lag selbst für bargeldintensive Betriebe im Bereich der Gastronomieeine normative Gestaltung vor, die gerade auf die Durchsetzung der pflichtbegründenden Steuernorm abzielt. Es bestand auch selbst für Betreiber einer offenen Ladenkasse ein angemessenes Entdeckungsrisiko bei Manipulationen. (Rz. 35)
Die Frage, welche gesetzlichen Maßnahmen für die Beseitigung bestehender Probleme ausreichend, zweckmäßig und sinnvoll sind, fällt in die weitreichende Gestaltungsbefugnis des Gesetzgebers und ist der gerichtlichen Prüfung grundsätzlich entzogen. (Rz. 46)
Bei der Feststellung eines strukturellen Erhebungsdefizits sind auch Nachbesserungsversuche zu würdigen, die die Finanzverwaltung und der Gesetzgeber (hier: mit dem DigGAufzMaSchG) nach dem Erkennen eines tatsächlichen Vollzugsdefizits ergriffen haben. (Rz. 46)
Es konnte vorliegend dahinstehen, ob die ganz außergewöhnliche Rechtsfolge mangelnder Effektivität des Rechts (vgl. BVerfG-Rechtsprechung) auch durch ein bloßes gesetzgeberisches Unterlassen ausgelöst werden kann. Dahinstehen konnte ferner, ob jenseits eines normativen Erhebungsdefizits ein verfassungsrechtlich bedeutsames strukturelles Vollzugsdefizit auch darin bestehen kann, dass die Besteuerung aus politischen Gründen nicht vollzogen wird (vgl. BFH-Rechtsprechung). (Rz. 47)
Für eine Aussetzung des Verfahrens und Vorlage an das BVerfG nach Art. 100 Abs. 1 Satz 1 GG bestand vorliegend kein Anlass. (Rz. 20)
Zum Leitsatz: Dass kein dem Gesetzgeber zuzurechnendes strukturelles Vollzugsdefizit vorliegt, entbindet den Gesetzgeber nicht von seiner Pflicht, die offensichtlich bestehenden tatsächlichen Vollzugsprobleme bei der Besteue-

rung von Betrieben mit offenen Ladenkassen insbesondere im Bereich der Gastronomie sorgsam zu beobachten und alsbald zu prüfen, ob die seit 2016 ergriffenen gesetzgeberischen Maßnahmen zu einer Verbesserung des Vollzugs auch in diesem Bereich geführt haben. Bei der danach erforderlichen Evaluierung kann ggf. auch die fortschreitende Digitalisierung zu berücksichtigen sein. (Rz. 48)

BFH, Urteil v. 26.8.2021 - V R 42/20, BStBl 2022 II S. 219

Leitsatz

Die Nutzung eines Food-Courts in einem Einkaufszentrum kann beim Verzehr von Speisen als überwiegendes Dienstleistungselement zum Vorliegen einer sonstigen Leistung führen, wenn die Einräumung dieser Nutzungsmöglichkeit aus der Sicht eines Durchschnittsverbrauchers dem Speisenanbieter zuzurechnen ist. Für die Annahme einer sonstigen Leistung genügt dabei die Ausgabe von Speisen auf einem Tablett, wenn es typischerweise dazu dient, es dem Kunden zu ermöglichen, die von ihm erworbenen Speisen zu einem Verzehrort in der Nähe (hier dem Food-Court) zu bringen und diese dort an einem Tisch mit Sitzmöglichkeit zu verzehren. (Rz. 37)

Orientierungssatz

Wirkt ein Speisenanbieter in einem Einkaufszentrum durch vertragliche Vereinbarungen mit seinem Vermieter an der Verschaffung der Dienstleistungselemente zur Speisenabgabe zugunsten seiner Kunden mit und kann er aufgrund dieser Vereinbarung die Nutzung eines Food-Courts durch seine Kunden im Grundsatz durchsetzen, handelt es sich bei dem Food-Court nicht mehr um eine fremde Einrichtung i. S. der BFH-Rechtsprechung. In einem solchen Fall der Mitwirkung kann die Einräumung der Nutzungsmöglichkeit im Verhältnis zwischen Speisenanbieter und seinen Kunden zu berücksichtigen sein, wenn die Mitwirkung aus Sicht eines Durchschnittsverbrauchers erkennbar ist. (Rz. 39)
Fragen zur zeitlichen Anwendung von Art. 6 der VO (EU) Nr. 282/2011 (MwStVO) waren im Streitfall nicht zu klären. (Rz. 42)
Der Senat hält eine Vorlage an den EuGH nach Art. 267 AEU-Vertrag nicht für erforderlich. Auch ein Aussetzen des Verfahrens nach § 74 FGO mit Blick auf das beim EuGH anhängige Verfahren C-406/20 hält der Senat nicht für notwendig. (Rz. 44)
Der Antrag, die Zuziehung eines Bevollmächtigten für das Vorverfahren für notwendig zu erklären.

BFH, Beschluss v. 28.5.2020 - X B 12/20, NWB MAAAH-56278

Leitsatz

NV: Der Anspruch auf Gewährung rechtlichen Gehörs wird verletzt, wenn das FG in Ausübung eigener Schätzungsbefugnis für die Beurteilung der Höhe des Rohgewinnaufschlagsatzes auf eine nicht allgemein zugängliche – nur für den Dienstgebrauch bestimmte – Quelle aus dem juris-Rechtsportal („Fachinfosystem Bp NRW") zurückgreift, ohne zuvor die hieraus entnommenen Erkenntnisse dem Kläger inhaltlich in der gebotenen Weise zugänglich gemacht zu haben. (Rz. 11).

Orientierungssatz

NV: Die Frage, ob eine (Voll-)Schätzung durch einen äußeren Betriebsvergleich anhand der amtlichen BMF-Richtsatzsammlungen im Hinblick auf die dortige Nichtberücksichtigung von Verlustbetrieben überhaupt als taugliche Schätzungsmethode zu werten ist, konnte im Streitfall unbeantwortet bleiben. (Rz. 16).

(§ 139 Abs. 3 Satz 3 FGO), ist im Revisionsverfahren unzulässig. (Rz. 47)

BFH, Urteil v. 27.5.2020 - II R 38/18, BStBl 2021 II S. 552

Leitsatz

Die Regelungen zur Einheitsbewertung von Grundstücken im Beitrittsgebiet sind für ihre restliche Laufzeit verfassungsrechtlich hinzunehmen. (Rz. 56) (Rz. 59)
Mit dieser Maßgabe stellen die gleichlautenden Ländererlasse betreffend die Bewertung von Grundstücken im Beitrittsgebiet zulässige, typisierte Schätzungen des gemeinen Werts dar. (Rz. 20) (Rz. 22) (Rz. 25)
Die Ertragsarmut eines Bewertungsobjekts kann nicht im Rahmen des Sachwertverfahrens zur Einheitswertermittlung berücksichtigt werden. (Rz. 45) (Rz. 46)

Orientierungssatz

Zu LS 1: Der Senat ist nicht von der Verfassungswidrigkeit der angewandten Normen des materiellen Rechts überzeugt. Eine Vorlage an das BVerfG nach Art. 100 Abs. 1 Satz 1 GG i. V. m. § 13 Nr. 11 des Bundesverfassungsgerichtsgesetzes (BVerfGG) und § 80 BVerfGG kommt daher nicht in Betracht. (Rz. 54) (Rz. 60)

BFH, Beschluss v. 27.8.2019 - X B 160/18 (X B 3-10/19), NWB FAAAH-34960

Leitsatz

NV: Wenn der Steuerpflichtige im Zusammenwirken mit einem Lieferanten bei diesem Schwarzeinkäufe tätigt, bei denen die Belege vernichtet und die Vorgänge im Warenwirtschaftssystem des Lieferanten storniert werden, um sie bewusst zu verschleiern, ist ein tatrichterliches Urteil hinsichtlich der Feststellung der Einzelvorgänge jedenfalls dann ausreichend begründet, wenn das FG anhand der Nachweise, die die Steuerfahndung vorgelegt hat und denen der Steuerpflichtige nicht substantiiert entgegengetreten ist, die nicht gebuchten Wareneinkäufe individualisieren kann. Die Angabe sämtlicher Einzeldaten des verschleierten Liefervorgangs (Zeitpunkt der Bestellung, Verkaufsmitarbeiter des Lieferanten, Zeitpunkt der Lieferung, empfangende Person, Zeitpunkt der Bezahlung, zahlungsempfangende Person, Zahlungsweg) ist dann nicht erforderlich (Rz. 25).
NV: Der Steuerpflichtige kann in Fällen, in denen es der Steuerfahndung möglich ist, aus Daten eines Lieferanten in erheblichem Umfang detaillierte Unterlagen zu nicht gebuchten Warenlieferungen zu rekonstruieren, in die Situation kommen, faktisch zur Erbringung eines – denklogisch niemals lückenlos zu führenden – Negativbeweises gezwungen zu sein. Das FG muss diesen Umstand bei seiner Entscheidung, welche Anforderungen es im Einzelfall an das erforderliche Beweismaß stellt, berücksichtigen. Wenn das FG für seine Überzeugung, der Steuerpflichtige habe Schwarzeinkäufe getätigt, zahlreiche individuell auf den Betrieb des Steuerpflichtigen bezogene Umstände anführen kann, ist es aber regelmäßig nicht zu beanstanden, wenn es vom Steuerpflichtigen eine nähere Substantiierung seines schlichten Bestreitens verlangt. (Rz. 28) (Rz. 29).

Orientierungssatz

NV: Voraussetzung für einen Verfahrensfehler i. S. des § 119 Abs. 6 FGO aufgrund teilweise fehlender Entscheidungsgründe ist, dass das Gericht einen selbständigen Anspruch oder ein selbständiges Angriffs- oder Verteidigungsmittel übergangen hat. Ein Verfahrensfehler i. S. des § 119 Nr. 6 FGO liegt nicht vor, wenn eine Begründung zwar äußerst knapp ausgefallen, aber gleichwohl vorhanden ist. (Rz. 24).

BFH, Beschluss v. 21.8.2019 - X B 120/18, NWB QAAAI-62437

Leitsatz

NV: Der Anspruch auf Gewährung rechtlichen Gehörs gebietet einen vorherigen gerichtlichen Hinweis gemäß § 76 Abs. 2 FGO, wenn das FG eine Schätzungsmethode anwenden will, die den bereits erörterten Schätzungsmethoden nicht mehr ähnlich ist oder die Einführung neuen Tatsachenstoffs erforderlich wird. Dies ist u.a. dann der Fall, wenn das FG beabsichtigt, anstelle einer Schätzung anhand eines äußeren Betriebsvergleichs (Richtsatzschätzung) eine griffweise Hinzuschätzung in Gestalt eines – an die betrieblichen Daten des Steuerpflichtigen anknüpfenden – Sicherheitszuschlags vorzunehmen. (Rz. 12) (Rz. 14) (Rz. 15)

Orientierungssatz

NV: Zur Verhältnismäßigkeit einer Hinzuschätzung des Finanzgerichts zu den vom Steuerpflichtigen erklärten Umsätzen im Rahmen eines pauschalen Sicherheitszuschlags. (Rz. 24)
Die Entscheidung ist nachträglich zur Auswertung bestimmt worden.

BFH, Beschluss v. 14.8.2018 - XI B 2/18, NWB UAAAG-99263

Leitsatz

NV: Werden Stornierungen in Tagesendsummenbons (Z-Bons) nicht ausgewiesen, sondern allein die verbleibende Differenz, fehlt es an einer ordnungsgemäßen Kassenführung, die das Finanzamt dazu berechtigt, Hinzuschätzungen vorzunehmen (Rz. 9) (Rz. 10).

Orientierungssatz

NV: Zum LS: Maßgeblich für eine Hinzuschätzung ist, dass die Verletzung der formellen Ordnungsmäßigkeit der Kassenführung dazu führt, dass keine Gewähr mehr für die Vollständigkeit der Erfassung der Bareinnahmen geboten wird. Infolge von fehlenden Stornobuchungen lässt sich nicht mehr feststellen, ob lediglich Fehlbuchungen oder auch Einnahmebuchungen gelöscht worden sind (Rz. 10)
NV: Im Streitfall kann nicht geklärt werden, nach welcher Schätzungsmethode das FG im Fall einer Hinzuschätzungsbefugnis wegen Nichterfassung von Stornierungen im Kassensystem verfahren darf. Dies ist eine Frage, die nur für den Einzelfall entschieden werden kann, so dass sie einer allgemeingültigen Klärung nicht zugänglich ist. Denn es ist allein Sache der Tatsacheninstanz, welcher Schätzungsmethode sie sich bei Beachtung der Umstände des Einzelfalls bedie-

nen will, wenn diese geeignet ist, ein vernünftiges und der Wirklichkeit entsprechendes Ergebnis zu erzielen.

BFH, Beschluss v. 19.1.2018 - X B 60/17, NWB VAAAG-78868

Leitsatz

NV: Das FG hat einen Hinweis zu erteilen, wenn die beabsichtigte Schätzungsmethoden den bisher erörterten Schätzungsmöglichkeiten unähnlich ist oder die Einführung neuer Tatsachen mit sich bringt (Rz. 17).
NV: Gerichtliche Hinweise sind im Lichte der konkreten Verfahrenslage zu interpretieren (Rz. 18).

BFH, Beschluss v. 11.1.2017 - X B 104/16, NWB DAAAG-39556

Leitsatz:

NV: Besteht grundsätzlich eine Manipulationsmöglichkeit der Registrierkasse und können keine Programmierunterlagen vorgelegt werden, ist es Aufgabe des Steuerpflichtigen, anhand geeigneter (Ersatz)Unterlagen, ggf. unter Hilfestellung des Kassenherstellers, darzulegen, wie die Kasse programmiert worden ist. (Rz. 37)
NV: Die sog. „30/70-Methode" ist grundsätzlich eine geeignete Schätzungsmethode, die auf betriebsinternen Daten aufbaut. (Rz. 26)

BFH, Urteil v. 25.3.2015 - X R 20/13, BStBl 2015 II S. 743

Leitsatz

Die Durchführung eines Zeitreihenvergleichs setzt voraus, dass im Betrieb das Verhältnis zwischen dem Wareneinsatz und den Erlösen im betrachteten Zeitraum weitgehend konstant ist. Es darf zudem im maßgebenden Zeitraum nicht zu solchen Änderungen in der Betriebsstruktur gekommen sein, die – nicht anderweitig behebbare – wesentliche Unsicherheiten bei der Aufstellung und Interpretation des Zahlenwerks mit sich bringen. (Rz. 56) (Rz. 71)
Bei einer Buchführung, die formell ordnungsgemäß ist oder nur geringfügige formelle Mängel aufweist, kann der Nachweis der materiellen Unrichtigkeit grundsätzlich nicht allein aufgrund der Ergebnisse eines Zeitreihenvergleichs geführt werden. (Rz. 62)
Ist die Buchführung formell nicht ordnungsgemäß, sind aber materielle Unrichtigkeiten der Einnahmenerfassung nicht konkret nachgewiesen, können die Ergebnisse eines Zeitreihenvergleichs nur dann einen Anhaltspunkt für die

Höhe der erforderlichen Hinzuschätzung bilden, wenn andere Schätzungsmethoden, die auf betriebsinternen Daten aufbauen oder in anderer Weise die individuellen Verhältnisse des jeweiligen Steuerpflichtigen berücksichtigen, nicht sinnvoll einsetzbar sind. Bei verbleibenden Zweifeln können Abschläge in einem Umfang geboten sein, der über eine bloße Abrundung hinausgeht (Rz. 31) (Rz. 63) (Rz. 64) (Rz. 65) (Rz. 01).

Steht bereits aus anderen Gründen fest, dass die Buchführung sowohl formell als auch materiell unrichtig ist und übersteigt die nachgewiesene materielle Unrichtigkeit eine von den Umständen des Einzelfalls abhängige Bagatellschwelle, können die Ergebnisse eines – technisch korrekt durchgeführten – Zeitreihenvergleichs auch für die Ermittlung der erforderlichen Hinzuschätzung der Höhe nach herangezogen werden, sofern sich im Einzelfall keine andere Schätzungsmethode aufdrängt, die tendenziell zu genaueren Ergebnissen führt und mit vertretbarem Aufwand einsetzbar ist (Rz. 66) (Rz. 92).

Bei einem programmierbaren Kassensystem stellt das Fehlen der aufbewahrungspflichtigen Betriebsanleitung sowie der Protokolle nachträglicher Programmänderungen einen formellen Mangel dar, dessen Bedeutung dem Fehlen von Tagesendsummenbons bei einer Registrierkasse oder dem Fehlen von Kassenberichten bei einer offenen Ladenkasse gleichsteht und der daher grundsätzlich schon für sich genommen zu einer Hinzuschätzung berechtigt (Rz. 26) (Rz. 27) (Rz. 34).

Orientierungssatz

Der Zeitreihenvergleich weist im Vergleich zu anderen Verprobungsmethoden und Schätzungsmethoden einige technisch bedingte Besonderheiten auf, die seine Anwendbarkeit sowohl dem Grunde nach als auch hinsichtlich der Übernahme des sich aus einem Zeitreihenvergleich ergebenden „Mehrergebnisses" als Betrag der Hinzuschätzung der Höhe nach einschränken (Eignung des Zeitreihenvergleichs zur Feststellung von Doppelverkürzungen (Rz. 40); Keine kaum zweifelhafte Schlussfolgerung auf fehlende Erlösbuchen bei Mehrergebnissen aufgrund Zeitreihenvergleichs; entgegen FG Düsseldorf, Beschluss v. 15.2.2007 - 16 V 4691/06 A (E, U, F) und Urteil v. 20.3.2008 - 16 K 4689/06 E, U, F (Rz. 41) (Rz. 62) (Rz. 21) (Rz. 38) (Rz. 49).

Die Auswahl zwischen verschiedenen Schätzungsmethoden steht grundsätzlich im pflichtgemäßen Ermessen des FA bzw. FG. Ermessensleitend ist dabei das Ziel, die Besteuerungsgrundlagen durch Wahrscheinlichkeitsüberlegungen so zu bestimmen, dass sie der Wirklichkeit möglichst nahe kommen. Unter Ermessensgesichtspunkten vorzugswürdig ist dabei die Schätzungsmethode, welche diesem Ziel voraussichtlich näher kommt als eine andere. Darin liegt keine Abweichung von der Rechtsprechung, wonach der Steuerpflichtige grundsätzlich keinen Anspruch auf die Anwendung einer bestimmten Schätzungsmethode hat (Rz. 60) (Rz. 61).

Hinsichtlich seiner technischen Durchführung setzt der Zeitreihenvergleich als mathematisch-statistische Methode eine besonders sorgfältige Ermittlung der Tatsachengrundlagen (Ausgangsparameter) voraus. Die Übernahme der vorhandenen Buchhaltungsdaten durch den Prüfer muss frei von Fehlern sein. Der Prüfer muss in seinem Zahlenwerk im Regelfall die Umschlaghäufigkeit der einzelnen Waren bzw. Warengruppen erkennen lassen und den vorhandenen Warenbestand in sachgerechter Weise, die vor allem die Besonderheiten des geprüften Betriebs berücksichtigt, in die Betrachtung einbeziehen (zur Vornahme einer Plausibilitätsprüfung der Ergebnisse des Zeitreihenvergleichs bzw. zum Erfordernis einer Vergleichsrechnung (Sensitivitätsanalyse)). (Rz. 67) (Rz. 68) (Rz. 69) (Rz. 72) (Rz. 81)

zu LS 5: Das Gewicht des Mangels einer lückenlosen Dokumentation der Kassenprogrammierung tritt zurück, wenn der Steuerpflichtige für den konkreten Einzelfall darlegt, dass die von ihm verwendete elektronische Kasse trotz ihrer Programmierbarkeit ausnahmsweise keine Manipulationsmöglichkeiten eröffnet (Rz. 28).

Grundsätzlich ist die nur rechnerische Führung einer offenen Ladenkasse, die keine Kassensturzfähigkeit gewährleistet, als ein gravierender Mangel zu bewerten, der schon für sich genommen auch ohne Nachweis einer konkreten materiellen Unrichtigkeit zu Hinzuschätzungen berechtigen würde (Rz. 29).

Speisekarten sind gemäß § 147 Abs. 1 Nr. 5 AO nicht generell aufbewahrungspflichtig, sondern nur dann, wenn sie zum Verständnis und zur Überprüfung der gesetzlich vorgeschriebenen Aufzeichnungen im Einzelfall von Bedeutung sind (ausführlich BFH, Urteil v. 14.12.2011 - XI R 5/10, BFH/NV 2012 S. 1921). (Rz. 30)

Eine fehlende Inventur stellt für sich genommen einen materiellen Mangel dar, da der in der Buchführung ausgewiesene offenbar lediglich griffweise geschätzte Betrag des Warenendbestands nicht dem tatsächlichen Wert der vorhandenen Waren entspricht und dadurch zugleich der Jahresgewinn verfälscht wird (vgl. BFH, Urteil v. 14.12.1966 - VI 245/65, BFHE 87 S. 616, BStBl 1967 III S. 247; BFH, Urteil v. 26.8.1975 - VIII R 109/70, BFHE 117 S. 224, BStBl 1976 II S. 210). (Rz. 32)

Zweifelt das FA bzw. das FG anhaltend an dem durch Vorlage von Bankbelegen nachgewiesenen Zufluss von Geldern zur teilweisen Finanzierung der selbst genutzten Immobilie seitens eines im Ausland lebenden Angehörigen, muss vor einer nachteiligen, auf die verbleibenden Zweifel gestützten Entscheidung der Steuerpflichtige konkret aufgefordert werden, weitergehend nachzuweisen, wie der Angehörige zu diesen Mitteln gekommen ist (vgl. BFH, Beschluss v. 12.6.2013 - X B 191/12). (Rz. 99)

STICHWORTVERZEICHNIS

Die Ziffern verweisen auf die Randziffern.

C

D

E

L

M

N

O

P

Q

R

S

T

U

V

W

Z